미래의 세계정치

국제연합론 강의

미래의 세계정치

이용희

동주 이용희 전집 5

책머리에

이 책은 1993년 봄학기에 서울대학교 대학원 외교학과에서 가졌던 나의 특별강의를 그대로 실은 것이다. 책을 내면서 보통은 매만지고 다듬어야 할 것이나 내 사정이 그렇지 못하고 또 관계 교수들의 권유도 있고 해서 강의한 내용을 그대로 우선 싣기로 하였다.

본래 이 강의는, 근래 유럽에서 이룩되고 있는 국가연합이 장차는 정치의 새로운 모델이 될 것이며, 오늘날의 국민국가를 대체할 것이라는 내 생각을 토로한 것이 계기가 되었다. 뿐만 아니라, 국민국가는 한편으로 국가연합으로 확대되면서, 또 한편으로는 지역정치체로 세분화되는 경향도 보인다. 말하자면 근대국가, 국민국가는 내부분열을 일으키면서 새로운 정치형태를 조성할 조짐이 보인다는 것이 내 생각이었다. 그 동안의 국제정치는 몇백 년 동안 근대국가체제의 표현이라고 할 수 있는 면이 있었는데, 새로운 국가형태의 가능성과 함께 오랫동안의 과도기를 거쳐서 근대국가의 성격의 변화에 따른 새로운 형태의 국제정치가 전개될 것으로 전망된다.

이 강의에서는 미래 세계정치의 새로운 국가 형태를 전망하기 위해서 컨페더레이션confederation과 페더레이션federation을 중심으로 한 국가연합의 역사와 사상을 검토한 위에 현대의 국가연합으로서 유

책머리에

럽공동체를 분석하였다. 이러한 논의 중에 편의상 컨페더레이션은 국가연합으로, 페더레이션은 연방으로 번역하였으나, 이 개념들의 독특한 역사적, 사상사적 의미는 강의 내용 속에 자세히 설명하였다.

그리고 이 강의에서 취급한 유럽공동체European Community도 지난 1년간 많이 바뀌어서 이름도 이제는 공식적으로 유럽연합European Union으로 변하였고 문제가 많던 마스트리히트 조약도 결국 가맹국들의 비준을 끝마치고 완전히 성립되었다. 그러나 이 책에서는 당시의 명칭대로 유럽공동체라는 말을 그대로 두었다.

이 책은 강의의 계기를 마련하고, 녹음을 풀어 정리하고, 목차를 작성하는 등의 여러 가지 일에 거의 전적으로 하영선 교수의 도움을 받았다. 그런 의미에서 하교수는 이 책의 산파역을 하였다고 해도 과언이 아니다. 진심으로 감사하여 마지 않는다. 그리고 강의에 나와 주신 여러 교수분과 수강생에게도 고마운 마음을 금할 길 없다. 끝으로 출판을 맡아주신 민음사의 박맹호 사장과 직원 여러분에게도 사의를 표하는 바이다.

1994년 4월

이용희

차례

책머리에   4

제1강   근대국가의 새로운 변화   9
제2강   근대유럽 국가연합의 기본 성격   51
제3강   근대유럽 국가연합의 역사   87
제4강   근대유럽 국가연합의 사상 1   125
제5강   근대유럽 국가연합의 사상 2   163
제6강   현대 유럽연합의 역사 1   193
제7강   현대 유럽연합의 역사 2   225
제8강   현대 유럽연합의 기구: 구조와 기능   263
제9강   현대 유럽연합의 문제와 미래   301

부록: 유럽공동체 약사   355
편집후기[1994년판]   361
찾아보기   366

일러두기

- 본서는 이용희, 《미래의 세계정치》(서울: 민음사, 1994)을 재편집한 것이다.
- 띄어쓰기와 문장부호는 현행의 쓰임새에 맞게 고쳤다.
- 외래어 고유명사는 국립국어연구원의 외래어 표기법에 따라 수정하였다.

제1강

근대국가의 새로운 변화

내가 하영선 교수와 약속하기를, 목차라도 만들어서 그 순서대로 강의를 진행하려고 했으나 그렇게 되지 못했습니다. 우선 내 주변에 참고 도서나 자료가 없고 또 골고루 균형을 맞추어 목차를 만들기가 어려워서 그랬고, 또 하나는 이번에 내가 강의하고자 하는 것이 그 전에 내가 썼던 《일반국제정치학(상)》에 대한 후속 생각이라고 할까, 사상이라고 할까, 그런 내용을 담고 있기 때문에 굳이 목차라고 따로 필요한지 의문시되어서 만들지 않았습니다.

원래 《일반국제정치학(상)》에서의 구상은 '근대 국제정치라는 것이 국제정치의 주체가 되는 근대국가 자체의 성격에서 기본적으로 나온다'라는 전제하에 전개되었습니다. 그래서 근대국가를 군사국가, 경제국가, 식민국가라는 세 범주로 나누어서 그 세 범주의 전개과정에서 나라 사이의, 또 집단 사이의 여러 가지 문제가 생긴다라는 작업 가설을 가지고 논의를 전개하였습니다. 오늘 제1강에서는 근대국가에서 현대의 문제가 일어날 수 있는 기본 계기에 관해 살펴보려고 합니다.

근대국가는 시대적인 개념으로서 보통 국민국가라고 합니다. 즉, 내셔널 스테이트national state, 또는 네이션 스테이트nation state를 말합니다. 그런데 국민국가라는 용어 중에 '국민'이란 말이 참 모호합니다. 국민국가라는 말이 발생할 때부터 여러 가지 복잡한 사정이 있어서 그런 모호성이 나타나게 되었습니다. 원래 우리가 '국민국가', '현대국가', 또 국가는 '나라'라고도 하지만, 사실은 국가라는 개념이 꼭 맞는 개념은 아닙니다.

지금 내가 말하는 근대국가나 국민국가의 국가는 서양에서 '스테이트'$_{state}$, '에타'$_{état}$, '슈타트'$_{staat}$ 혹은 이탈리아 말의 '스타토'$_{stato}$ 등과 같은 용어를 번역한 것입니다. 그런데 이런 에타, 스테이트 같은 개념은 보편적인 개념이 아니고 역사상 특정한 시기에 나왔던 독특한 국가 형태의 하나를 지칭하는 개념입니다. 따라서 마치 그것을 보편 개념인 것같이 쓴다면 오해를 불러일으키기가 쉽습니다. 원래 이 스테이트라는 개념은 역사적으로 참 재미있는 개념입니다. 아시다시피 라틴어의 '스타투스'$_{status}$에서 나왔습니다만, 직접적으로 이런 정치적인 주체로서의 개념은 그 스타투스의 이탈리아 속어인 '스타토'$_{stato}$에서 나왔습니다. 스타토라는 개념은 마키아벨리 시대부터 몇 가지로 썼습니다만, 그중 하나가 무슨 의미인가 하면 '피지배자가 없는 지배자, 권력자와 그 주변에 있는 측근들$_{entourage}$'을 스타토라고 했습니다. 지금과 대단히 다릅니다. '인민'이나 '민중'이나 '국민'이라는 개념이 없고 또 정당성에 대한 개념도 없었습니다. 심지어 마키아벨리의 책을 보면 스타토를 팔고 산다는 말이 나옵니다. 만약에 그대로 스타토를 나라라고 한다면 나라를 사고 판다고 해서 아주 이상스러운데, 어쨌든 그때는 그런 의미였습니다.

그러다가 장 보댕 때에 이르면 아시다시피 달라집니다. 보댕의

제1강 근대국가의 새로운 변화

《국가론》Les Six Livres de la République을 보면, 국가에 대한 정의 중에 국가라고 하는 것은 여러 메나주ménage와 메나주 사이의 공통되는 문제를 주권에 의해서 잘 다스리는 것이라고 되어 있습니다. 이때 메나주란 프랑스 사전을 찾아보면 가족이라고 되어 있습니다.《국가론》을 번역한 영문이나 독일문을 보면 '가족'이라 번역되어 있어요. 그런데 그게 가족만을 뜻한 말은 아니에요. 1973년도에 프랑스의 무니에Roland Mousnier라는 대학 교수가 쓴《절대군주시대의 프랑스제도, 1598~1715》Les Institutions de la France sous la Monarchie Absolute, 1598~1715라는 책에 의하면 보댕이 말하는 메나주는 가족과 동시에 두 가지의 의미가 있다고 합니다. 하나는 가족인데, 그 연장선상에서 당시는 대가족주의니까 우리나라 말로 하면 '가문'이라는 뜻이고 또 하나는 직업, 단체, 대학 등과 같은 그런 모든 것을 의미한다는 것입니다. 나도 그 책에서 처음 그 시대의 프랑스 용어법을 알았는데, 다시 말하자면 국가란 일반 국민이나 사람으로 구성되는 것이 아니고 중간 단체, 즉 가문이나 직업, 단체, 대학 같은 중간 단체에서 모아진 기관들이 공통의 일을 다시 잘 다스리는 것이라는 그런 의미입니다. 그러니까 보댕 때 오면 국가의 구성 분자가 나시옹nation이 아니라 그런 메나주들이라고 보았고, 국가란 일반 사람과 국가 사이의 중간에 있는 단체들의 집합체라고 봤던 것입니다.

그런데 19세기에 오면 완전히 국가는 네이션 스테이트가 됩니다. 이 네이션, 나시옹이 뭐냐 하는 것이 아주 복잡합니다. 아마 나시옹의 의미에 대한 다양한 해석들을 따지자면 그것만 해도 책 한 권이 될 겁니다. 아주 복잡한데, 거두절미하고 결론만 내리자면, 나시옹에는 두 가지 의미가 있습니다. 하나는 정치공동체로서의 나시옹, 그러니까 정치적인 의미에서 어느 나라의 나라를 상징하는 '국민 정치공동체로서의 나시옹'입니다. 또 하나는 문화적인 의미에서 어느 나라를 구성하는 '문화공동체로서의 나시옹'입니다. 장차 내가 얘기할 내용에서 중대한 어휘상의 문제가 나오기 때문에 먼저 나시옹이 가지고 있는 이 두 가지 의미에 대해서 좀 더 설명을 할 필요가 있습니다.

요새 사회학에서 '에스닉 그룹'ethnic group이라는 말을 많이 씁니다. '에스니시티'ethnicity라는 용어로서 말입니다. 그 에스닉 그룹이란 것은 사회학적으로 말해서 인간 집단 중에서 언어, 관습, 풍습, 사고방식, 생활 방식 등이 같은 집단을 말합니다. 다시 말해서 문화공동체라는 의미로서, 위에서 말한 나시옹의 둘째 의미와 같습니다. 심지어는 그렇게 문화공동체로 같이 살면, 그 근거가 있거나 혹은 없거나 간에, '피차 같은 핏줄이다'라고 하는 혈연의식kin consciousness도 가지게 됩니다. 그래서 심지어는 나중에 그러한 혈연의식을 과거에 투사시켜서 조상이 같다, 시조가 같다, 단군 신화같이 아주 전설적으로 우린 백의민족이다라는 식의 혈연 개념까지 주장하기도 합니다. 그것이 에스니시티의 특징이에요. 그러니까 사회학에서 말하는 문화공동체로서 에스닉 그룹과 정치학에서 말하는 네이션의 둘째 의미는 사실상 같은 의미를 가지고 있습니다. 다만, 왜 그러한 문화공동체를 네이션이 아니라 에스닉 그룹이라는 말로 지금 표현하게 되었는가라는 것은 네이션이라는 개념에 나라의 정치공동체라는 첫째 개념이 있기 때문에 '나라 전체를 대표하는 사람'을 의미하는 반면에 에스닉 그룹은 그야말로 집단을 의미하는 것으로서 전체가 아니라 일부분일 수도 있는 것입니다. 이게 대단히 중요한 문제입니다. 이것은 점차 얘기해 나가면 무슨 의미인지 알게 될 겁니다.

그런데 네이션 스테이트의 네이션은 문화공동체, 그리고 정치공동체라는 두 가지 의미가 있는데, 보통 우리가 '한국 민족주의'라고 기왕에 일제시대에 주장했던 것은 사실은 정치 개념이 아니라 문화 개념입니다. 문화공동체 개념인 것입니다. 즉, 문화공동체 개념을 정치적으로 쓴 것입니다. 원래 근대국가의 모델 케이스는 단일국가unitary state입니다. 다시 말하자면, 주권이 하나 서 있고 그것이 아무 제약 없이 적용되는 범위라는 그런 단일국가를 상정하는데, 이것의 이상적인 형태는, 즉 그 모델 개념은 하나의 민족, 하나의 문화입니다. 어떤 사람은 하나의 언어를 언급하기도 하는데, 하나의 정치공동체, 문화공동체에서 에스니시티 혹은 네이션이 한 언어, 한 민족, 한 문화로 서로 붙어 있는 것이 모델 케이스로서 단일국가의 이상적인 개념입니다. 그런데 현실적으로는 그렇게 되기가 참 어렵습니다. 그건 모델 케이스로서 그렇단 말이지 현실에서 정치공동체로서 민족과 문화공동체로서 민족이 하나로 부합되는 그런 경우는 참 드물어요. 보통은 단일국가인 경우에도 많은 에스닉 그룹들을, 자기의 문화적 특징을 가지고 있는 인간 집단들을 포함하고 있습니다. 그럼 어떻게 해서 그것들을 포함하게 됐느냐 하는 것은 역사를 보면 아주 쉽게 알 수 있습니다.

첫째로 단일국가라는 것이 고정되어 있는 것이 아니고 역사적으로 팽창, 확대돼 왔기 때문에 그렇습니다. 가령 유럽의 역사에서 보면, 프랑스 같은 나라가 커가면서 기왕의 중세 이래 존재했던 영주령, 즉 백작령, 후작령, 공국 등과 같은 지역을 흡수했는데, 그것이 다른 지역의 에스닉 그룹과 똑같은 문화 형태를 가졌으면 문제가 없는데 그렇지 않았던 경우도 있었습니다. 예를 들자면, 부르타뉴 지방에 있는 사람들과 파리 지방 사람들과 서로 풍습이 다르다는 것인데, 서로 다른 문화를 가진 그들은 서로 다른 에스닉 그룹으로 남게 됩니다. 그런 경우는 많습니다. 스페인에 가 봐도 요전에 올림픽을 개최하였던 바르셀로나는 카탈루냐 지방에 있는 도시인데, 카탈루냐 지방은 옛날 백작령이었기 때문에 스페인에 흡수되었어도 에스닉 그룹으로 남게 되었고 지금도 자기들은 '스페인 사람들과는 다르다'라고 주장하고 있습니다. 역으로 일본 같은 나라에서는 쫓겨 간 민족들인 아이누족, 오키나와족들이 에스닉 그룹으로 남아 있습니다.

그런데 솔직히 말해서 이들을 에스닉 그룹이라고 하는 이유는, 정치공동체로서의 네이션은 구체적으로 존재하는 것이 아니라 추상적인 개념인 반면에 문화적인 개념으로서 네이션 혹은 에스닉 그룹은 그에 비해 아주 구체적이기 때문입니다. 가령 풍습이 같다는 말은, 어른을 보면 모자를 벗고 인사한다든가, 양치질을 이렇게 하지 않고 저렇게 한다든가, 혹은 어른을 보면 고개를 숙이고 하는 것을 말하는데, 이는 아주 구체적인 부분에 관한 것들입니다. 또 악수를 할 때 서양 사람들은 그냥 손만 내밀고 악수하고, 한편 우리는 반드시 머리를 숙이고 악수하는데 이는 동서양의 습관들이 합쳐진 것으로 일상생활 속에서 발견되는 아주 구체적인 문화적 현상입니다. 그런 구체적인 삶에서 나오는 문화공동체이기 때문에, 에스닉 그룹끼리 뭉쳐 사는 것이 서로 살기 편하다는 것입니다. 즉, 서로 말도 통하고, 습관도 같고, 사고방식도 같고, 예절도 같아서 단연 편하기 때문에 에스닉 그룹은 될 수 있으면 에스닉 그룹을 유지하려고 한다는 것이죠. 더군다나 혈연관계가 있다고 생각되면 그런 경향이 더욱 강해집니다. 그렇기 때문에 기왕에 단일국가들이 발전해 가는 과정 속에서 많은 에스닉 그룹들을 어떻게 흡수할 것인가가 중대한 문제들 중의 하나였습니다. 그 문제를 해결하는 데에 중요한 역할을 해온 것이 교육입니다. 교육이라는 명분하에 전국적인 어떤 사고방식, 생활 태도, 예절 같은 것을 가르쳤던 것입니다. 그 다음에 오랫동안 중요한 역할을 해온 것이 군대입니다. 군사 복무, 홍보 등을 통해 국가가 주동해서 단일국가를 만들어 왔던 것입니다. 그러니까 단일 언어를 쓰도록 표준어를 규정해서 선전하고 교육하기 위해서 유치원부터 대학교까지의 획일적인 교육 기관들을 만들었던 것입니다. 제주도에 가보면 옛날에는 제주도 사투리를 많이 사용하였는데, 요즘은 들을 수가 없습니다. 나이 든 할머니나 아저씨들에게 해달래야 들을 수 있지, 젊은 사람들은 창피해서 그렇기도 하고 자신도 사투리를 잘 모르기 때문에 사투리를 잘 쓰지 않습니다. 그것이 바로 교육의 역할입니다. 다시 말하자면, 교육은 한국이라고 하는 어떤 네이션의 문화공동체 속으로 구성원들을 흡수하는 역할을 합니다. 그런데 요즘 들어서는 도시가 발달하지 않았습니까? 산업체제가 발달한다, 도시가 발달한다, 커뮤니케이션이 엄청나게 발달한다 해서 에스닉 그룹의 사람들을 개개인으로 분리시킵니다. 여공들이 공장으로 와서 타 지방 사람들과 같이 있게 되고, 또 사람들이 대도시에 집중해서 살고, 같은 아파트에 함경도 사람, 평안도 사람, 경상도 사람, 전라도 사람, 충청도 사람들이 같이 생활하는 그런 추세 속에서 국가가 요구하는 표준화에 자꾸만 들어가게 된다는 것입니다.

결국 에스닉 그룹이 와해되어 단일국가에 복속되는 것은 시간의 문제입니다. 오래 가면 갈수록 에스닉 그룹들이 해체되는 것입니다. 역사적으로 봐도 유럽에서 에스닉 그룹이 집단으로 한곳에서 모여 있는 경우에는 약 200~300년 동안 유지됩니다. 에스닉 그룹이 집단으로 어느 지역에 모여 사는 경우에 잘 해체되지 않고 각 지방의 에스닉 그룹이 가지고 있는 특징들을 상당히 오래 유지합니다. 다시 말하자면, 개개인으로 흩어진 경우에는 정치공동체로서 네이션에 대한 동화가 쉽게 이루어지는데, 이것이 어떤 지역에 뭉쳐 살게 되면 동화가 참 어려워집니다. 이것이 요즈음의 소위 이민 문제와도 밀접한 관계를 가지고 있습니다. 단일국가에서 '바다의 섬'같이 남아 있던 에스닉 그룹이 오랜 시간 동안에 걸쳐 개별화되는 경우에는 빨리 흡수가 되지만, 지역적으로 집단화되어 있는 경우에는 상당히 오랜 시간이 지나더라도 잘 흡수가 안 되고 그 에스닉 그룹의 특성을 그대로 유지하는 특징을 보입니다.

지금 이것이 헤르체고비나와 보스니아에서 나타나는 민족 분규, 인종 분규나 기타 지방에서 분출되는 지역 분쟁들의 핵심입니다. 에스닉 그룹을 보통 소수 민족minority이라고 일컫는데, 에스닉 그룹이 스스로를 에스닉 그룹으로 의식하게 되는 것은 '자기는 소수다' 혹은 '표준화된 것과 다르다' 하는 이화異化 의식을 가지고 있기 때문입니다. 또 하나 이런 에스닉 그룹의 의식이 큰 의미를 지니는 이유는 바로 에스닉 그룹의 문제가 식민지 문제와 연관되기 때문입니다. 19세기 이래 제국주의 시대에 서구와 미국 같은 열강들이 전 세계에 식민지를 경영하였습니다. 특히 중근동, 아프리카, 아시아

제1강 근대국가의 새로운 변화

지역에 식민지를 많이 가지고 있었는데 이 식민지의 모순에 대해서는 《일반국제정치학(상)》에서도 말했습니다만, 네이션이란 개념에서 볼 때 식민지 문제가 모순되는 것이 식민지 개념에서는 차별하는 네이션을 설정하기 때문에 네이션 개념이 분열된다는 것입니다. 그러니까 근대국가의 네이션 개념과 식민지 국가라는 것은 기본적으로 네이션이란 의식에서 모순이 된다는 말입니다.

양차 세계대전을 통해서 이러한 많은 식민지들 혹은 많은 후진지역, 반식민지라고 하던 나라들이 독립을 하게 되었습니다. 그런데 각국의 독립 형태가 재미있습니다. 식민지의 독립은 자기 마음대로 그 형태를 선택한 것이 아니라 외형상 단일국가로서 독립을 했습니다. 독립운동도 하고 민족주의 운동도 했으니까 단일국가로 되는 것이 당연한 것이 아니겠는가 하고 생각하는 사람들이 있겠지만 그렇지 않습니다. 단일국가라는 개념은 서구적인 개념으로 역사적으로 독특한 개념인데, 해방된 식민지나 반식민지 지역들이 이러한 개념에 의해서 단일국가 형태를 취하지 않을 수 없게 되었던 것입니다. 1960년대 혹은 1970년대에 유네스코에서 나온 세계 학계의 동향에 대해 쓴 것들 중에 《현대 정치학 연구》*Study of Political Science Today*라고 하는 문건을 맥켄지W. J. M. Mackenzie라는 영국 사람이 썼는데, 거기에 보면 이런 이야기가 나옵니다. 제2차 대전 후에 식민지들이 근대국가의 형태를 억지로 뒤집어쓰게 되었다는 것입니다. 싫고 좋은 것에 대한 선택의 여지가 있었던 것이 아니라 단일국민국가로 강제되었단 말입니다. 이것이 큰 문제입니다.

왜냐하면, 가령 그 대표적인 예가 아프리카인데, 대부분의 아프리카 국가들이, 특히 사하라 이남의 나라들은 기본적으로 부족 사회입니다. 부족 사회는 에스닉 그룹의 특성이 아주 강할 뿐만 아니라 여러 에스닉 그룹들이 있다는 것을 전제하는 것인데, 아프리카 국가들이 독립하면서 단일국민국가 형태를 취했다는 것은 그 부족들에게 하나의 네이션, 하나의 정치공동체로 합쳐져야 된다는 지상 명령이 내려졌다는 사실을 의미합니다. 따라서 단일한 에스니시티를 가져야 된다는 지상 명령, 즉 한 민족, 한 문화 내에서 한 에스닉 그룹이 되어야 한다는 상황이 그들에게 강제된 것입니다. 그런 서구적인 개념을 가지고 맞지도 않는 모자를 쓰거나, 맞지도 않는 양복을 입은 것같이 뒤집어씌운 것이죠. 그러니까 나중에 아주 곤란한 문제가 생긴 것이 당연합니다. 기왕에 우리가 아프리카의 정치를 역사적으로 살펴보면 수많은 쿠데타가 발생했던 것을 알 수 있는데, 쿠데타가 생기면 이를 주동한 사람들이 자기 부족에서 병력을 충원해서 자기 부족 중심의 쿠데타를 일으킵니다. 그래서 다른 부족에 대해서 자연히 차별을 하게 되고 따라서 이에 대해 다른 부족들이 항거를 하는 그런 악순환을 되풀이합니다. 이는 남아프리카공화국에서 문제되고 있는 백인과 흑인 간의 갈등과는 다른 흑인과 흑인 사이의 갈등이라는 맥락에서 볼 수 있습니다.

아프리카에서 나타나고 있는 바와 같은 양상들이 제2차 세계대전 후에 생긴 식민지 해방과 연관된 새로운 의미의 에스닉 그룹 문제입니다. 거기에는 단순히 소수minority와 다수majority의 문제가 아니라 그 나라 전체가 여러 에스닉 그룹으로 분할되어 있는 나라에게 단일국가 개념을 뒤집어씌워 놓은, 맞지도 않는 옷이나 맞지도 않는 넥타이를 갖다가 입혀놓았기 때문에 언제든지 새로운 분쟁이 일어날 수 있는 소지가 있습니다. 현재 식민지가 해방됐다고 하지만 이는 서구적인 의미에서 해방되었다는, 좁은 의미에서의 식민지 해방입니다. 아직 해방된 나라나 해방시킨 나라나, 후진국이나 선진국이나 모두 서구적인 근대국가 개념을 취하면서 해방된 것일 뿐입니다. 이것이 자체 모순 때문에 새로운 문제를 일으키고 있는 것입니다.

근대국가라는 개념에서 볼 때 아프리카 같은 경우에는 거의 절망적인데, 즉 부족 국가의 요소가 너무 강력해서 이를 깨뜨릴 수 있는 역사적인 시간도 없었고 산업화나 도시화가 이룩되지 않았음에도 불구하고 대외적으로는 국제법상이나 혹은 국제연합 같은 곳에서 단일국가로 행세하고 있어서 서로 모순되고 있습니다. 따라서 원시적인 부족 간의 주먹싸움으로 결정된다는 결과가 나오는데, 이는 아주 심각한 문제입니다. 이러한 아프리카 문제는 장차 세계에 암적인 영향을 미칠 것입니다.

그 문제의 핵심에는 다음과 같은 문제가 있습니다. 기왕에 식민지에서 있었던 민족주의 운동의 대부분이, 우리 한국도 그 예입니다만, 단일 문화체라고 하는 의미에서 에스닉 그룹의 성격을 가지고 있었기 때문에 독립해 나오려고 했던 것입니다. 그래서 '일본과 한국이 모두 같은 조상이었다', '아마테라스오미카미天照大神가 곧 한국 시조다'라는 일본의 동화 정책에 대해 결연히 반대하고 '한국의 시조는 단군이다, 한국은 백의민족이다'라고 주장하고 나섰던 것은 그런 문화적인 요소가 강했기 때문입니다. 그런 의미에서 국가를 정치적인 공동체로서의 네이션 개념으로만 본다면, 이는 대단한 잘못입니다. 네이션은 두 가지의 성격을 가지고 있는데, 하나는 정치공동체로서의 성격이고 다른 하나는 문화공동체로서의 성격입니다. 이러한 문화적 공동체로서의 성격이 바로 사회에서 말하는 에스닉 그룹과 서로 연관된다는 사실을 잘 알고 있어야만 오늘날 발생하고 있는 제반 문제들에 대해 올바른 접근법을 취할 수 있을 것입니다.

그런데 나는 이 에스닉 그룹이라고 하는 말을 우리말로 고쳐 부른다면 '두레 집단'이라고 할 수 있지 않을까 생각합니다. 우리 나라의 농촌에서는 바쁠 때 서로 협동해서 일하는 '두레'라는 독특한 제도가 있었는데, 독일 말의 게마인샤프트Gemeinschaft와 아주 비슷한 의미입니다. 따라서 나는 에스닉 그룹이라는 말을 우리말로는 두레 집단이라고 하겠습니다. 그런데 이 에스닉 그룹의 문제는 단일국가라는 개념으로는 도저히 해결되지 않습니다. 더구나 요즘 들어 에스닉 그룹의 문제는 중요한 문제들을 낳고 있습니다. 첫째로, 이민migration 문제로 나타나고 있는데, 이것 역시 현대에 나타난 현상으로 현재의 단일국가 개념으로써는 도저히 해결되지 않는 문제입니다. 그중에서도 대표적인 예가 바로 난민 문제입니다. 지금 난민 문제는 국제정치적인 문제로 제기될 정도로 심각합니다. 아시다시피 독일로 유입된 난민들을 동독 계통의 극우 청년들이 테러를 가하여 커다란 국제 문제가 되고 있는데, 그런 경우의 난민들은 사실상 에스닉 그룹이라고 할 수 있습니다. 이 문제를 어떻게 처리하느냐가 아직 해결되지 않고 있습니다.

뿐만 아니라 에스닉 그룹이 가지고 있는 사회적인 불평등, 그리고 열등감도 문제입니다. 위에서는 에스닉 그룹에 대해 정치적으로만 얘기했습니다만, 사회적으로 얘기하는 경우에 에스닉 그룹 대부분이 열등감을 가지고 있다는 사실에 주목해야 합니다. 그 사회에

제1강 근대국가의 새로운 변화

서 소외되거나 제대로 대접을 받지 못한다는 것이 일반화되어 있습니다. 그렇기 때문에 소외되고 있는 에스닉 그룹이 사회에 저항하려는 경향을 보이고 있어요. 이들은 저항하면서 동시에 그들끼리는 똘똘 뭉치려고 합니다. 한국에서도 마찬가지예요. 어느 지방에 대해 대우가 다르다 하면, 그 지방은 대개 똘똘 뭉치는 경우를 발견하게 됩니다. 따라서 그것은 네이션 스테이트가 네이션화를 이룩하는 데 장애가 됩니다. 왜냐하면 네이션은 한 문화이어야 하는데 이들이 소위 차별 문화를 자꾸 주장하고 나서기 때문입니다. 그렇기 때문에 어려운 것입니다.

뿐만 아니라 이러한 사실과 연관해서 정말 잘 알 수 없는 문제가 이민 국가들이 안고 있는 소수 민족 문제입니다. 캐나다, 오스트레일리아, 미국 같은 경우—특히 미국의 경우에는 이민 역사가 아시다시피 매우 오래되었습니다—어느 특정 지역으로부터의 집중적인 이민의 유입이 시기적으로 변하는 것을 관찰할 수가 있는데, 처음에는 앵글로 색슨족들이 들어왔고 그 다음에는 아일랜드 사람이 들어왔고 이어 폴란드, 체코, 독일, 프랑스, 이탈리아 그런 식으로 들어왔으며 나중에는 중국인들이, 그리고 근래에는 한국인들이나 일본인들이 들어가고 있습니다. 이들이 이민 가서 거의 대부분 미국 문화에 동화되지만, 동시에 또 잘 되지 않고 지역적으로 차이나 타운이나 코리아 타운과 같이 에스닉 그룹을 형성하고 있는 것을 발견할 수 있는데, 전통적인 단일국가 관념에 의하면 이런 경우는 있을 수 없는 형태라 하겠습니다.

그런 식으로 지금 현대 사회에서 네이션이 가지고 있는 두 가지 의미, 특히 후자의 문화공동체로서의 의미 때문에 에스닉 그룹 사이의 관계 문제가 생기고 또 에스닉 그룹 사이의 관계 문제는 후진 사회의 민족주의 문제와 연관이 됩니다. 또 이러한 문제들로 인해서 현재의 이민 문제, 난민 문제 등이 생기게 됩니다. 가령 얼마 전에 신문을 보니까 독일 같은 나라에서는 노동자 이민이 27%가 된다고 하던데, 그중에 유럽공동체권 내에서 들어온 사람들이 가장 많고 그들의 상당 부분이 터키 사람들이라고 합니다. 이들 이민 집단은 완전히 에스닉 그룹으로 남아 있어서 현재 독일이 안고 있는 문제 중의 하나가 되고 있습니다. 그런 식으로 현재 에스닉 그룹 문제가 국제정치상의 최대 문제의 하나로 떠오르고 있습니다.

그런데 여기서 한 가지 생각해 봅시다. 아까도 말했지만 에스닉 그룹은 그 문화체로서의 성격, 구체적인 성격에서 볼 때 서로 같이 모이려고 하는 성향을 가시고 있습니다. 그 말은 어느 정도의 경제력이 생기고 어느 정도의 집단력이 생기면 곧 자치나 독립을 요구하게 된다는 것입니다. 지금 사방에서 이러한 문제가 속출하고 있다는 것을 잘 알고 계실 것입니다. 러시아에서는 코카서스 지방 근처에서 이러한 문제가 발생하고 있고, 발칸 반도는 여러분이 매일 신문에서 보는 바와 같이 혼돈에 빠져 있는 상태이며, 영국에서는 아일랜드, 스코틀랜드, 웨일즈 문제가 제기되고 있고, 프랑스에서는 부르타뉴 지방과 코르시카 독립 문제로 골머리를 앓고 있는 등 지금 전 세계에서 에스닉 그룹 문제가 발생하고 있습니다. 벨기에에서는 플랑드르파와 발롱파 간의 문제가 나오고, 또 스위스 같은 나라에서도 쥬라 독립 문제가 나오는 등의 문제가 끝이 없이 발생하고 있습니다. 그것이 현대정치의 한 요소가 되어버렸어요.

왜냐하면 그 이유는 간단합니다. 단일국가란 사실은 단일 민족

국가를 말합니다. 단일 민족국가라고 하는 것은 기본적으로,《일반국제정치학(상)》에서도 썼습니다만, 군사국가입니다. 팽창도 주로 군사적인 것에 의존하였고, 물론 외형적으로는 혼인 관계를 통해 영토를 팽창한 예가 있지만, 그것 역시 군사적인 관계 때문에 혼인한 것이었으므로 그런 식으로 군사적인 의미로서 단일국가가 팽창했던 것입니다. 또 단일국가의 특색은 권력의 중앙집권화입니다. 권력의 중앙집권이란 강제력의 중앙집권, 즉 군사력의 중앙집중을 의미합니다. 따라서 모든 국가에서 교육이나 군대니 하는 것은 그런 강제력의 중앙집권을 통해서 이루어졌던 것입니다. 그런데 문제는 중앙권력이 약화되는 경우에 어떻게 되느냐 하는 것입니다. 중앙집권화가 약화되는 경우에는 당연히 에스닉 그룹의 응결력이 표출됩니다. 그 단적인 예가 지금 세계인의 주목을 끌고 있는 발칸 반도의 민족, 종교 분규입니다. 에스니시티를 누르고 하나의 민족성으로 엮어놓았던 것이 군사력을 배경으로 하고 공산주의와 같은 이데올로기를 통해 강력히 유지되고 있을 때에는 꼼짝 못하더니 그러한 기제들이 흐트러져서 힘이 없어지니까 금방 자기네들끼리 뭉치려고 하는 것입니다. 그런 식으로 에스닉 그룹이라고 하는 문제가 현대 정치학에서 매우 중요한 문제로 등장하고 있습니다.

그렇다면 무엇 때문에 단일국가의 중앙집권적인 강제력 기구가 무너지게 되었느냐 하는 것이 중대한 문제로 제기됩니다. 이 문제는 다음 주에 강의할 연방국가, 국가연맹, 국가연합 같은 문제가 나오게 되는 동기가 됩니다. 단일국가체제의 모순으로 인해 결국 에스닉 그룹들이 각각 응결하려는 사태가 발생하게 되었는데, 이런 사태를 해결하는 방식이 무엇이겠습니까? 사회학에서는 이를 해결하기 위해서는 다민족주의적인 다민족 문화를 적용해야 한다는 방안을 제시했습니다. 가령 미국 같은 경우, 캐나다와 같이 다원화해야 한다는 것이죠. 이제는 단일 언어로 할 것이 아니라 2개 국어 공용bilingualism, 즉 자기 에스닉 그룹의 언어와 공통어로서 영어를 공용해야 한다는 것입니다. 또 한 문화일 필요가 없지 않느냐, 여러 문화가 같이 있으면 되지 않느냐, 그래서 잘 사는 것이 좋지 않겠는가 하는 다원주의pluralism를 주장하고 있습니다. 그런데 다원주의를 주장하는 이면에는 단일국가체제가 아닌 다른 국가 체제가 필요하다는 것을 암시하는 전제가 깔려 있습니다. 이에 대해서는 다음 시간에 보다 자세하게 강의할 것입니다.

오늘 강의의 핵심은 다음과 같습니다. 네이션의 개념 내에는 정치적인 공동체라는 개념과 문화공동체라는 개념이 있는데, 후자인 문화공동체라는 개념은 에스니시티와 연관된다. 그런데 사회학에서의 에스닉 그룹은 정치적 개념의 네이션과는 달라서 일국 전체를 포함하는 것이 아니라 그 사회의 부분적인 집단을 지칭하는 용어다. 그 부분적인 집단이라는 것은 단일국가라고 해서 현실적으로 존재하지 않았던 것이 아니라 대개는 역사적으로 존재하여 왔고, 그렇지만 단일국가가 보유하고 있는 중앙집권적인 강제력과 권위, 기타 여러 가지 수단에 의해서 눌려 있었거나 서서히 동화되고 있었는데, 현재 단일국가의 중앙집권적인 기구들이 흔들리게 되면서 에스닉 그룹들이 자기들끼리 뭉치려고 하는 응결성이 분출되어 각종 민족 분규가 발생하고 있다. 그것이 현재 단일국가의 기본 구조를 흔드는 한 요소로서 작용한다는 것입니다. 자, 이제 질문이 있으시면 해주십시오.

질문 제가 먼저 질문드리겠습니다. 근대국가는 군사국가로서 강제력을 통해서 하나의 주권을 가진 단일국가로 표상할 수가 있었으나 지금에 와서는 그것이 에스닉 그룹에 의해서 분열되고 있다고 말씀하셨는데, 그 원인이 무엇이라고 생각하십니까?

답변 지금 질문하신 내용은 다음 시간에 강의하려는 내용에 해당됩니다. 먼저 여기서 간략하게 얘기한다면, 단일국가 개념은 몇 가지 모순을 가지고 있었습니다. 그건 《일반국제정치학(상)》 맨 뒷부분에서도 언급한 바 있기 때문에 자세하게 말하지는 않겠습니다. 그런데 단일국가 개념이 모순을 가지고 있다고 해서 이것이 단일국가체제가 다 깨진다는 의미로 이야기하는 것은 아닙니다. 모델 케이스로서 유지되어 온 것이 이제 더 이상 모델로서 기능할 수 없다는 얘기죠. 단일국가 개념이 프랑스에서도 깨지고 가령 독일에서도 깨졌다는 의미가 아니라, 그런 것이 모델이었는데 이제는 모델로서 가지는 그 효용성이 사라지게 되어 다른 모델을 요구하게 되었다는 얘기입니다.

그리고 또 하나 알아야 할 것은 지금 한 모든 이야기에는 하나의 전제가 있다는 점입니다. 이것은 대단히 중요한 사실인데, 국제정치에서는 나라들 간에 발전의 불균등도 있거니와 자원의 불균등도 있고 인구, 물질 자원 등에서도 불균형이 있다는 사실입니다. 또 하나는 한 나라 안에서도 그 나라의 중심 지대와 변두리 지대가 존재하며 변두리 지대가 국내 식민지로서의 성격을 가지고 있다는 사실입니다. 가령 우리나라에서도 어느 지방에 대해서 차별 대우가 있다고 하는 것은 일종의 국내 식민지 개념을 얘기하는 것인데, 이는 세계 어디에서나 나타나는 현상입니다. 예를 들자면 유럽공동체만 하더라도 지금 유럽공동체가 12개 나라, 그 다음에 유럽자유무역연합EFTA이 가입하면 18개 나라가 되는데, 거기에서도 중심 지대는 북방에 있고, 반주변 지대가 가운데에 위치하고, 저 남쪽에 있는 그리스, 스페인, 포르투갈은 전부 주변 지대로 위치하고 있습니다. 따라서 지방 행정하는 데 중앙정부에서 보조금을 주듯이, 유럽공동체를 계속 유지하기 위해서는 그들 주변 지대에 보조금을 따로 줘야 합니다. 그런 식으로 한 나라 안에도 주변과 중심 지대라는 차등이 있고 국제적으로도 나라 사이에 자원, 인구, 기타 발전에서 차등이 있기 마련입니다. 뿐만 아니라 아까 모델로서 단일국가라는 말을 했지만, 현실의 국가들 간에는 단일국가라는 모델을 기준으로 볼 때 그것에 미치지 못한 나라들도 있고 훨씬 앞서가는 나라들도 있습니다. 그것이 다음 강의에서 얘기할 내용 중에 중요한 한 부분이 되겠습니다.

가령 우리나라의 경우 하나의 민족으로서 문화공동체를 형성하고 있지만 하나의 정치공동체를 구성하고 있는 것은 아니지 않습니까? 지금 남북으로 떨어져 있으니까 말입니다. 근대적인 단일국가의 기준을 놓고 볼 때, 우리나라는 어디인지 결함이 있다는 것입니다. 그러므로 아직 근대국가 모델에도 마치지 못하였다는 얘기가 성립합니다. 그러면서도 문화공동체 의식은 아주 강하기 때문에 마치 단일 민족 정치공동체가 형성된 것 같은 착각을 하고 있는데, 이것은 잘못된 생각입니다. 문화적으로는 하나의 민족이지만 정치공동체로서는 하나의 민족이 아니기 때문입니다. 아프리카의 국가들은 우리나라보다 더욱 문제인 것이, 아프리카의 부족 국가는 정치공동체로서 하나의 네이션도 아닐 뿐 아니라 문화적으로도 하나의 네이션이 아니니까 근대국가의

제1강 근대국가의 새로운 변화 | 29

'근' 자도 안 들어왔다 하겠습니다. 그런 상황이 지금 세계 도처에 존재하고 있습니다. 그러니까 근대국가의 모델을 놓고 볼 때, 현실적으로 그것에 못 미치는 나라가 단연 많고 반면에 그것에 앞서가는 나라도 있다고 할 수 있겠습니다. 이에 대해서는 다음 시간에 좀 더 자세하게 얘기할 것입니다. 이러한 관점에서 보면, 우리나라의 문제가 얼마나 심각한가를 알 수 있습니다. 앞서가는 나라들은 모델 개념이었던 단일근대국가를 넘어서 나가려고 하는데, 우린 아직 거기에도 이르지 못했다는 것입니다. 이것이 우리나라가 안고 있는 국제정치학적인 문제점입니다.

질문 요즘에 많이 나오는 공동체에 관한 논의 중에서 자본주의 경제나 산업 문명이 발달함에 따라 사람들이 이민을 시작하고 또는 공업 단지에 개인들이 모여들어서 공동체적 요소가 없는 개인주의화한 사회가 형성되는 것이 문제다라는 논의들이 제기되고 있습니다. 그런가 하면 다른 측면에서 보자면, 인간이 살아나가면서 공동체에서 이루어지는 공통적인 생활 방식, 아까 말씀하신 인사하는 방식과 같은 그런 차원의 문제는 결국 인간이 어떤 시대에 어떤 장소에서 살아나가든지 늘 부딪히는 문제라 하겠습니다. 결국 선생님께서 말씀하신 취지는 공동체 문제라고 하는 것이 결국 근대국가 문제라고 하는 것과 앞으로 늘 갈등을 일으킬 수 있다는 것 같은데, 그러면 가령 개인주의화하는 사회에 관한 문제를 산업 문명의 문제 차원에서는 어떻게 볼 수 있겠습니까?

답변 나는 지금 공동체라는 개념에 강조점을 두면서 공동체 문제에 대해 이야기했습니다. 그렇다면 산업 사회에 개인적으로 편입되어 흡수되면 어떻게 될 것인가? 그것은 앞에서도 이미 언급한 바 있습니다. 개인으로 도시 생활을 하면서 떨어져 살거나 혹은 여공으로서 공장에 들어가 일하거나 혹은 아파트에서 따로 사는 것은 명분적으로는 개인적 삶을 사는 것 같지만, 넓게 보면 그 나라 전체의 표준 생활 속에 들어가는 것입니다. 소위 정치공동체 개념이 아니라 문화공동체 개념, 표준 개념에 동화되는 것입니다. 다시 말해 동화되어 흡수되어 버리는 것이죠.

한편 어떤 지방에 특정 에스닉 그룹이 있어 그것이 흡수가 안 된 경우에는 계속 에스닉 그룹으로 남게 됩니다. 앞에서 일본 경우를 들다 말았습니다만, 일본에는 지금 아직도 에스닉 그룹이 있습니다. 60여만 되는 재일 교포들도 에스닉 그룹이고 오키나와족이나 아이누족의 경우도 그렇습니다. 이들 중에는 일본 사회에 동화되고 흡수되어 사는 사람들이 많습니다. 그런데 어떤 지역에 특수하게 남아 있는, 가령 아이누족이나 오키나와족이나 이쿠노, 오사카 지방에 있는 한국 교포들은 자기들의 에스닉 그룹의 특성을 그대로 가지고 있습니다. 따라서 어떤 사회에 에스닉 그룹이 동화된다는 것은 사실상 그 사회의 다수 속으로 들어간다는 것을 의미합니다. 그것은 개인적으로 따로 사는 것이 아니라 개별적으로 에스닉 그룹에서 떨어져 나와 표준화된 생활로 들어간다는 의미에서 다수로 들어가는 것을 말합니다. 그렇기 때문에 가령 일본에 가보면 재미있는 것이, 1세대는 에스닉 그룹의 성격이 강하고 집단적으로 뭉쳐 있으려고 하는 경향이 강합니다. 이쿠노 지방이나 오사카와 같이 한국 사람들이 밀집해서 사는 곳에서 우리가 1세대 한국 교포 사람을 만나서 서로 인사하는 것을 보면, 그들도 우리와 마찬가지로 손을 붙잡고 무슨 형, 무슨 형 그럽니다. 그런데 동경에 나와서 사는 제2세들이나 혹은 제1세들 중에 일본 사회에 동화되어 사는 사람들을 만나보면, 거의 일본 사람과 비슷합니다. 절을 꾸벅꾸벅 하면서 완전히 일본 사람 식의 태도와 유사하게 된 것이죠.

그러니까 다시 말하자면, 공동체로서 가지고 있는 다수 개념, 표준 개념에 동화하는 과정은 사실 도시 생활이나 아파트 생활이나 공장 생활, 상권 생활 등에서 빠르게 이뤄집니다. 그러나 이런 지역에서 동화가 빠르게 이루어지지만, 거기에서도 에스니시티를 가진 그룹들이 여전히 남는 경우도 있고 아주 없어지는 경우도 있습니다. 가령 우리 사회에서 보자면, 옛날에 함경도에 재가승이라는 여진족들이 있었습니다. 제가 학교 다닐 때 많이 구경하러 갔었는데, 완전히 말투도 다르고 생활 풍습이 우리와 많이 다른 족속이었습니다. 그러나 한 오륙십 년 사이에 이제는 그 흔적을 찾아볼 수가 없게 되었습니다. 특히 한국전쟁 이후에 아주 소멸되어 버린 것이죠. 아까도 말했지만, 시일이 많이 지나게 되면 에스닉 그룹이 사라지는 경우가 많다는 것을 알 수 있습니다. 그러나 어느 지역에 집결해서 사는 경우에는 잘 없어지지 않아요.

질문 그러한 경우에도 역사적인 맥락에서 말씀하셨듯이 민족국가 내부에는 지배 집단이 있지 않겠습니까? 지배 집단이란 것 자체가 소수가 아닌 다수라는 것을 의미하겠지만, 나름대로 지배 집단도 에스니시티를 갖고 있을 겁니다. 민족국가는 그런 집단이 다른 집단을 지배하는 형태일 텐데, 결국 말씀하신 대로 그 사회에 동화되어 복속되어 버린 개인화된 집단과 근대국가 내의 특정 에스니시티를 가진 지배 집단을 같은 선상에서 볼 수는 없지 않겠습니까? 이를테면 개인화된, 개인적으로 모여들어서 아파트 생활을 하는 집단과 근대국가 내부에 존재하는 지배 집단을 같이 볼 수는 없지 않겠습니까?

답변   그렇습니다. 그런데 그것이 무슨 문제가 됩니까?

질문   가령 에스닉 그룹 문제와 근대국가체제가 서로 갈등할 가능성이 있다면, 에스니시티라고 하는 것이, 즉 사실상 존재하지 않는 개인화된 어떤 새로운 집단이 그러한 갈등 속에서 어떠한 역학 관계를 보여주고 있고, 그 역학 관계에서 어떠한 역할을 하는가에 대해서 좀 설명해 주셨으면 합니다.

답변   가령 그런 경우 우리가 한국 민족주의를 예를 들어 생각해 보면, 식민지 시대에 한국 사람들은 전체적으로 다수가 아니라 소수였습니다. 뿐만 아니라 문화공동체로서 가지고 있는 의식도 서로 달랐습니다. 일본 사람과 한국 사람은 명백하게 다릅니다. 그런데 한국 사람들이 독립해야 된다고 분리주의secessionist 운동으로 독립운동을 하는 것은 일본이라는 근대국가의 입장에서 보면 큰 문제일 것입니다. 그렇지 않겠습니까? 그와 마찬가지로 지금 영국에서도 스코틀랜드나 웨일즈 같은 곳에서 독립운동하는 것은 현재의 중립 상태를 깨뜨린다는 점에서 큰 문제로 부각됩니다. 스코틀랜드 사람이나 웨일즈 사람들은 분리주의 운동을 전개하는 것은 자기들이 가지고 있는 문화공동체로서의 의식이 투철하기 때문인데, 이는 근대국가로서 영국의 입장에서 보면 큰 문젯거리가 아닐 수 없습니다. 나는 지금 사회학 강의가 아니라 정치학 강의를 하고 있기 때문에 별로 문제가 안 되는 에스닉 그룹의 사소한 문제는 잘 모르겠습니다만, 그러나 정치적으로 혹은 국제정치적인 측면에서 에스닉 그룹과 근대국가 간의 갈등은 어느 곳에서나 중대한 문제가 될 것입니다.

지금 사회학적으로는 어떤 노동자 집단이 시기별로 이동할 경우라든지, 또는 그들이 어떤 사회에 들어가서 에스닉 그룹이 되어 일정 기간 동안 잔류하다가 다시 나가는 경우라든지, 혹은 독일에 있는 터키 사람들처럼 완전히 정착하는 경우에도 문제가 될 수 있습니다. 이러한 경우에 발생하는 문제들이 사회학적으로는 문제가 될지라도 정치학적 문제라고 할 수 없기 때문에, 나는 그리 흥미를 느낄 수가 없습니다. 그러나 난민 문제의 경우에도, 즉 국수주의적인 동독 청년들같이 폭탄을 던지고 테러를 하는 것도 기본적으로는 에스니시티 문제이면서 동시에 국제 문제로 비화되고 있기 때문에 국제정치학적인 문제가 되고 있습니다.

여기서 에스닉 그룹이라는 사회학적 개념을 사용한 것은 다음과 같은 이유에서입니다. 네이션에는 문화적인 이미지도 있고 정치적인 이미지도 있는데 네이션 개념을 문화적인 이미지로 생각하는 경우 대부분 어떤 나라의 전체적인 한 문화를 생각하게 됩니다. 그러나 에스닉 그룹 문제는 사회학적으로 볼 때 부분 사회에서 제기되는 문제이고, 그 부분 사회가 단일국가 또는 근대국가에 대해서 파란을 일으킬 때 문제가 되는 것입니다. 가령 지금 보스니아, 헤르체고비나에서 세르비아 사람들이 '세르비아 사람들끼리 뭉쳐 살아야 된다, 따라서 여기에 회교도들이 있으면 재미없다, 인종 청소ethnic cleansing를 해야 한다'고 생각하는 것은 일종의 에스닉 그룹의 개념을 가지고 응결하려고 하는 데 장애가 되는 것은 모두 없애버리겠다는 얘기에 다름 아닙니다. 우리가 볼 때, 이는 중요한 문제일 것입니다. 또 터키의 입장에서 보면, 보스니아에 있는 회교도뿐만 아니라 마케도니아 위에 있는 코소보 지방의 회교도들이나 알바니아 내에 있는 회교도 사람들의 문제들은 그냥 지나쳐 버릴 수 없는 문제입니다. 그래서 이 지역의 민족 문제가 국제정치적인 문제로 상승하는 것입니다. 이러한 양상을 이해하기 위해서는 우선 네이션 개념과 에스닉 그룹 개념 사이에 나타나는 괴리를 먼저 생각해야 합니다. 원래 네이션은 에스닉 그룹 같은 부분 사회를 의미하지 않고 한 나라 전체가 한 문화체라는 개념을 지향하는데, 현실적으로 전체 사회라는 네이션 개념이 부분적인 에스닉 그룹과 서로 상충되면서 문제를 일으키니까 우리 같이 생각해 봐야 한다는 것입니다. 그리고 특히 현대에서는 이런 소수 민족들이 응결해 살겠다고 주장하기 때문에 문제가 발생하고 분규가 터져 나오게 되는 것입니다. 내가 잘 이해했는지 모르겠습니다.

질문 민족국가 자체가 하나의 문화공동체와 정치공동체, 즉, 정치적인 의미에서 '하나의 나시옹, 네이션'이라는 개념과 일치되는 것이 모델 케이스라고 전제하시면서 말씀하신 걸로 알고 있습니다. 그런데 최근 독일에서 민족 갈등 때문에 개념적인 논쟁이 매우 심하게 벌어지고 있는데…….

답변 독일은 단일국가의 모델이 아닙니다. 이는 다음 시간에 이야기할 것입니다마는, 그 나라는 연방 국가federal state입니다.

질문 그런 경우라도 독일 외무성에서 제시하고 있는 네이션 개념은 프랑스와 영미 계통에서 나온 네이션 개념과 같이 문화적인 의미의 네이션과 정치적인 의미의 네이션이 일치하는 것을 모델로 보고 있지 않은 것 같습니다. 즉, 프랑스에서는 프랑스의 나시옹을 프랑스인으로 규정하는 것이 아니라 헌법상 처음부터 프랑스 정치 이념과 가치 공동체에 보조하고 가담하려는 의사가 있는 자를 나시옹 개념으로 정의하고 있는 반면에, 역으로 독일과 같은 나라들에서는 프랑스 혁명이나 19세기 이후에 영미나 프랑스식의 나시옹 개념의 지배를 벗어나기 위해 문화적인 에스닉 그룹과 같은 의미의 민족 개념으로 프랑스에서와 같은 나시옹 개념을 순차적으로 변형시키는 과정을 거친 것으로 이해가 됩니다.

독일 헌법상으로 독일 민족은 독일인이라고 되어 있습니다. 귀화하는 사람들도 여기에 포함되구요. 그런데 프랑스 헌법상으로는 프랑스의 나시옹이 프랑스인이라고 분명히 되어 있지 않고 프랑스 헌법의 제반 이념에 동조하는 모든 사람이라고 규정되어 있습니다. 이런 프랑스의 개념이 원래의 모델이고 원 모델 안에는 반드시 민족적으로, 문화적으로 프랑스 본토박이들과 같지 않아도 프랑스 나시옹에 들어올 수 있는 그런 개념적인 폭이 있습니다. 반면에 이러한 프랑스적 나시옹 개념에 기반한 민족주의에 맞서 싸웠던 동유럽이나 중유럽의 나라들은 대부분 혈통이 같은 단일 혈통의 민족 개념을 가지고 있다는 것입니다. 그러니까 먼저 생긴 것은 프랑스이거나 영미 계통의 네이션이 원 모델로 먼저 생겼고 그것에 저항하는 대부분 동유럽 국가들, 중유럽 국가들이 우리가 대체로 한국에서 생각하는 것 같은 민족 개념을 가지고 있지 않나 하는 이야기입니다.

답변 내가 오늘 설명한 것은 여러분이 알아듣기 쉽게 논리를 명백히 하기 위해서 나시옹만 얘기를 했는데, 사실은 나시옹에 해당하는 정치공동체 개념을 반드시 나시옹이라고 표현하지 않은 경우도 많습니다. 가령 미국 같은 경우 '피플스 오브 유나이티드 스테이츠'peoples of United States라고 하는데, 그때의 '피플'people은 인민을 지칭하는 것으로 정치공동체로서의 인민이라는 의미입니다. 결국 나시옹과 같은 의미입니다. 그런 식으로 표현은 여러 가지가 있습니다. 오늘은 내가 나시옹이라는 말을 모델로 삼아서 그것의 두 가지 의미를 논한 것입니다. 이러한 것은 독일과 비교가 안 됩니다. 다음 시간에 얘기하겠지만, 독일은 단일국가가 되었던 적이 한 번도 없었습니다. 원래는 국가연합 confederation이었고 그랬다가 이후에 연방국가가 되었을 뿐, 한 번도 단일국가로 된 일이 없었습니다. 따라서 비교가 안 되는 것입니다.

다음 시간에 연방국가와 국가연합 문제가 나오고 장차는 이것에 의거해서 현재 나와 있는 유럽공동체 문제까지 연결이 되겠지만, 전혀 다릅니다. 그렇기 때문에 서로 비교하기가 어렵습니다. 그리고 나시옹이라는 말 자체가 시대에 따라서 또 쓰는 사람에 따라서 참 복잡하게 사용되었습니다. 역사적으로 그 어휘의 내용을 따지는 일은 상당히 복잡하니까 그만두기로 하고, 그냥 다만 보통 네이션 스테이트의 네이션에는 두 가지의 의미가 있다는 것은 틀림이 없어요. 가령 어디서 태어났든, 어떤 에스닉 그룹의 출신이든 간에 프랑스에서는 나시옹으로 될 수 있다는 것은 당연한 것인지도 모릅니다. 정치공동체라는 의미의 네이션에 포함되는 것이므로 누구라도 가능한 것이죠. 마찬가지로 식민지 시대에 조선 사람이 조선에서 태어났어도 일본 신민이 됩니다. 단 문화공동체로서는 문제가 달라집니다. 이브 몽탕Yves Montand이 프랑스 사람으로 행세할 적에 이탈리아 사람으로서 가지고 있는 자기의 특징을 프랑스화하려고 많이 애썼을 겁니다. 그러나 이브 몽탕이 프랑스 사람이 되는 것은 프랑스 국적을 갖자마자 프랑스 나시옹이 되는 것이니까 의심할 여지가 없습니다. 지금 일본에서도 마찬가지입니다. 일본에서 한국 사람이 국적을 일본으로 옮기는 사람, 그건 일본 신민입니다. 그러나 국적을 옮기지 않고 한국 국적이나 북한 국적을 가지고 있는 사람은 에스닉 그룹에 들어가는 사람이라 할 수 있습니다.

질문 민족 개념은 정의하기가 정말 어려운데, 선생님은 민족을 정치적 공동체로서의 민족과 문화적 공동체로서의 민족이라는 두 가지 의미로 나누어 야야기해 주셨습니다. 그런데 선생님께서 아까 말씀하실 때 우리가 좀 더 그 이면을 생각해 봤으면 좋겠다고 느꼈던 것이 소위 단일국가로서 근대국가의 전통과 그 다음에 요즘 우리가 많이 보고 있는 에스니시티 문제, 아까 얘기하신 인종 집단의 문제가 서로 갈등한다는 것인데, 이것이 어떻게 해서 서로 갈등하는 것이냐, 어떤 면에서는 갈등하지 않는 경우도 많이 있다고 말씀하셨는데, 왜 어떤 지역에서는 갈등이 되고 어떤 지역에서는 안 되는가 하는 것이었습니다. 그것을 이해하는 데 있어서 아까 잠깐 국내적 식민주의internal colonialism라는 개념을 쓰셨는데, 그런 개념을 가지고 영국에서 말하는 신민족주의, 영국의 분리주의 운동을 연구한 책이 있습니다. 아시겠지만 마이클 헤치터Michael Hechter라는 학자가 1975년에 《국내적 식민주의》*Internal Colonialism*라는 책에서 영국 아일랜드의 민족주의 운동을 분석하였습니다. 저도 우연히 보게 되었는데, 거기서 선생님의 전파이론diffusion theory과 상당히 비슷한 틀로 분석을 하고 있다는 것을 느꼈습니다. 그 책의 가장 중심적인 논지는 우리가 흔히 생각하기에 영국은 성공적인 민족국가로서 민족국가 형성을 완결한 것으로 알고 있는데, 사실은 영국의 근대국가 형성 과정에서 아일랜드라는 특수한 지역이 경제적으로나 문화적으로 철저하게 배제되었고, 결국은 문화통합 이론으로 분석을 해보면 일종의 내적 식민주의라는 그런 결론에 도달한다는 것입니다. 그렇기 때문에 한 국가 안에서 여러 가지로 표준화와 산업화가 추진되면서 국가를 중심으로 통합력이 강력하게 작용함에도 불구하고 여전히 특정 지역에 있는 주민들은 분리주의 경향으로 갈 수밖에 없고 그것이 그 사람들에게 가장 합리적인 해결로 느껴질 수밖에 없다고 합니다. 그런 얘기를 하는 것으로 봐서 앞으로 이러한 문화통합모델cultural integration model을 선생님의 《일반국제정치학(상)》과 연결시켜 얘기해 보면 어떨까 생각해 봤습니다. 그랬을 때 에스닉 문제가 표출된 지역을 국내적 식민주의 모델로 한 번 재검토해 보면 보다 많이 설명될 수 있지 않을까 그런 생각을 해봅니다.

답변 아까도 말했습니다만, 에스니시티나 에스닉 그룹은 기본적으로 사회학적인 개념입니다. 그 개념을 제가 원용한 것은 정치학에서 네이션이란 개념이 너무 포괄적이어서 부분적인 그룹의 개념이 없기 때문이었습니다. 그리고 또 하나 에스닉 그룹이라는것이 어떤 형식으로 형성되었느냐 하는 것은 여러 경우가 있습니다. 아까 역사적으로 됐다, 이민으로 됐다, 난민으로 됐다 등 여러 가지 경우가 있습니다만, 대개의 특징은 한 사회의 맨 밑바닥에 있기 쉽다는 것입니다. 대개 하층에서 조금씩 계층 상승하는 것이 대부분이고 어떤 경우에는 그것이 그들로 하여금 더 공고하게 에스니시티를 유지하게 만들고 주도 세력에 대해 반발하게 하며 또 떨어져 나가려고 하도록 만든다는 것입니다.

그런데 한 가지 우리가 여기서 알아야 할 것은 정치학에서 과연 어느 정도 다른 학문의 술어를 원용할 수 있느냐 하는 문제입니다. 지금 에스닉 그룹이란 용어를 내가 사용하는 것도 요즘 같은 현실을 설명하는 데 다른 적당한 정치학 용어가 없어서입니다만, 지금 문화 통합이니 또 문화니 하는 개념들은 사실 정치학 개념이 아닙니다. 정치학 개념이 아님에도 불구하고 정치학 용어로는 설명이 안 되는 부분이 있기 때문에 원용한 것입니다. 가령 문화체라고 하는 개념은 원래 정치적 개념이 아닙니다. 그런데 사실은 현재 정치적인 문제에 그런 문화체 문제가 걸려들었기 때문에 원용한 것입니다. 그리고 문화 통합이니 하

제1강 근대국가의 새로운 변화 | 39

는 문제 같은 것만 하더라도 그렇습니다. 문화 그 자체는 하나의 큰 테마입니다. 사회학이나 인류학에서 큰 테마로 다루어지고 있는데, 정치학에서는 그것이 정치적인 문제에 연관되는 한에서 우리한테 문제가 된다는 말입니다.

그런데 네이션이라는 개념의 경우에는 아까도 말했지만, 기왕에는 정치공동체라는 개념으로만 한정해서 생각을 했었고, 그래서 독일에서 나치온Nation이란 개념이 어떻게 나왔는가, 소련에서는 나치아natsiia란 개념이 어떻게 나왔는가, 프랑스에서 나시옹이 어떻게 나왔는가, 영국에서 네이션이 어떻게 나왔나 하는 어휘 분석도 하고 이를 규명하기 위한 많은 시도들이 있었는데, 내가 보기에는 이러한 작업들이 별로 의미가 없는 것 같습니다. 왜냐하면 각 나라의 어휘, 언어학적인 변화까지 연구할 필요는 없을 것 같기 때문입니다. 따라서 정치적인 공동체라는 개념 하나만 가지고 도저히 설명이 안 되기 때문에 문화공동체라는 개념을 하나 집어넣고, 또 문화공동체 개념으로써 설명을 해보니까 부분 사회의 어떤 독특한 문화체가 설명이 안 되기에 에스닉 그룹이라고 하는 개념을 집어넣은 것입니다. 그러니까 요즘의 발칸 반도에서 생기는 일을 설명하기가 쉽게 되었습니다. 다시 말하자면, 에스닉 그룹이 가지고 있는 응결력, 서로를 저희끼리 모이려고 하는 그것 때문에 파쟁이 생긴다는 가정을 해보면 아주 쉽게 설명이 된단 말입니다. 그렇게 하지 않고서는 도대체 설명이 안됩니다. 왜 가만히 있는 사람에게 대포를 쏘고 하는지, 그리고 왜 상대가 회교도라고 해서 인종청소, 겁탈을 하는지 설명이 안 됩니다. 그런데 에스닉 그룹이라는 개념을 도입하면 그 정치 현상이 쉽게 설명되기 때문에 내가 원용했던 것입니다. 따라서 지금 에스닉 그룹이나 문화 개념이 정치학적인 활용

가치가 있는 한에서 사용한 것이지 그 이상 깊게 들어가려고 한 것은 아니었습니다.

또 식민주의colonialism라는 독특한 개념도 원래 국내정치에서는 쓰지 않았던 것입니다. 식민주의는 원래 국제정치적인 개념인데, 그것을 국내에서 쓰는 이유는 현재 국내에서도 그와 유사한 성격의 문제가 나오기 때문입니다. 차등 문제를 식민주의 개념으로 설명한 것은 사실 마르크스 학파에서 먼저 시작하였습니다. 이 용어가 감정에 아주 호소력이 있기 때문에 이를 사용한 것이죠. 국내 식민지라고 하면 뭔지 호소력이 있지 않습니까. 그런데 현실에서 그런 차등 대우가 있다는 것은 어느 사회에서든지 있는 문제입니다. 어느 사회이든지 산업 입지 조건에 따라서 발달하는 데가 있고 뒤떨어지는 데가 있단 말입니다. 또 그 시대에 따라서 산업 중에 특별히 발전한 산업이 있고 뒤떨어지는 산업이 있게 됩니다. 그런데 이러한 문제가 자칫 에스닉 그룹과 연관되는 경우에는 폭발적인 성격을 띠게 됩니다. 요컨대, 나 자신은 될 수 있으면 정치학에서는 정치학 이외의 용어를 조심해서 쓰자는 것입니다. 잘못 사용하면 학문적 혼돈이 생깁니다.

질문 오늘 말씀해 주신 것 중 그 중심을 이루고 있는 것이 근대국가가 가지고 있는 모델의 자기 한계성 내지는 자기모순 때문에, 가령 유럽 쪽이나 발칸 혹은 발틱 쪽에서 나타나는 바와 같이 에스닉 그룹의 강화 현상을 맞이하게 되었는데, 에스닉 그룹의 강화가 또한 동시에 자기 한계 내지 자기모순을 불가피하게 맞이할 수밖에 없을 것이라는 지적이셨습니다. 정치공동체로서 근대국가가 문화공동체의 측면을 충분히 수용하지 못하게 되는 한계에 부딪히면서 에스닉 그룹이 정치공동체에서 일단 떨어져 나오기는 했지만, 근대국가를 넘어서서 권역

제1강 근대국가의 새로운 변화 | 41

내지는 복합 국가적인 체제 쪽으로 나가는 데, 현실 속에서 단위체로서 살아남기는 어려운 또 다른 딜레마 속에 빠지게 되는 것이 아닌가 하는 생각이 듭니다. 그런 경우에 어떤 식의 자기 변모를 해야 되겠는가 하는 의문이 제기됩니다.

답변 그게 다음에 얘기할 강의 주제인데, 아시다시피 단일국가 개념이라는 것도 모델 개념이지 현실적으로 단일국가체제로 간 나라가 아주 적습니다. 대부분의 나라가 단일국가체제로 가지 못했습니다. 우리 한국도 마찬가지입니다. 따라서 그것은 모델이란 의미에서 선구적인 성격이 있고 그것이 표준이 된다는 것이지 표준 대로 모든 국가들이 간다는 의미가 아닙니다. 역사적으로 보면 국가연합체제, 즉 지금 러시아의 독립국가연합CIS 같은 경우는 아주 소수입니다. 그 예가 아주 적습니다.

그런데 역사상 그 예가 적었지만, 지금 유럽공동체 같은 현상, 즉 로마 조약Rome Treaty부터, 단일유럽의정서Single European Act, 마스트리히트 조약Maastricht Treaty까지 가는 유럽에서의 일련의 사태가 기왕에 역사상 예가 적었던 국가연합의 경우와 유사하게 진행되면서 마치 그것이 장래성이 많아서 장래의 모델 개념으로 나갈 것 같기 때문에 지금 이 강의를 하는 것입니다. 이게 아주 중요한 문제입니다, 이 문제를 다루기 위해 지금 일단 단일국가 개념을 정리하기 위해서 강의한 것입니다. 단일국가 개념에서 볼 때, 기왕에 스위스 같은 나라는 아주 예외적인 나라였습다다. 칸통Canton(스위스 주)이 있었기 때문에 아시다시피 오랜 기간 동안 국가연합을 하던 나라입니다. 그러다가 나폴레옹 전쟁 이후에 연방국가가 되었습니다. 아직도 조그만 나라들로 구성되어 있지만 그래도 지금 아주 자율성이 높은 나라가 됐습니다. 기왕에 무시되었던 이러한 국가 형태의 연장선상에서 유럽공동체의 진행 과정을 계속 보면, 기존과는 전혀 다른 각도에서, 다른 동기를 가지고 새로운 방향으로 나가고 있는 것이 아닌가라는 생각이 들어서 이 강의를 하는 것입니다.

질문 지금 선생님뿐만 아니라 다수의 학자들이 민족이나 에스닉 그룹의 문제를 바로 문화와 연결되는, 바꾸어 얘기하자면 경제라는 요소가 배제된 그 어떤 성격의 단위로서 논하고 있다는 생각이 듭니다. 그런데 마르크스주의자들은 아직도 민족주의란 기본적으로 부르주아 개념이고 경제적인 관점에서 문화적인 요소로 보고 있습니다. 네이션이나 에스닉 그룹 문제에서 경제적인 요소보다는 문화적인 요소가 더 중요했다는 선생님의 입장과 마르크스주의자의 입장은 상반되는데, 그렇게 경제적인 요소를 빼고 설명하신 이유가 따로 있는 것인지요?

답변 나는 사실 문화 속에 경제적인 요소도 생각하고 강의를 했습니다. 그러니까 문화공동체라고 하는 의미에는 그들이 가지고 있는 경제체제를 집어넣을 수 있다고 봅니다. 그래서 두레에 대해서 이야기한 것 아닙니까. 농촌에 있었던 일종의 공동 경제체제로서 두레라고 하는 것이 있었습니다.

그런데 말이라는 것은 참 쉽고도 어렵습니다. 우리나라 말로 다른 나라의 언어를 번역하는 것은 더욱 어렵습니다. 네이션도 민족이라고 번역하는 경우가 많지만 에스닉 그룹도 우리말로 번역한다면 민족 집단이 되기 때문에, 말이란 것은 대단히 어려운 것 같습니다. 그래서 내가 에스닉 그룹이라고 한 것은 우리가 번역하는 말보다도 지금 사회학에서 말하는 의미로 생각해 달라는 뜻에서 에스닉 그룹이란 용어를 썼던 것입니다. 그렇지 않으면 민족이라고 할 수도 있었을 것입니다. 하기는 국가나 나라와 같은 용어의 경우에도, 맨 처음에 얘기했습니다만, 이것이 에타나 스테이트를 말하는 것인데 이것을 나라나 국가라고 하니까 이상스러워집니다. 우리는 국가, 나라라는 것을 보편적인 개념으로 배워왔습니다. 마치 까마득한 옛날부터 장차에도 계속 존재할 국가라는 식의 추상적인 개념으로 생각하여 왔는데, 내가 얘기한 것은 그런 국가가 아니고 역사적인 국가라고 하는 어떤 독특한 시기에 있었던 국가 형태를 얘기하고 있는 것입니다.

그러니 말이란 것은 참 어려운 것입니다. 아까 말한 네이션이란 것도 정치공동체이면서도 완전히 추상적인 개념입니다. 거기에 나와 있는, 시티즌citizen, 피플people, 푀플peuple이라는 용어들도 모두 다 추상적인 개념입니다. 그것에 비해서 앞서 말한, 네이션이 하나의 문화공동체라는 것은 아주 구체적인 개념입니다. 막연히 문화라고 하는 것이 아니라 어떤 문화라고 하는 구체성을 가지고 있는 것입니다. 그렇기 때문에 가령 문화공동체 속의 특징으로서는 언어 습관, 사회화 과정, 사고방식, 키, 얼굴 빛깔 등 그런 것들이 모두 다 들어갑니다. 그런 의미에서 인종 그룹과도 연관이 됩니다. 사회학적 혹은 생물학적 개념으로 '레이셜 그룹'racial group이란 말이 있습니다. 즉, 인종 집단이란 말이 있는데, 그 말뜻 속에는 머리털, 키 같은 신체적인 특징도 문화 집단의 한 특징으로 들어가 있습니다. 그러니까 언어라는 것이 편리하고 말로 표현하기가 쉬울 것 같으면서도 사실 따져보면 대단히 어려운 것임을 알 수 있습니다. 그런데 민족주의적 정서 때문에 서양 용어를 쓰기 싫다면 두레 집단이라는 용어가 그나마 적당하지 않은가 그렇게 말하고 싶습니다. 그런데 확실히 생활 개념으로서 두레 집단은 편한 것입니다. 우리가 외국에 가보면 쉽게 알 수 있게 됩니다. 외국에서 한국 사람들이 파티에 참석해 보면, 서양의 파티라는 것에 대해 좋다고 하는 사람은 아마 없을 겁니다. 어깨가 아프고, 아주 따분하고, 말도 잘 통하지 않고, 저 사람들이 왜 웃는지도 잘 모르겠고, 어떻게 할 줄을 모르겠다고 하면서 역시 옛 친구들하고 모여서 우리 식대로 노는 것이 단연 편하다고들 하는데, 그것이 바로 에스닉 그룹의 문제가 아닙니까? 그런 이유로 사가네들끼리 응집하려고, 응결하려고 하는 것입니다. 그래서 심한 경우에는 파티에 가보면 한국 사람은 한국 사람끼리 모여서 이야기하고 일본 사람은 일본 사람끼리 모여서 이야기하고 있는 경우도 있습니다. 이런 것이 모두 다 에스닉 그룹 문제와 연관되는 것이 아니겠습니까?

지금 발칸 반도에서 전개되고 있는 사태 같은 것은 에스닉 그룹이 가지고 있는 문제를 노골적으로 나타내고 있다고 하겠습니다. 다시 말해 크로아티아나 세르비아의 구교와 정교 사람들이 회교 사람들이나 터키 사람들의 영향을 받고 있는 것들을 모두 없애버려야 한다고 하는 '인종 청소' 개념 같은 것은 에스닉 그룹이 가지고 있는 독특한 성격을 빼놓으면 도저히 이해할 수 없는 것입니다.

그런 의미에서 나 자신의 개인적인 의견은, 그전에 어디엔가 썼습니다만, 장래의 새로운 나라 개념은, 그때 스테이트가 될지 뭐가 될지 모르겠지만, 지금보다는 작아질 것이라는 것입니다. 에스니시티, 네이션, 문화공동체가 가지고 있는 요소가 한 곳에 가장 잘 모일 수 있는 정도로 조그마하게 될 것이라고 생각합니다. 예전에 루소도 그렇게 보았던 것 같습니다. 루소가 원래 스위스 사람이라서 그런지 루소는 국가연합 이론을 많이 주장했던 사람인데, 그는 에스닉 그룹 같은 것을 단위로 자기 나라를 생각했던 것입니다. 직접 민주주의가 실행될 수 있는 정

제1강 근대국가의 새로운 변화				45

도로 크기가 작은 나라, 살기 편하고 말도 잘 통하고 서로의 관습이 같아서 말하지 않아도 충분히 잘 알아볼 수 있는 그런 국가를 생각했던 것입니다. 이것은 장차 다음에 나올 문제들입니다.

질문   경제라는 것이 발전하면 발전할수록 서로 국경 개념이라든가 국가 개념 같은 것들을 뛰어넘는 속성을 가지고 있는데, 현재 점차 경제가 고도로 발달하고 있는 데도 불구하고 아까 선생님께서 말씀하신 대로 작은 국가로 갈 것이라는 것은 국가 간에 통합화 하는 경향이 강화되는 오늘날의 경향과 모순되는 것이 아니겠습니까?

답변   아까 말했지만 장차 우리가 얘기할 것 중에 가장 중요한 테마가 현재 유럽공동체의 전개입니다. 그런데 유럽공동체는 국경이라는 경계가 점차 사라지는 경제 중심의 국경 없는 큰 삶을 이야기하는 겁니다. 그런 새로운 형태의 무엇인가를 만들려는 것인데, 다시 말해 기왕의 주권국가와 또 다른 무언가를 만들려고 하는 것인데, 유럽공동체에 관한 조약들을 보면 그 구성 분자로서 '레타 나시오날'l'état national이라는 것을 두고 있습니다. 우리가 지금 단일국가라고 했던 네이션 스테이트를 그 큰 덩어리 속에 구성단위로 넣고 있는 것입니다. 그러니까 내가 앞서 얘기했던 조그만 나라에 소속해 있다는 것은 구성단위로서 나라 얘기이고 그 위에 큰 형태의 나라가 형성된다는 것입니다. 물론 나라라는 말을 쓰기 때문에 의미 전달에 약간의 혼선이 생겼던 것 같은데, 말하자면 보다 더 큰 나라 B 속으로 들어가는 나라 A는 아마 작아질 것이다라는 그런 얘기입니다.

질문   물리적인 규모가 작아진다는 얘기가 아니라 기능적으로 축소된다는 말씀입니까?

답변   기능적으로도 작아지고 물리적으로도 작아진다는 것입니다.

지금 유럽공동체의 마스트리히트 조약이 바로 그런 얘기입니다. 마스트리히트 조약은 로마 조약 이후 단일유럽의정서를 고치고 또 고치고 해서 만들어진 방대한 것입니다. 그것을 보면 마스트리히트 조약에 따른 조약체가 있는데, 이것은 일종의 국가연합confederation이라 하겠습니다. 이는 새로운 나라 형태로서 그 이름을 유니언union이라고 붙였습니다. 유니언이라는 말은 프랑스에서도 많이 쓰고 미국에서도 쓰는 말이고 독일에서는 분트Bund라고 합니다. 이 유니언이라는 것이 새로운 나라 형태일지도 모르겠는데, 이 새로운 나라 형태 속에 들어가는 조그만 세포 같은 것으로 내셔널 스테이트, 네이션 스테이트를 위치짓고 있습니다. 이러한 흐름이 그대로 계속된다면 지금 세상이 전혀 다른 모습으로 되어갈지도 모르겠습니다. 그래서 지금 이 강의를 하고 있는 것입니다. 세상이 보통 달라지는 것이 아니라 대단히 달라질 것 같다는 것입니다.

질문 그렇다면 유럽공동체를 정치적 공동체라고 볼 수도 있지 않습니까? 새로운 형태의 정치적 공동체를 만들자고 하는, 다시 말해 경제를 위한 정치공동체, 또는 경제 정책의 공동체라는 그런 식의 방향으로 나가는 것으로 볼 수 있지 않겠습니까? 미래에 지배적으로 될 가능성이 큰, 새로운 나라 형태로서 유럽공동체를 왜 굳이 근대적인 나라 형태인, 일종의 국가연합 형태로 보려고 하시는지를 잘 모르겠습니다.

답변 재미있는 질문입니다. 그 질문에 대답하려면 연방federation은 뭐고 국가연합confederation은 뭐냐 하는 설명을 해야 합니다. 옛날에 연방 형태에는 연방국가federal state 같은 것도 있고 지금도 CIS, 혹은 유럽공동체 같은 국가연합 형태도 있습니다. 그것도 하나의 나라 형태입니다. 그런 나라의 형태도 있었는데 기왕에 그것은 아주 소수의 예였습니다. 지금까지는 단일국가 개념이 그 모델이었고 연방 개념이나 국가연합 개념은 모델이 아니었습니다. 그런데 이제 점차 그 모델 개념이 바뀌어서 그러한 것들이 모델이 될 가능성이 있다는 것입니다. 다음 시간에 이에 대해서 강의할 생각이니 다음 강의를 듣고 나서 다시 질문해 주었으면 좋겠습니다.

질문 그런데 오늘날 교육이나 대중 매체의 발달이나 통신 시설, 교통수단 등의 발달로 인해서 문화가 점차 전지구적으로 통합되어 가는 현상이 나타나고 있지 않습니까? 에스닉 그룹의 특이성을 강조하는 그런 경향도 있지만, 문화적 식민지라는 말이 나오듯이, 예를 들어 미국 문화가 전세계적으로 퍼져 나간다든지 하는 식으로 될 경우에는 에스닉 그룹이 독특한 하나의 정치적 공동체로 결집하여, 기존의 민족국가가 보다 작은 단위로 분할되어 가는 경향뿐만 아니라 또 하나의 어떤 새로운 문화를 향해서 합쳐지려는 경향도 있을 수 있다는 생각이 듭니다.

답변 지금 말하는 것은 문화의 전파를 통한 확대 경향이 있지 않느냐, 커뮤니케이션, 교통, 과학 기술, 일반 정보 등이 지구화하는 추세에 있기 때문에 에스닉 그룹 같은, 말하자면 이화異化 경향을 초월하거나 극복할 수 있지 않느냐 하는 그런 이야기이지요? 반드시 그렇지 않으니까 지금 세계가 요란스러운 겁니다. 그래야 할 텐데 그렇지 않으니 문제라는 것입니다. 우리 국내에서도 요란스러운데, 지역 차별을 해소하려고 하지만 잘되지 않는데, 그것은 왜 그렇겠습니까? 옛날보다 요즘 여러 가지로 몇 배나 발달했는데도 계속 지방 문제가 생깁니다. 그런 문제가 나오지 않는다면 누가 에스닉 문제에 대해서 이야기하려고 하겠습니까?

그리고 도대체 커뮤니케이션이 발달했다, 정보 사회가 됐다, 과학 기술이 발달했다 하는 것이 구체적으로 무엇을 의미하는 것입니까? 그러한 것이 발달했다는 것과 에스니시티의 문제와는 직접 관계되는 것이 아닙니다. 다음에 나올 문제이지만, 그것은 그것대로 다른 문제입니다. 그런 경우에 따라 발생하는 자본주의의 문제, 자유주의 문제, 이것들은 또 다른 문제입니다. 이 문제에 대해서도 물론 다루어야 할 것입니다. 언젠가도 얘기했지만 마르크스가 세 가지를 주장했는데, 하나는 자본주의를 비판하고, 그 다음에 자본주의에서 사회주의로 가는 이행 문제를 논하고, 그 다음에는 이행 과정, 즉 혁명을 논하는 등 세 가지를 논했습니다. 그런데 솔직히 말해서 자본주의에서 사회주의로의 이행 과정에 대한 혁명론은 현 국면에서 적실성을 상실했고 공산주의 자체도 인기가 없어졌습니다. 그러나 마르크스가 한 자본주의에 대한 비판은 여전히 그 의미를 상실하지 않았습니다. 자본주의 문제를 자꾸만 잊어버리는데 자본주의하에서의 상품 시장의 확대, 기술의 발달, 정보 산업화, 커뮤니케이션 발달 등이 무엇을 의미하는가 하는 것도 우리가 반드시 짚고 넘어가야 할 과제입니다. 그것은 또 다른 과제인 것입니다.

오늘 이 강의가 된 이유는 다음과 같습니다. 언젠가 하영선 교수가 마스트리히트 조약을 얘기하면서 이것이 근대국가의 사실상의 변화가 아닌가 하는 의문을 제기했습니다. 주권을 양보하고 있으니까 말입니다. 사실 주권을 양보하는 근대국가를 근대국가라고 할 수 있겠습니까? 주권이 양보되는 근대국가는 있을 수 없다고 볼 때, 이러한 변화는 새로운 현상이라고 볼 수 있다는 것이었습니다. 나는 그러한 의문

제1강 근대국가의 새로운 변화 | 49

에 대해서, 그와 동시에 또 앞서 언술한 것과 같은 분열상, 조그만 정치 집단으로 자꾸만 되돌아가려는 현상도 현실이지 않느냐는 답변을 했고, 그래서 그런 문제를 다루어 보자 하는 얘기가 나와서 이 강의가 된 것입니다.

처음에는 에스닉 그룹이라고 하는 개념을 새로 도입함으로써 네이션 스테이트에서 네이션의 두번째 특징인 문화공동체라는 특성에 세분화를 시도해 보았습니다. 다음 시간에는 현재 주권을 이양하는, 주권을 양보하는 것 같은 새로운 형태의 유니언이 무엇인가, 그것이 어떠한 역사가 있었나, 무엇 때문에 그렇게 되었으며 어떻게 될 것 같은가 하는 문제를 논할 것입니다. 그런데 조직적으로 강의를 준비하기에는 지금 내 주변에 책도 없고 아무것도 없어서 어려운 점이 많았고, 생각나는 대로 정리해서 강의를 했기 때문에 여러 잘못된 점이 있으리라고 생각됩니다. 따라서 여러분이 이러한 문제에 대해서 질문도 해주고 고쳐주기도 하면 고맙겠습니다. 오늘 강의는 여기서 마치겠습니다.

제2강

근대유럽 국가연합의 기본 성격

전 시간에는 현재 세계 각국에서 일어나는 민족 분규를 놓고 근대 국가에서 네이션이라고 하는, 우리가 민족이라고 번역하거나 국민이라고 번역하는 그 개념을 중심으로 살펴보았습니다. 네이션은 두 가지 성격을 가지고 있는데, 그중의 하나가 문화공동체로서의 네이션으로 이 개념이 현재 세계 도처에서 진행되고 있는 분산화 경향과 연관되어 있다고 이야기했고, 이러한 현상을 보다 효과적으로 설명하기 위해 사회학에서 사용하는 에스닉 그룹 개념을 원용하여 하부 부분 민족이라고나 할까, 그런 것에 대해 이야기했습니다. 사람은 원초적으로 1차 집단적인Gemeinschaftlich 공동체 집단에 속해서 삶을 영위하려는 성격이 있어서 언어, 습관, 관행, 태도가 같고 혈연관계, 지연 관계가 있는 집단들이 될 수 있으면 자립, 자존하려고 하는 경향이 있고 따라서 큰 집단으로부터 자꾸 분리하려는 성격이 있는데, 특히 집단생활을 하는 경우에 에스닉 그룹이 분리성, 분산성을 강하게 나타냅니다. 그것이 지금 각지에서 발생하고 있는 민족 분규의 한 원인이라는 이야기를 했습니다.

그런데 네이션을 보통 민족이라고 번역하는데, 에스닉 내셔널리즘ethnic nationalism이라는 말같은 경우 민족-민족주의라고 번역하기도 그렇고, 번역하기가 상당히 까다로워집니다. 네이션이라는 말이 국민과 민족이라는 두 가지 측면을 가지고 있다는 말을 안 했던 것은 그것이 여러 면으로 모호하기 때문에 그랬던 것입니다. 물론 민족주의 개념에는 에스닉한 것 외에도 다른 것들도 많이 있습니다. 예를 들자면, 영토적 민족주의territorial nationalism라고 하는 그런 것도 있습니다. 가령 일본이 북방 4개 섬에 대해 영토권을 주장하는 것이나 우리나라가 간도에 대해 영토권을 주장하는 것 등은 영토적 민족주의의 예입니다. 민족주의라고 하면, 에스닉-내셔널리즘이라고 하는, 우리가 보통 민족주의라고 부르는 것이 가장 많이 회자膾炙되고 있습니다.

그것이 현재 세상에서 진행되고 있는 여러 가지 민족적인 문제에 대한 설명이라고 한다면, 그 반대로 현대에는 흩어지려는 것이 아니라 모이려고 하는 또 하나의 움직임이 있습니다. 여러 나라가 하나가 되려고 하는 운동이 있다는 것입니다. 사실 우리 입장에서 보면, 향후 50~100년 사이에 제기될 커다란 조류 중의 하나가 구심적이고 집결적인 운동이라는 생각이 드는데, 그 대표적인 예가 바로 유럽공동체European Community입니다. 유럽공동체에 대해서는 앞으로 3, 4회에 걸쳐 강의를 할 것인데, 집결 운동의 대표적인 모델로서 현재 진행되고 있는 유럽공동체의 형성 과정에 대해 논하고자 합니다. 오늘은 그 전제로서 연방federation 제도 혹은 국가연합confederation 제도에 대해서 미리 강의하고자 합니다. 그런 의미에서 전 시간과 매우 대조적인데, 이전 시간에는 분산적이고 흩어지려고 하고 독립하려고 하며 분리하려고 하는 운동에 대해서 이야기했지만 이번 시간에는 집결하려고 하며 응결하려고 하는 정

제2강 근대유럽 국가연합의 기본 성격

반대되는 움직임에 대해 강의할 것입니다. 현대 국제정치 혹은 국내정치의 면에서 볼 때, 이러한 정반대되는 경향이 동시에 움직이고 있고 이것이 바로 현대를 구성하는 여러 특징 중에 가장 주요한 특징이라고 할 수 있을 것입니다. 그런데 흩어진 것이 모이려고 하고 집결하려고 하는 움직임을 표현하는 용어가 하도 많아서 상당히 혼란스럽습니다. 내가 조사한 바에 의하면, 페더럴리즘federalism, 페더레이션federation, 컨페더레이션confederation, 페더럴 거번먼트federal government, 페더럴 유니언federal union, 유니언union, 리그league, 퍼페츄얼 리그perpetual league, 시스템 오브 스테이츠system of states, 유나이티드 스테이츠united states, 커뮤니티community, 슈타텐분트Staatenbund, 커먼웰스commonwealth 등등 상당히 많습니다. 이러한 용어들은 그 내용이 서로 비슷하면서도 그 의미가 조금씩 다 다릅니다. 그래서 이러한 용어의 외연과 내포를 구별하기가 상당히 혼란스럽습니다.

먼저 영미 계통이나 프랑스의 각종 저술 또는 논문에서 가장 많이 쓰이는 용어가 바로 '페더럴리즘'(이하 연방주의)입니다. 오늘은 주로 정치 제도로서 연방주의에 대해서 이야기하려고 하는데, 연방주의는 마지막에 '이즘'ism이 붙은 것만 봐도 알 수 있듯이, 이데올로기적인 의미로서 많이 쓰입니다. 제도가 아니라 이데올로기로서 또는 하나의 설로서 쓰이고 있습니다. 이데올로기로서 원용되는 연방주의 중에서 가장 유명한 것을 꼽으라고 한다면, 19세기 피에르 조셉 프루동Pierre Joseph Proudhon의 무정부주의적인 연방주의를 그 예로 들 수 있습니다. 그 뒤를 받아서 바쿠닌Mikhail Bakunin, 크로포트킨Peter Kropotkin 등과 같은 무정부주의자들의 연방주의가 나왔습니다. 이 세상에 자유와 평화가 유지되려면, 세계가 연방주의 원칙에 의해서 구성되어야 한다는 논의가 유명한《연합의 원리》*Du Principe Fédératif*라고 하는 책을 통해 구체화되고 있습니다. 이는 아주 재미있는 설이어서 나 자신도 과거에 아주 흥미를 가지고 있었습니다. 그런데 여기는 무정부주의anarchism를 논하는 시간이 아니기 때문에 여기서는 논외로 하겠습니다. 이러한 이데올로기가 아니라 정치 제도로서의 연방주의, 이것은 저서나 논문의 제목으로 가장 많이 사용되어 왔습니다. 이 밖에도 '페더레이션'(이하 연방)이라는 용어는 사전에도 많이 나오고, 책에서 제도로서 연방주의를 이야기할 때 대개 페더레이션이라는 용어를 사용합니다. 프랑스어로도 페더라시옹fédération이라고 해서 이 용어를 그대로 사용합니다.

그 다음에 '컨페더레이션'(이하 국가연합)이란 용어인데, 이는 페더레이션과는 그 의미가 아주 다릅니다만 같이 사용되기도 합니다. 그래서 국가연합과 연방이 혼란을 일으키는 주원인이 되고 있습니다만, 어쨌든 국가연합도 많이 사용하는 용어입니다. '페더럴 거번먼트'(이하 연방정부), 이 말도 저술에서 많이 사용됩니다. 이 방면에서 유명한 저서로서 위어Kenneth Wheare의《연방정부》*Federal Government*라는 책이 있는데, 비교정치론을 할 때 꼭 보는 책이니까 여러분도 아마 보셨을 것입니다. 그 다음에 '리그'라는 말은 참 오래된 용어인데, 16세기 문헌에 보면 보면 프랑스에서 당시 국가연합이었던 스위스의 국가연합을 이야기할 때 '라 리그 드 스위스'La League de Suisse 라고 표현한 예가 있습니다. 그런 식으로 이미 이 용어를 많이 써 왔습니다. 또 8세기에 유명했던 스위스 연방 내의 존더분트Sonderbund 라는 것에 대해 프랑스 주민들은 역시 리그라는 용어를 써서 칭했습니다. 어떤 사람들은 리그 중에 아까 말한 스위스의 독특한 리그를 '리그 페르페튀엘'이라는 용어로 칭했습니다. 요즘 최신 저술에 의하면 연방정부, 국가연합을 '시스템 오브 스테이츠'라는 용어로 표현하는데, 이는 요즘에 쓰는 개념이지 예전에는 쓰지 않았던 개념입니다.

그 다음에 많이 쓰는 용어가 '유니언'입니다. 유니언이라는 말은 이미 스위스 연맹에서도 나오지만, 16세기 네덜란드의 여러 주가 모여서 하나의 연방을 만들었을 때의 조약을 '유니언 오브 유트레히트'Union of Utrecht라고 했습니다. 또한 아메리칸 커먼웰스American Commonwealth라고 할까, 1781년 미국연합Confederation of America을 만들었을 때에도 유니언이라는 용어가 헌법에 나옵니다. 또 토크빌의 《미국의 민주주의》De la Démocratie en Amérique라는 미국의 민주주의에 대해 쓴 책에서도 유니언이라는 말이 자주 나옵니다. 유니언은 근래에도 가장 많이 쓰이는 말 중의 하나입니다. 한편, '유나이티드 네이션즈'United Nations의 '유나이티드'도 유니언과 유사한 의미를 가지고 있습니다. 미국의 국호가 '유나이티드 스테이츠 오브 아메리카'United States of America인데, 이것 역시 미국이 유니언이라는 것을 의미합니다. 그 다음에 '커뮤니티'란 말도 제법 많이 씁니다. '유러피언 커뮤니티'European Community와 같이 말입니다. 그리고 독일어의 '분트'Bund라는 말, 슈타텐분트Staatenbund 혹은 도이체 분트Deutsche Bund에서 쓰이는 바와 같이 분트라는 용어도 많이 사용되었습니다.

이러한 여러 가지 말들이 왜 생기게 돼 있는가 하면, 단일국가와 비교해서 생각하는 경우, 국가와는 다른 정치체를 표현하기 위해 이렇게 다양한 표현들을 하게 된 것입니다. 그렇다면 국가라는 말을 피하기 위해 쓰인 여러 용어들이 서로 비슷한 내용을 가리키는 말로 쓰였는가 하면, 반드시 그렇지는 않습니다. 쓰는 사람마다 다른 뜻을 지닌다고 할 정도로 참 다양하게 쓰이고 있습니다. 아마 정치학 사전을 봐도 사전마다 조금씩 다르고 저술들도 서로 그 의미가 조금씩 다 다릅니다. 그래서 이들 개념들에 대한 혼란이 오게 되는데, 특히 혼란스러운 것이 '커먼웰스'입니다. 커먼웰스는 영연방British Commonwealth으로 유명한데, 세계 연합에 해당하는 말을 '커먼웰스 오브 네이션즈'Commonwealth of Nations라는 말로 쓰자는 주장도 많이 있었고 '커먼웰스 오브 스테이츠'Commonwealth of States란 말을 써서 유럽과 미국을 하나로 하자는 이론도 있었습니다. 그중에서 가장 유명한 것이 영연방인데, 이것 또한 참 모호한 것입니다. 이 커먼웰스는 조약으로 된 것도 아니고 아주 독특합니다. 영국 헌법 책을 보면, 대체로 커먼웰스를 '독립 국가들의 국제적인 기관'international organization of independent states이라는 말로 표현하고 있는데, 그 뜻이 모호하기 짝이 없습니다. 과연 국제적인 기관international organization이라는 말이 적당한지 의문입니다. 아시다시피 영연방은 자치주가 된 도미니언들dominions이 모여 1926년 벨포어 선언Balfour Declaration에서 영국 왕위crown에 대해 충성을 합의한 나라들이 집결해서 결성한 것으로 1949년에는 왕위가 아니라 군왕monarchy에 대한 충성을 합의한 나라들로 구성되는 것이라고 규정을 바꾸었습니다. 그런데 영연방의 구성 국가들partner states 중에는 리퍼블리카(공화 체제)를 주장하고 있는 것들이 있어서 군왕에 대한 충성이라는 말 자체가 애당초 모호한 것이었습니다. 뿐만 아니라 또한 애매모호한 것이, 그 속에 포함된 아프리카의 영국 식민지 후예들 중에는 군사 정권을 세운 나라도 있고 독재 정부를 하는 나라도 있고 해서 과거와는 다른 여러 나라들이 생겼는데, 이러한 것들이 모두 영연방의 구성 국가들로 되어 있다는 것입니다. 게다가 커먼웰스에는 법적인 결정권이 없도록 규정되어 있습니다. 그래서 어떤 사람들은 커먼웰스의 모임을 '올드 보이즈 클럽'old boys' club이라고 해서 일정의 클럽 같은 것, 모여서 잡담을 하고 의견을 교환하는 클럽 같은 것이라고 표현하기도 합니다. 이러한 측면에서 보면, 오늘날 커먼웰스라는 말은 연방정부와도 다르고 국가연합과도 다른 아주 모호한 성격을 가진 것입니다. 물론 자유롭게 탈퇴할 수는 있습니다. 다만 가입이 자유로운지는 의문입니다.

그런데 재미있는 것이, 커먼웰스의 제도를 생각하면 동양에 있었던 사대주의가 이와 관련하여 연상된다는 점입니다. 원래 사대주의에서 사대란 사대자소事大字小, 즉 큰 나라를 섬기고 작은 나라를 자애롭게 돌본다는 말의 약어인데, 근대국가 개념이 들어온 후에 주권국가 간의 평등이라는 개념이 생겼기 때문에 큰 나라를 섬긴다는 사대라는 말이 아주 나쁜 의미로 쓰이게 되었습니다. 미국에서 폴리티킹politiking, 폴리틱스politics가 나쁜 의미로 쓰이는 것과 마찬가지 경우라 하겠습니다. 그런데, 이러한 사대주의 관념은 커먼웰스의 아주 유사하면서도 비교되는 점이 많습니다. 아시다시피, 사대주의에는 두 가지 형태가 있습니다. 하나는 우리나라가 원나라나 청나라에 군사적으로 정복된 후에 조공을 바치게 되었던 것처럼 군사적인 억압 때문에 할 수 없이 섬기는 경우인데, 글자 뜻 그대로 사대입니다. 그것에 비해서 군사력이 아니라 명분이나 정당성에 의해서 조선이 명나라를 섬기는 것과 같은 또 다른 형태가 있습니다. 원래 순수 사대주의라고 하는 개념은 후자, 즉 명나라와 조선

간의 관계와 같은 독특한 관계를 말합니다. 왜 독특한 관계인가 하면, 조선 왕조가 명나라를 섬길 때 조선이 직접적으로 섬긴 것은 명나라 자체가 아니라 천자를 섬긴 것이었기 때문입니다. 그런 의미에서 영연방에서 군왕을 섬긴다는 것과 비슷합니다.

그것에 대해서 일본의 이와나미岩波서점에서《중국의 가족제도와 국가》라는 책을 출판했는데, 거기서 한 일본 사람이 천자가 가지고 있는 의미를 자세하게 설명하고 나서 이야기하기를 우리나라가 섬긴 것은 바로 천자였다는 것입니다. 천자를 섬긴다는 것은 특별한 의무 내용을 담고 있는 것이 아니라 사대와 관계된 조공 제도와 국내법으로 규정된 양해 이외에는 다른 의무는 없었습니다. 뿐만 아니라 이러한 의무를 그만둔다고 해도 괜찮았는데, 명나라는 오히려 류큐(현재 오키나와)나 월남, 조선 같은 나라에서 조공 바치러 자주 오는 것을 아주 싫어했기 때문입니다. 그 이유는, 돌아가신 고 김상기 교수가 논한 바와 같이, 조공이라는 명목하에 국가 무역을 해서 조금 가지고 와서는 많이 받아가지고 가는 나라들이 많았기 때문입니다. 명나라의 입장에서 보면, 이러한 것이 아주 귀찮은 일이었기 때문에 이를 제한하려고 노력을 했고, 따라서 조공 횟수를 많이 허락해 준 나라일수록, 오늘날 미국이 중국에 대해 특혜 관세를 부여하는 것과 같이, 중국으로부터 특혜를 받았던 나라였습니다. 류큐나 월남과 같은 나라에서는 상대적으로 조공 횟수가 많았던 조선을 부러워해서 자주 가려고 했지만 1년에 두 번 정도밖에 갈 수 없었고, 한편 조선은 1년에 네 번 조공을 갈 수 있었기 때문에 다른 변방국보다 특혜를 누리고 있었습니다. 명나라 책에 보면 조선에 대해 대우를 잘 해주었다고 나와 있고, 조선 정부에서도 이를 매우

제2강 근대유럽 국가연합의 기본 성격

고맙게 생각한 것으로 적혀 있습니다.

뿐만 아니라 《조선왕조실록》에 보면, 지금 우리 감각으로는 인정할 수 없지만, 조선은 중국의 천자를 섬기기 때문에 우리나라 산천은 천자의 소유이고 천자의 은혜로써 우리가 살고 있는 것이라는 대목이 나옵니다. 또 조선 시대의 한석봉을 위시해서 중국으로의 왕래가 잦았던 사람들은 천자를 받드는 정성이 지극한 글들을 많이 남겼습니다. 이것은 커먼웰스에서 군왕에게 충성을 맹세하고 총독이 오는 것을 받아주는 것과 마찬가지입니다. 그럼 분리해 나가면 어떻게 되는가? 그렇다고 하더라도 아무런 규제도 없고 아무런 문제가 없습니다. 탈퇴해도 되고 가입해도 되고, 그렇다고 간섭이 있는 것도 아니고 공동의 목적을 규정한 것도 없습니다. 다만 하나 있다면 동양적인 예禮를 갖춘다는 것뿐입니다. 원래 예란 말은 동양에서는 여러 가지 의미로 쓰지만 헌법적인 의미, 입헌적인 의미가 있었습니다. 그래서 영연방을 보면서, 전근대의 동양적 사대주의와 비슷한 면이 많다고 생각했습니다.

앞에서 말한 여러 가지 용어들이 가지고 있는 의미가 각양각색이라서 혼란이 생기므로 이러한 개념적 혼란을 피하기 위해서 두 가지 개념, 즉 연방과 국가연합 두 개념을 중심으로 강의를 진행하겠습니다. 연방과 국가연합은 여러 가지 면에서 다릅니다. 물론 아까 말한 용어들 중에는 이 두 가지 의미를 동시에 가지고 있는 경우도 있지만, 그러한 용어를 전부 고려한다면 상당히 복잡해지므로 개념적 혼란을 피하기 위해서 연방과 국가연합이라는 두 가지 개념으로 일단 논의를 집중시켜 봅시다.

국가연합이라는 개념 역시 그 정의가 일정하지 않고 그에 관한 설도 일정하지 않습니다. 자유주의 세계의 학자들은 개성적인 설을 주장해야 인정받기 때문에 꼭 남과 다른 말을 하려고 하는데, 그것이 자유주의적인 다원적 사회의 특색입니다. 때문에 연방 개념에 대해서도 설이 상당히 많은데, 이를 종합해서 압축하자면 다음과 같습니다. 블랙웰 출판사에서 나온《정치제도 백과사전》Encyclopedia of Political Institution에서 나온 정의와 프레스턴 킹Preston King이라는 사람이 쓴 정의를 압축해서 정리해 보면, 연방이라고 하는 제도는 일정한 영토지역territoriality 내에서 헌법을 통해 중앙정부와 지방정부라는 두 가지 정부가 동시에 인정되고 그 두 정부에 대해서 같은 권한을 인정하는 단일 정치체제라는 것입니다. 전체 지역을 대표하는 중앙정부가 있고 각 지방을 대표하는 지방정부가 있는데, 그것을 헌법에 의해서 규정하고 피차가 규정받은 권한에 대해서는 서로 침범하지 못하고 그러면서도 하나의 나라로서 작동해 나가는 정치체제를 연방이라고 정의하고 있습니다. 그런데 정의는 그렇게 했지만, 고전적인 주권 이론과 비교해서 연방 개념을 보면, 여러 가지 모호한 점이 많이 있습니다. 주권이라는 것은 지고지상의 불가분, 불가양不可讓의 권력이라고 규정하여 나눌 수도 없고 남에게 줄 수도 없는 것이라고 생각돼 왔습니다. 그런데 연방은 두 개의 주권이 있을 수 있다는 것을 의미하므로, 어떤 사람들은 이원론, 즉 두 개의 주권이 있다고 하는 양분설이라고 비판하기도 합니다. 19세기에 라반트Paul Laband, 옐리네크Walter Jellinek 등과 같은 사람들은 이것은 말이 안 된다고 해서 매우 비판적으로 연방체제를 보았습니다. 한편, 한스 켈젠Hans Kelsen 같은 학자는 이는 정도의 문제로서 권한을 많이 주고 적게 주는 문제이지 양분설은 아니라고 주장하기도 했습니다. 현실적

제2강 근대유럽 국가연합의 기본 성격

으로는 연방체제를 채택하고 있는 국가의 헌법을 보면 중앙정부의 주권과 지방정부의 주권을 동시에 인정하는 식으로 규정하고 있습니다. 전 세계에 존재하는 연방국가라는 나라들의 헌법에 이렇게 나와 있습니다.

이러한 연방 개념은 국가연합이라고 하는 또 하나의 정치 제도를 설명하면 보다 명확해집니다. 국가연합은 헌법이나 법에 의해 중앙정부와 지역 정부를 동시에 인정하고 있지만 주권은 지역 정부에게 있기 때문에 모든 결정은 지역 정부의 허가를 받지 않으면 통과되지 않는 체제입니다. 그러므로 모든 권한이 중앙정부에 집중되어 있어서 지방자치 정부나 혹은 다른 정치 기관들이 중앙정부에 예속되어 있는 단일국가체제와는 정반대로, 국가연합에서 주권은 지역정부에게 있습니다. 따라서, 국가연합은 커먼웰스처럼 가입과 탈퇴가 자유롭습니다. 그런 의미에서 보자면, 연방은 양자의 중간쯤에 해당됩니다. 주권이 한쪽은 중앙에 있고 한쪽은 지역에 있는데(구성 국가에 있는데), 연방은 반은 중앙에 있고 반은 지역에 있는 것이기에 중간 형태에 해당한다는 것입니다. 그래서 어떤 학자들은 국가연합은 연방으로 가는 도중에 있는 것이고 연방은 단일국가로 가는 도중에 있는 것이라고 해서 '과정이론'process theory을 주장합니다. 이와 같은 정치 형태들이 스펙트럼 양극을 잇는 일직선상의 어떠한 한 과정에 있는 것이지 완전히 별개의 것이 아니라고 주장하지만, 현실적으로는 분리되어 별개로 존재하고 있기 때문에 반드시 그렇다고 확실하게 얘기할 수는 없을 것 같습니다.

뿐만 아니라, 연방의 또 하나의 장점은 형식적인 연방과 실질적인 연방이 있다는 것입니다. 형식적인 연방이라는 것은 법 조문에는 연방에 참여하고 있는 지역정부들의 권한이 독립적으로 규정된 항목이 있지만 현실적으로는 조금도 지방의 주권적인 권한을 인정하지 않는 그러한 연방을 말합니다. 의외로 이러한 형식적인 연방 형태가 생각보다 많이 있습니다. 지금 전 세계에 연방이라는 헌법 형태를 가지고 있는 나라가 한 40여 개국이 된다고 합니다. 세계 인구의 4분의 1가량이 그러한 연방체제에서 살고 있는 것인데, 실질적으로 진정한 연방을 하고 있는 나라는 별로 없어서, 아까 앞에서 말한 위어 같은 사람은 미국, 스위스, 캐나다, 오스트레일리아 등 4개국만이 이에 해당한다고 말하고 있습니다. 또《현대 연방주의》Modern Federalism라는 책을 쓴 소어Geoffrey Sawer라는 사람은 위 4개국 이외에 독일연방, 오스트리아를 추가하여 6개국이 실질적인 연방을 하는 국가라고 해서 나머지 나라들은 형식적으로만 연방을 채택하고 있다고 주장했습니다. 그런가 하면《정치학 핸드북》Handbook of Political Science이라는 책에 나와 있는 라이커William Riker라는 사람의 〈연방주의〉Federalism라는 논문을 보면, 헌법에 연방을 채택한 나라는 모두 연방 국가로 인정해야 한다고 보고 현재 연방국가는 수십 개에 이른다고 주장했습니다.

이렇게 형식적인 연방과 실질적인 연방을 구분해야 하는 현상이 나타나는 가장 중요한 원인은, 나라마다 사정이 다르겠지만, 자율성이 없기 때문입니다. 연방정부는 여러 나라가, 여러 부분이 합쳐서 하나가 되는 것인데, 즉 페더럴federal이 되어야 함을 말합니다. 아시다시피, 페더럴이란 말은 포에두스foedus라는 라틴어에서 나온 '협약에 의한, 조약에 의한' 그러한 의미인데, 협약 중에는 자율적인 합의agreement가 있고 그 다음에 합의가 아닌 그냥 계약compact이 있습니다. 그런데 물론 나라에 따라 다르지만, 자율적이고 자발적이며 아무 구속을 받지 않고 자기 의지만으로 자기 의사를 결정할 수 있는 나라는 매우 적습니다. 위어가 4개국만이 연방이라고 한 것도 그러한 의미에서입니다. 반면에 소어가 독일과 오스트리아를 넣은 것은 이에 해당되지 않는데, 독일연방이나 오스트리아 연방은 1945년의 패전 이후 연합국에 의해서 1949년에 강압적으로 연방이 된 것이지 자발적으로, 자율적으로 연방이 된 것이 아닙니다. 따라서 그것은 진정한 의미의 연방이라고 볼 수 없고 가짜 연방이라고 할 수 있을 것입니다. 그런 경우는 많습니다. 예를 들자면, 인도나 말레이시아도 연방이라고 되어 있지만, 사실상 이것도 중앙정부가 형식적으로 만든 것에 불과합니다. 자율적으로 부분 사회, 부분 지역 정치 집단이 흔쾌히 공동 국가로서 연방을 만든 경우는 매우 적습니다. 그런 의미에서 엄격히 이야기하자면, 4개국 정도만 연방이고 나머지는 신용할 수 없다는 위어의 말이 신빙성이 있습니다.

그중에서도 가장 형식적일 뿐만 아니라 아주 이상스러운 예로 들 수 있는 것이 바로 구소련입니다. 아시다시피 구소련 헌법을 보면, 구성 공화국이 언제든지 가입, 탈퇴할 수 있다는 분리 조항이 명시되어 있습니다. 국가연합이 아니라 연방에서 헌법에 분리 조항을 넣은 것은 소련밖에 없습니다. 소련에는 스탈린 헌법이나 1977년 신헌법 71조에 '주권국가로서 구성 공화국은 자유롭게 탈퇴할 수 있다'고 되어 있습니다. 뿐만 아니라 더 나아가서 '개별 구성 공화국은 다른 나라와 협정도 맺을 수 있다'고 규정하여 구소련이 연방체제를 취하고 있으면서도, 연방체제에서 수용할 수 있는 이상의 자율권을 각 구성 공화국에 보장하고 있습니다. 이러한 근거 하에서 우크라이나와 백러시아는 국제 연합에 개별 국가와 마찬가지로 가입하기도 했습니다. 그러나 한편으로는 구소련처럼 중앙집권적인 단일국가의 중의 단일국가가 없었습니다. 공산당이 전 지역에 퍼져 있어서 철저한 당 규율에 의거하여 제재를 가했기 때문에, 아마 그 어떠한 단일국가보다도 철저하게 중앙집권적인 제도를 가졌던 나라가 구소련이었을 것입니다. 이렇게 구소련의 헌법에는 연방적인 요소도 있고 국가연합적인 요소도 있었기 때문에, 구소련이 과연 연방이었는지 참 규정하기가 어렵습니다.

이에 비해서 국가연합은 자발적으로 부분 집단이, 부분 국가가 합의해서, 협약에 의해서, 조약에 의해서 결집하여 하나로서 기능을 발휘하는 제도입니다. 하나는 아니되 하나와 같은 기능을 발휘한다는 것입니다. 어떤 때는 여러 가지로, 어떤 때는 한 가지로 기능하는데, 그런 순수한 의미에서는 가령 국제커피협회International Coffee Organization나 국제주석 동맹International Tin Council 같은 단체도 일종의 국가연합의 기능을 가지고 있다 하겠습니다. 북대서양조약기구NATO도 마찬가지로 군사적 목적을 위한 국가연합의 성격을 가지고 있습니다. 그래서 어떤 사람들은 국가연합이라는 것을 간단히 말해서 '국제법상의 조약체다, 동맹체alliance다'라고 규정하기도 합니다. 반면에, 국가연합이 동맹체와는 좀 다른 것이라고 설명하는 사람도 있습니다. 특히 나치주의자로 몰렸던 독일의 카를 슈미트Carl Schmitt는 하나의 제도로서 국가연합에 대해 법리학적으로 설명하고자 시도하였습니다. 그는 나치 정권 이전에 쓴《헌법론》Verfassungslehre에서 국가연합의 경우 그 조약, 협약은 입헌적이거나 제헌적인 협약으로 보통의 조약, 협약과는 다르다고 주장하였는데,

제2강 근대유럽 국가연합의 기본 성격

이 주장이 요즘 받아들여지고 있습니다. 그 근거로서 보통의 조약이나 협약에는 기한이 있는데, 국가연합의 경우에는 기한이 없다는 점에서 다르다는 점을 들 수 있습니다. 소위 영구 합의permanent agreement인 셈입니다. 그런 식으로 보통 동맹과 좀 다르지 않느냐 하는 의견이 있습니다만, 법 형식상에서 보면 국가연합은 동맹과 별로 차이가 없습니다. 물론 그렇기 때문에 앞에서 언급했던 것처럼, 국가연합에서 주권의 소재는 부분 국가에 있는 것이고 그 협약에 의해서 모아진 제도, 가령 다이어트diet, 어셈블리assembly, 콩그레스congress, 그리고 그 하부 조직인 카운슬 오브 미니스터즈council of ministers, 시크리테리어트secretariat 등과 같은 제도들에는 주권이 없습니다. 원칙적으로는 그런 제도에서 결정한 사항에 대해서 부분 사회가 거부할 비토권이 있는 것입니다. 그런 의미에서 주권은 구성 국가에 있지 중앙의 제도에는 없습니다. 물론 분리도 가능합니다.

그런데 이렇게 이야기한 것은 원칙론에 불과하고 현실에서 국가연합을 보면 아주 복잡합니다. 현실에서는 다수결을 통해 결정되는 제도가 있고, 또 투표권에서도 1국 1표 제도가 아니라 1국 다표 제도가 있으며, 여러 부서와 집단들이 서로 경쟁하기 때문에 발생하는 분쟁에 대한 중재 규정도 있고, 또 그에 따른 세력균형에 대한 정책 움직임도 있는 등 매우 복잡합니다. 따라서 국가연합도 과연 어떤 것이 진정한 의미의 국가연합인지에 대해서는 설이 분분합니다. 그렇기 때문에 국제커피연맹이나 국제주석동맹같은 것은 국가연합으로 포함시키지 않기도 하고, 나토의 경우에도 국가연합에 해당하는 것이 아닌가라고 이야기하는 사람들이 많이 있는데, 어떤 사람들은 그렇지 않다고 이야기하기도 합니다. 과거에도 동맹이라는 것이 많이 있는 데도 불구하고, 보통 국가연합의 예로서는 스위스, 네덜란드, 미국, 독일 등 4개국 정도를 그 예로 들지, 다른 예를 들지 않습니다. 물론 가령 미국의 경우만 하더라도 미국이 전적으로 국가연합인 것이 아니라 미국의 독립 전쟁 직후에 1781년부터 약 7~8년 동안 있었던 소위 미국연합 Confederation of United States of America 이라는 것만이 엄격한 의미에서 국가연합에 해당한다고 주장하는 사람들이 있습니다. 또 어떤 사람들은 남북 전쟁이 끝날 때까지는 미국은 국가연합이었다고 주장하기도 합니다. 왜냐하면 남부에서는 분리하려고 했는데, 그것이 성공했다면 국가연합이라고 할 수 있지만 그것을 못하게 막았기 때문에 전쟁을 거친 후에는 국가연합이 아니라 연방이 시작되었다고 주장하는 것입니다. 스위스도 마찬가지로 어떤 때는 국가연합이었고 어떤 때는 연방이기도 했는데, 현재는 연방입니다. 현재는 미국, 네덜란드, 독일이 모두 연방이 되었습니다. 그래서 아까 말한 바와 같이 국가연합은 연방으로 가는 과정에 있는 것이라는 주장이 나오게 되었는데, 이것도 어느 정도 일리가 있다고 하겠습니다.

지금까지 국가연합과 연방을 구분해 보았지만, 사실 설도 분분하고 현실에서도 참 모호합니다. 아랍 연맹 같은 것은 확실히 국가연합이고 아프리카 유니언도 국가연합의 성격을 가지고 있습니다. 그런데 국가연합이 왜 문제가 되는 것일까요? 사실, 제2차 대전 전만 해도 국가연합의 시대는 지난 것으로 인식되었습니다. 아까 말한 4개국이 모두 단순한 동맹이 아닌 국가연합이었다가 연방으로 변해 갔기 때문에 국가연합의 시대는 지났다고 생각되었고 따라서 별문제가 되지 않았었는데, 진정 문제시되기 시작한 것은 유럽공동체 때문입니다. 유럽공동체는 아시다시피, 처음에는 유럽석탄철강공동체European Coal & Steel Community, 유럽원자력공동체European Atomic Energy Community, 유럽경제공동체European Economic Community 세 가지가 합해서 형성되었는데, 유럽공동체가 되면서부터 기왕에 없었던 국가연합 형식이 나왔던 것입니다. 왜냐하면 기왕의 국가연합은 거의 예외 없이 안보, 국방을 위주로 형성되었습니다. 물론 그 속에 경제적인 요소가 없었던 것은 아닙니다. 미국의 경우에도 '제너럴 웰페어'general welfare라는 말이 나오는데, 그때 웰페어welfare라는 것은 국민들이 가지고 있는 재산권이나 생활에서의 경제적 이익을 포함하기 때문에 사실 경제적 요소라고 해도 과언이 아닙니다. 네덜란드나 스위스에서도 후기에는 웰페어 요소가 들어가 있습니다. 그러나 시초에는 대개, 또 나중에서도 가장 중요한 점은 국방, 안보에 있었습니다. 유럽공동체의 경우에도 국방이나 안보가 고려되지 않은 것은 아닙니다. 처음에 석탄철강공동체를 만들었을 때에는 독일을 가입시킴으로써 공동체적 구속을 통해 군수 산업을 재건하지 못하게 하여 다시는 전쟁을 일으키지 못하도록 만들기 위한 동기를 지니고 있었던 것입니다. 그런 의미에서 당시에도 안보가 고려가 되었습니다마는, 기왕의 정도에 비하면 그러한 동기는 부분에 지나지 않고 오히려 가장 중요한 것은 경제였습니다. 옛날의 국가연합이 국방과 안보 위주라고 하면 현재 문제가 되는 국가연합은 경제가 첫째 문제가 되고 있는 것입니다.

뿐만 아니라 명분상으로 국가연합이면서도 부분 구성국의 주권을 어느 정도 제한하고 오히려 중앙에 일부 주권을 이양하는 것을 규정하는 움직임들이 현재 나타나고 있습니다. 이것은 기왕에 도저히 생각할 수 없었던 새로운 현상으로서 옛날의 국가연합과는 전혀 다른 성격이 나오고 있는 것입니다. 게다가 이러한 새로운 성격과 국가연합이 과거 근대국가 형성 이후에 국제정치의 주무대가 되었던 서구에서, 그것도 규모가 아주 크게 전서구를 포함하는 규모로 이루어지고 있습니다. 이것이 마치 서구의 근대국가가 전 세계로 파급되어있듯이 역시 전 세계로 파급되어 21세기의 새로운 정치 형태가 될 수 있는 국가 간의 유니언 형태, 즉 근대국가가 구성단위가 되고 그 구성단위국 상위에 있는 광역의 유니언이라는 새로운 정치체가 나오게 되지 않겠는가 해서 관심이 집중되고 있는 것입니다.

그래서 다음 시간부터는 과거 역사 속에서 나타났던 국가연합과 연방의 네 가지 실제적인 예와 이 실제를 뒷받침했던 이론, 사상에 대해, 그리고 그것이 끝난 후에 유럽공동체의 역사, 구조 순으로 강의를 진행할 예정입니다. 지금 유럽공동체의 움직임은 로마 조약Rome Treaty이 나올 때까지는 별로 중요시되지 않았다가 1986년에 단일유럽의정서Single European Act가 나왔을 때부터 중요시되었고 1991년 마스트리히트 조약Maastricht Treaty이 나오면서 각처 신문, 논문, 저서에서 그 가능성에 대해 상당한 문제의식을 불러일으키고 있습니다. 물론 통합화 과정에서 덴마크처럼 반기를 드는 나라도 있고, 영국같이 유보적인 태도를 표명하는 나라도 있으며, 프랑스처럼 근소한 표차로 찬성한 국가도 있고 해서 아직 혼란한 상태에 있기는 합니다. 그러나 전체적으로 한 30~40년간의 과정을 보면, 유럽 통합이 조금씩 진행되어 오고 있음을 발견할 수 있습니다. 따라서 요근래, 몇 년이 아니라 10년 단위로 생각하는 경우, 유럽이 확실히 새

제2강 근대유럽 국가연합의 기본 성격 | 71

로운 정치 형태로 나아가고 있다는 확신을 갖게 됩니다. 이제 강의를 마치기로 하고 토론으로 들어가도록 하죠.

질문 근대국가체제에는 국가 기구가 있고, 국민경제가 있고, 민족주의가 있어서 경제, 정치, 문화가 하나의 통일된 모습으로 체제를 형성해 왔는데, 선생님이 말씀하신 바에 따르면, 현재는 네이션이 붕괴되는 과정이 진행되고 있으며 국가연합과 같이 통합의 과정이 동시에 병행되고 있다고 하셨습니다. 즉, 문화공동체로서는 분화의 과정에 있고 경제적인 요인은 통합을 이루는 동인이 되고 있다고 말씀하셨는데, 이렇게 경제 영역과 문화 영역에서 서로 모순된 방향이 나타나고 있는 경향에 대해서 어떻게 생각하십니까?

답변 네이션이 붕괴되는 것이 아니라 일부분이 되는 것입니다. 네이션 상위에 또 하나 다른 것이 생기니까 부분이 되는 것이지 붕괴되는 것은 아닙니다. 그리고 경제 영역과 문화 영역에서의 경향들은 서로 모순되는 것이 아니라 서로 다른 성격을 가지고 있을 뿐입니다. 가령 근대국가의 발전 과정을 보더라도 근대국가가 형성되면서 곧 국민경제가 형성되지는 않았습니다. 국민경제는 정치적인 근대국가 성립 이후에 그 영향으로 확산되어 성립된 것입니다. 다시 말하자면, 예전의 국가에서는 국내 관세나 교량세가 있었는데, 이는 근대국가가 성립되기 이전에 중세 시대부터 있었고 근대국가 시대에 들어와서도 영국이나 프랑스나 모두 이러한 세금들이 있었습니다. 그러다가 그 정책을 없애고 국민경제가 확립되었던 것입니다. 근대국가의 확립은 국민경제를 확립함으로써 사실상 어느 정도 달성된 셈입니다.

그런데 옛날에는 경제권이 좁아서 제한을 받았기 때문에 근대국가 형성을 통해 시장 확대를 꾀했는데, 근대국가가 성립되고 난 뒤에 다시 국가 경계에 의해서 국민경제가 가지고 있는 시장이 제한되는 현상이 나타나게 되었기 때문에 현재 국가 경계를 넘어서서 국제화를 통해 시장 확대가 이루어시고 있다고 본다면 이해가 될 것이라 생각합니다. 그리고 저번 시간의 질문 가운데 이 시간의 내용에 해당되는 것이 있었는데, 다시 한번 해주시겠습니까?

질문 전 시간에 말씀하셨던 소수 민족들의 독립 움직임과 같이 근대국가체제에서의 분산화 경향이 있는 반면에, 유럽공동체와 같이 경제적 요인, 문화적 요인, 교육적 요인, 교통, 통신의 발달 등으로 인해 점차 하나의 문화 형태와 정치 형태를 지향하는 경향도 있다 하겠습니다. 그렇다면 이러한 통합 움직임이, 앞서 말한 근대국가체제 내의 분산화 경향을 막을 수 있는, 역방향의 힘으로 작용할 수도 있지 않겠는가라는 질문을 드렸습니다.

답변 제가 잘 이해했는지 모르겠지만, 요컨대 에스닉 그룹의 분리성, 분산성이 현대 기술, 교통, 통신의 발달로 인한 통합화 경향에 의해 제어될 수도 있다는 그런 이야기입니까? 그건 전에 이미 이야기했던 바와 같이, 근대국가에서는 어떤 나라든지 간에 교육, 군대, 홍보에 의해서 표준화된 하나의 문화를 만들려고 노력해 왔지만, 그럼에도 불구하고 집단적인 에스닉 그룹이 떨어져 나가려 하고 자기 것을 그대로 유지하고 독립하려 하고 자치권을 가지려 하는 현상이 세계 각처에서 터져 나오고 있는 실정입니다.

이러한 현상이 왜 일어나는가에 대한 학설은 사실 여러 가지가 있습

제2강 근대유럽 국가연합의 기본 성격

니다. 그중 하나가 원초설로, 사람은 원초적으로 자기들끼리 같은 핏줄이나 자기 관습, 혹은 자기 이웃 등의 1차적인 집단끼리 모이려고 하는 속성이 있다는 설이 있고, 또 하나는 일종의 분업설로, 소수 민족들이 대개 사회의 최하층에 위치하고 있는데 다수를 차지하고 있는 지배 집단들이 소수 민족을 억압하고 차별했기 때문에 그런 현상이 야기되었다는 설입니다. 그 외에도 여러 가지 설이 있습니다만, 이렇게 여러 설이 분분하다는 것 자체만 보더라도 현재 세계 각처에서 그런 사실이 있음을 알 수 있습니다. 우리나라는 그런 의미에서 민족적인 문화 단일성이, 물론 북한이 문화적으로 이질화되고 있기도 하지만, 그런 대로 유지되고 있어서 그런 문제가 경미하지만 다른 나라는 거의 예외 없이 커다란 사회 문제로 대두되고 있습니다.

그런데 강제력이 강할 경우에는 소수 민족의 분리 현상이 별로 문제되지 않습니다. 그러나 소련처럼 중앙의 강제력이 약해지면 분리 현상이 제기됩니다. 강제력을 강화시키고, 교육을 하고, 군대에 집어넣고, 라디오, 방송 등 홍보 매체에서 표준말을 쓰게 하면 물론 그러한 분리 현상이 많이 줄어듭니다. 그렇지만 소수 민족이 집단적으로 존재하는 곳에서는 그것이 그대로 유지됩니다. 어느 정도 크기의 에스닉 그룹이 일정 지역에서 장기간 잔존하다가 중앙의 강제력이 약화되기만 하면 분리화 움직임이 일어나는 것입니다.

질문 과거 민족국가는 강제력을 통해 결속력을 유지하여 정치적 단위체로 유지되어 온 반면, 동시에 문화적 과정을 통해 민족성, 민족 의식이 계속 재생산되어 민족적 전통을 이루고 개별 단위의 국민 개개인이 그런 정체성identity을 가지게 되면서 민족국가는 문화공동체로서 유지되어 왔습니다.

문제는 유럽의 경우 앞으로 그것이 어떻게 될 것인가 하는 점인데, 앞으로 유럽인이라는 하나의 정체성이 형성되는 과정이 어떠한 방향으로 전개될 것인가 하는 것이 제 질문입니다. 다시 말하면, 지금 경제적인 동인에 의해서 유럽공동체가 추동되고 있지만 그 저류에는 일종의 문화적인 사정, 즉 국가 내지 민족이라는 단위 내에서 공동체를 형성하는 것이 아니라 그것보다 더 큰 범주의 하나의 공동체라는 이념을 가지고, '나는 프랑스인이나 독일인이지만 동시에 유럽인이다'라는 또 하나의 문화적 유대 의식이 과거에서부터 이어져 왔고 그것이 상당한 역할을 하고 있지 않은가, 이러한 것이 여러 정치 현상과 문화 활동과 연결되는 것이 아닌가 하는 것입니다.

답변 나도 동감입니다. 다음 시간에 나오겠지만, 유럽의 국가연합에 대해서 17세기에 푸펜도르프Samuel Pufendorf부터 루소Jean-Jacques Rousseau, 금세기에 와서 카를 슈미트 등이 모두 유럽은 동질적이기 때문에 가능하다고 이야기하고 있습니다. 그러나 하나 주목할 것은 프랑스를 모델로 하는 근대국가체제도 유럽적인 현상이고 그것을 뒷받침하던 국제법도 유럽적인 것인데, 이러한 유럽적인 것이 세계로 전파되었다는 사실입니다. 유럽적인 제도, 사상이 전파 과정에서 많이 일그러지고 온전한 모습으로 전파된 것은 아니었지만 그래도 전 세계적으로 전파되었습니다.

마찬가지로 만일 유럽에서 국가연합의 새로운 형태가 탄생한다면, 그것이 또 다른 지역에 전파될 가능성이 많기 때문에 문제가 되는 것입니다. 물론 그대로 전파가 되지 않고 일그러진 형태로 전파되겠지만 말입니다. 이러한 현상이 앞으로 아무리 빨라도 30~40년 이후에야 이루어질 것이고 전 세계적으로 주류가 되기까지는 아마도 100년을 두고 생각해 봐야 할 것입니다. 과거 유럽에서 근대국가가 16세기부터 현재까지 300~400년 동안 유지되어 왔고 이러한 근대국가체제가 고정된 형태로 존재하는 것이 아니라 변동하면서 변화하여 왔는데, 현재 그리고 미래에 한쪽에서 근대국가 형태가 변화하여 다른 새로운 형태로 나아가더라도 다른 쪽은 새로운 형태에 따라가지 못하고 아직 근대국가 수준에 있게 되는 현상이 나오게 될 것입니다. 우리나라 같은 경우 아직 근대국가 체제도 완전히 구축하지 못한 상태이고 우리 주변을 봐도 유럽처럼 동질성을 갖기도 어렵기 때문에 국가연합을 바란다는 것은 힘들고 그 미래가 매우 불투명합니다. 그러나 요즈음 일련의 사태를 보면, 뭔가 큰 변동이 가까운 미래에 일어날 것이라는 예감은 있습니다.

질문 앞에서 나온 질문과 그 답변 과정에서 유럽이 현재 하나의 문화나 하나의 정체성을 형성해 나가는 과정에 있다는 사실에 대해 교수님도 동의하셨는데, 그렇다면 유럽공동체를 꼭 국가연합의 새로운 형태라고 볼 필요가 있을까요? 기본 조약을 통해 외교적, 경제적, 군사적 정책에서 주권의 일부분을 이미 중앙에 양도하고 있는데, 이를 굳이 국가연합의 새로운 형태라고 볼 필요는 없지 않겠습니까? 연방의 경우에도 지방정부와 중앙정부의 존재를 모두 인정하면서 그 둘 사이에 주권의 분할이 있습니다. 그렇다면 유럽공동체의 형태를 오히려 연방의 형태로 보는 것이 더 옳지 않겠습니까?

답변 그건 그렇게 단정지어서 이야기할 문제가 아닌 것 같습니다. 과정이론이 주장하는 바와 같이, 유럽공동체가 국가연합이 되었다가 연방으로 나아갈 가능성을 배제할 수는 없습니다. 그러나 지금 유럽공동체의 움직임이 국가연합의 움직임이라는 것에 대해 반대하는 사람이 없는 것 같습니다. 유럽공동체의 결말이 어떻게 날 것인지는 미지수지만, 단 유럽공동체가 어떤 새로운 형태라는 것만은 부인할 수 없습니다.

아까 말한, 유럽이 하나라는 개념도 비유럽의 관점에서 볼 때 유럽이 하나라는 의미이지, 유럽 내부에서 보면 '다양한 속의 하나'unité de la diversité라고 할 정도로 다양합니다. 당장 이번에 벨기에에서 서로 언어가 다르고 역사적 배경도 다른 발롱파와 플랑드르파가 분리하려고 했고, 또 스위스가 기왕의 국가연합에서 연방으로 될 때 가장 중요한 원인이 종교 싸움이었는데, 이렇게 유럽에는 분쟁도 많고 다양성이 많습니다. 다만 비유럽 지역에서 보면 유럽이 하나라는 것입니다.

질문 선생님이 말씀하신 국가연합과 연방국가 개념이 국내적인 측면에서만 접근하는 경우 약간 불분명한 부분이 남게 되고 다른 접근법에서 보완이 필요하지 않은가 합니다.

국제법적 또는 국제정치적 시각에서 볼 때, 두 국가 이상 복수의 국가가 합의를 통해 제3의 정치체를 만드는 경우 그 정치체가 국제법적으로 새로운 주체성을 인정받지 못하면 국가연합이라 할 수 있는데, 켈젠의 주장을 예로 드신 바와 같이 국제법적으로 주체성이 인정되지 않음에도 불구하고 입헌적 국가가 존재하는 경우도 있으며, 이 경우의 국가연합은 단순히 동맹과는 다른 형태로서 국내 헌법상 자국이 제3의 공동체에 속한다는 것을 규정하고 있습니다. 국제법적으로는 제3의 기구가 아무런 주체성이 없는데도 불구하고 그 나라의 국내적인 헌법에는 거기에 소속해 있다는 귀속성을 가지고 있는, 영연방도 단순한 동맹 상태에서 커먼웰스 상태로, 연방국가로 발전한 예입니다만, 다만 현재 영연방은 과거 강력한 통합체였다가 자꾸 해체되어 가는 과정에

제2강 근대유럽 국가연합의 기본 성격

있어 '올드 보이즈 클럽'old boys' club으로 표현될 정도로 느슨하게 되었습니다. 그렇지만 영연방도 국가연합이라고 할 수 있는 것이 오스트레일리아나 캐나다와 같은 소속 구성 국가들이 국내 헌법상으로 영국왕에 충성을 바치고 있다고 규정하고 있기 때문에 그런 의미에서 약화된 국가연합이라고 볼 수 있습니다.

한편, 분명히 제3의 중앙정부가 국제법적 주체성을 가지고 있고 그 이전에 주권을 가지고 있는 구성 공화국들은 국제법적 지위를 상실하게 되는 경우 연방국가라고 규정할 수 있습니다. 선생님이 원용하신 접근법이 주로 국내적인 측면에서 접근하고 있기 때문에 국제법적 입장에서 접근할 때보다 개념들이 불분명해지지 않는가, 따라서 선생님의 접근법에 국제법적인 접근법을 가미하면 더욱 분명해지는 측면이 있는데, 그런 의미에서 유럽공동체는 이 두 가지 경우에도 잘 해당되지 않는 측면이 있기 때문에 특이하다고 할 수 있을 것 같습니다.

답변 유럽공동체는 아직 완성되지 않았지만 국제법상으로 적용이 됩니다. 가령 과거의 스위스연합, 네덜란드연합, 독일연합, 미국연합 등은 외교권을 가지고 있었습니다. 국제법상으로 국가의 한 중요한 영역으로 되어 있는 외교권을 가지고 있었던 것입니다. 그렇기 때문에 대사를 파견하고 조약을 맺을 수가 있었습니다. 다음 시간에는 이러한 국가연합의 역사적인 사례들과 유럽공동체가 어떤 점에서 공통되는가를 이야기하고자 합니다.

질문 그렇다면 앞에서 한 학생이 말한 바와 같이 유럽공동체를 단순히 과거의 연방국가로 볼 수도 있지 않겠는가라는 주장이 나올 수도 있지 않겠습니까?

답변 그렇게 볼 수도 있을 것입니다. 단지 내 얘기는 지금 유럽공동체가 국가연합 상태인데 장차 연방이 될지도 모른다는 것입니다. 과거에 그런 예가 있습니다. 스위스, 네덜란드, 미국 등이 모두 국가연합이었다가 연방으로 된 예가 있는데, 마찬가지로 유럽공동체도 종국에는 연방이 될 가능성도 있는 것입니다.

질문 저는 유럽공동체가 앞으로 어떤 방향으로 갈지 잘 모르겠지만, 처음 출발점이 상당히 다르다고 생각합니다. 만약 유럽에 정치 동맹political union이 형성되는 경우 이 정치 동맹도 국제법적 제3의 주체이고 동시에 각 나라도 국제법적 주체가 된다는 것인데, 이는 상당히 현실성이 있는 것 같고 유럽공동체가 과거의 사례와 같이 고전적인 연방 형태로 가지 않을 것이라는 최소한…….

답변 과거 국가연합에서는 외교권 같은 것이 중앙에도 있었고 구성 국가에도 있었습니다. 홀란드는 네덜란드의 한 구성 국가였는데, 중앙정부에 외교권이 있으면서 동시에 자기도 대사권을 보유하고 있어서 자국이 영국과 조약도 맺고 대사도 보냈습니다. 다음 시간의 주제 중의 하나가 어떻게 해서 국가연합이라는 '변종'이 그런 일을 할 수가 있는가 하는 것입니다.

국가연합을 하는 가장 큰 이유가 군사적인 요인이고 그 다음이 외교 문제입니다. 구성 국가도 헌법에 주권국가라고 명시되어 있으므로 외교권을 가지고 있었습니다. 물론 국가연합 전체 이익에 반하는 일을 할 수 없다는 단서가 붙어 있기는 합니다. 그렇기 때문에 국제법상으로 문제가 없었습니다. 다만 국가라 지칭하지 않았을 따름입니다. 유니언이니, 국가연합이니, 공동체니 하는 이상한 명칭을 붙입니다만 국가라는 말은 안 붙입니다.

질문 앞에서 유럽공동체의 경우 연방과 국가연합을 유럽공동체와

제2강 근대유럽 국가연합의 기본 성격　　　　　　　　　　　　79

같은 것으로 볼 수 있는가에 대해 질문이 나왔는데, 유럽공동체를 출발시키면서 그 간판으로 '커뮤니티', '코뮤니테', '게마인샤프트'라는 말을 쓴다는 것 자체가 그것은 사실 과거 오래 전부터 사용해 왔던 국가연합이나 연방이라는 개념과 자신의 단위의 성격이 다르다는 것을 의미하는 것으로 해석할 수 있지 않을까요?

　답변　앞에서 이야기했지만, 용어들을 상당히 복잡하게 쓰기 때문에 혼란스러울 때가 많습니다. 커뮤니티라는 말을 쓰면 다음에도 커뮤니티라는 용어를 계속 쓰면 좋겠는데, 어떤 때에는 유니언이라고 쓰고 어떤 때에는 컨페더레이션이라는 말도 쓰기 때문에 상당히 혼란스러워집니다. 내가 국가연합과 연방 두 가지로 압축시킨 것은 말의 의미를 따지기 위해서가 아니라 개념의 내용을 따지기 위해서입니다. 지금 유럽공동체가 연방이냐, 국가연합이냐 하는 문제에서 현재 유럽공동체가 연방이라고 할 수 있는 여지는 별로 없다고 봅니다.

　질문　또 한 가지 질문은 연방과 국가연합을 구별하시면서 주권의 소재에 따라 구별을 하시는 것 같은데…….

　답변　그렇지 않습니다. 사실 편의상 그렇게 구분한 것뿐입니다. 보통 '고전적인 주권에 비하면'이라는 단서를 붙입니다. 그걸 내가 뺐습니다. 지금 고전적인 주권이라는 개념으로는 도저히 이해할 수 없는 일들이 각처에서 발생하고 있습니다. 나토에서 프랑스의 드골 대통령이 군사를 빼낸 것도 주권국가에서 자국의 병정을 타국의 장군 휘하에 넣을 수 있는가 해서 군사를 철수한 것입니다. 그건 단일국가가 모델인 만큼 주권 개념도 고전적인 주권 개념으로 파악되기 때문입니다. 그러나 주권이 두 개 있다는 것은 고전적인 주권 이론에서 보면 주권이라고 할 수 없습니다. 설명의 편의를 위해서, 주권이라는 말은 여러분이 모두 잘 알고 있는 개념이므로, 그렇게 구분한 것입니다.

질문 그렇다면, 주권이라는 말을 빼면 국가연합, 연방 구별이 어려워질까요?

답변 그렇지 않습니다. 마찬가지입니다. 국가연합이라는 것은 중요 문제에 대한 결정권을 구성 국가가 가지고 있고 연방은 중요한 결정을 중앙과 구성 국가가 동시에 가지고 있다고 구별할 수 있습니다.

질문 그렇다면 중요하다, 중요하지 않다를 누가 결정하는 것입니까?

답변 그것은 헌법이 결정합니다. 어떤 부분은 중앙에서, 어떤 부분은 지방에서 결정한다고 헌법에 구별되어 명시되어 있습니다. 미국 헌법을 보면 그렇게 되어 있습니다. 만약 이런 식으로 연방을 규정한다면, 중요한 결정을 중앙과 구성 부분이 동시에 가지고 있는 체제를 모두 연방이라고 할 수 있지만, 현실적으로 그런 기능을 못하니까 가짜 연방이라는 말이 나옵니다.

앞으로 유럽공동체를 설명하기 위해서 국가연합과 연방 개념을 명확히 하고 현재 유럽공동체가 국가연합의 성격을 가지고 있다는 것을 설명하고자 합니다. 우선 오늘은 국가연합 개념이 대단히 막연하기 때문에 그 개념을 설명하고, 그 다음 시간에 국가연합의 역사적인 전례와 특징을 이야기하고, 그 다음에 그것을 밑받침하였던 사상에 대해서 이야기하고, 그 다음에 유럽공동체 자체에 대해서 강의하는 그런 순서로 진행되고 있는 것입니다.

질문 우리나라의 경우 아직 근대민족국가도 형성하지 못한 단계에서 유럽에서 새로운 움직임이 일어나고 있어 앞으로의 미래가 불투명하다고 말씀하셨는데, 새로운 움직임이라는 것이 근대 형태를 거친 나

제2강 근대유럽 국가연합의 기본 성격

라들만이 대처할 수 있는 것이라고 볼 수는 없지 않겠습니까? 오히려 근대적인 틀에 박혀 있지 않은, 근대적인 틀이 습관화되어 있지 않은 나라들이 새로운 변화에 보다 잘 적응할 수 있지 않을까라는 생각이 듭니다.

답변 후진 사회의 특색이 뭐냐 하면, 현실은 그렇지 않은데 이데올로기나 개념에서는 현실이 아닌 다른 형태가 이룩됐다고 생각하는 것입니다. 마치 우리나라 국민 여론을 조사해 보면, 우리나라 중산층이 그렇게 많을 리가 없는데, 대부분이 중산층이라고 대답한다는 것과 비슷합니다. 생활은 중산층이 아닌데 생각은 중산층이라고 사고합니다. 우리나라의 경우 외국의 영향을 받아서 사상은 근대국가적으로 생각하고 있어요. 그러나 현실적으로는 근대국가가 채 안 되고 있습니다. 국민의 국민성은 하나가 아니고 양분되어 있고 반면에 문화적인 공동성, 민족성은 하나로 되어 있습니다. 그러면 왜 국민이라는 개념을 써서 그렇게 해석하려고 하느냐 하면, 그게 바로 전파된 것이고 외국의 영향을 받았기 때문입니다. 근대국가라는 개념으로 우리 현실을 생각하고 비판하는 것이 바로 우리가 그렇게 생각하도록 영향을 받은 것입니다. 다시 말하면, 그렇게 생각한다는 것 자체가 근대국가적인 것입니다. 그러나 현실은 그렇지 않습니다. 이것 또한 전파이론의 한 예입니다.

지금 내가 외국어를 많이 써가면서 강의하는 것도 마찬가지입니다. 내가 국제 수준을 이야기하고 있는데, 아마 여기서 몇 마디 말만 빼면 미국에서 강의하거나 프랑스에서 강의하거나 일본에서 강의하거나 다 통할 수 있을 겁니다. 국제적인 근대성을 가지고 있는 이야기를 전제로 하고 있기 때문입니다. 그러나 우리 현실은 그곳과 다릅니다. 내가 딛고 있는 현실과 내가 지금 말하고 있는 내용의 테마는 상당히 거리가 있습니다. 그런데 왜 그렇게 되었는가 하면, 전파되었기 때문에 그렇습니다. 마치 시골에 있는 사람이 시골에서 서울의 도시 계획에 대해서 이렇다, 저렇다 말하는 것과 같아요. 사실 지금 내가 강의한 내용이 우리에게 체험적으로 느껴지지 않더라도 유럽에서는 매우 중요한 문제입니다. 유럽이 현재 국제정치 변화의 선구자이고 우리는 그 조류의 선구자가 아니라는 점을 감안한다면, 내가 지금 국제정치의 변화에 대해서 이야기하는 것은 마치 시골에서 서울의 이야기를 하고 있는 것과 같습니다. 현대 국제정치학은 서울 이야기를 중심으로 하지 시골 이야기를 중심으로 하는 것은 아닙니다.

질문 아까 질문에서도 나왔고 몇 번 선생님이 지적하셨던 경제 문제에 대해서 질문드리고자 합니다. 국가연합이 과거 군사, 안보를 중심으로 시작된 경우가 많았지만, 요즈음에는 경제 문제를 중심으로 국가연합이 추동되고 있다고 말씀하셨는데, 현재 유럽공동체 문제를 접근할 때 국제 경제나 국제정치경제의 관점에서 다루는 논의나 글들이 많이 나오고 있는 것으로 알고 있습니다. 선생님께서 국가연합체로서 유럽공동체가 앞으로 중요할 것이라고 보시는 관점에는 경제 문제에서 유럽공동체 형태의 경제 공동체가 단일국가 형태의 경제 공동체보다 성공적인 것이라는 가정을 전제하고 있는 것인지, 아니면 경제적인 문제와는 별도로 정치적만으로도 얼마든지 유럽공동체가 중요한 의미가 있다고 보시는 것인지 이에 대해서 좀 설명해 주셨으면 합니다.

보통 경제 문제를 주로 연구하시는 학자들은 대개 유럽공동체가 경제 자체 논리로부터 나온 것이라고 보는데, 주지하다시피 일본이 유럽 시장을 잠식하고 있는 경향과 미국의 거대한 경제력으로 인해 20세기

제2강 근대유럽 국가연합의 기본 성격 | 83

초반까지 전 세계를 지배하였던 유럽 국가들이 수세에 몰려서 자기들 나름대로 자구책을 강구한 것이 바로 유럽공동체라고 생각할 수 있을 것 같습니다. 그래서 유럽공동체에서 나타나는 정치적인 문제들과 경제적인 문제들 간의 관계를 보다 명확하게 설명해 주셨으면 합니다.

답변 질문하신 내용이 뒤에 유럽공동체에 대해 강의할 때 나올 문제들입니다. 아시다시피 유럽공동체가 경제를 중심으로 움직여 나간다고 하는 것은 그 규정에 그렇게 명시되어 있습니다. 로마 조약이나 단일유럽의정서나 마스트리히트 조약이나 가장 중요한 부분이 경제에 관한 사항입니다. 그래서 유럽공동체가 경제를 중심으로 하는 국가연합을 하고 있는 것은 의문의 여지가 없습니다. 시초에 유럽 석탄철강공동체와 마찬가지로, 독일의 재무장을 막기 위한 안보적인 고려가 들어가 있다는 것은 다들 알고 있는 사항입니다. 내가 유럽공동체의 경제적 측면에 주목하는 것은 그런 사항이 규정에 있으니까 하는 이야기입니다. 단일시장 형성 문제, 단일통화 형성 문제, 관세 문제, 농산물 처리 문제 등이 규정에 나와 있습니다.

질문 그런 모든 것이 잘 해결이 되어서 국가 간에 상충되는 경제적 이해가 해결되어 과거 단일국가보다 우수한 기능을 담당한다는 것을 어느 정도 전제했을 때 유럽공동체가 중요하다는 것을 생각할 수 있을 것 같습니다. 과연 정말 그렇게 전망할 수 있는 것인지, 현실에서는 언어 문제, 통화 문제 등 여러 갈등 양상을 보이고 있는데…….

답변 지금 유럽공동체의 마스트리히트 조약 같은 경우 아직 완전히 비준이 되어 있지 않은 상태이므로 정확하게 말할 수는 없습니다. 설사 비준이 된다고 하더라도 프랑스처럼 근소한 차로 비준이 된다면, 반대하는 세력이 그만큼 있다는 것을 의미하니까 그것이 잘 되어 나갈지 의문시됩니다. 현재로서는 단일 시장만이 형성되어 있는 단계이며, 통화 통합이 이루어지지도 않았고 정치 통합이나 군사 통합은 물론 아직 안 되고 있으므로 앞으로 어떻게 될지 알 수 없습니다.

그렇지만 유럽공동체가 생긴 이후 몇십 년간의 과정을 보면, 점점 구체화되고 뭔가 되어가는 추세에 있다는 사실을 부인할 수 없습니다. 장기적인 안목에서 그 경향을 생각해 보면, 성공 가능성을 무시할 수 없다고 생각합니다. 그러니까 미리 연구해 볼 필요가 있는 것입니다. 현재 유럽공동체의 움직임은 규모로 봐서 기왕의 국가연합보다 규모도 크고 그 내용도 아주 조직적입니다. 브뤼셀에 수많은 수재들이 모여서 만들어서 그런지 아주 자세하고 또 그래서 재미가 없는데, 그렇기 때문에 일반 대중이 그 자세한 내용을 알 수 없지만 왠지 자기 나라의 주권을 뺏기고 있다는 생각을 가지게 되어 마스트리히트 조약 비준에 대해 반대를 하고 있는 것 같아요. 너무 교묘하고 그러면서도 옛날 스위스, 네덜란드, 독일의 예를 많이 적용하고 있어서 과거의 전례를 굉장히 참작하고 있다는 생각을 하게 만듭니다. 마스트리히트 조약만 해도 아주 방대해서 수백 페이지에 이르고 그 내용을 보면 '단일유럽의정서 몇 조에는 이렇게 되어 있는데 여기서는 이를 이렇게 고친다'는 식으로 되어 있습니다. 그리고 마찬가지로 단일유럽의정서를 보면, '로마 조약의 몇 조를 이렇게 수정한다'는 식으로 되어 있기 때문에 또 로마 조약을 봐야 합니다. 일반 대중이 이렇게 방대한 양의 조약 내용을 알 리가 없기 때문에, 어떤 사람들은 브뤼셀에 있는 관료들이 저희들 마음대로 하려고 그렇게 복잡하게 만들고 있다고 비판하는 사람도 있습니다. 아주 방대하고 너무 기술적이어서 재미가 없습니다. 좌우간 이렇게 계획적으로 한 적은 없었습니다. 과거에는 협약을 통해 동맹이나 국가연합을 만든다고 하지만 대개 몇 개 안 되는 것을 가지고 했는데, 유럽공동체의 경우에는 아주 방대하고 샅샅이 사소한 것까지 하나하나 세밀하게 만들고 있습니다.

오늘은 국가연합과 연방이라는 개념의 내용을 명백히 하는 것을 그 요점으로 하였습니다. 연방이 세계 도처에 많이 있지만 진정한 연방은 아주 적다는 사실도 염두에 두어야 합니다. 헌법에 나와 있는 조문만 가지고 해석을 하면 현실과 맞지 않는 경우가 많습니다. 지금 내가 생각하고 있는 전체 강의는 현재 세계의 2대 움직임인 분산과 통합화 추세에 대한 문제, 즉 민족 분규의 원인은 무엇인가라는 문제와 세계 경제와 국가연합은 어떠한 관계에서 추동되고 있는가라는 문제를 양대 테마로 하고 있는데, 앞으로는 후자에 중점을 두고 강의를 진행하고자 합니다.

질문 단기적인 전망에서 보면 지금의 움직임들이 20세기적 국제정치 질서의 변화라고 볼 수 있는데, 20세기 국제정치의 양대 초강대국인 미국이나 러시아가 자신이 만든 국제질서가 붕괴되는 것을 가만히 보고만 있지는 않을 것 같습니다. 특히 탈냉전 이후 유일한 초강대국으로 남게 된 미국이 기존의 체제를 공고히 하려는 노력을 보이지 않음까요?

답변 그건 클린턴 대통령한테 물어보는 것이 나을 것 같은데요. 단지 한 가지 평을 들어보면, 부시가 미국의 '신세계질서'New World Order라는 말을 한 이후에 조금도 신세계질서라는것이 나타나지 않았고, 클린턴이 들어오고 나서 뭔가 이룩할 것 같이 보이더니 사실 '아무 것도 한 게 없다', '후세인 하나 못 잡고 있다', 그렇게 평하고 있습니다. 아마 미국이 연방이라는 성격 때문에 유일한 초강대국이라 하더라도 구체적인 행동으로 옮기기는 힘든 것 같습니다. 왜냐하면, 연방이기에 지방 권한이 중대할 뿐만 아니라 지방과 연관하여 선거가 문제가 되기 때문에 따라서 어느 정책을 몇 사람이 세워서 즉시 실행할 수 없고 반드시 여론 과정을 거쳐야 하기 때문입니다. 특히 미국에서는 '견제와 균형'check and balance 기제가 엄격하게 작동되고 있는데, 연방체제이기 때문에 입법부와 사법부와 행정부 간의 견제와 균형뿐만 아니라 중앙정부와 지방정부 사이의 견제와 균형이 중요합니다. 이렇게 정책 결정 과정이 오래 걸리고 복잡하기 때문에 신속한 대외정책 실행이 원만하게 작동되지 못하는 문제가 생기는 겁니다. 더 이상 질문이 없다면, 강의를 마치겠습니다. 감사합니다.

제3강

근대유럽 국가연합의 역사

오늘은 사실 나로서는 제일 난감한 시간입니다. 요전 이야기했던 국가연합confederation의 고전적인 예로서 스위스, 네덜란드 이야기를 해야 하는데 내가 잘 모르는 부분이 많습니다. 스위스, 네덜란드 이야기는 포사이스Murray Forsyth의 《국가들의 연맹》Unions of State에 의거해서 강의하려고 합니다.

요전에 이야기한 바와 같이, 국가연합이란 조약상으로 일종의 동맹 조약으로 과거에 그 예가 꽤 많이 있었습니다. 고대 그리스의 아카이안 리그Archaean League는 제외하더라도 중세 이후 유명한 함부르크의 한자 동맹Hanseatic League, 스바비안 동맹Swabian League, 관세동맹Zollverein 등이 모두 일종의 국가연합 같은 것이었습니다. 그런데 이러한 동맹들은 대개 단일 목적을 위한 동맹체들이었습니다. 단일 목적이 아니라 다목적이면서 비교적 오래 유지되었고 역사상으로 중요한 고전적인 예는 그리 많지 않습니다.

그중에서도 스위스가 제일 오래 유지되었는데, 50여 년 정도 존속하였던 두 번째 스위스 연합을 포함하여 스위스에서 구연합, 신연합 모두 570여 년 정도 계속되었습니다. 그리고 네덜란드의 예가 있는데, 우리들은 네덜란드를 화란이라고 합니다만, 원래 화란이란 네덜란드의 연합주 중 하나인 홀란드를 지칭하는 말로서 워낙 홀란드가 유명해졌기 때문에 화란이란 말이 네덜란드 전체를 나타내는 용어가 되어버렸습니다. 따라서 우리말에는 네덜란드를 지칭하는 적당한 말이 없는 상태이고 일본의 오란다라는 말도 화란에서 나온 말이므로 네덜란드를 지칭하는 적당한 용어라고 할 수 없고 해시 그냥 네덜란드라고 부르겠습니다. 그리고 도이체 분트Deutsche Bund라고 하는 독일연합이 있고, 그리고 미국의 예가 있습니다. 여기서 재미있는 예는 독일과 미국의 예이죠.

우선 고전적인 예로서 구스위스 연합에 대해서 먼저 이야기하겠습니다. 1291년부터 1798년까지가 구연합입니다. 사실 이러한 연대 구분도 별로 정확하다고는 볼 수 없습니다. 지금도 스위스에 가면 1291년에 자기들이 만들었던 분트, 즉 아이트게노센샤프트Eidgenossenschaft라는 혈맹체를 만들었던 날이 국경일로 되어있습니다. 그러나 정말 국가연합이 형성된 것은 1315년에 있었던 모르가르텐 조약Morgartenbrief, 젬파허 조약Sempacherbrief을 통해서 이루어진 것입니다. 그리고 14세기에 여러 가지 조약들이 나오는데, 이 모든 것들이 절충되어 스위스 연합이 형성되었습니다.

이 중에서 가장 중요한 것은 모르가르텐 조약입니다. 이 조약을 통해 국가연합체가 생겼고 이를 모태로 해서 계속 보강되었기 때문입니다. 처음에 모르가르텐 조약이 생길 때에는 정치집단체가 세 개 있었습니다. 아시다시피 스위스라는 나라는 알프스 산맥 주위에 있는 국가입니다. 처음에는 알프스 산맥 산림 속에서 살던 슈비츠Schwyz, 우리Uri, 운터발텐Unterwalten 등 목축업을 하던 일종의 공동체적인 집단들이 맹세하여 오스트리아의 합스부르크 집안의 공격

제3강 근대유럽 국가연합의 역사　　　　　　　　　　　　　　　　91

에 맞서 싸우기 위해 모르가르텐 조약을 만들었어요. 스위스뿐만 아니라 네덜란드, 독일, 미국 등 국가연합의 고전적인 예들은 대부분 전쟁과 관련하여 연합이 형성되었다고 볼 수 있습니다. 거의 예외 없이 고전적인 국가연합은 전쟁과 관련하여 생겼던 것이죠.

알프스 산맥 근교에 살고 있었던 이들도 명색 상으로는 신성로마제국의 한 영역 내에 있었습니다. 그러나 14세기에 오면 신성로마제국은 통제력을 상실하는데, 보통 역사책에서 말하는 것처럼, 신성로마제국은 느슨한 국가군이라고 할 수 있습니다. 여기에서 용어 사용의 어려움이 나타나는데, 국가라는 말을 썼지만, 엄격한 의미에서 요즈음 우리가 사용하는 국가라는 개념보다는 영주령, 영주의 땅을 가리키는 말입니다. 그러한 영주령이 신성로마제국 내에 100개가 넘게 있었어요. 물론 영주령의 영주들이 신성로마제국 황제에 대해서 마치 조선의 왕이 중국의 천자에게 조공드리는 것과 같이 조공을 바치곤 했지만, 통제는 전혀 받지 않았습니다. 아주 느슨한 영주 영토군인 셈이죠.

그중 패권을 잡은 것이 오스트리아의 합스부르크 집안이었습니다. 합스부르크 집안이 사방으로 여러 지방을 침략하여 알프스 지방까지 위협을 하니까 이에 대항해 싸우기 위해서 세 부족이 모르가르텐 조약을 만들어 서로 뭉쳤습니다. 그래서 결국 합스부르크가와의 싸움에서 승리했고, 젬파허 싸움에서도 승리하였으며, 그 외에도 소규모의 싸움이 여러 번 있었습니다. 그런데 싸움이 있을 때마다 스위스 연합에 참여하는 구성원이 증가하는 현상을 보입니다. 취리히Zürich, 베른Bern, 루체른Lucerne, 글라루스Glarus, 추크Zug 등의 부족공동체들이 참가하여 처음에 3개 부족의 연합체로 시작했던 것이 나중에는 7개로 증가했고, 이후에 점점 늘어갑니다.

　여기에서 하나 재미있는 것은 스위스 연합 내 구성 부분들 사이에서 벌어졌던 알력 관계입니다. 새로 연합에 참가한 취리히나 베른 같은 도시는 중세 말기부터 도시적인 국가로서 주로 장사를 하던 도시였던 반면에 연합의 원 구성원들은 목축업하던 산림 족속이었습니다. 기왕의 산림 족속적인 스위스 연합이 도시, 산림족속 공동연합체로 발전하여 스위스 연합이 형성되었던 것이죠. 그런데 지금이나 예전이나 도시 사람이 농촌 사람이나 산림 사람과 만나면 잘 안 맞습니다. 도시 대 농촌, 산림 간의 대립으로 인해 스위스 연합 내부에 갈등이 발생하여, 전쟁이 일어나면 단결하고 전쟁이 끝나면 갈등이 나타나 서로 분열하려는 움직임을 보였습니다. 다행히 스위스 경우는 원래 작은 국가인 데다가 알프스 주위에 있는 이탈리아, 오스트리아, 프랑스 등과 같은 주변 국가에 의해서 계속적으로 위협을 받았기 때문에 연합이 계속 유지될 수가 있었습니다. 그런 위협이 상존하지 않았더라면 연합 유지가 퍽 어려웠을 것입니다. 그래서 1439년부터 1450년까지 15세기 중반에 있었던 취리히 전쟁을 통해 일부가 분리해 나간다는 말까지 있었습니다만, 전쟁 이후에도 분리해 나가지 않고 그대로 남게 됩니다.

　그러다가 언제 말썽이 생겼냐 하면, 종교개혁 때였습니다. 아시다시피, 당시 스위스는 종교개혁을 주장하였던 츠빙글리Ulrich Zwingli를 중심으로 한 칼뱅주의Calvinism의 본거지였던 동시에 그때까지 카톨릭 계열이었던 칸통Canton들이—칸통이라는 말은 14세기까지는 '오르테'Orte라고 불렀는데 이는 게르만 언어로 '오더'order라는 말에 해당되는 말로서 14세기 후반부터는 이 오르테를 칸통이라고 고쳐

제3강 근대유럽 국가연합의 역사 | 93

부르게 되었습니다―꽤 있었기 때문에, 이로 인해서 신교 대 구교 갈등이 생기게 되었습니다. 농촌, 산림 족속들이 대개 구교이고 도시 사람들이 신교여서 도시와 산림 간 갈등이 종교 갈등으로 비화하게 됩니다.

그때 또 하나, 당시에 스위스 군대하면 잘 싸우기로 유명하여 15세기 전후부터 스위스는 용병으로 널리 알려져 있었습니다. 마키아벨리 때에도 가장 단가가 비싼 용병이 바로 스위스 용병이었어요. 그런데 스위스 군대가 그만 1515년에 마리그나노Marignano 싸움에서 프랑스에게 졌습니다. 이 패전 때문에 종교적인 갈등이 더욱 심해지게 되는데, 이긴 경우에는 단결하기 쉽지만 프랑스와의 전쟁에서 졌기 때문에 패전에 대한 책임 문제로 인해 단결이 흐트러진 것입니다. 그래서 신교에 붙은 칸통이 넷이었고 나머지 일곱이 구교였습니다. 이외에도 주변에 있는 다른 족속들을 점령하여 그 땅을 자기 소속으로 만든 속령이 있었으므로 스위스 내부는 상당히 복잡한 상태였습니다. 그런 식으로 나폴레옹 전쟁까지 유지되어 옵니다. 나폴레옹이 유럽 전체를 흔들어 놓기 이전까지는 스위스가 공동체로서 갈등은 있었지만 그런대로 계속 존속할 수가 있었습니다.

이때 스위스 연합이 어떠한 기구로 구성되었는가가 문제인데, 그 기구 구성에 대해서 모르가르텐 조약이나 젬파허 조약에는 자세한 이야기가 없습니다. 비교적 간단합니다. 타그자충Tagsatzung이라고 해서 영어로 다이어트diet―의회라는 말은 좀 현대적이고 집회로 해석할 수가 있는데―말하자면 대집회를 열었어요. 필요한 때에는 사람들이 모였는데 15세기부터는 정기적으로 1년에 한 번 모입니다. 한 칸통 당 두 명씩 대표를 보냈고 표는 한 칸통 당 한 표입니다. 그리고 거기서 다수결로 안건들을 결정하는데, 다만 각 칸통들은 나중에 그 결정을 거절할 권리가 있었습니다. 구성 부분에게 거부권이 있다고 하는 것이 바로 스위스 연합의 특징이라고 볼 수 있습니다.

또 다수결로 법령을 정했지만 그 법령도 강제력이 없었어요. 일종의 건의 정도밖에 되지 않았습니다. 칸통도 칸통대로 중앙에서 결정된 법에 복종하기도 하고 맘에 들지 않는 경우에는 이를 거부하면 그만이었어요. 그런 느슨한 국가연합이었습니다. 단지 칸통들은 편의상 전쟁, 평화에 대한 결정, 사신의 접수, 파견, 대사나 부사의 파견, 접수, 속령에 대한 지배, 소속 영토에 대한 관리, 위생, 도로 수리─도로 수리를 하는 것에 대해 칸통이 거절권을 가지고 있었고 그것은 지금도 마찬가지입니다─, 공동 주화권, 칸통 사이의 불화를 중재할 수 있는 중재권 등을 대집회의 권한으로 위임하여 거기서 결정하게 하였습니다. 그러나 당시 칸통의 세력은 아주 막강하여 대집회를 압도하였고 그 전통은 지금까지도 맥을 이어서 칸통의 세력이 아직도 상당한 영향력을 행사하고 있는 실정입니다.

그러다가 전쟁이 납니다. 나폴레옹군이 오스트리아를 치면서 지금의 스위스, 플랑드르, 네덜란드 등을 모두 침공했어요. 나폴레옹과의 전쟁에서 스위스도 패배하였고 나폴레옹은 스위스 연합을 붕괴시켜─프랑스는 스위스를 엘베시아라고 하는데─엘베시아 리퍼블릭Helvetic Republic이라는 단일국가를 만들었습니다. 그런데 단일국가 형태는 스위스의 전통에 잘 맞지 않았어요. 칸통은 그 나름대로의 전통이 있었기 때문에 이를 하나로 통일해서 단일국가로 만들

제3강 근대유럽 국가연합의 역사

려니까 잘 되지 않아서 나폴레옹은 다시 바꾸어 중재헌법이라는 것을 만들었습니다. 나폴레옹이 중재해서 새 헌법을 만들었다고 해서 중재헌법이라고 하는데, 그 골격은 단일국가지만 내용은 국가연합의 전통을 살리는 그런 독특한 제도를 만들었던 것입니다.

그러나 나폴레옹이 몰락하면서 이 중재헌법이라는 것도 얼마 가지 못하게 되었고 1815년부터 1848년 혁명까지 신스위스 연합이 생깁니다. 그때 연합조약을 체결하였는데, 하나 특이한 것은 그때가 복고주의, 반동주의 시대로서 옛날 제도 그대로 돌아가자는 분위기였으므로 독일의 경우에는 옛날 그대로 돌아갔지만 스위스 경우에는 옛날 그대로 돌아가지 않았다는 점입니다. 스위스에서 과거의 체제 그대로를 복원하려고 하니까 칸통 주권 중심으로 이루어진 느슨한 연합체가 불리한 점이 많았기 때문에 구스위스 연합 체제 그대로 복귀한 것이 아니라 중재헌법에 있었던 편리한 구문을 그대로 유지하는 형태를 취했던 것입니다. 그래서 일종의 새로운 식의 국가연합을 만들었어요.

또 하나의 특징은 중재헌법에 의해서 칸통 체제에 편입되어 있었던 지역 중에 이탈리아어와 프랑스어를 하는 지역이 있었는데, 원래 보통 새로운 연합이 생기면 이들 지역을 쫓아버리는 경우가 대부분임에도 불구하고 이들 지역을 그대로 포함하여 다시 아홉 개 칸통으로 합하였다는 것입니다. 그것이 지금 스위스에서 이탈리아어, 프랑스어, 독일어가 공용되는 이유예요. 스위스의 원계통은 게르만족이고 프랑스, 이탈리아는 라틴 계통이므로 스위스에서는 대부분 독일어가 통용되고 있으며, 단지 프랑스어를 하는 제네바 때문에 보통 스위스에서 프랑스어를 많이 하는 것으로 알고 있는데, 실제로 스위스 내에서 프랑스어는 소수이고 이탈리아어는 더욱 소수입니다.

새로운 연합의 특징은 칸통의 주권이 그대로 유지되었지만 그 힘이 좀 약해지고 연합정부의 일이 퍽 많아졌다는 데 있었습니다. 예를 들자면, 기왕에 연합정부가 가지고 있었던 안전 보장, 독립, 전쟁, 평화, 외교권 이외에 연합군대를 만듭니다. 스위스군을 만들었다는 것은 아주 새로운 현실로 평가할 수 있습니다. 그 다음에 전쟁에 대한 재정을 각 칸통에게 쿼터제로 나누어 주고 더 강력한 중재권을 연합정부에게 부여합니다. 그럼에도 불구하고, 여전히 국가연합의 성격을 가지고 있습니다. 조약 조문을 보면, 칸통의 독립권, 칸통들의 질서와 평화 유지에 대한 권리, 칸통 간의 상호 보장, 칸통의 헌장에 대한 존중 등을 규정하고 있어 국가연합의 성격이 명백하게 드러나고 있습니다.

그러면서도 스위스 내부에서 소위 도시 중심의 자유파와 농촌, 산림을 중심으로 하는 보수파 사이의 대항이 격렬했습니다. 프랑스 혁명이 가져온 새로운 사상이 곳곳에 침투하여 스위스의 도시에서는 자유주의적인 사상, 민주주의적인 사상을 주장하고 그것에 비해서 농촌이나 산림 족속들은 보수적인 사상을 주장한 모양입니다. 그래서 갈등이 심해졌는데, 거기에다 종교 문제가 결부되어 신파들은 대개 신교에 붙고 보수파들은 구교에 붙어서 일종의 전쟁 상태에 돌입했어요. 보수파인 카톨릭파들이 존더분트Sonderbund라는 새로운 별개의 연합을 만들어 신교를 공격했던 것입니다. 그래서 싸움이 났는데, 존더분트가 패배하고 신교 측이 승리했습니다. 신교 측이 이겨서 이제 연합을 그만두고 단일국가체제로 만들자 해서 오

제3강 근대유럽 국가연합의 역사

늘날의 스위스가 나타나게 되었습니다. 즉, 기존의 연합국가가 아니라 연방체제를 수용하였던 것입니다.

이렇게 스위스가 연방국가체제를 수용하면서 그 모델로 삼은 것이 바로 미국이었습니다. 미국 헌법을 그 모델로 설정했는데, 가령 헌장에 개인의 권리, 시민권을 넣었다든지 하는 것은 기왕에 상상도 하지 못할 내용으로 미국 헌법의 영향을 상당히 많이 받아들인 것이죠. 그러면서도 하나 다른 점은, 미국에서는 대통령 직을 두고 있는 것에 비해서 스위스에서는 칸통의 전통이 강하게 남아 있어 이를 절대 용납할 수 없었으므로 집단제를 취했다는 것입니다. 그래서 아시다시피 스위스의 수장, 대통령을 번갈아가며 합니다. 내가 스위스에 갔을 때에도 제일 먼저 놀란 것이 대통령이 가방을 들고 버스를 타고 다니는 것이었어요. 장관들도 대개 자기 차를 타고 다니거나 버스를 타고 다닙니다. 완전히 월급쟁이 출근하는 것과 비슷해요. 그리고 지금은 수도가 베른이지만 옛날에는 수도도 왔다 갔다 옮겨다녔습니다. 아마 여러분이 스위스에 가보면, 국가 권력에 대한 개념이 좀 달라질 겁니다.

하나 재미있는 것은 장차 나오겠지만, 국가연합에서 중심되는 기구가, 그것이 다이어트이건 총회이건 간에, 가지고 있는 권한이 전쟁평화권, 외교사신권, 재정권, 주화권 등 거의 대동소이하다는 것입니다. 비교적 스위스의 예가 복잡하지 않고 단순한 편이죠. 나중에 새 연합이 된 후에도 칸통이 한 표를 갖는다는 것은 종래와 마찬가지이고, 가장 중요한 안건은 4분의 3 찬성으로, 중요한 안건은 3분의 2 찬성으로, 나머지 안건은 다수결로 결정했습니다. 그 다음에 챈슬러chancellor(총재, 대통령)에 비서실을 두었으며 어지간한 일은 거의 대부분 칸통에게 맡겨져 자치하도록 했습니다.

이에 비해 다음에 나오는 네덜란드의 경우에는 그 기구, 조직에 대해서 좀 자세히 알아볼 필요가 있습니다. 현재 진행 중에 있는 유럽공동체의 핵심 국가는 독일, 이탈리아, 프랑스, 베네룩스 3국 등 6개국인데, 유럽공동체 본부가 있는 브뤼셀의 중심 관료들 중에는 베네룩스 출신들이 많아요. 그런데 베네룩스의 핵심은 네덜란드이고, 따라서 네덜란드가 과거에 자기들이 했던 국가연합의 유제를 유럽공동체에 많이 반영하고 있습니다. 이는 나 자신도 관심을 가지고 있는 사항이에요. 어떤 사람들은 이러한 경향에 대해서 유럽공동체는 베네룩스 3국과 같은 조그만 나라들이 유럽을 지배하려는 음모요, 일종의 모략이라고 신랄하게 비판하기도 하고, 브뤼셀 본부에 있는 많은 관료들Eurocrats이 유럽을 지배하려 한다고 우려하기도 합니다. 나중에 나오는 마스트리히트 조약이나 단일유럽의정서를 보면, 그런 생각이 아주 틀리지 않다는 생각도 듭니다. 유럽공동체에 관계된 조약이나 문건들을 매우 복잡하게 만들어 놔서 도저히 다른 사람들이 이를 일일이 보지 못하도록 해놓고서는, 이러이러한 사항은 이미 어떤 법조문에 되어 있다고 어물쩍 넘어가는 식으로 되어 있습니다. 이것이 네덜란드의 전통과 관련이 있는 것 같아요.

네덜란드는 그 공식 명칭이 '네덜란드 연합주'라고 하는 식으로 되어 있습니다. 왜 '주'냐 하면, 네덜란드가 스페인의 영토였을 적에 주 단위로 7개 주로 되어 있었기 때문에 그대로 그 이름을 쓰고 있는 것입니다. 이 네덜란드에서 연합이 이루어진 것은 1597년부터 1795년 사이였는데, 그 당시 보기 드물게 공화제를 채택하였습니다. 그런데 아주 재미있는 것은, 네덜란드가 원래 공화제를 채택하려고 의도하였기 때문에 공화제가 된 것이 아니라는 사실입니다. 스페인과의 독립 전쟁에서 아주 중요한 역할을 한 오렌지공William of Orange이라는 사람이 있었는데, 그를 반대하는 세력들이 있었단 말이에요. 특히 홀란드 같은 나라가 오렌지공이 군주가 되는 것에 대해 반대했는데, 그렇다고 해서 오렌지공 이외에 마땅히 군주로 내세울 사람이 없었습니다. 그래서 어떤 형태로든지 간에 결정은 해야겠고 오렌지공이 군주가 되는 것보다는 차라리 공화제로 하자, 그렇게 해서 즉흥적으로 공화제로 결정한 것이 그만 전통이 되어 버렸습니다. 이런 사정으로 유명한 더치 리퍼블릭Dutch Republic이 형성되었는데, 어떻게 보면 아주 우연하게 이루어진 것이죠. 아주 이상스려운 의미에서 공화제가 됐습니다.

이 네덜란드 국가연합에 대한 기본 조약이 바로 유트레히트 조약Utrecht Pact입니다. 유트레히트 연합조약이라고 해서 유트레히트에서 스페인과의 전쟁 중에 일곱 개의 주가 체결하였습니다. 전쟁 중에 체결된 조약이라 그런지 그 구성 기구에 대해 자세하게 설명한 것이 별로 없어요. 연합체제를 어떻게 관리한다든지, 어떻게 국가연합을 해나간다든지 거의 기록이 없습니다. 단지 전쟁 중에 체결하였기 때문에 전쟁권, 평화권, 외교사절권, 조약권 등에 대해서는 자세하게 기록해 놨습니다. 전 시간에 이야기한 바와 같이 네덜란드의 예에서도 전쟁이 있는 경우에는 단결하고 전쟁이 없으면 7개 주가 서로 싸웠어요. 7개 주 중에는 해양으로 발달한 홀란드Holland 같은 나라가 있고 동시에 내륙 성향이 강한 주가 있었기 때문에, 내륙 측과 해양 측으로 나누어져 서로 갈등을 일으켰던 것입니다.

이러한 측면에서 보면, 위기를 조성하여 국내정치에 대한 지배를 용이하게 만드는 정치적 지배 방식이 편리합니다. 과거 유럽의 역사를 보건대, 위기를 조성하면 지배하기 편하지만 평화로 가면 서로 아웅다웅 싸우는 경향이 있다는 사실을 알 수가 있습니다. 그런 면에서 우리나라도 생각해 볼 것이 있어요. 북한과 전쟁 상태로 간다 하면 조용하다가 북한과의 관계가 원만해진다 하면 서로 아웅다웅 다투는 것 말입니다. 네덜란드 경우가 바로 그렇습니다. 전쟁을 오래 했는데, 싸움이 있으면 단결하고 조용해지면 서로 갈등하는 양상을 보였습니다. 그래도 연합을 유지할 수 있었던 까닭은 유럽에서 전쟁이 계속 발발하여 전쟁 상태가 지속적으로 유지되었기 때문입니다. 그 당시 유럽은 하루에 두 번 꼴로 전쟁하는 그런 전쟁 상태가 유지되고 있었던 것이죠. 유럽 어느 한구석 혹은 유럽이 가지고 있는 식민지 어딘가에서는 전쟁을 하고 있었으니까 서로 분리해 나가지 못하고 뭉쳐 있을 수 있었던 것입니다.

그런데 네덜란드의 구성 연합주들 간에는 나라의 대소 차이가 비교적 컸습니다. 홀란드나 젤란드Zeeland 같은 나라는 상대적으로 컸던 반면에 오버리젤Overijssel과 같은 나라들은 그 크기가 작았기 때문에, 사실상 홀란드가 네덜란드 내 패권을 잡고 있었습니다. 그래서 해외에서는 홀란드가 마치 네덜란드를 대표하는 것 같은 인상을 주었던 것입니다. 우리조차도 현재 네덜란드를 지칭할 때 홀란드를 뜻하는 화란이라고 하는 것도 바로 이러한 이유에서입니다.

그렇다면 유트레히트 조약의 주요한 내용은 무엇인가, 조약에서 나타난 기구는 어떠했는가 하면 다음과 같습니다. 조약 1조에 보면, 이는 국가연합이고 통일된 정책을 취한다, 그리고 영구 연합으로 한 주와 같이 단결한다고 되어 있습니다. 그러나 7개 주 각 주마다 주가 가지고 있는 특권과 자유와 권리는 그대로 유지한다는 조문도 함께 있습니다. 이를 보면 국가연합이란 것이 명백하게 드러납니다. 다시 말해서, 한 주와 같이 단결한다는 말은 전쟁하는 경우에 해당되는 것이고 반면에 각 주마다 권리와 자유를 유지한다고 규정하여 각 주의 독립성을 사실상 보장하고 있는 것입니다. 각 주마다 법령을 가지고 있었으니까 각 주마다 권리와 자유를 유지한다는 것이고 결국 각 주는 사실상 독립되어 있다는 현실을 인정하는 것입니다.

구체적인 기구로는 어떤 것이 있었는가 하면, 독특한 기구가 하나 있었습니다. 영어로 제너럴리티$_{generality}$라고 하고 네덜란드 말로는 게너럴리테트$_{Generaliteit}$라고 하는데, 일종의 총회에 해당하는 것으로 주식회사에서 총회와 같은 성격을 가진 기구입니다. 이 게네럴리테트에는 전쟁평화권, 외교권, 군대조성권, 연합재정권, 각 주에 대한 중재권, 주화권, 종교권 등의 권한을 가진다고 규정되어 있습니다. 그러나 각 주도 독립된 특권을 가지고 있었기 때문에 다른 나라와 동맹을 할 수 있었어요. 그중 가장 유명한 것이 홀란드와 미국 간의 동맹이었어요. 타국과 동맹할 수 있는 권리는 연합총회에도 있고 각 주에도 있었던 겁니다. 마찬가지로 군대의 경우에도 연합군대로서 육군과 해군이 있었는데, 이 연합군대는 연합정부와 소속주에 대해 동시에 충성을 맹세했다고 합니다. 국가연합과 자기가 소속된 주 양자에 이중 충성을 했던 것이죠. 이것도 네덜란드 연합이 가지고 있었던 모순이라고 할 수 있습니다. 이렇게 이중 충성을 바치는 군대가 잘 싸울 수 있었는지 매우 의심스러운데, 대외적으로 잘 싸울 수 있을지 몰라도 연합정부와 각 구성주 사이에 분규가 일어나는 경우 곤란한 문제가 생기기 때문입니다. 실제로 나중에 그런 문제가 발생합니다.

그 다음에 총회가 속령에 대한 지배권을 가지고 있었습니다. 네덜란드는 동인도나 서인도에 모국보다 더 큰 식민지를 가지고 있었는데 이에 대한 관리 책임과 지배권이 총회에 있었습니다. 그리고 재미있는 것이 연합조약문 13조에 종교를 가지고 박해해서는 안 된다고 하는 규정이 있다고 합니다. 아시다시피 네덜란드는 종교분쟁에 휘말렸던 나라이고 영국과 프랑스에서 구교의 박해를 피해서 여러 위그노파들이 들어와 살았기 때문에 그래서 종교박해를 해서는 안 된다라는 규정을 넣었던 것입니다. 17세기 중반 1651년쯤에는 신교가 아예 네덜란드의 국교로 정해집니다.

총회 아래에 어떤 기구가 있었는가 하면, 그 아래에는 국가회의 States-General라는 기구가 있었습니다. 헤이그에 국가연합회의를 두었는데, 각 주에서 대표를 파견하여 개최하는 회의로서 각주마다 한 표씩을 행사할 수 있고 1주일 간격으로 돌아가면서 의장을 맡았습니다. 장차 어느 나라든지 국가연합을 만드는 경우에 네덜란드는 참고할 만한 재미있는 케이스라고 볼 수 있습니다. 그리고 이 기구에는 그라피아greffier라고 하는 비서가 있었는데, 이에 대한 설명을 보니까 회의 사회를 보았던 사람이었던 것 같습니다. 의장이 테이블 가운데 앉고, 멤버들이 죽 앉고 비서는 테이블 가장자리에 앉는데 비서가 이 회의의 사회를 보았던 것 같습니다. 외국 사신이 오는 경우에는 의장이 앉은 그 반대편에 비서가 앉고 그 옆에 사신이 앉

제3강 근대유럽 국가연합의 역사

았는데 외국 관계에 대한 보고를 비서가 하고 의장이 결정을 하는 식으로 처리했습니다. 이러한 회의 운영이 유럽공동체에 어떻게 반영되고 있는가 하는 것이 관심거리입니다.

그 다음에 국가이사회Council of State라는 기구가 있습니다. 국가라는 기구가 총회 산하에 있어 주로 총회 혹은 아까 말한 회의에서 결정한 안건을 집행하거나 예산을 다루는 역할을 하였습니다. 유럽공동체의 기구와 연관하여 여러분이 기억해야 할 사항은, 이 국가이사회라는 기구가 어떻게 정책결정을 하였는가 하면, 홀란드와 같이 큰 주는 세 표를 가지고 젤란드나 젤더란드Gelderland는 두 표를, 그리고 나머지 주들이 한 표씩 가지고 투표를 해서 주요 사항을 결정했다는 점입니다. 따라서 의사 결정하는 데서 홀란드와 같이 큰 주들이 단연 유리했습니다. 지금 유럽공동체의 경우에도 나라마다 표수가 다른데, 바로 이러한 역사적 전통에서 비롯된 것입니다. 일반적인 사항에 대해서는 별로 문제가 없었지만, 예산이나 총회에서 결정된 사안의 집행과 같이 중요한 사항에서는 세 표를 가지고 있는 홀란드나 유트레히트, 젤란드 등과 같이 두 표를 가진 큰 주들이 마음대로 할 수 있어서 단연 유리했습니다.

다음은 아까 말한 헤이그에 있었던 국가회의에서 위촉받은 일종의 전체 회의가 있었는데 이 기구 산하에는 위원회Committee가 있습니다. 각 분야별 위원회가 있어 위원회에서 보고가 제출되어 여러 문제들이 결정되는데, 이것도 유럽공동체에서 중요한 문제로 부각되고 있는 부분입니다. 지금 유럽공동체에 각국의 대표위원회가 있고 그 산하에 위원회가 있어 거기에서 보고가 올라오면 토의하도록 되어 있습니다. 그런데 위원회에서 보고가 올라오지 않으면 토의도 하지 못하게 되는 사태가 발생하는 문제가 생깁니다. 바로 네덜란드의 연합체제 조직이 그러한 식으로 되어 있어서 해당 위원회가 아주 중요한 역할을 하게 되어 있습니다.

그외에도 재정 문제, 주화 문제 등 기타 문제들은 연합행정처 Federal Administration가 따로 있어서 이러한 문제들을 다루게 되어 있었습니다. 또 하나 재미있는 것은, 이러한 회의에 국공Stadholder의 자격으로 스페인과의 독립전쟁에서 가장 공이 컸던 오렌지공 집안의 대표가 꼭 참석하게 되어 있다는 것입니다. 그 당시 일종의 명예직으로 오렌지공 가문의 대표가 회의에 참석하여 일종의 어른 노릇을 했던 것이죠. 나중에 네덜란드가 단일국가화하면서 오렌지공 가문의 대표가 왕이 되었고 지금 현재에도 오렌지공 가문이 네덜란드의 왕가로 남아 있습니다. 그런데 아까도 말했듯이, 네덜란드에서 홀란드가 패권을 확보하고 있었기 때문에 국가집행위원회에서 홀란드는 영구 멤버로 되어 있고 동시에 그 산하에 있는 위원회의 총표수가 일곱 표인데, 그 일곱 표 중에 그라피아와 홀란드는 반드시 표를 보유하고 있었습니다. 어떤 경우든지 홀란드는 그 위원회에서 발언할 수 있었고 투표할 수 있었어요. 다른 나라는 반드시 그렇지가 않은 것이 일곱 표중에 그라피아가 표를 가지니까 표를 갖지 못하는 나라가 생기게 됩니다.

그런 식으로 오래 유지되어 오다가 네덜란드 연합도 결국 나폴레옹 전쟁 때문에 허물어집니다. 나폴레옹 전쟁 패배로 인해 국가연합이 붕괴되고 나서 새로 네덜란드 왕국이 생기는데, 그때 네덜란드의 독립을 해야 한다는 애국운동, 독립운동들이 있었습니다. 그래서 프랑스의 신 바타비안 공화국Batavian Republic을 쳐버리고 네덜란드에 세웠는데, 바타비아라는 것이 서인도지방의 섬 이름으로 나폴레옹에 의해서 세워진 것입니다만, 그 나라에 반대를 해서 결국 쓰러뜨리죠. 그래서 네덜란드는 다시 오렌지 집안의 대표를 군주로 해서 연방국가가 됩니다. 그리고 네덜란드 소속이었던 벨기에가 1836년에 독립합니다. 지금의 유럽공동체를 보다 잘 이해하기 위해서는 네덜란드 사례를 잘 이해해야 하는데, 유럽공동체의 각 기구나 제도에 네덜란드적인 관료 요소가 많이 들어가 있기 때문입니다. 그런 점에서 유럽공동체의 관료의 인적 조직을 연구해 볼 필요가 있다고 생각됩니다.

국가연합의 역사적인 예로서 중요한 것 중에 하나가 다음에 나오는 독일연합인데, 1815년에서 1866년 사이에 있었던 연합입니다. 1866년은 아시다시피 프러시아가 독일을 통일한 해이고 1815년은 나폴레옹이 패배한 이후 2년간의 비엔나 회의가 개최되었던 해입니다. 여기에서 재미있는 일들이 많았습니다. 역사상 국가연합은 전쟁 때문에 대부분 생겼습니다만, 뚜렷한 대의명분이 있다고는 보기 힘들고 단지 필요에 의해서 결성되었습니다. 그러나 독일연합만은 명확한 대의명분에 의해서 만들어졌습니다. 복고주의에 따라 절대로 共和체제는 안 되고 군주체제여야 한다는 것이 그 대의명분으로 명시되고 있습니다.

이러한 대의명분이 나오는 데에는 두 가지 이유가 있었습니다. 우선 신성로마제국의 전통에 따라서 1646년에 체결된 웨스트팔리아 조약을 보면 신성로마제국 하에 있었던 수많은 '영주들의 주권'Landeshoheit을 인정해야 한다는 구절이 나오는데, 그 나라들의 주권을 인정한다는 것은 군주들을 그대로 다시 살려야 한다는 것을 의미합니다. 그러나 그대로는 살리지 못했어요. 나폴레옹이 영토를 사방으로 흔들어서 이리 붙이고 저리 붙이고 해서 그대로 남아 있지 않았기 때문입니다. 그래서 결국은 이리저리 추려서 41개국으로 줄어들었습니다. 아무튼 신성로마제국의 전통을 따라서 군주국으로 한다는 것이 그 첫 번째 이유입니다.

둘째는 메테르니히의 장난을 꼽을 수 있습니다. 여러분이 너무도 잘 아시다시피, 메테르니히Klemens von Metternich는 19세기 외교사의 거물 중의 거물입니다. 나는 메테르니히를 생각할 때마다 헨리 키신저Henry Kissinger를 떠올리게 되는데, 키신저가 원래 메테르니히 전공이었습니다. 그래서 키신저가 내막 외교나 배후 외교에 자신있다는 것인데, 좌우간 메테르니히는 굉장한 사람이었습니다. 왜냐하면, 메테르니히는 나폴레옹에게 한 번도 이겨보지 못한 오스트리아의 수상이었음에도 불구하고 전후 처리를 논의하는 비엔나회의를 주도하였기 때문입니다. 오스트리아는 나폴레옹과 싸워서 연전연패한 나라이고 나중에는 귀여운 공주까지 나폴레옹에 바쳐서 그의 황후가 되기도 했습니다. 반면에 나폴레옹에게 승리한 나라는 프러시아와 러시아이므로 당연히 프러시아 군주와 러시아 군주가 비엔나 회의에서 발언권이 강해야 하는데, 오히려 오스트리아 수상인 메테르니히가 단연 발언권이 셌습니다. 그 이유는 간단해요. 남들이 한창 싸움을 할 때 메테르니히는 자신의 부하인 겐츠Friedrich Gentz나 다른 참모들과 함께 나폴레옹이 망했다고 가정하고 나폴레옹이 몰락한 이후 어떤 문제가 발생하는가를 연구하고 검토하였습니다. 나폴레옹이 막상 망하게 되니까 다른 나라에서는 어떻게 해야 할지 대책이 별로 없었던 반면에, 메테르니히는 전후 처리 대책을 척

제3강 근대유럽 국가연합의 역사

척 제시하니까 모든 나라들이 메테르니히가 하자는 대로 할 수밖에 없었던 것입니다. 그런데 메테르니히는 철저한 보수적 군주주의자였기 때문에 군주제로의 복귀라는 대의명분이 나오게 된 것입니다.

우리가 비엔나 조약 전후를 연구할 때 많이들 보는 외교문서로서 탈레이랑Charles Maurice de Talleyrand의 회고록과 메테르니히의 회고록이 있는데, 둘 다 가짜가 많아요. 탈레이랑의 회고록은 나도 여러분 나이일 적에 그것이 진짜인 줄 알고 한창 열심히 보고 했었지만 가짜가 많습니다. 원래 회고록이라는 것 자체가 가짜가 많은 것입니다. 우리나라에서도 명사들의 회고록을 잘 봐야 하는 것이, 그 회고록이 대개가 자기변명 아니면 자기 생색 내는 경우가 많기 때문에 아무리 좋은 회고록이라고 하더라도 3분의 1 정도는 거의 가짜입니다. 물론 회고록 중에서 도저히 쓰지 않을 것 같은 내용까지도 쓰는 루소의 회고록 같은 경우도 있지만 이런 경우에는 오히려 노출병에 걸려서 속사정을 너무 드러내려고 하는 것 같아 과장이 있는 것이 아닌가 하는 의구심이 듭니다. 탈레이랑의 회고록 같은 경우에는, 탈레이랑이라는 사람 자체가 제정에도 붙었다가 나폴레옹에도 협력하고 혁명에도 붙었다 하는 등 여러 차례 변신한 사람이라 그런지 거짓이 심해서 그 회고록의 내용을 믿을 수가 없습니다. 메테르니히의 회고록도 탈레이랑처럼 심하지는 않지만 거짓말이 많다고들 합니다.

1814년 파리 회의부터 비엔나 회의, 그리고 1820년 비엔나 최종 의정서에 이르기까지는 대체로 메테르니히의 세상이었습니다. 그뿐만 아니라, 그후 30여 년 동안 메테르니히가 거의 유럽을 움직였다고 해도 과언이 아닙니다. 그렇게 메테르니히가 유럽을 주무를 수 있었던 이유 중의 하나가 바로 독일연합입니다. 독일연합은 메테르니히의 작품이라고 볼 수 있어요. 어째서 메테르니히의 작품이냐 하면, 메테르니히가 주도한 조약 중에 중요한 두 가지 조약이 있는데, 이 조약들 조문에 근거하여 독일연합이 기초되었기 때문입니다.

비엔나 회의 조약집을 보면 오십 몇 조부터인가 독일연합에 대한 얘기가 나옵니다만, 사실 독일연합에 대해서는 별도의 의정서가 만들어졌습니다. 1815년 '독일연합에 대한 의정서'라고 해서 따로 있고 메테르니히 권력의 절정기인 1820년에는 비엔나 최종 의정서가 만들어지는데, 이 두 개의 조약이 독일연합에 대한 핵심적인 문서입니다. 독일연합에 대한 의정서에는 독일연합에 대한 자세한 이야기가 없는 반면에, 나중에 나온 최종 의정서에서는 메테르니히의 손길이 세 가지 조항으로 나타나 있습니다. 우선 국가연합의 구성주에 대한 내정간섭권입니다. 군주주의에 위반되는 일이나 혹은 내부 분란이 발생하는 경우에는 간섭할 수 있다고 명시되어 있고 실제로도 여러 번 간섭 행위가 있었습니다. 룩셈부르크에 가서 간여했고 프랑크푸르트에서 반란이 일어났을 때도 개입하는 등 이 최종의정서에 의거하여 여러 번 내정간섭을 하였던 것입니다. 둘째, 의정서는 헌법적인 조치가 아니면 변경할 수 없다고 명시했습니다. 거의 바꿀 수 없도록 만든 것이죠. 거기에다 셋째 항을 하나 더 붙였는데, 어떠한 일이 있어도 각 구성 공화국 군주의 특권을 저해하는 일은 할 수 없다고 명시해놨습니다. 그러니까 군주들은 그대로 계속 두어야 하고 이를 변경하려고 하더라도 군주의 특권을 무시

제3강 근대유럽 국가연합의 역사

하는 헌법적 조치를 사실상 할 수 없으며 민중봉기가 일어나면 내정간섭하여 진압하고, 그러니까 사실상 완전히 메테르니히의 구상대로 복고주의restoration가 성립된 것이라고 볼 수 있습니다. 나 자신도 무엇 때문에 메테르니히가 그렇게 유명하고 1815년이 왜 중요한가 학생 때 무척 궁금하게 생각했는데, 의정서를 보고 비로소 알 수 있었습니다. 진보 진영에서는 메테르니히를 반동이라고 비난하기도 하지만 걸물은 아주 걸물이에요.

그래서 메테르니히 구상대로 독일연합이 성립되었는데, 이 독일연합에 대한 전신이라고 할 수 있는 라인 분트Rhein Bund가 성립된 해가 신성로마황제가 퇴위했던 해입니다. 다시 말하자면, 신성로마제국이 공식적으로 해체된 것이 1806년인데, 그때부터 13년 후 나폴레옹이 완전히 패배해서 물러나기 직전까지 그 혼란스러운 중부유럽의 영토 문제, 영주 문제, 군주 문제들은 나폴레옹이 만든 라인 분트를 통해 하나로 묶여 있었습니다. 결과적으로 독일연합은 라인 분트를 개조한 것처럼 되어버렸고 거기에다 메테르니히와 같은 조항을 넣어서 꼼짝 못하게 만들어 놨던 것입니다.

그래서 1814년 파리 조약에서는, 이는 연합국들이 나폴레옹 이후 처리를 놓고 만든 조약인데, 독일 나라들은 반드시 연합제가 되어야 한다는 규정을 넣었습니다. 이것도 참 재미있는 것입니다. 원래 독일의 큰 나라들은 연합제를 원하지 않았어요. 특히 프로이센 같은 나라는 독일 나라들끼리 뭉치는 것을 더 좋아했습니다. 그렇지만 독일 내의 복잡한 내부 사정으로 인해 속에는 연합제를 취할 수밖에 없었습니다. 독일 내에는 우선 독일 계통의 영주들이 있었고, 프랑크푸르트와 같이 왕국이 아닌 도시들도 있었으며, 게다가 영국, 덴마크, 스웨덴, 노르웨이 등과 같은 나라들의 속령들이 있었습니다. 그 구조가 아주 복잡해요. 뿐만 아니라 강국의 입장에서 보면, 특히 오스트리아의 메테르니히의 입장에서 보면, 독일 나라끼리 뭉치는 것은 상당히 골치 아픈 일입니다. 오스트리아는 독일에만 땅이 있는 것이 아니라 헝가리에도 있고, 크로아티아에도 있고, 사방 여러 군데에 영토들이 있었습니다. 당시 오스트리아의 영토 분포는 매우 복잡했고 그 영토 내에는 여러 족속들이 있었던 것이죠. 따라서 독일 족속들이 프로이센를 중심으로 뭉치면 곤란하다고 생각할 수밖에 없었고 독일을 흐트러뜨려 놓을 필요가 있었습니다. 이것이 메테르니히가 1814년 파리 조약 이후 1820년 비엔나 최종의정서를 만들 때까지 독일을 연합국가로, 아주 느슨한 연합국가로 만들려고 한 가장 큰 이유입니다. 이러저러한 복잡한 사정에 의해서 결국 1815년에 독일연합이 성립합니다.

독일연합은 메테르니히의 솜씨에 의해 오래 지탱이 되었습니다만, 그 내용을 보면 오래 지탱하기 어려운 나라였습니다. 독일연합에는 천만에 가까운 오스트리아나 9백만에 가까운 프로이센와 같이 큰 나라들이 있었던 반면에 리히텐슈타인 공국과 같은 나라는 인구가 5천 명이에요. 두 나라는 엄청나게 크고 나머지 수십 개의 작은 나라들은 대부분 5천 명, 만 명, 2만 명 단위의 나라들이었기 때문에 도저히 균형이 맞을 수가 없었습니다. 따라서 작은 나라들은 큰 나라들이 언제 침공할지 몰라 불안해하면서 큰 나라를 견제할 수 있는 방책이 무엇인가 항상 고심했습니다. 나중에 보면 이러한 고려가 투표수에 반영되어 있어요. 강국들이 마음대로 할 수 없도록 표수를 조정해서 강국들의 투표수보다 작은 나라들의 총투표수가 많도록 표수를 계산했던 것입니다. 비엔나 조약에도 비록 최종의정서처럼 자세하게 씌어 있지 않지만, 가장 중요한 부분이 표수입니다. 비엔나 본조약에 각국별로 표수를 정해서 일일이 열거해 놓은 것을 보면 표수 계산이 얼마나 중요했는가를 알 수 있습니다. 그래서 결국 37개 작은 군주국, 함부르크나 프랑크푸르트와 같은 도시들, 영국왕, 하노버왕, 네덜란드왕, 덴마크왕이 소유한 속령들, 오스트리아, 프러시아 등등 잡다한 구성 부분들이 뭉쳐서 독일연합이 생겼습니다.

그렇다면 독일연합은 어떤 기구를 가지고 있었는가? 네덜란드의 총회에 해당하는 기구가 프랑크푸르트에 있었던 연방총회 Bundestag입니다. 이 연방총회에는 전체회의라는 것이 있었는데, 이 기구가 아주 중요한 역할을 맡고 있었습니다. 전체회의에서 큰 나라들은 한 표씩 가지고 있었고 작은 나라들은 5~6개국이 모여서 한 표를 행사하였는데, 이러한 표수 계산은 유럽공동체에도 반영되어 있습니다. 이 전체회의에서 중요한 문제를 처리하는데, 특별히 중요한 문제는 69개 표를 총투표수로 해서 결정하였고 그 표수를 인구 비례로 나누었습니다. 이렇게 표수를 인구 비례로 나눈 것은 대국들의 이해를 반영하는 것으로, 인구가 천만 명 가까이 되는 나라들은 네 표 이상을 갖고 리히텐슈타인처럼 인구 5천 명을 가진 작은 나라는 한 표를 가졌습니다. 그러나 어떤 경우든지 작은 나라들이 37개국이나 되었기 때문에 아무리 큰 나라가 네 표 이상을 가지고 있다 하더라도 작은 나라들의 총표수보다 많지 않았습니다. 큰 나라들이 마음대로 할 수 없도록 만든 것이죠.

물론 여기서 중요한 문제로 다루었던 안건들은 전쟁, 평화, 외교,

재정, 중재 등에 관한 안건들입니다. 그리고 19조에 보면 무역 관계도 연방총회에서 취급한다고 되어 있습니다만, 현실적으로는 잘 되지 않았어요. 구성 국가들이 연합 내에 자기 마음대로 조그만 국가연합을 만들어서 경제 활동을 했기 때문인데, 그중 가장 유명한 것이 바로 관세동맹Zollverein입니다. 전체적으로 무역관계를 취급하지 않고 부분적으로 관세동냉을 맺은 것은 많은 나라들 중에는 무역문제에 직접적으로 관계하는 나라들도 있지만 그렇지 않은 나라들도 있었기 때문입니다. 리히텐슈타인과 같은 작은 나라는 원래 관계가 별로 없기 때문에 관계가 밀접한 나라들끼리 연합 속의 소연합을 만들어 활동을 하였던 것이 바로 관세동맹입니다.

또 하나 재미있는 것은 군대입니다. 연합군을 만들었지만 문제가 있었어요. 30만의 대군을 만드는 데 병력을 낼 수 있는 나라가 한정되어 있었기 때문입니다. 전체 10개 사단 중에 프로시아와 오스트리아, 그리고 바바리아가 각기 3개 사단씩을 부담하고 나머지 작은 나라들이 합쳐서 1개 사단을 만들었습니다. 따라서 혼합군대의 성격이 강하였고 더구나 상임사령관을 임명하지 않았습니다. 상임사령관을 임명하면 혹시 마음대로 하지 않을까 해서 상임사령관을 임명하지 않았던 것인데, 단 전쟁이 발발하거나 위기 상황이 발생하는 경우에만 상임사령관을 임명했습니다. 그런데 그런 위기가 발생하는 경우에, 가령 진압이 필요한 경우에는 대개 프로시아에서 상임사령관을 임명했습니다.

연방총회에서 별로 중요하지 않은 문제들은 대부분 다수결로 결정했는데, 이것에도 문제가 있었습니다. 앞에서 말한 바와 같이 메테르니히가 만든 조문에 따르면, 작은 나라들은 연방총회의 전체회의에서 통과시킨 법을 지켜야 한다고 되어 있습니다. 이는 일종의 간섭권을 의미하는 것으로, 구성국에서 문제가 발생하면 전체회의에서 개입을 결정해서 진압을 했습니다. 그랬는데, 슐레스비히-홀슈타인 문제 때문에 오스트리아와 프러시아가 서로 대립을 했습니다. 외교는 오스트리아가 능했기 때문에 전체회의를 움직여서 거기에 간섭하도록 결정했어요. 반면에 프러시아는 이에 반대했습니다. 군사력을 동원해서까지 반대를 했어요. 그래서 유명한 오스트리아-프러시아 전쟁이 일어나게 됩니다. 오스트리아는 외교에는 능했지만 전쟁에는 약했기 때문에 2주일 내에 프러시아에게 완전히 패배했습니다. 이 전쟁에서 오스트리아가 완패하면서 사실상 독일연합은 끝나고 맙니다.

 그 전쟁 이후에 프러시아는 독일 나라들을 중심으로 북독일연합을 새로 만듭니다. 당연히 프러시아 왕이 새로운 연합의 의장이 되었는데, 종전과는 달리 의장의 권한을 대폭 강화합니다. 이전의 독일연합에서 오스트리아의 왕이 의장을 했을 때에는 명목상의 의장으로 실질적인 권한이나 특권을 행사할 수 없게 되어 있었습니다. 단지 다수결에서 동수가 되는 경우에만 캐스팅 보트를 할 수 있는 아주 형식적인 의장이었던 거죠. 그러나 새로운 분트를 만들고 프러시아 왕이 의장이 되면서 의장의 권한을 강화하여 모든 것을 의장이 결정하도록 만들었습니다. 새로운 독일연합 자체를 프러시아가 만들었고 의장권을 강화해서 마음대로 했기 때문에 사실상 독일연합이 없어지고 새로운 분트가, 즉 일종의 국가연합이 아니라 연방국가가 되었고 이것이 보불전쟁까지 유지됩니다. 보불전쟁 이후부터는 완전히 독일국가라는 연방으로 변해서 제1차 세계대전까지 이어지게 되죠.

　이상이 독일 사례였고 그 다음에 아주 재미있는 사례가 바로 미국 사례입니다. 미국의 경우는 1781년부터 1789년 사이에 있었던 '컨페더레이션 오브 유나이티드 스테이츠 오브 아메리카' Confederation of United States of America입니다. 여기서도 언어의 혼란이 생기는 것이 미국은 미국 각 주들의 공식 명칭이 모두 스테이트입니다. 그래서 혼란이 오게 되는데, 그냥 연합이 아니라 유나이티드 스테이츠의 컨페더레이션이니까 말하자면 '국가연합에 의한 연합'입니다.

　미국은 참 재미있는 케이스입니다. 미국의 케이스를 연구하다보면 현실 정치에 대한 공부가 많이 됩니다. 아시다시피 미국에서 18세기 후엽쯤 독립전쟁이 일어나는데, 그때 대륙의회 Continental Congress를 만들어서 영국에 대항합니다. 나중에 제2차 대륙의회가 결성되고 이는 전쟁의 종결로 가는 마지막 의회입니다. 그런데 그 당시의 의회는 아무 의미가 없습니다. 그 어떤 규약도 없고 단순히 의회에 합의한다는 동맹을 의미할 따름인데, 이는 전쟁시에만 유지되는 동맹일 뿐이었습니다. 따라서 아무런 제약이 없었기 때문에 국제적으로 혹은 국내적으로 마음대로 행동했어요. 독립 선언도 거기서 했고 전쟁 선언도 거기서 선포하였고, 군대 소집도 거기서 했고, 각 주에 대한 간섭도 거기서 했고, 전쟁 비용에 대한 할당도 거기서 했고, 모든 일을 거기서 다 결정했습니다. 심지어는 나중에 조지 워싱턴같이 독재권을 행사할 수 있는 지배자를 임명하기도 했습니다. 그런 식으로 해서 독립전쟁에서 승리했습니다. 그런데, 이기고 나니까 문제가 생겼습니다. 각 구성주들이 의회의 말을 듣지 않았던 것이죠. 따라서 1780년쯤 되면 제2차 대륙의회는 거의 힘을 상실합니다. 각 구성주들이 거의 명령을 듣지 않았는데, 특히 각 구성주들이 돈을 의회에 내지 않아서 결국 지폐를 남발하게 되고 인플레이션이 발생하고 사태가 심각해졌습니다. 이래서는 안되겠다, 다시 모이자 해서 만든 것이 1781년 필라델피아에서 모인 '컨페더레이션 컨벤션'Confederation Convention입니다.

이러한 미국의 사정에 대해 잘 나와 있는 것이 1770년부터 기초안을 만들고 1781년에 가결된 '미국연합조문'Articles of Confederation입니다. "하기下記 서명한 대표들은 장차 이 법에 대한 모든 문제들을 주지시키노라"라는 말로 시작해서 그 밑에 13개 주 이름이 서명되어 있습니다. 여기서 1조, 2조, 3조가 가장 중요합니다. 1조는 간단합니다. "The style of this Confederacy shall be 'The United States of America.'" 2조가 문제인데, "Each state retains its sovereignty, freedom, and independence, and every power, jurisdiction, and right, which is not by this Confederation expressly delegated to the United States, in Congress assembled." 이 조항은 명시적으로 연합에 이관하지 않은 모든 주권, 자유, 독립, 관할권, 재판관할권, 권리들은 각 구성주들이 가지고 있다는 것을 천명하고 있습니다. 이건 완전히 국가연합이죠. 얼마나 주들의 권한이 강한지 알 수 있습니다. 3조도 마찬가지인데, "The said states hereby severally enter into a firm league of friendship with each other, for their common defence, the security of their liberties, and their mutual and general welfare, binding themselves to assist each other, against all force offered to, or attacks made upon them, or any of them, on account of religion, sovereignty, trade, or any other pretence whatever." 여기서 "상호적이고 일반적인 복지"mutual and general welfare 라는 대목이 중요한데, 나중에 전쟁이 끝나고 나서 통상 문제가 중요하게 부각됐기 때문입니다. 그 당시 대륙의회에서 통상 문제에 대해 아무리 이야기해도 각 구성주들이 자기 마음대로 프랑스나 다른 국가와 통상을 하고 조약을 맺거나 했습니다. 그리고 인디언과의 교역도 마음대로 했습니다. 그래서 이 연합에서 "상호적이고 일반적인 복지"를 다룬다고 명시했는데, 여기서 복지는 무역과 상업을 모두 포함합니다. 복지란 국민의 부와 번영을 위한 것을 의미하므로 사실상 경제 전반을 포함하는 것이고 따라서 일반 복지는 사실상 경제 문제를 의미합니다. 이 복지 문제는 나중에 미국 헌법에서도 중요하게 부각되는데, 연합 조문의 3조에 명시되어 있음에도 불구하고, 각 구성주들이 말을 잘 듣지 않았기 때문에 그렇습니다. 구체적으로 어떤 항목들이 연합정부에 속한다라고 명시되기 전까지는 잘 따르지 않았습니다.

연합 조문에서 보시다시피, 당시 미국 사례는 완전히 국가연합 형태를 취하고 있었습니다. 여기서 문제가 되는 것이, 당시 미국이 국가연합의 형태를 취하고 있었음에도 불구하고 이미 연방국가로 나아갈 소지가 다분히 있었다는 것입니다. 9조를 보면 어떤 권한들은 연합정부에 맡긴다고 하는데, 가령 예를 들자면, 전쟁, 평화, 외교사절 접수와 파견, 안보와 군사 등을 모두 중앙정부에 맡긴다고 되어 있습니다. 이것을 보면, '미국연합조문'에는 상당 부분 연방국가로 갈 수 있는 요소들을 가지고 있었다는 것을 알 수 있습니다. 그러면서 동시에 원칙적으로 각 구성주들의 주권을 마음대로 할 수 없도록 되어 있어요. 이 모순이 문제가 됩니다. 그리고 또 다른 문제가 되는 것이, 중요한 안건에 대해 열세 개 주 중에서 아홉 개 주가 승인하여 결정한다고 규정한 대목입니다. 아홉 개 주가 참석하여 결정하면 별문제가 생기지 않는데, 연합이 된 후 몇 년 후부터는 구성주들이 모이지를 않았습니다. 중요정책 결정을 위해 필요한 정족수인 아홉 개 주를 채우기가 어려웠어요. 그 당시 각 주의 대표는 한 명부터 일곱 명까지 마음대로 보낼 수 있었고 기한도 1년을 두든지 반 년을 두든지 상관이 없었는데, 표는 한 표씩입니다. 그런데 중요 안건을 통과시키기 위해서는 아홉 개 주가 모여야 되는데, 각 구성주들이 모이지 않았던 것은 전쟁시도 아니고 평화시이기 때문에 각 주들이 자기 마음대로 하고 싶으니까 가질 않았던 겁니다. 따라서 아무것도 못한다는 문제가 발생하게 되고, 1787년부터 1789년 사이에 새 헌법 제정에 대해 논의하기 이전까지 사실상 마비 상태에 들어갑니다.

한편 연합 자체 기구는 어떻게 되어 있었는가 하면, 우선 의회가 있고 그 아래 집행위Council가 있어 실무행정을 담당하였습니다. 집행위 아래 '주정부위원회'Committee of States가 있어 여기서 보고를 올리면 집행위가 그 사안에 대해 결정을 내리게 되어 있었고 그리고 외교, 국방, 재정마음 장관Secretary을 두었습니다. 그리고 연방법원Federal Court이 있어 각 주에서 나온 문제가 해결되지 않은 경우 연방법원에서 처리하게 되어 있습니다. 그러나 이것도 말에 불과했어요. 아예 연방법원에 판결을 맡기지도 않고 그나마 연방법원에 항소하는 경우에도 연방법원의 관할권을 잘 인정하려 하지 않았습니다. 이에 대한 법적 판례가 많이 나와 있어요. 미국법을 공부하는 사람들도 연합정부에서 관할권이 있는가 없는가에 대한 소송에 대해서 많이들 연구합니다. 그래서 1787년에는 새 헌법을 만들어서 적절하게 협조를 하자는 움직임이 나오게 되었습니다. 그때부터 3년 동안 논쟁이 벌어지는데, 컬랜드Philip Kurland와 레르너Ralph Lerner가 편집한 자료집인《건국공헌자들의 헌법: 제1권 주요 주제들》 *The Founders' Constitution: Vol. 1. Major Themes*을 중심으로 미국 헌법이 수립되는 과정을 보면 흥미로운 점들이 많습니다. 우선 새 헌법에 대해 양 입장으로 대립됩니다. 하나는 단일국가를 주장하는 단일국가론자들 nationists, 즉 국가연합이나 연방국가 모두 복잡하니까 단일국가로 만들자는 사람들이고, 다른 하나는 국가연합을 유지해서 구성주들의 주권을 그대로 유지해야 한다는 정반대 주장을 하는 극단들이 있었습니다. 그 중간에 타협안들compromises이 나옵니다.

미국의 의회사를 보면 우리와 다른 것이 철저하게 타협하는 과정을 거친다는 것입니다. 논의하고 타협안을 내고, 다시 논의하고 타협안을 내고 하는 과정이 정착되어 있습니다. 이러한 타협 과정이 실패한 경우가 바로 남북전쟁입니다. 남북전쟁 이외에는 대부분 타협안을 가지고 처리를 했습니다. 타협하는 것이 습관화되어 있어서 처음에 극단적인 안을 냈다가 나중에 타협합니다. 우리는 타협하기보다는 이거냐 아니면 저거냐 둘 중의 하나다 해서 결정이 안 나면 모든 수단을 동원해서 한쪽이 상대방을 굴복시키는 방식입니다. 반면에 미국은 토론해서 타협해야 한다는 '토론과 타협'debate and compromise이 아주 몸에 배 있습니다. 헌법을 만드는 동안의 과정을 보면 잘 알 수 있지요. 버지니아 안Virginia Plan이라는 것도 나오고 뉴저지 안New Jersey Plan이라는 타협안도 나오고 여러 타협안들이 나오는 과정을 거쳐 헌법을 만들었습니다. 여러 타협안들을 통해 만들었기 때문에 이쪽 안, 저쪽 안 모두 조금씩 들어가 있다는 점이 흥미로운 사실입니다. 하나 중요한 것은 메테르니히가 주도한 비엔나 최종의정서에 군주제로 해야 한다는 규정이 들어가 있는 것과 마찬가지로 미국의 새 헌법에는 국민, 네이션의 개념이 들어가야 한다고 주장되고 있다는 점입니다. 그래서 새 헌법 제4조 4항에 보면, "미합중국은 반드시 공화체제여야 한다"고 명문화되어 있습니다. 메테르니히 구상과는 정반대되는 체제가 하나는 대륙에서 나타났고 하나는 유럽에서 나타난 것이죠.

그래서 단일국가론자들이 주장하는 바는, 결론을 말하자면, 미합중국이라고 했지만 각 구성공화국이라는 것이 뭐냐, 허공에 있는 것이 아니냐, 결국 있는 것은 사람$_{people}$밖에 없다, 사람은 곧 국민이다, 따라서 국민을 중심으로 해야 된다고 주장했고, 한편 연합주의자들은 이때까지 우리가 싸워온 것은 주를 중심으로 싸웠지 어디 사람들 운운했느냐, 따라서 주가 주권을 가져야 한다고 주장했습니다. 이 양 극단의 주장들 간의 싸움 속에서 타협안들을 만들게 된 것입니다. 처음에는 단일국가론자들이 유리한 상황이었기 때문에, 새 헌법 서두에 "We, the people of America"라는 구문이 들어가게 됩니다. 피플, 즉 사람이 중심이지 스테이트가 중심이 아니다라는 단일국가론자들의 주장이 받아들여졌음을 잘 나타내주고 있는 대목입니다. 그런가 하면 그 뒤에 입법부, 행정부, 사법부에 대한 자세한 규정이 나오는데, 마치 단일국가에서의 제도나 기구처럼 설명하고 있습니다. 이것 또한 단일국가론자가 논쟁에서 이겼다는 것을 반영합니다. 뿐만 아니라 애당초 조약이나 협약이란 말을 쓰지 않고 컨스티튜션$_{constitution}$이라는 말을 썼는데, 기왕의 연합체제를 만들기 위해서 체결한 조약들과는 달리 단순한 조약이 아니라 입법이고 헌법임을 강조하는 것입니다.

한편, 이와 동시에 각 구성주의 자치권에 대해서 철저하게 규정하고 있어서 대조를 이루고 있습니다. 주의 권한에 대해서 강경하게 열거하고 있는 것이죠. 1789년에 신헌법을 만들었는데도 미국의 법제사를 보면 여전히 소송 싸움이 생깁니다. 이런 소송에서 문제가 되는 것은 상소한 사람이 '미국의 헌법이라고 했지만 기본적으로 그 헌법은 구성주 간의 계약pact에 불과하고, 왜냐하면 그 서명을 각 주 대표들이 했기 때문에 따라서 일종의 계약이며, 계약이라는 것은 파기할 수 있다'고 주장하는 경우입니다. 그에 대해서 단일국가론자들은 '헌법은 국민들의 뜻에 의해서 만들어진 것이기 때문에, 헌법 비준 승인ratification도 그냥 구성주에 의해서 비준 승인된 것이 아니라 피플의 대표회의에 의해서 비준 승인된 것이기 때문에 계약이 아니라 입법'이라고 주장하면서 반대했습니다. 그러다가 발발한 것이 노예 문제를 둘러싸고 발발한 남북전쟁입니다. 노예 문제에 대해 남쪽에서 이야기하는 바는, 헌법이라는 계약에 의해 남부에서 노예제를 마음대로 할 수 있는 주권을 가지고 있기 때문에 북부에서 노예제도를 없애라고 하는 것은 남부의 주권을 침해하는 행위이다. 따라서 노예 문제는 단순히 노예 문제로 그치는 것이 아니라 구성 국가의 주권 문제, 즉 주권을 인정하느냐 하지 않느냐의 문제다라는 것입니다. 그래서 남부는 독자적으로 남부연합Southern Confederation을 만들었습니다. 결국 남북전쟁에서 남부가 패배함에 따라 헌법에 수정조항 13, 14, 15조를 추가하여 다시는 헌법이 계약이라는 주장을 할 수 없도록 만들었습니다. 오늘날의 미국

제3강 근대유럽 국가연합의 역사   121

은 이렇게 해서 된 것입니다.

　이상에서 국가연합의 고전적인 네 가지 예를 보게 되면, 정치적으로 교훈이 되는 것이 하나 있습니다. 평화시에는 부분이 목소리를 강하게 내고 갈등하는 경우가 언제든지 있습니다. 언제든지 갈등이 있게 마련인데, 이를 처리하는 데 가장 효과적인 방법이 위기상황을 조성하는 것입니다. 그래서 정치가 잘 되지 않는 경우에 전쟁을 일으키거나 전쟁 상태를 조성하면 모두 해결이 됩니다. 그리고 또 하나는, 평화 시에 여러 구성 국가나 주나 민족들이 자기식대로 살기에는 국가연합 체제가 아주 적합하다는 것입니다. 스위스 500년 역사를 보나 네덜란드의 200년 역사를 보면, 이 체제가 아주 편한 제도임을 알 수 있습니다. 첫 강의시간에서 말한 에스닉 그룹을 중심으로 한 에스닉 내셔널리즘의 입장에서는 국가연합이 아주 적합한 정치체제입니다. 반면에 헤게모니의 입장에서 보면, 단일국가제도가 단연 좋습니다. 어떤 나라에서든지 그 나라 안에서 헤게모니 문제가 나오게 되는데, 헤게모니를 가진 입장에서는, 그것이 다수민족이든지 혹은 어떤 권력체이든지 혹은 군왕이든지 간에, 단연 단일국가체제가 좋습니다.

　다음 시간에는 이 국가연합 문제에 대한 사상적인 배경에 대한 논의들, 즉 어떠한 명분이나 사상을 통해 이러한 문제가 제기되었는가에 대한 사상사적인 흐름에 대해서 강의하겠습니다. 지금까지 강의한 내용들의 방향을 간단히 정리하자면, 첫째, 최근 국제정치 현상 중에서 강력하게 제기되고 있는 분리 현상에 대해서 이야기했고, 둘째, 분리 현상과 더불어 어떻게 해서 국제정치 현상의 집합 현상이 일어나게 되었는가에 대해 살펴보면서 지금 국제정치에서는 분리와 집합 현상이 동시에 진행되고 있다는 것에 대해 이야기 했고, 셋째, 그런 의미에서 분리와 집합의 타협점으로 국가연합 문제에 대해서 이야기하고 과거에 실제로 있었던 고전적인 예에 대해서 이야기했고, 다음 시간에는 국가연합의 사상적인 배경에 대해서 강의하겠습니다. 그 이후에는 유럽공동체 문제를 다루면서 유럽공동체가 오늘날 어떠한 의미를 가지고 있는가, 에스닉 내셔널리즘이라는 분리 현상과 국제적인 통합이라는 집합 현상 사이에서 앞으로 어떻게 나아갈 것인가라는 문제를 살펴볼 것입니다.

이러한 측면에서 보면, 우리나라와 같이 단일 민족이면서 덩어리가 큰 경우가 재미있는 사례입니다. 이런 나라들이 그리 많지 않습니다. 한국, 일본, 그리고 중국—중국도 넓게 말하면 단일 민족이라고 볼 수 있습니다. 소수 민족이 많이 있지만 상대적으로 그 수가 적어서 12억 인구에 비하면 다 합해도 1억 정도밖에 되지 않으니까 얼마 되지 않습니다—등이 문제인데, 공교롭게도 이런 나라들이 모두 동북아에 집중해 있습니다. 동남아로 가면 전부 복합민족입니다. 동북아 3국과 같은 단일 민족국가의 경우, 다민족주의나 국가연합 문제가 어떻게 되느냐 하는 것이 장차 재미있는 문제입니다.

그런데 앞에서 말한 국가연합의 고전적인 예 중에서 스위스가 참 재미있는 경우입니다. 한 저명한 스위스 학자가 소국주의를 주장한 적이 있었는데, '나라는 작을수록 아름답다'라는 그런 논지입니다. 나도 찬성하는 바가 있어서 관심있게 보았더니, 마음 맞는 사람들끼리 재미있게 살기 위해서는 나라가 작아야 한다는 주장입니다. 같은 스위스 사람이라서 그런지 루소의 이야기와 매우 비슷한 측면이 있습니다. 내가 에스닉 그룹에 대해서 관심을 가지게 된 것도, 사람들이 오순도순 살려고 한다면 나라가 작아야지 크면 안 된다고 생각했기 때문이었습니다. 스위스 학자가 작은 것이 좋다라고 주장한 것은 아마도 자기 나라의 칸톤을 생각해서 그런 말을 한 것 같습니다. 그런 의미에서 스위스는 연구해 볼만한 나라입니다. 어떻게 해서 그 조그만 민족들이 500년 동안 국가연합을 유지해 오면서 같이 살아왔는지, 그 내부에서 수많은 도시와 농촌 간의 분쟁들을 겪으면서도 같이 뭉쳐서 살아왔는지 참 흥미롭습니다. 이러한 국가연합의 고전적인 예들을 보면 유럽공동체가 자꾸 생각납니다. 유럽공동체는 네덜란드 연합 경우와 비슷한 면이 참 많아요. 유럽공동체 문제는 다음에 강의하기로 하고 오늘 강의는 여기서 마치도록 하겠습니다.

제4강

근대유럽 국가연합의 사상 1

현재 컨페더레이션confederation(이하 국가연합), 콘페데라티오confoederatio에 관한 사상에 대한 포괄적인 연구가 극히 부족합니다. 사상 방면만 하더라도 전반적으로 국가연합에 대해 다룬 연구의 경우 내가 참고한 것이 두세 권밖에 안 되고 개별 사상가들의 저서들이 있을 뿐입니다. 그중에 해롤드 라스키Harold Laski의 제자인 소베이 모기Souveiy Mogi라는 사람이 1931년에《연방주의 문제: 정치이론사적 연구》The Problem of Federalism: A Study in the History of Political Theory라는 두 권으로 된 책을 저술하였는데, 이 사람은 해롤드 라스키의 제자답게 다원주의pluralism를 연구하기 위해서 썼던 책이기 때문에 연방과 국제연합 간의 차이점을 별로 구별하지 않고 있습니다. 그 사람이 가지고 있는 시각이 다르기 때문에 우리가 요구하는 그런 각도에서 연방과 국가연합 문제를 다루고 있지 않아요. 그러나 그 책에는 미국, 영국 독일 등의 예를 중심으로 국가연합에 대한 얘기들이 상당히 많이 언급되고 있습니다. 그 다음에 프랑스의 보옌느Bernard Voyenne라는 사람이 1970년대에 쓴《연방사상사》Histoire de l'Idée Fédéraliste라는 책이 있습니다. 그리고 전에 말한 포사이스Murray Forsyth라는 사람의《국가들의 연맹》Unions of States이라는 책이 있습니다.

따라서 여러분들이 연방과 국가연합에 대해서 연구하려고 한다면, 개개의 사상가를 직접 대하지 않으면 길이 없다고 하는 난제에 부딪히게 됩니다. 지금까지 국가연합 연구는 거의 축적된 작업이 별로 없습니다. 나도 그런 책들을 찾아보고 읽어보고 했는데, 개별 사상가들이 자신의 저서에서 단편적으로 국가연합에 대해 언급하고 있는 정도입니다. 보댕Jean Bodin의 유명한 《국가론》Les Six Livres de la République을 봐도 스위스 연합을 예로 들면서 이것은 부분 국가에 주권이 있기 때문에 나라라고 볼 수 없고 일종의 연맹체 혹은 동맹체라고 이야기하고 있습니다. 또 여러분이 잘 아시는, 《폴리티카》 Politica Methodice Digesta를 지었던 알투시우스Johannes Althusius도 네덜란드 공화국이나 스위스, 독일 등 세 연맹체에 대해서 언급하고 있고, 제3판의 서문에서 네덜란드의 구성 국가인 프리즐란드Friesland에 대해서 쓰고 그 서문을 바치고 있습니다. 그런 식으로 국가연합에 대해 관심들을 가지고 있었습니다.

대체로 국가연합에 대해 비교적 자세히 쓴 사람들은 대개 자기 주변 환경이 국가연합과 관계가 있는 사람들입니다. 독일 사람이 제일 많고 그 다음에 루소 같은 스위스 사람들이 국가연합에 대해서 많이 쓰고 있습니다. 단일국가의 모델이 되는 프랑스에서는 국가연합에 대해 언급한 예가 아주 드뭅니다. 알렉시스 드 토크빌이 미국에 갔다 돌아와서 미국에서 본 것을 중심으로 국가연합에 대해 언급하고 있지만 이는 아주 예외적인 경우이고, 19세기 말에 이르러 국제법학자 루이 르 퓌르Louis Le Fur라는 사람이 국가연합에 대해서 썼습니다. 영국의 경우 앞에서 말한 모기는, 영국에서 연방주의에 대한 논의의 예로 로크의 논의를 들고 있지만, 우리가 말하는

제4강 근대유럽 국가연합의 사상 1 | 129

국가연합에 대해 언급한 사람이 거의 없습니다. 그러니까 이론은 자기 주변 환경과 밀접한 연관이 있는 것이지요.

그 다음에 우리가 주목할 사람이 사무엘 푸펜도르프입니다. 《자연법과 만민법에 대하여》De Jure Naturae et Gentium라는 책이 그의 주저이죠. 그 책이 카네기 재단에서 나온 국제법 총서 중의 하나로 출간되어 있고 그 영역본도 있습니다. 명저로서 한번 볼 만한 책입니다. 푸펜도르프가 국가연합에 관련하여 여러 번 썼습니다. 그 사람이 쓴 저서 중에 《신성로마제국에 대하여》De Statu Imperii Germanici라는 책이 있는데, 신성로마제국이 애당초 일종의 국가연합이라고 이야기하고 있고, 《국가들의 체계》De Systematibus Civitatum라는 저작에서 '국가집합'이라는 체제를 설명하고 있습니다. 이 용어와 관련하여 약간의 설명이 필요합니다. 내가 여러분 나이일 적에 학교 도서관에 가서 책을 찾아보니 'system of the state'라는 말이 나왔던 적이 있었어요. 이 개념을 몰라서 여러 사람에게 묻고 다니고 그 당시에 알만한 사람 모두에게 물어보았는데 아무도 아는 사람이 없었습니다. 나중에 알고 보니까 그 용어는 국가연합이라는 의미였어요. 그 당시에 쓰는 라틴어를 보면, '우니오'unio는 유니언을 말하는 것이고, '콘페데라티오'confoederatio는 컨페더레이션을 말하는 것이고, 그리고 '국가들의 체계'De Systematibus Civitatum는 나라의 집합을 의미하는데 여기서 시스템이라는 용어는 요즈음 말로 체계라는 의미가 아니라 집합이란 의미입니다. 이는 18세기까지 매우 자주 쓰던 말입니다. 19세기부터는 의미가 좀 달라졌지만, 18세기까지는 콘페데라티오라는 의미로 통용되었어요. 그래서 이 용어를 국가질서라고 번역하기도 하고 국가체계라고 번역하기도 하였는데, 그건 번역을 잘못한 것이고, 국가집합이라고 해야 바른 의미입니다. 푸펜도르프가 이러한 논문을 썼다고 하는데, 이후에 《자연법과 만민법에 대하여》에 포함시켰다고 합니다. 그의 논의 중에는 아주 재미있는 내용들이 많습니다. 특히 흥미 있는 부분이, 그가 '산만한$_{loose}$ 콘페데라티오'와 '밀도가 있는$_{close}$ 콘페데라티오' 두 가지 종류를 구분하였다는 점입니다. 아시다시피, 푸펜도르프는 자연법학자였는데, 산만한 콘페데라티오를 자연에 의해서 뭉쳐진 그런 집단들, 언어, 종교, 관습이 같고 혈연, 지연 관계가 있는 집단들이 자연법에 의한 산만한 콘페데라티오다라고 설명하였습니다. 이러한 논의는 내 강의를 통해 여러 번 반복해서 나올 것입니다. 루소에서도 이 얘기가 나오고 토크빌에도 이 얘기가 나오고 연방주의자도 같은 얘기를 하고 있으며 금세기에 들어와서는 카를 슈미트 같은 헌법학자도 비슷한 이야기를 하고 있습니다. 이러한 논의가 우리나라와 같이 단일 민족국가적인 기본을 가진, 단일 민족 개념을 가지고 있는 사람들로서는 귀에 솔깃한 이야기가 아닐 수 없습니다. 어떤 자연의 이치에 의해서 저절로 뭉치게 되는 그런 느슨한, 조직적으로 엮어져 있는 것이 아니라 느슨하게 엮어져 있는 인간 공동 집단이 중요하다는 이야기이니까 말입니다. 이에 비해서 밀도가 있는 집합에는 두 가지가 있는데, 그 하나는 신성로마제국처럼 임금이 있어 그 왕을 중심으로 몰려 있는 경우이고 또 하나는 콘페데라티오와 같이 어떤 중심이 없는 상태에서 연합해 있는 경우입니다.

그래서 보댕의 주권론과 유사한 논리의 연장선상에서 푸펜도르프는 주권이라는 개념에서 볼 때 구성 부분에 주권이 있지만 복수 국가가 독특한 유대를 가짐으로써 새로운 국가를 만드는 것이 콘페데라티오라고 표현하고 있습니다. 이러한 콘페데라티오는 보통의 조약과는 다르다고 하는데, 보통의 조약은 흩어질 수가 있지만 이에 비해서 콘페데라티오는 흩어지지 않고 영구히 같이 있기로 하고 하나가 된, 그런 독특한 형태라고 규정하고 있습니다. 그리고 아까 말한 임금 밑에 통합되어 있는 경우와 콘페데라티오를 비교하여, 전자는 규칙적인 것이라고 한 반면에 후자는 불규칙한 것에 해당한다는 식으로 구별하고 있습니다. 역시 콘페데라티오라는 것을 규정하고 얘기하면서도 그것을 일종의 예외로, 규칙 밖의 독특한 형태로 생각했던 것입니다.

그 다음에 여러분이 잘 아시는 그로티우스의 《전쟁과 평화의 법》De Jure Belli ac Pacis에서도 비슷한 논의가 잠깐 나옵니다. 그는 '우니오'라고 해서 유니언이라는 개념을 쓰기도 하고 '시스테마티쿰'Systematicum이라는 말도 쓰는데, '시스테마 키비타툼 페데라툼'이라고 해서 '시스템 오브 스테이츠'system of states라는 말도 쓰고 있어요. 그로티우스에 의하면, 콘페데라티오에 해당하는 '페더럴 스테이트'federal state에는 두 가지 형태가 있다고 합니다. 불평등한 형태와 평등한 형태를 구별하여, 불평등한 예로는 카르타고와 로마 사이에 맺은 협정을 들고 있는데 그때 로마가 우위의 입장에 서 있었기 때문에 그건 불평등한 형태였다고 이야기하고 있고, 이에 비해 스위스 같은 예는 평등한 경우라고 이야기했습니다. 그리고 몽테스키외를 간혹 색인에서 찾아보면 국가연합에 대한 언급이 나와요. '공화국연합'république fédérative이라고 해서 국가연합에 관한 언급이 나옵니다. 《법의 정신》De l'Esprit des Lois에서 찾아보면, 같은 성격의 나라들이 모여서 공화국연합을 만들어야지 군주국과 공화국 사이에는 만들기 힘들다, 기본적으로 공화국끼리 모여서 하는 것이 좋다는 이야기가 있습니다. 이것도 네덜란드 공화국이나 스위스를 생각하고 하는 이야기입니다. 그래서 그는 콩페데라시옹confédération을 '여러 사회가 모여서 된 한 사회'une société de sociétés라고 표현하고 있어요. 그러나 솔직한 얘기가 이는 모두 지나가는 소리로 한 얘기지 본격적인 얘기가 아닙니다.

본격적으로 국가연합에 대한 논의가 제기된 것은 아베 드 생피에르L'Abbé de Saint Pierre에 의해서였습니다. 그가 쓴《영구평화안》Projet de Paix Perpétuelle이라는 책이 유명해진 것은 루소 때문입니다. 루소가 이 책에 대한 발췌문을 쓰고 이에 대한 평가jugement를 했기 때문에 유명해진 것입니다. 나도 옛날에 보았기 때문에 기억이 확실하지 않습니다만, 그는 상당히 글을 많이 쓴 사람이었어요.《영구평화안》도 여러 번에 걸쳐 출간되었고《폴리시노디의 논의》Discours sur la Polysynodie라고 하는 정치론, 군주공격론을 장문으로 쓰기도 했습니다. 그 원고를 루소한테 정리해서 발표해 달라고 부탁했어요. 아마 그 당시에 논문을 발표하는 곳에 루소 이름이 있었기 때문에 발표하기가 쉬웠던 모양입니다. 그래서 루소가 그것을 발췌해서 정리한 것이《아베 드 생피에르의 영구평화계획 발췌》Extrait du Projet de Paix Perpétuelle du Monsieur l'Abbé de Saint Pierre이고 이와 연관하여 자신의《영구평화안 비판》Jugement sur le Projet de Paix Perpétuelle을 썼습니다.

그런데 이 루소가 문제 인물입니다. 루소는, 그 유명한《사회계약론》Du Contract Social에서도 언급합니다만, 콩페데라시옹(이하 국가연합)을 아주 중요시합니다. 기회가 온다면 이에 대해서 자세히 쓰겠다고 했습니다. 아마 썼던 것 같기도 합니다. 루소의 유실된 원

제4강 근대유럽 국가연합의 사상 1

고 중에 《정치제도론》Institution Politiques이라는 대저가 있었다고 하는데, 이것도 설이 분분해요. 친구한테 이 원고를 맡겨서 친구가 가지고 있다가 혁명 당시에 잃어버렸다는 설도 있고, 이를 쓰려고 했다가 채 쓰지 못했다는 설도 있어 설이 분분합니다. 어쨌든 루소는 스위스 사람답게 국가연합에 대해서 관심을 가지고 있었습니다. 루소의 국가연합 논의에 대한 것은 《에밀》Émile이라는 교육론에서도 잠깐 나오고, 아베 드 생 피에르에 대한 발췌나 평가에도 나오고, 기타 저작에서도 가끔 한 줄씩 나옵니다.

그런데 루소가 천재적인 사상가라는 것은, 아베 드 생 피에르가 이상주의적으로 쓴 것에 대해 아주 현실적으로 비판하고 있다는 점에서 잘 드러나고 있어요. 루소가 거짓말하지 않고 제대로 정리하고 비판하고 있는지 한번 조사할 필요가 있다고 생각해서 아베 드 생 피에르의 책을 보려고 했는데, 책이 없어서 보지 못하다가 1956년에 하버드 대학에 갔을 때 도서관에 가보니까 거기에 마침 있어서 볼 수가 있었습니다. 근년에는 프랑스에서 명저나 고전을 출판하는 갈리마르 출판사에서 그의 책이 출간되었기 때문에 비교적 쉽게 구해 볼 수 있습니다. 그 책을 보면, 비로소 '아! 루소는 천재적인 사상가구나'라는 것을 느낄 수가 있습니다. 루소의 행실을 보면 머리가 좋다고 생각하기 어렵지만 그가 쓴 것을 보면 아주 요령 있게 발췌를 잘했어요.

그 《발췌》의 핵심은 다음과 같습니다. '인류는 전쟁보다 평화를 요구하고 있다. 사람은 이해와 감정의 동물이다. 따라서 이해를 받쳐주고 감정을 고스란히 해주면 평화가 올 것이다.' 그 당시 유럽에서는 전쟁이 자주 일어났기 때문에 전쟁 없는 사회에 대한 갈구가 팽배해 있는 분위기였고, 이러한 평화에 대한 갈구를 반영하여 아베 드 생 피에르가 영구 평화를 논하였는데, 그 대전제가 바로 인류는 전쟁보다는 평화를 요구하고, 사람은 본질적으로 이해와 감정의 동물이다라는 것입니다. 그리고 사람은 재물을 얻으려고 노력한다. 만약 사람들이 전쟁터에 가지 않고 평화롭게 부를 축적할 수 있는 길이 생긴다면 싸울 필요가 없을 것이다. 이론상으로 보면 근사한 논리입니다. 그렇게 만들기 위해서는 싸움하지 않고 부를 모을 수 있는 길을 보장해 줘야 되는데, 이를 위해서 국가연합이 필요하고 이에는 다섯 가지 조건이었다. 그래서 다섯 가지 국가연합의 조건을 들었습니다.

그 첫째가 영구동맹이고 이 영구동맹에 콩그레스congress나 다이어트diet 같은 기구를 설치하여 피차 싸우지 않도록 중재 역할을 하고 공동 이해를 추구한다는 것입니다. 둘째는 각국에서 파견하는 전권 대표들이 한 표씩을 행사하며 자기 임의대로 투표하는 것이 아니라 반드시 각국의 훈령에 의해서 투표를 해야 한다, 의장은 순번제로 하고 국가연합에 쓰이는 재정은 각기 분할해서 부담하도록 한다는 것을 들고 있습니다. 셋째로 국가연합의 구성국들은 그들의 영토와 기타 재산을 보장받으며 군주국인 경우에는 계승권도 인정된다는 것입니다. 그리고 넷째는 이러한 사항에 대해 아무도 침해를 못할 뿐만 아니라 여기서 생기는 모든 분규는 무력을 쓰지 않고 국가연합에서 중재해서 처리한다는 것으로, 만일에 이상의 규정에 대해서 위반하는 국가는 공동의 적으로서 간주하여 공동 대처하는 공동 체제를 강화한다는 점을 명시하고 있습니다. 다섯째로 유럽 제국에게 가장 안전하고 좋은 결과를 가져올 수 있는 방안을 다수결로 잠정적으로 결정하고 5년 후에 다시 투표를 해서 4분의 3 이상 득표를 통해 최종 결정하여 안을 확정한다고 합니다. 이상의 다섯 가지 조약은 마음대로 변경할 수가 없고 만장일치가 아니면 바꿀 수 없다고 규정하고 있습니다.

그런데 루소의 평가를 보면, 루소의 천재성을 다시금 느끼게 됩니다. 아베 드 생 피에르의 영구평화안에 대해 발췌하고 나서 루소는 한마디로 잘라 말했습니다. 그의 영구평화안은 일반론에 불과하다. 왜냐하면 마치 모든 사람들이 가지고 있는 감정이나 이해 관념들이 모두 똑같을 것으로 해석하고 있다는 것이죠. 루소가 보기에는 아베 드 생 피에르가 전제하고 있는 바와 같이 사람들의 이해나 감정이 모두 그렇게 같은 것이 아니라 이해 관념과 감정이라는 것은 모두 다르고 독특하다는 것입니다. 아베 드 생 피에르와 루소의 차이를 현대 용어로 비교하자면, 루소는 영합 게임zero-sum game을 생각한 것이고 반면에 아베 드 생 피에르는 협조 게임co-operate game을 생각하였다는 점에서 양자는 차이가 있습니다. 따라서, 루소에 의하면 현실은 영합 게임이지 아베 드 생 피에르가 생각한 것처럼 협조 게임이 아니라는 것입니다. 공통되는 이해라는 것도 있을 수 있겠지만 대부분의 경우 사람들의 이해는 개인마다 서로 다르기 때문에 상충될 수가 있는데, 마치 이해와 감정이 사람마다 모두 같다고 생각하는 것은 현실을 잘못 이해한 것이라는 아주 현실적이고 신랄한 평을 했습니다.

이와 연관하여, 루소는 국가연합 자체에 대해서는 아주 적극적으로 찬성의 뜻을 표했습니다. 작은 나라들이 큰 나라들에 임하려면 국가연합이라는 방법, 즉 작은 나라들이 모여서 큰 나라에 버티는 수밖에 없다고 보았습니다. 그런 의미에서 적당할 뿐만 아니라 국가연합이라는 것은 조그만 나라들의 권리를 그대로 유지하면서 큰 나라가 되는 한 방식이다라는 재미있는 말을 했습니다. 국가연합 방식 이외에도 조그만 나라들이 큰 나라가 되려고 하는 경우에는 한 군주에 의해서 통일이 되는 경우가 있는데, 그건 독재나 억압의 경우라고 하여 국가연합 방식과 구별하고 있습니다. 이렇게 조그만 나라들이 국가연합을 만드는 원인에는 두 가지가 있다고 합니다. 하나는 외부로부터의 위협으로 인하여 국가연합을 만들게 되는 경우로서, 전쟁이 나서 밖으로부터 쳐들어오는 경우 서로 뭉쳐 단결하지 않을 수 없다는 것입니다. 전 시간에도 말했습니다만, 역사상 국가연합은 대부분 전쟁과 관련하여 생겨났습니다. 또 하나 국가연합이 만들어지는 이유는 혁명에 의해서라고 합니다. 아주 재미있는 말로서 나도 처음에는 이해가 안 됐는데, 이 루소의 연방 개념에 대해서 본Charles Edwyn Vaughan이란 사람이 쓴 글을 보고 어느 정도 알 수가 있었습니다. 본의 책은 서울대학교 도서관에 있고 나도 가지고 있습니다만, 내가 가지고 있는 것은 1965년에 나온 재판본입니다. 지금 플레이야드 판으로 《루소 전집》이 나오기 이전까지 루소의 정치적인 저술로서 본의 텍스트가 제일 좋았던 것 같아요. 본의 책을 보면 몇 백 페이지에 달하는 긴 서문이 있는데, 여기에 루소의 연방 개념에 대해서 쓴 부분이 있습니다.

그때 혁명이라고 하는 것은 결국 다음과 같은 이야기를 말하는 것 같아요. 혁명이 나면 사회 질서가 없어지고 일종의 무질서 상태가 되는데, 혁명에 의해서 무질서 상태가 초래되면 국가연합을 만들려고 하는 움직임이 생길 것이라는 논리입니다. 다시 말하자면,

제4강 근대유럽 국가연합의 사상 1

각국이 다 무질서하게 혼돈에 빠지게 되어 질서가 전혀 없게 되면 이러한 상태를 극복하기 위해 각국이 힘을 합해서 질서를 만들려고 한다는 의미에서 국가연합이 형성될 수 있다 그런 얘기같습니다. 그러나 혁명에 의해서 만들어지는 국가연합과 관련하여 루소의 자세한 논의가 없기 때문에, 또는 그러한 논의가 있음에도 우리가 모르기 때문에 그런지 알 수 없지만, 대개 그러한 의미인 것 같습니다. 아베 드 생 파에르의 영구평화안을 계기로 해서 나온 루소의 국가연합 논의가 그래도 그 당시에 사상적으로 국가연합에 대해 가장 자세하게 논의한 것이라고 평가할 수 있어요.

그 다음에 철학자 칸트가 중요합니다. 그러나 솔직한 이야기가, 칸트는 유명하니까 얘기는 하면서도 별로 마음에 들지 않는 부분이 많습니다. 칸트의 논의가 매우 철학적이라 이해하기도 쉽지 않고, 더구나 칸트는《도덕철학》*Die Metaphysik der Sitten*에서 나오는 선험적인 실천이성을 중심으로 논하고 있는데, 나는 그 방면에 대해서는 잘 모릅니다. 칸트의 저작은 거의 그의 전집에 실려 있습니다만, 칸트는 프랑스 혁명 전부터 이미 외부 압력으로 인해 유니언을 만드는, 국가연합을 만드는 경우를 들고 있고 거기에서부터 일종의 '국민들의 연합' Völkerbund이 될 것이라는 얘기를 하고 있습니다.

그런데, 칸트의 기본 생각은 진보론입니다. 인간은 야만으로부터 문명으로 간다는 진보론의 입장에서 글을 쓰고 있는데, 이러한 그의 입장은 프랑스 혁명과 연관되어 있습니다. 1795년에서《영구평화론》*Zum Ewigen Frieden*에 이르기까지 프랑스 혁명이 일어나서 아마 이에 대한 정보가 속속 들어왔던 모양입니다. 1795년에 이르면 로베스피에르의 자코뱅 정부가 들어섰다가 내쫓기는 단계인데, 그

때 열국이 간섭하기 시작하고 오스트리아가 간섭하기 시작함에 따라 칸트가 그 얘기를 들은 모양입니다. 그래서 공화제에 대해서 관심이 대단히 많았습니다. 아시다시피, 《영구평화론》에서 국민연합 관계로 간다면 정의에 찬 법에는 세 가지가 있다고 합니다. 하나는 시민법ius civitatis, Staatsbürgerrecht. 지금 민주국가의 법이라는 의미가 아니고 어떤 한 나라 내에 있는 국내법을 말합니다. 둘째로, 만민법ius gentium, Völkerrecht, 즉 우리가 요새 국제법이라고 하는 만민법이 있습니다. 셋째, 코스모폴리탄한 법ius cosmopoliticum, Weltbürgerrecht으로 범세계적인 법이 있다고 합니다. 칸트는 인류가 그런 시민법부터 국제법, 범세계적 법으로 나아가는 과정에 있음을 전제하고 자신의 논의를 전개하고 있습니다. 그래서 국민연합은 이러한 법의 발전 과정의 중간 단계, 즉 국제법에 의해서 기초된 상태라고 보고 그것이 어느 단계에 가면 범세계적인 법 하에서 정의가 실현되는 단계로 나아간다고 보았습니다. 그런 의미에서 칸트를 숭배하는 사람은 국제연합사상이, 국제연맹사상이 이미 칸트의 사상에서 비롯되었다고 주장하기도 합니다. 아베 드 생 피에르가 유럽의 평화를 위해서 자신의 영구평화안을 제안하였던 것과는 달리, 칸트는 적어도 인류를 상대로 평화를 논하고 있다는 면에서 칸트를 국제연합, 국제연맹의 선구자라고 볼 수 있을 것 같기도 합니다.

칸트는 국제법에 의한 단결, 연맹 관계, 연합 관계와 범세계적인 법에 의한 단결을 서로 구별하고 있습니다. 가령 '두 가지 평화'란 말이 나오는데 평화에 의한 연맹은 국제법을 통해 가능한 것이고 이는 평화조약과 다르다고 말하고 있습니다. 평화조약은 붙었다 떨어질 수가 있지만, 평화에 의한 연합은 뭉쳤다가 떨어지지 않고 그대로 유지된다는 점에서 다르다고 양자를 구별하고 있습니다. 이건 푸펜도르프에서도 나오는 얘기입니다. 결국 칸트의 이야기는 국민국가보다는 국민연합이 좋다는 그런 얘기가 되는데, 그러나 그의 진정한 목적은 역시 세계시민법Weltbürgerrecht을 창조함으로써 세계 평화를 바라본다는 데 있었습니다. 아시다시피 1797년에《도덕철학》이 나오는데, 이는 프랑스 혁명과 아주 밀접한 관계가 있습니다. 프랑스의 나폴레옹이 등장하여 싸움이 유럽으로 확대되면서 여러 곳에서 조약들이 체결됩니다. 당시 칸트는 상당히 나이가 많았던 상태였는데, 칸트는 그럴수록 전쟁을 초월하고 개별적인 조약을 초월하는 범세계적 시민세계를 꿈꾸었던 모양이에요. 그래서 아주 재미있는 글이 많이 나옵니다. 지금 세상은 임시적인 국제협약에 의해서 임시적인 평화를 누리고 있지만, 이를 넘어서서 영구적이고 일반적인 평화를 만들기 위해서는 인간이 가지고 있는 실천이성의 개념을 원용하여 처리해야 되고 선험적인 도덕 개념의 주입이 있어야 된다고 주장합니다. 그래서 '세계법'ius cosmopoliticum 또는 '세계시민법'Weltbürgerrecht이라는 말을 하고 있습니다.

　칸트는 1798년《인류학》Anthropologie in Pragmatischer Hinsicht의 마지막 부분에 이러한 영구평화에 대한 논의를 하고 있습니다. 그의 인류학이라는 것은 요새 말하는 인류학이 아니고 인간학에 해당하는 것인데, 인류는 야만에서부터 세계시민으로 진보하는 과정에 있다는 얘기를 세 단계로 나누어 논의하고 있습니다. 다시 말하자면, 인간은 자연감정 시대에서 이성의 시대로 전개되어 오고 있는데, 처음에는 시민사회를 거쳐 국제평화사회로 나아가고 결국 전반적인 평화가 보장되는 사회로 나아간다는 것, 즉 개별적인 국민연합으로부터 이성에 의한 고도의 평화세계사회로 진보한다는 것입니다. 이러한 엄청난 시나리오를 앉아서 생각했다는 것은 굉장한 일이죠. 하지만 현실은 아주 다릅니다. 칸트를 연구하는 사람들은 대개 칸트가 국제연합, 국제연맹 같은 것을 예견했다고 이야기하지만, 그것은 레오나르도 다 빈치가 '나는 기구'를 구상하였다고 해서 비행기를 미리 생각했다고 하는 얘기와 마찬가지로 논리의 비약이 있는 것 같습니다.

이상이 대체적으로 18세기 말까지 유럽에서 나온 국가연합에 대한 논의들이고 그 다음에 중요한 것은 미국의 국가연합에 대한 논의들입니다. 전에도 이야기했습니다만, 미국의 경우는 1781년부터 1787년까지 미국연합이 있었고 그때부터 1789년까지 3년에 걸쳐 헌법논쟁이 일어납니다. 이 헌법논쟁이 끝난 이후에도 또 논쟁이 일어나서 나중에는 남북전쟁을 통해 그 논쟁이 종결됩니다. 미국의 경우는 유럽의 경우와 매우 다른 것이, 유럽에서는 푸펜도르프나 칸트와 같은 교수, 철학자, 사상가들이 국가연합에 대해서 논한 반면에 미국에서는 그 당시 실제 정치 활동하던 사람들이 주로 논쟁의 주역이었다는 점입니다. 미국의 논의들은 그 논의의 반향이 매우 커서 미국에서뿐만 아니라 유럽에서도 상당한 영향력을 발휘했습니다. 전시간에도 말했습니다만, 스위스 같은 나라는 스위스의 연방국가를 만들 때 미국의 연방법, 헌법을 참고했을 정도로 그 영향이 매우 컸습니다.

미국의 연방주의자들의 문건을 몇 가지 보면, 연방주의자들의 생각을 잘 알 수 있습니다. 우선 제임스 매디슨James Madison과 알렉산더 해밀턴Alexander Hamilton의 논문을 모은 《연방주의자 논설》The Federalist

제4강 근대유럽 국가연합의 사상 1　　　　　　　　　　　　　　　141

　　Papers이라는 문건이 있는데, 주로 뉴욕 주의 신헌법 비준을 위해서 쓴 것입니다. 이 문건을 보면 상당히 현실적인 점이 많아요. 가령 매디슨의 39번 논문 같은 데 나오는 것처럼, 아시다시피 매디슨은 미국의 제4대 대통령이었습니다만, 1787년에 기초안이 만들어지고 1789년에 비준된 신헌법을 '혼합헌법'mixed constitution이라고 규정하고 있습니다. 즉, 신헌법의 내용을 보면 국민 전체의 단일정부적인 측면과 연합정부적인 측면이 혼합되어 있다는 것입니다. 아시다시피 미국 헌법의 맨 처음에 "We, the people of the United States of America"라고 규정되어 있어 국민 전체적인 단일정부라는 측면이 부각되어 있습니다. 반면에 헌법에 대한 비준은 각 주에서 하게 되어 있어서 연방의 성격을 가지고 있습니다. 따라서 이것은 혼합헌법이 확실하다고 보았습니다. 정부 운용 차원에도 중앙정부가 행하는 부문은 국민 전체적인 것이고 그에 반해서 지방정부가 행하는 부문은 연방의 측면을 나타내고 있으므로 혼합적인 성격을 가지고 있다, 개정안에 대한 법령을 보는 경우에도 그것은 국민 전체적인 정부 측면이 압도적이지도 않고 연합정부적인 측면이 압도적이지도 않다, 그리고 그렇게 따지자면 기왕에 미국연합의 조항 속에도 국민 전체적인 요소가 있었다, 그런 식의 논지를 펴고 있습니다.

　미국연합이 혼합헌법의 성격을 가지고 있다는 것이 매디슨이 말하는 신헌법의 3대 특징 중의 첫 번째 특징이고, 그 다음에 알렉산더 해밀턴이나 제임스 매디슨 모두 주권의 양분을 그 두 번째 특징으로 들고 있습니다. 각 구성주들이 주권의 잔여 부분과 침범할 수 없는 부분을 그대로 가지고 있기 때문에 연합정부적인 요소가 있다, 뿐만 아니라 중앙정부에 강한 힘이 있지만 동시에 지방정부도 나름대로 강한 힘을 가지고 있다, 따라서 1789년 헌법을 주권이 양분된 헌법이라고 말하고 있습니다. 지금 이 문제는 19세기 들어 독일헌법학회에서 가장 치열하게 논의된 고전적인 주권 논쟁의 주제 중의 하나입니다. 그 다음에 이들이 거론하고 있는 세 번째 특징은, 신헌법이 기존의 국가연합의 조문과 다른 부분도 많지만 같은 부분도 많고 따라서 양자는 그렇게 너무 동떨어진 것이 아니라는 점을 들고 있습니다. 이는 솔직히 말해서 다른 사람들을 설득하기 위해서 한 말입니다. 모두들 새로운 헌법을 하지 않으려고 하니까 설득시키기 위해서 신헌법이 그전과 그리 동떨어져 있는 것이 아니라 오히려 같은 점이 많다고 주장하는 것입니다.

그러면 양자에는 어떠한 차이가 있는가? 가장 큰 차이점은 하나는 연맹체이고 다른 하나는 정부가 있다는 점입니다. 새 헌법에 의하면 정부가 전제되고 있지만, 기왕에는 정부가 없고 의회만이 있었다는 것이 그 차이라고 할 수 있습니다. 뿐만 아니라 정부가 있는 경우에 최고법은 최고재판소Supreme Court의 해석권을 말하는 것이므로 이는 다른 법에 대해서 우월하다는 것이라는 주장도 하고 있습니다. 압축을 하자면 그런 내용들입니다.

물론 이러한 생각과 비슷한 생각을 가지고 있었던 사람들이 많이 있었습니다. 토머스 제퍼슨Thomas Jefferson의 생각에서도 국민 전체적인 단일정부를 주장하는 것보다도 연합정부적인 요소가 강하게 나타나고 있기는 하지만, 기본적으로 매디슨이나 해밀턴의 생각과 같은 점이 많습니다. 약간의 차이점도 있습니다만 같은 점이 더 많아요. 이들은 모두 실무가들로서 실질적인 관점에서 국가연합 문제를 논했는데, 그 당시 유럽에서 생각하지 못했던 주권의 양분이나

제4강 근대유럽 국가연합의 사상 1

주권의 분할된 상태에 대해서 논한다거나 혼합헌법을 생각한 것은 국가연합에 대한 획기적인 생각들이었습니다. 기왕에는 주권 개념에 사로잡혀서 보댕이나 푸펜도르프 같은 사상가들은 국가연합에서 주권이 둘로 나누어질 수 있는 것이라고 생각하지 못했는데 미국의 정치가들은 현실적으로 주권의 양분에 대해서 논했던 것입니다.

그런데 여기에서 프랑스의 토크빌이 끼어듭니다. 토크빌이 바로 이런 논의가 있은 지 얼마 안 되어서 미국을 방문하는데, 미국을 구경하고 나서 여러분이 잘 아시다시피 《미국의 민주주의》 De la Démocratie en Amérique 라고 하는 책을 썼습니다. 지금도 미국을 이해하는 데 참고가 되는 책이죠. 그가 이 책을 쓸 당시 미국에서는 웹스터 Daniel Webster 와 칼룬 John Calhoun 사이에 치열한 논쟁이 벌어지고 있는 상황이었습니다. 새로운 헌법에 의한 정부가 연방국가인가 아니면 기왕에 있었던 국가연합의 연장인가를 놓고 논쟁들이 치열하게 벌어지고 있었던 때입니다. 그러한 논쟁의 와중에서 토크빌이 다니엘 웹스터의 영향을 상당히 받았던 모양입니다. 왜냐하면, 결론적으로 토크빌이 국민 전체의 정부를 지지하는 입장에 찬성하고 있기 때문입니다. 그러면서도 토크빌이 만만치 않은 사람인 것이, 국가연합의 요소도 인정하고 있습니다. 그런데 토크빌이 왜 중요한가 하면, 토크빌의 저서가 미국을 이해하는 데 도움이 되기 때문에 중요하기도 하지만 그것보다는 토크빌이 이 책을 써서 유럽에서 미국에 대한 관심이 엄청나게 커졌기 때문에 중요합니다. 그런 의미에서 토크빌은 미국 헌법논쟁보다 유럽에 준 영향 때문에 읽을 만하고 지금도 미국의 중요 문제의 정곡을 예리하게 지적하는 대목이 여러 군데 있습니다. 라스키Harold Laski의《미국민주주의》*American Democracy*와 토크빌의《미국의 민주주의》는 한번 볼만한 책들입니다.

그의 논의는 여러 가지 있습니다만, 기본적으로 연방주의자의 영향을 많이 받았던 것 같습니다. 그의 얘기 중에는 아주 재미있는 것이 있습니다. 미국에는 두 개의 정부가 있다. 즉 지방정부와 중앙정부union government라는 두 개의 정부가 있다고 보았습니다. 그런데 중앙정부는 솔직히 말해서 추상적이고 일상적으로 체험되는 것도 아니고 인위적이므로, 일반 시민들이 일상적으로 접하고 몸으로 느끼는 것은 중앙정부가 아니라 지방정부라고 합니다. 우리처럼 단일민족국가에 살고 있는 사람들은 잘 감이 오지 않는 이야기지만, 미국에 가서 직접 살면 일상생활에서는 대부분 주법州法에 따라 생활하게 된다고 합니다. 세금을 내는 것도 주의 세규에 따라서 내야 되고 교통법도 주의 법에 의해서 움직이고 그럽니다. 중앙정부가 집행하는 부분은 외교나 국방 등에 한정되어 있고 대부분 일상생활과는 별로 관계가 없습니다. 따라서 토크빌은 일상생활에서 주법과 주정부가 우선하는 미국의 현실을 보고 중앙정부는 인위적이고 추상적인 것이라고 보았던 것입니다.

그리고 토크빌은 매디슨의 영향을 받아 신헌법이 일종의 타협 또는 혼합이라고 이야기했습니다. 그 좋은 예로 미국의 양원제를 들었는데, 즉 상원Senate은 주정부를 대표하고 하원House of Representatives은 인민을 대표한다는 점에서 이는 국가연합과 연방의 타협이라는 것입니다. 이는 서로 상반하는 가치가 공존하는 상태라고 본 것이죠. 하나는 국가연합에 의거하여 각 구성주를 대표하고 다른 하나는 인민을 대표한다는 점에서 이는 일종의 타협이고 따라서 양자

제4강 근대유럽 국가연합의 사상 1 | 145

간에는 공존이 유지되고 있다고 주장하고 있습니다. 그렇기 때문에 미국의 중앙정부라고 하는 것은 일종의 불완전한 정부로 보았습니다. 유럽적인 입장에서 미국의 정치 상황에 대해 매우 예리하게 지적하고 있어요. 그리고 최고재판소만 하더라도 거기서 나온 판결을 관철시킬 강제력이 없기 때문에, 사실상 그것은 여론에 호소하는 의견을 표시한 것에 불과한 것이지, 모든 법에 우선하여 강제력을 가지고 있는 것은 아니라는 얘기도 하고 있습니다. 아마 그 당시에는 최고재판소에서 내린 결정이 지방정부의 재판에서 안 맞는 경우가 많이 생겼던 모양입니다. 가령, 남북전쟁 전에는 지방정부와 중앙정부 간에 판결을 놓고 분규가 생기는 경우 그것을 누를 수가 없었던 경우가 왕왕 있었습니다. 그런 의미에서 당시 최고재판소에서 내린 판결이 결국 의견 표시에 불과하다는 토크빌의 얘기가 어느 정도 가능한 상황이라고 볼 수 있습니다.

그런데 토크빌의 논의를 보면, 이전에 푸펜도르프의 논의에서 나온 것 같은 재미있는 내용이 나옵니다. 토크빌이 미국에 가보니까 미국 사람들의 국민 생활이 일종의 동질성에 의해서 뭉쳐져 있는 것 같다는 인상을 받게 된다는 것입니다. 다시 말하자면, 언어가 같고, 풍습이 같고, 종교가 같고, 같은 문명으로 뭉쳐 있는 그런 동질성을 느낀다는 것이죠. 그것은 푸펜도르프가 '느슨한 콘페데라티오'에서 동질성을 강조한 것과 비슷합니다. 이건 중요한 문제입니다. 왜 중요한가 하면, 콘페데라티오라고 하는 독특한 제도가 성공하기 위해서는 동질성 문제가 매우 중요하기 때문입니다. 동질성이 확보된 경우에도 콘페데라티오가 성공하기 힘든데, 동질성이 없는 경우에는 콘페데라티오를 구성할 수 있는 가능성이 거의 희박하다고 보아야 합니다. 그런데 토크빌이 아주 날카롭게 지적하고 있는 것이, 미국의 동질성에 다만 두 가지 예외가 있다는 것입니다. 그 하나는 노예 문제로 동질성으로부터 배제되어 있다고 지적하고 있습니다. 노예 문제는 직접적으로 체제와 제도에 도전하는 것은 아니지만, 풍습이 다르고 인종이 다르기 때문에 간접적으로 체제, 제도에 대해 영향을 주고 있다는 것입니다. 다른 하나는 남북 문제입니다. 토크빌은 남부에서 북부가 번창하고 커지는 것에 대해서 경계하고 있다고 생각했기 때문에 남부 사람들이 북부 사람들에 대해 질시하고 있다고 말하고 있습니다. 아시다시피 남북전쟁의 직접적인 도화선은 노예 문제였지만, 남북전쟁을 둘러싼 실질적인 법적 문제는 과연 미국이 국가연합인가 아니면 연방인가 하는 싸움이었습니다.

웹스터와 칼룬 사이의 논쟁을 보더라도, 이 문제를 중심으로 치열한 논전이 벌어집니다. 웹스터 측은 국민 전체의 정부의 측면을 강하게 주장하면서 미국은 국민국가이지 연합이 아니라고 주장하였습니다. 반면에 칼룬이라는 사람은 신헌법이 연합헌법이지 연방이 아니라고 주장하였습니다. 이 논쟁에서 토크빌은 웹스터 측의 편을 든 모양입니다. 왜냐하면 토크빌은 다음과 같은 이야기를 하고 있기 때문입니다. 만약에 다수결의 원칙에 승복하지 않는다면 그것은 일종의 무정부상태이고, 무정부상태라는 것은 사실상 현행 헌법이 없어진다는 것을 의미한다, 따라서 다수결의 원칙이 통해야 되는데 현재 의회에서 다수는 북부 의견이고, 북부 의견은 국민 전체의 정부를 주장하고 있으니까 결국 국민 전체의 정부가 올바른 것이다, 그런 식의 논지를 펴고 있습니다. 그런 의미에서 토크빌은

제4강 근대유럽 국가연합의 사상 1

웹스터 편을 든 것인데, 사실 이러한 토크빌의 논리는 용두사미인 측면이 있습니다. 왜냐하면, 토크빌이 처음에는 마치 국가연합을 옹호하는 것 같은 여러 가지 얘기를 하다가 끝 부분에 가서 연방주의자를 지지하는 얘기를 하고 있기 때문입니다.

이러한 맥락 속에서 웹스터와 칼룬의 논전에 대해서 좀 더 자세히 살펴볼 필요가 있을 것 같습니다. 웹스터는 여러분이 잘 아시는 웹스터 사전을 만든 사람이고, 칼룬이라는 사람은 사우스 캐롤라이나 출신의 정계의 거물로서 남북전쟁 중에 남부를 지지하는 이론을 폈습니다. 우선 웹스터라는 사람의 이론을 먼저 보면, 미국 헌법은 국민 전체의 단일정부 특색을 가지고 있다고 주장하였습니다. 전에 얘기했습니다만, 네이션이란 말에는 국민이란 의미가 있습니다. 미국은 하나의 피플이었으니까 하나의 네이션이고 따라서 미국의 헌법은 국민 전체 차원의 헌법이며, 이것은 계약이 될 수 없다고 강조하고 나서 다음과 같은 논리를 전개하였습니다. 신헌법은 계약을 통해 구성된 것이 아니라 미국 국민이 하나의 집단적인 전체 collective whole로서 구성한 것이다, 물론 현재 헌법에서는 두 정부를 규정하고 있어 지방정부와 중앙정부 두 정부가 동시에 존재한다, 그러므로 국민은 두 정부에 모두 다 복종한다, 이러한 사실에 대해서는 의심할 바가 없지만 두 정부는 각기 그 관할 영역이 다르다, 만약 중앙정부와 지방정부 간에 법적 충돌이 생기면 그것에 대한 최고의 해석권, 결정권은 최고재판소에 있다, 그런 식의 논리를 폈습니다. 그래서 링컨이 한 말을 원용하여 국민들이 연방정부를 옹호하기 때문에 이것은 어디까지나 국민 전체의 단일정부이고 따라서 헌법은 국민 전체 합의에 의한 헌법이지 절대로 협약이나 계약이 아니다라고 주장하였습니다.

　이것에 대해서 칼훈이 제시한 주장이 재미있습니다. 솔직히 말해서 나는 칼훈의 주장에 역점을 두고 얘기하겠습니다만, 칼훈의 주장을 보면 매우 논리적입니다. 그의 대표적 저술이 《미합중국의 헌법과 정부론》*A Discourse on the Constitution and Government of the United States*인데, 이 사람은 다음과 같은 논리로 시작했습니다. 국가라는 것은 무엇인가, 국가가 무엇으로 구성되어 있는가 하면 국가는 인민과 (헌)법과 정부 등 세 가지로 구성되어 있다, 그런데 헌법이란 인민들이 만든 것이고, 인민들이 헌법을 만든 이유는 그 헌법에 의해서 만들어지는 정부가 예전처럼 군주국과 같이 독재를 하거나 권력을 남용하는 것을 제약하기 위해서다, 그리고 인민들은 헌법을 통해서 정부를 만들었고 헌법을 통해 정부에 대한 제약을 설정하여 정부가 자의적으로 행위하지 못하게 만들었다, 그러므로 모든 권력의 근원은 인민이고 헌법이나 정부는 모두 인민이 만든 것이다, 그런 식의 논리를 주장하였습니다.

　이러한 논리 하에서 칼훈은 1787년에 작성되고 1789년에 비준이 된 신헌법에 대해 이야기하고 있습니다. 신헌법을 보면 '합중국의 인민'*The People of the United States*이라고 명시된 것처럼 결국 한 국민이 헌법을 만들었다고 규정되어 있지만, 그러나 실제 비준한 것을 보면, 각 주별로 그곳의 형편에 따라서 그곳의 인민들의 동의를 얻어 비준이 이루어졌단 말입니다. 한 인민이 비준한 것이 아니고 각 주 나름대로의 특색을 가지고, 각 주별로 각기 다른 시기에, 각 주별로 각기 다른 절차를 통해 비준을 했다는 것입니다. 따라서 이것은 한 인민이 만든 것이 아니라 여러 인민들several people이 한 것이라

제4강 근대유럽 국가연합의 사상 1

는 말입니다. 아주 재미있는 이론입니다. 따라서 여러 인민들이 여러 주에서 헌법에 비준했기 때문에 이것은 여러 주들의 인민들이 계약compact으로서 구성한 것이지 단일한 인민으로서 구성한 것이 아니라고 주장했습니다. 제7조나 최후 조문에 있는 비준에 대한 조문이 이러한 사실을 증명해 준다는 것입니다. 그러면 현재 미국의 주권이라는 것은 여러 주들의 인민에 의해 일부분이 단일정부에 위임된 것에 불과하다고 해석할 수 있다는 겁니다.

 미국 헌법을 보면 입법부, 행정부, 사법부에 대한 조문이 죽 열거되어 있는데, 그것은 여러 주들의 인민들이 이러한 조문에 대해 비준함으로써 이를 연방정부에 위임한 것이 아니냐, 따라서 이것은 계약에 다름 아니다라는 아주 재미있는 이론을 전개하였습니다. 물론 그렇다고 해서 연방정부와 국가연합이 같은 것이라고 주장하는 것은 아닙니다. 국가연합에는 정부가 없는데 이 미국 연방에는 정부가 있기 때문에 다르다는 점도 인정하고 있습니다. 그러나 동시에 단일정부와 지방정부는 동등한 지위를 가지고 또 그렇게 될 수밖에 없다, 만약 동등한 지위를 가지고 있는 입법 주체인 이들 두 정부 사이에 분규가 생겨서 충돌하는 경우 헌법 개정이라는 방법을 통해 분쟁을 해결할 수 있다, 그런데 개정을 하기 위해서는 일정한 절차를 밟아야 되는데 이러한 절차의 한계가 있기 마련이다, 즉 개정하는 절차 문제에서 의견이 상충되어 헌법 개정이 안 된다고 하는 경우에는 그 계약을 파기하고 헌법에서 탈퇴할 권리가 있다, 물론 계약을 파기한다는 것 자체가 잘못된 것이라는 측면이 있지만 계약법상 충분히 있을 수 있는 상황이다, 따라서 남부의 여러 나라들은 분리하는 것이 가능하다, 이러한 식의 논리로 남부의 분리를 정당화했습니다. 지금 내가 칼룬의 논지를 깔끔하게 정리하지 못해서 잘 이해가 되었는지 모르겠지만, 원래 칼룬의 논지는 매우 조리가 있습니다.

그래서 결국은 남부와 북부 간의 무력적인 갈등, 즉 남북전쟁이 일어나게 되었습니다. 말로 하다 안 되니까 주먹이 나오게 된 격이죠. 남북전쟁에서 남부가 졌기 때문에 칼룬도 패배한 진영의 이론으로 전락하였고, 따라서 그의 이론은 미국 내에서 다른 정치가들에 비해 그렇게 인기가 좋은 것은 아닙니다. 그러나 지금도 미국 남부에 가서 칼룬에 대해서 물어보면, 물론 연방주의자만큼은 인기가 없습니다만, 아직도 인기가 대단합니다. 반면에 북부 사람들은 칼룬에 대해서 아주 시원치 않게 생각하는 것 같아요. 앞에서도 이야기했지만, 유럽 사람들의 논의들은 실제 세력이 없는, 정치가가 아닌 사람들의 이야기였기 때문에 비교적 실제적인 감각이 별로 없는 편이고 그나마 루소 정도가 실제 감각이 있는 편에 속한 정도입니다. 반면에 미국에서는 직접 정치 활동을 하는 사람들의 논쟁이기 때문에 매우 현실적인 감각이 있고 그래서 매우 특색 있는 이론들을 전개하였다는 면에서 유럽의 이론들과 대비되는 측면이 있는 것 같습니다.

주권에 대한 이론은 여러분도 다른 강의를 통해 배웠겠지만, 보댕의 불가양, 불가분한 지상 최고의 권력이라고 하는 주장이 아직도 통용되고 있는 것 같아요. 유럽에서는 이미 18세기 말이나 19세기에 이르면 주권 분할론 division of sovereignty 이 제시됩니다. 그리고 19세기 말에 이르러 독일연방이 생기면서부터 이 문제를 놓고 학계의 주요 의제로서 매우 격렬하게 논쟁이 이루어집니다. 따라서, 이

제4강 근대유럽 국가연합의 사상 1　　　　　　　　　　　　　151

다음 시간에 이야기하겠지만, 어떤 분야에서는 참 학문이 뒤떨어져 있다는 것을 새삼 느끼게 됩니다. 질문이 있으면 해주시기 바랍니다.

질문　선생님께서 아까 루소의 《영구평화안 비판》에서 국가연합으로 가는 방법에는 혁명과 전쟁이라는 두 가지 방법이 있다고 말씀하셨는데, 그중에서 혁명 부분에 관련하여 질문을 드리겠습니다. 당시 프랑스 혁명에 관련된 혁명적 공화정의 민족주의라는 맥락에서 볼 때, 루소가 그의 후기 저작인 《코르시카 헌법 철학》*Projet de Constitution pour la Corse*이라든지 《폴란드 헌법》*Considérations sur le Gouvernement de Pologne*에서 공화적인 국내정치질서를 도입할 때 근대국가로서 대내적으로 개혁을 성공적으로 이룩할 수 있고 대외적으로도 강력한 정부가 될 수 있다라고 논의하고 있는 것 같습니다. 이러한 루소의 논의를 콩페데라시옹의 문제와 연결해서 보면, 루소는 공화주의적인 혁명을 통해 새로운 대내적인 질서가 성립된 국가들끼리의 연합으로서 콩페데라시옹을 얘기한 것이 아닌가 하는 생각이 듭니다.

답변　내가 강의하는 도중에 빠트렸는지 모르겠습니다만, 루소는 기본적으로 공화주의자입니다. 따라서, 그 사람이 아베 드 생피에르에 대한 비평을 통해 말하고 있는 국가연합이란 다름 아닌 공화국들이 모인 국가연합입니다. 다만 혁명이 구체적으로 무엇을 말하는 것이냐, 어떤 혁명을 어떻게 얘기한 것이냐에 대해서는 자세한 얘기를 하지 않았습니다. 혁명을 한다고 하는 경우에 다음과 같은 것을 생각한 것이 아닌가 하는 추측만이 가능합니다. 나도 하나 가지고 있지만, 17~18세기에 이름을 속이고 가명으로 나온 소책자들이 많이 있습니다. 푸펜도르프의 경우에도 앞에서 말한 책을 세베리누스Severinus de Monzambano라는 가명으로 발간했습니다. 그 책을 보면 전쟁의 와중에 있는 사회가 겪게 되는 비참한 광경에 대한 얘기가 나옵니다. 《정치와 정치사상》의 사상사 부분에서 잠깐 인용을 했습니다만, 공격하는 측에서도 약탈을 하고 방어하는 쪽에서도 약탈을 합니다. 당시에는 용병들이 전쟁을 하였으므로 약탈을 통해 일종의 소득을 올린 것이죠. 더군다나 용병들이 전쟁 중에 약탈하는 경우뿐만 아니라 만약 재산을 지켜줄 정부가 없는 경우에는 어디서나 약탈 대상이 되었습니다. 루소는 바로 이러한 무법천하가 되어 힘만 가지고 약탈하는 그런 상태에 대해서, 그리고 이를 극복할 수 있는 방법에 대해서 이야기한 것 같습니다. 루소의 유명한 《사회계약론》을 보면, 원래 자연상태에서 사람들은 선량하게 살아갔지만 소유권이 생기면서 분규가 생겼기 때문에 이를 없애기 위해 계약을 해서 국가를 만들었다고 주장하였습니다. 이와 마찬가지로, 국제사회에서도 분규가 생겨서 어찌할 수 없으면 계약을 만들어서 국가연합을 만든다는 식으로 같은 논리를 전개하고 있는 것 같습니다.

루소는 기본적으로 공화주의자이기 때문에 질문하신 것과 같이 루소는 공화국들의 연합을 이야기하고 있습니다. 그리고 루소는 아까도 말했지만, 소국주의를 주장한 사람입니다. 즉, 조그만 나라에서 직접 민주주의가 실현되는 상태를 이상형으로 생각한 것 같습니다. 그런데 조그만 나라로서 큰 나라에 대항하기 위해서는 결국 작은 나라들끼리 모일 수밖에 없고, 국가연합이란 바로 이러한 경우 아주 유용한 방식이라고 보았습니다. 루소에 와서 처음으로 국가연합은 조그만 나라

제4강 근대유럽 국가연합의 사상 1 | 153

들이 조그만 나라로서 자유와 권한을 유지하기 위해서 선택할 수 있는 방식으로 국가연합을 구상할 수 있다는 생각이 전면에 등장하게 되었던 것입니다. 이런 측면에서, 소국들이 모인 국가연합의 문제는 직접 민주주의와도 밀접한 관계가 있는 것 같아요.

질문 루소 사상에 대해 많이 알고 있지 못하기 때문에 정확하게 기억할 수 없지만, 루소가 기본적으로 공화주의적인 관점에서 인민은 평화를 원하고 지금 일어나는 전쟁은 군주들이 일으키는 것이기 때문에 인민혁명으로써 군주들을 타도하고 공화정을 만들면 평화가 정착할 것이라고 생각했던 반면에, 알렉시스 드 토크빌은《미국의 민주주의》의 마지막 부분에서 바로 루소가 공화주의적 혁명을 통해 평화에 도달할 수 있다고 전개한 논리에 대해 비판하면서 실제로 국민국가가 되었을 때 인적, 물적 자원을 무한정 동원할 수 있기 때문에 오히려 더 가혹한 전쟁상태가 초래될 수도 있다고 반박하였던 것 같습니다. 이렇게 서로 대비되는 의견에 대해서는 어떻게 생각하시는지요?

답변 아시다시피 루소의 경우에는 주권이 인민에게 있다고 보았습니다. 그런 의미에서 그 당시에 혁명 사상으로 간주되었고 따라서 박해를 받았습니다. 루소가 위험 분자로 취급되어 쫓겨다니고 국내외로 도망다니게 되었던 것도 그의 사상이 인민 사상이었기 때문입니다. 그것은 의문의 여지가 없는 이야기입니다. 토크빌에 대한 질문은 내가 정확하게 이해를 하지 못하겠는데, 좀 더 확실하게 말씀해 주시겠습니까?

질문 루소의 논의가 공화주의적 혁명을 통해서 인민의 정부가 들어서면 군주제 국가보다 평화로운 상태가 될 것이라는 가정 하에 그 논의를 전개하고 있는데, 토크빌은 이러한 루소의 논의를 반박하면서 오히려 인민에 의한 국가에서 더욱 심한 전쟁 상태가 초래될 것이라고 주장하고 있는 것이 아닌가 하는 것입니다.

답변 루소가 혁명을 논한 것은 아주 적어요. 그 당시는 아시다시피 프랑스 혁명 전입니다. 그리고 마블리, 루소 그런 사람들이 말한 혁명이란 무질서, 비참한 상태로 가는 무질서 상태로 생각하고 얘기를 한 것이지, 혁명을 정권 혁명이라는 의미로 해석한 것 같지는 않습니다.

질문 다른 여러 문헌을 보면, 토크빌이 루소의 평화관이 가지고 있는 순진한 측면을 비판하고 있다는 것을 알 수 있습니다. 즉, 토크빌이 보기에는 네이션 스테이트, 공화주의적 정체가 등장하면서 평화가 정착될 수 있는 기반이 성립되는 것이 아니라 무한정 인적 자원과 물적 자원을 동원할 수 있는 기반이 생김에 따라 더 처절한 무한 물량 전쟁으로 돌입할 수 있기 때문에 더욱 비참한 전쟁 상태가 초래될 수도 있다고 주장하면서 루소를 반박하고 있다는 것입니다.

답변 글쎄, 아시다시피 루소는 읽기에 따라서 독재주의를 지지하는 사람으로 볼 수도 있고 천하의 자유주의자라고 볼 수도 있습니다. 그런 모순된 양면을 가지고 있어서 여러 사람들이 루소에 대해서 정반대되는 견해를 제시하고 있습니다. 루소는 기본적으로 공화주의자이면서도 동시에 그가 제시하고 있는 견해 중에 전체주의적인, 독재주의적인 요소가 아주 강하게 부각되는 부분도 있기 때문입니다. 루소가 강조하는 '일반의지'volonté générale라는 개념도 전체주의적 요소를 함축하고 있다고 볼 수 있습니다. 내가 지금 자세하게 얘기하지 않았습니다만, 국가연합에서도 '공동의지'volonté commune가 있다고 주장하고 있습니다. 그런데 공동 의사라는 것은 다수에 의해서 형성되는 것이 아닙니다. 다수라는 것은 전체 의사이고 전체 의사가 아닌, 자기가 들어가서 자기를 버렸기 때문에 생긴 '일반의지'라고 하는 것은 전체 의사와는 다른 것이라고 주장했습니다. 바로 이것은 독재를 의미하는 것이라 볼 수 있어요. 이러한 루소의 논의에 대해서 프랑스 내에서도 반대하는 사람들이 참 많았습니다. 물론 군주주의자들은 말할 것도 없고, 보나르와 같은 사람들도 반대하였고, 루소에 대해서 반대하는 사람이 많았습니다. 루소의 논의에 독재적인 요소가 있었기 때문입니다. 그러나 정반대로 루소를 보면, 아주 자유주의적인 요소도 있습니다. 그래서 토크빌이 어떠한 측면에서 그렇게 이야기했는지 잘 파악이 안 되는군요.

질문 그 문제에 대해서 루소 자신도 이미 고민을 얘기하고 있기 때문에, 그것을 비판할 소지가 있는 건 아닌 것 같습니다. 결국 정치적 통일체body politic 자체가 공화정 식으로 가는 것이 국제 시스템에서 갈등을 심화시킬 수밖에 없는 문제, 즉 국내체제와 국제체제의 갈등 문제에 대해서 자기가 고민을 가지고 있다고 하는 대목이 《사회계약론》 맨 끝 부분에서 언급되고 있습니다. 따라서, 이러한 딜레마는 루소가 이미 그 문제에 대해서 인식하고 있었던 것이라고 볼 수 있습니다. 혁명의 경우는 루소가 《영구평화안 비판》 마지막 단락에서 마지막 결론으로 혁명만으로는 안 된다고 이야기하면서 국가연합을 하기 위해 혁명을 한다면 결국 국가연합이 추구하는 목적에 위배되는 수단을 통해서 국가연합을 이룩하는 것이므로 자신도 잘 모르겠다는 식으로 문장이 느닷없이 끝나고 있습니다.

그러면서도 혁명이 아닌 방식으로 국가연합을 성취할 수 없다고 루소가 생각한 것은, 아마 혁명이 아닌 방법을 통해 국가연합을 이룩하기 위해서는 아까 선생님 말씀하신 대로 영합 게임을 협조 게임으로 전환시켜야 되는데, 루소는 그러한 가능성이 별로 없다고 보았기 때문이라고 볼 수 있습니다. 유명한 그로티우스에 대한 비판에서 루소는 사회성sociabilité이 보편적으로 확산될 수 없다고 생각했기 때문에, 만약 사회성이 보편화될 수 있다면 혁명을 통하지 않고서도 국가연합으로 갈 수 있다는 가능성을 루소가 생각한 것이 아닌가 합니다.

답변 물론 아까도 말했지만 외부의 압력이 있는 경우에는 국가연합으로 간다는 것은 당연한 일이었고, 그러한 경향이 있다는 것은 여러 사람이 얘기하고 있습니다. 그런데 루소의 논의에서 느닷없이 혁명에 대한 논의가 나오기 때문에 혼란이 생기게 된 것입니다.

질문 루소의 전반적인 사상을 보면, 루소가 실천적인 정치이론도 내놓았지만 그 내용 속에는 기존의 18세기 프랑스의 부르주아 사회에 대한 혐오와 귀족사회에 대한 혐오가 강하게 반영되어 있습니다. 따라서 루소의 정치사상 흐름의 저류에는 뭔가 새로운, 글자 그대로 혁명적인 새로운 시대를 갈구하는 면이 상당히 있다고 보이고 루소가 말하는 혁명이라는 것은 정치혁명을 포함하는 광범위한 개념이 아닌가 그렇게 저는 생각합니다. 그랬을 때 루소의 논의에는 당시 유럽의 절대군주제나 계몽군주제 정도로는 안 되겠다는 그런 혁명적인 생각이 담겨 있었다고 보입니다.

답변 루소의 생각은 혁명적이었지만 혁명이라는 말을 좋은 의미로 쓴 것 같지는 않습니다. 그때는 아직도 혁명이라는 용어가 오늘날같이 미화되어 있지 않은 상태였으니까 말입니다. 아무튼 나쁜 의미에 가깝다고 봐서 아까 그렇게 해석했는데, 루소가 정확하게 표현하지 않았기 때문에 잘 알 수가 없습니다. 오늘 강의에서 아시다시피, 여러 사상가들의 저술에서 국가연합에 대한 논의는 다들 작은 부분을 차지하고 있습니다. 그렇기 때문에 스위스, 독일, 네덜란드에 관계했던 사람들이 주로 국가연합에 대해서 논했습니다만, 그 사람들 저술에서도 적은 부분을 차지하고 있지, 많은 부분을 할애하고 있지는 않습니다. 이러한 논의들이 활성화된 것은 바로 미국에서입니다. 미국에서는 나라를 움직이는 정책의 기본 개념이 무엇인가라는 차원에서 생각하였던 것입니다. 그것이 국가연합이냐 연방이냐를 놓고 싸웠고 나중에 남북전쟁을 거쳐 연방으로 낙착되었습니다. 솔직히 국가연합과 연방의 문제는 미국에서 제일 정확하게 제기되었다고 보아야 합니다.

그 다음에 독일에서 이러한 논의들이 나왔습니다. 아시다시피 독일에서 메테르니히 정책에 의해서 독일연합이 성립된 이후 프로이센의 힘에 의해 독일통일이 이룩되려고 할 즈음 기왕의 국가연합을 그대로 유지하느냐, 만약 그렇지 않다면 새로 생기는 정치체제는 어떠한 것이냐 하는 헌법논쟁이 일어나는데, 독일답게 학자들 사이에서 치열한 논쟁이 일어납니다. 미국에 비해서 독일의 논의들이 차이가 있는 부분이, 미국은 실제적인 요소가 강하고 현실적인 반면에 독일 책들을 보면 이론 중심적이고 현실과 밀접한 관계를 가지고 있지는 않습니다. 그래서 국가연합 논의에 독일 학자들이 기여한 바를 어떻게 정리할까가 아주 고민스러운 대목입니다.

질문 선생님께서 아까 칸트의 만민법, 범세계적 법, 그리고 시민법 등 세 가지 법 형태에 대해서 말씀하셨는데, 만민법이 보통 우리가 알고 있는 국제법을 말하는 것이라면 범세계적 법은 무엇을 말하는 것입니까?

답변 코스모폴리탄cosmopolitan이란 말이 세계를 의미하는 것이니까 나라와 나라 사이의 관계가 아닌 범세계적인 것을 의미합니다. 국제연합이나 국제연맹이 나오게 된 것도 단일체로서 세계정부를 상정하는 사고 흐름 속에서 나온 것입니다.

질문 그렇다면 거기서 국가가 가지고 있는 권리와 권한을, 즉 국가의 주권을 어느 정도 국가 차원보다 작은 수준의 단위에게 이전하는 그런 경향도 상정해 볼 수 있지 않을까요?

답변 칸트에서 보면 그런 것까지 나오지는 않고 있습니다. 그 사람의 개념은 사실 코스모폴리탄이라고 하지만, 세계시민권을 중심으로 사고하고 있습니다. 코스모폴리탄이라는 용어는 라틴말로서 이러한 세계시민권 개념에 부합되는 용어로 사용되고 있는 것입니다.

질문 거기서 국가라는 것이 완전히 없어지는 것이 아니라 국가 자체가 점점 자신의 관할권을 국제기구 등과 같은 비국가 단위에게 양도해 나가는 과도기적 현상까지 연결시켜서 생각해 볼 수 있지 않겠습니까?

답변 그렇습니다. 그러니까 세계정부라는 것이 생긴다면 세계정부에 대해서 구성 국가들이 양해하고 받아들여야 성립할 수 있는 겁니다. 국제연맹, 국제연합이 나오게 된 것도 바로 이러한 맥락에서 나왔다고 볼 수 있습니다.

질문 그런데 재미있는 것이, 만민법이나 국제법인 경우에는 그 국가의 내부 문제는 그대로 놔두고, 즉 군주정이든 공화정이든 문제시하지 않고, 국제사회에서 그 존재를 인정하여 그 정체들이 국제사회에서 자연스럽게 유지될 수 있는 현실의 국제관계를 그대로 인정함으로써 기존의 질서를 유지하는 현상유지적인 면이 있는 것 같습니다. 반면에 범세계적인 법은 현실타파적인 의미에서 국내사회까지도 국제사회 질서를 위해서 개편해 나가면서 국내사회가 공화정이거나 민주정이 되

제4강 근대유럽 국가연합의 사상 1

어 국내질서가 비슷한 형태가 된다면 각 국제사회의 법 자체가 하나로 보편화될 수 있지 않느냐 하는 이상적인 측면이 있는 것 같습니다.

답변 지금 말씀하신 것은 개별 국가와 세계정부가 공존하는 경우를 이야기하고 있는데, 칸트는 진보론의 입장에서 사람은 진보해 나간다고 전제하고 나서 국민에 의한 국민국가에서 콘페데라티오 같은 국제법에 의한 리그로, 그리고 종국적으로는 범세계적인 국가로 진보해 나간다고 상정하고 있습니다. 즉, 칸트의 논의는 서로 공존한다는 것에 대해서 논하고 있는 것이 아니라 궁극적인 지향점을 향해 진보해 나간다는 사상입니다.

질문 그런데 진보의 근본적인 동력이 그 당시 계몽주의적인 이성인데, 그렇게 볼 때 모든 제도나 사상이 합리적인 방향으로 발전하고, 마찬가지로 정치제도도 합리적인 방향으로 발전하고, 그 정치제도 하에 있는 정치인이나 모든 개인들이 합리적인 방향으로 진보해 나갈 때, 국제사회가 하나가 된다고 보았습니다. 그래서 국제정치관 자체가 상당히 규범적으로 각 개별 국가에 요구하는 것이 있는, 현실 개혁적인 측면이 있는 것으로 파악할 수 있지 않을까요?

답변 칸트가 그렇게까지 자세하게 이야기하지 않으니까 잘 모르겠습니다, 다만 칸트가 말한 이성이 감성보다 당연 상위에 있고 인간에게 가장 중요한 것은 그런 순수이성인데, 이성적인 것에 의한 발전은 앞에서 말한 바와 같이 된다는 것입니다. 그러나, 실제에서는 어떻게 되었는가에 대해서는 자세한 이야기를 쓰질 않았습니다. 그러한 측면에서 칸트가 구체적으로 어떤 생각을 했는지는 잘 모르겠습니다. 칸트를 읽으면서 제일 많이 느끼게 되는 것은 무엇인가 하면, 가령 아베 드 생 피에르 같은 사람은 콩그레스를 넣는다든지, 다이어트를 둔다든지,

하는 구체적인 이야기들이 나오기도 하고 또 표 이야기도 나오고 하는데, 칸트의 경우는 이런 식의 구체적인 언급이 별로 없다는 것입니다. 칸트가 기본적으로 철학자였기 때문에 그런 것 같습니다. 나중에 《도덕철학》을 봐도 선험적인 이야기가 나오는데, 뭔가 인간의 지고한 순수이성의 발전 같은 것을 생각하고 있는 것 같아요.

질문 칸트가 선험적 이성으로서 실천이성을 주장했는데, 루소식으로 이야기하면 휴먼 네이처human nature 정도에 해당되는 것 같은데요. 칸트에게서 범세계적인 권리는 현재 말하는 유럽시민권European Citizenship이나 유엔헌장에 명시된 인권 개념과 같이 국제법으로 보장되는 인권 등을 의미한다고 볼 수 있습니다. 유엔헌장 자체가 국제법적인 효력을 가지고 있고 현재 어느 나라도 인권을 어기고는 최소한 법적으로는 헌법을 제정할 수 없는 것으로 알고 있습니다. 따라서 이러한 맥락에서 보면, 칸트의 사상이 이상적인 측면이 있다고 하더라도 현대에 와서 부분적으로 실현되고 있고 점점 확대될 수도 있는 것이라고 볼 수 있지 않겠습니까?

답변 칸트도 자기는 세계라고 했지만 사실은 유럽을 말하고 있는 것입니다. 현재 세계시민이라는 개념이 있고 유럽공동체에는 유럽공동체의 시민이라는 개념이 있습니다. 그런 점에서는 칸트가 선구적인 면이 있습니다. 그러나 아까 레오나르도 다 빈치에 대해서 이야기했지만, 다 빈치가 '뜨는 기계'를 만들었다고 해서 몇백 년 전에 미리 비행기를 예측했다고 단정하는 것은 별로 신빙성이 없는 것 같아 보여요. 이론에 근거가 있고 현실에 증거가 있어서 증명할 수 있는 것이 아니면 그것은 예언이라고 할 수 없습니다. 그런 경우가 많이 있어요. 세계평화를 주장했던 사람들이 대부분 그랬고, 세계정부안 같은 경우도 마찬가지입니다. 전에도 이야기했듯이, '세계 평화를 유지하는 유엔군' 하면 근사해 보이지만, 유엔군이 들어가 있는 아프리카에서 보이는 유엔군의 행태를 보면 유엔군이라는 개념과 유엔군의 실제는 매우 다릅니다. 지금 평화유지peace-keeping를 하기 위해서 전투를 한다 하는 경우에 과연 유엔군들이 승려나 신부처럼 점잖게 행동하고 행패를 안할까에 대해서 생각해 보면 별로 그럴 것 같지는 않습니다. 아직 인간이 그렇게까지 발전한 것 같지는 않습니다. 역시 인간에게는 여전히 야만적인 면이 남아 있고 유혹에 약한 경향이 있는 것 같아요. 오늘은 그만하겠습니다.

제5강

근대유럽
국가연합의
사상
2

이번 시간까지 고전적인 컨페더레이션, 국가연합에 대한 이야기를 끝내고 다음 시간부터 유럽공동체로 들어가려고 합니다. 왜 이렇게 국가연합에 대해서 오랫동안 강의하는가 하면, 유럽공동체가 나가는 방향이 1991년 마스트리히트 조약Maastricht Treaty까지 초국가적인 경향으로 진행되고 있기 때문입니다. 기왕의 국가라는 개념을 깨뜨리고 국가를 넘어서는 초국가적인 연합을 만들고 그 아래 국가체제가 있는 형태로 진행되고 있는 것입니다. 그 대체적인 골격이 국가연합의 형태를 취하고 있습니다. 이를 보면 유럽공동체라는 초국가적인 경향이 얼마나 유럽적인가를 알 수 있습니다. 그래서 국가연합에 대한 역사상의 전례나 이론 같은 것을 비교적 자세하게 이야기했습니다. 다음 주부터 초국가적인 방향으로 가는 유럽공동체 문제를 논하기 위해, 그에 앞서서 그 원형이라고 할 수 있는 국가연합에 대해서 강의한 것입니다.
　전에 이야기했던 초기 미국연합에서 연방으로 가는 과정이 미국의 현실 정치와 밀접한 관련을 가지고 있듯이, 유럽의 고전적인 국가연합도 현실 정치와 아주 밀접한 연관을 가지고 있었습니다. 지금 유럽의 국가연합 이론은 독일을 중심으로 발달하고 그 다음에는 프랑스에서 전개되고 있는데, 이러한 경향은 독일 정계의 움직임과 아주 밀접한 관계가 있습니다. 사실 모든 학설이나 사상이라는 것은 현실에 대한 긍정적인 설명을 주로 하고, 혹은 그에 반대하거나 저항하기 위해 제시되는 것입니다. 보통 긍정과 반대 둘 중의 하나인데, 가운데 입장이 존립한다는 것은 상당히 어렵습니다. 지금까지의 사상사를 보든지 정치 문헌을 보면, 어용이라는 것은 나쁜 의미가 아니라 그 당시 시대의 움직임을 합리화한다는 의미에서 어용적이라는 뜻이었고 그렇지 않으면 대개 저항적이었습니다.

독일의 경우 '어용적'인 주장이 오래 추종되었는데, 먼저 게오르그 바이츠Georg Waitz라는 사람의 〈연방의 본질〉Das Wesen des Bundesstaates이라는 논문이 1853년에 나왔습니다. 여기서 1853년이라는 연도가 아주 중요합니다. 당시 독일에서는 독일연합이 유지되어 내려오다가 1848년 프랑스 2월 혁명을 기점으로 해서 유럽이 온통 흔들리게 되어 갑자기 민주주의적 사상, 자유주의적 사상이 팽배하게 되었습니다. 여러분이 아시다시피, 1848년에는 프랑크푸르트에서 집회가 열려 새로운 헌법 제정에 대해 논하였고 1849년에는 초안이 나왔습니다. 1850년에는 베를린에서도 모였습다만 결실을 맺지 못하고 1849년 프랑크푸르트 헌법이 매우 중요한 의미를 가지게 되었습니다. 프랑크푸르트 헌법은 형식상 입헌군주제이지만 주권의 소재는 국민에 있다고 규정하여 주권의 상위에 왕Kaiser des Deutsches이 있는 국가연합이 아니라 주권이 국민에 있다는 입장을 취했는데, 이는 미국의 영향을 받은 것입니다. 그리고 나중에 바이마르 헌법에 나오는 여러 조항이 이미 프랑크푸르트 헌법에서 나오는데, 사실 1919년 바이마르 헌법이 생길 때 그 구상을 프랑크푸르트 헌법으로부터 많이 따온 것입니다. 그 시대에는 한참 자유주의적 분위기, 프랑스적 분위기가 팽배하였기 때문에 이러한 헌법이 나올 수 있었습니다.

그때 게오르그 바이츠라는 사람이 토크빌의 영향을 받아서 〈연방의 본질〉이라는 논문을 씁니다. 독일의 국가연합사상의 핵심이 주권에 관한 부분인데, 바이츠는 토크빌의 사상을 따서 주권이 구성 국가에도 있고 또 그 집합체로서의 유니언에도 있다는 식으로 미국의 헌법 사상과 비슷한 결론을 내렸습니다. 토크빌의 결론을 그대로 따른 것입니다. 즉 주권이 양분되어 있다는 식으로 유니언에도 있고 구성 국가에도 있다는 양분론을 취했습니다. 바이츠는 이러한 독특한 나라 형태를 독일말로 '분데스슈타트'Bundesstaat라고 처음 명명하였습니다. 요새는 연방이라고 번역합니다만, 당시 바이츠의 생각은 연방이라는 의미보다는 양분된 주권 개념을 가지고 있는 독특한 정치체제를 가리키기 위한 것이었습니다.

그런데 자유주의 사상이 한창 팽배하다가 그 물결이 지나간 후에는 프러시아가 패권을 장악하게 됩니다. 여러분이 기억하고 있으실지 모르겠습니다만, 1866년에 프러시아는 오스트리아와 전쟁을 해서 승리하고 1870년에는 프랑스와 전쟁을 해서 또 이겼는데, 이러한 승전을 통해 독일 내에서 프러시아의 패권이 확립되었습니다. 그 조금 전에는 북독일연합이라는 것을 만들어 유지하고 있다가 1871년에 새로이 독일제국의 헌법을 제정합니다. 그 헌법 내용이 재미있기 때문에 이에 대해 미리 간단하게 살펴보고 그 다음에 막스 폰 자이델Max von Seydel이라는 사람의 이론을 살펴보면 좋을 것 같습니다.

1871년에 나온 헌법은 보통 비스마르크 헌법이라고 불리는데, 비스마르크의 철혈정책을 통해 전쟁에서 승리한 프러시아를 중심으로 한 독일제국의 헌법입니다. 그런데 이 헌법이 아주 괴상합니다. 독일연합체제가 가지고 있는 구성 국가 중심의 면도 있고 동시에 프러시아의 패권을 중심으로 하는 중앙 정권 중심의 요소도 있기 때문입니다. 제정 헌법에는 두 가지 큰 특징이 있습니다. 그 하나는, 실권을 갖는 카이저Kaiser를 상위에 놓고 카이저는 제국의 황제이면서 동시에 프러시아의 왕이라는 것, 프러시아의 재상인 비스마르크가 동시에 제국의 재상Kanzler을 겸임한다는 것입니다. 재상인 비스마르크는 국회에 대해서 책임을 지지 않고 황제에 대해서 책임을 지고 있어서 완전히 권력을 카이저 중심으로 집중시켰습니다. 물론 실제로는 빌헬름 프리드리히 3세가 정권을 비스마르크에게 맡겼기 때문에 사실상 비스마르크 시대라고 할 수 있습니다. 그런 의미에서 주권은 마치 카이저에게, 다시 말하면 중앙 정권에 있는 것 같은 인상을 줍니다.

또 다른 특징은 분데스라트Bundesrat라는 기구가 있는데, 참의원이라고 할지 평의회라고 할지 번역이 일정하지 않지만, 그것은 구성 국가들인 독일의 공후국, 자유 도시에서 대표들이 나와 구성하는 기구였습니다. 독일제국 국회에서 만든 여러 가지 법안은 바로 이 분데스라트의 승인을 받아야 했고, 분데스라트의 승인을 얻고 나서 카이저의 비준을 받도록 되어 있었습니다. 뿐만 아니라 분데스라트는 국회 내에 있는 것이 아니라 국회와는 떨어져 있었습니다. 그러니까 국회와 카이저 사이에 있는 기구인 셈입니다. 그런데 이 분데스라트의 의장이 다름 아닌 비스마르크였습니다. 재국 재상이 바로 또 분데스라트의 의장인 것입니다. 아주 교묘하게 되어 있습니다. 그래서 이러한 분데스라트라는 기구를 주목해서 보면 당시의 독일은 국가연합이라 할 수 있는 반면, 모든 권력이 비스마르크에게 집중되어 있어서 카이저의 비준을 얻어 카이저의 책임 하에 움직인다는 점에서는 국가연합이 아니라 중앙집권적이라 할 수 있습니다. 아주 독특한 정치 형태인데, 위인설관爲人設官이라고 비스마르크를 위해서 모든 것을 만들었다고 해도 과언이 아닌 그런 독특한 정체를 가지고 있었습니다. 이러한 정체가 독일이 제1차 세계대전에서 패배하였던 1919년까지 계속 유지됩니다. 물론 비스마르크가 그만두고 난 뒤에는 그 체제에 있는 묘미가 사라졌습니다만, 어쨌든 매우 독특한 체제였습니다.

독일의 연합체제에 대한 모든 논쟁은 바로 이러한 현실 정체를 가지고 논한 것이었습니다. 맨 처음 이에 대해 논한 사람이 막스 폰 자이델이라는 사람이었는데, 그는 〈국가연립의 개념〉Der Bundesstaatsbegriff이라고 하는—이때 '분데스슈타트'는 나중에 우리가 말하는 페더럴 스테이트와는 성격이 좀 다르기 때문에 연방이라고 번역하기 곤란하고 해서 일단 '국가연립'이라는 개념을 새로 사용하기로 하고—독특한 논문을 썼습니다. 이 사람은 독일식의 고전적인 주권주의자였습니다. 나라라고 하는 것은 사람들의 집단체인데, 집단체는 두 가지가 될 수 없고 하나만이 존재할 수밖에 없다고 주장했습니다. 따라서 주권이 여기에도 있고 저기에도 있다는 것은 말도 되지 않고 주권이 한 곳에 있어야 하며, 주권의 소재는 바로 연합에 있기 때문에 구성 국가에는 있을 수 없다고 합니다. 그때 국가연합에서는 구성 국가나 가맹국에 주권이 있는 것이 아니라 주권의 소재가 중앙정부나 유니언에 있다는 입장을 취했습니다. 여기서 국가연합이라는 말도 좀 어폐가 있는 것이 지금까지 국가연합이라는 말은 구성 국가에 주권이 있는 경우를 말했기 때문입니다. 이러한 문제가 후기 논쟁의 근거가 됩니다. 독일의 '분트 논쟁'의 특징은 이에 참가한 대부분의 학자들이 헌법학자들이라는 점입니다. 따라서 주권 개념, 법 개념에 매우 집착했습니다. 그래서 자이델도 미국, 스위스, 독일 모두 국가연합이라는 말을 했지만, 나중에 부록에서는 입장을 고쳐 독일은 역시 연방국가다, 다시 말하자면 분트 중에 '국가연합'Staatenbund이 아니라 '연방국가'Bundesstaat라고 주장했습니다. 그러나 그 이후에 옐리네크Walter Jellinek나 라반트Paul Laband나 조른Philipp Zorn과 같은 사람들의 이론을 보면, 모두 독일제국이 연방국가이지 국가연합이 아니라는 것을 증명하기 위해 노력하고 있다는 사실을 알 수 있습니다. 주권의 소재는 카이저, 즉 연방에 있는 것이지 가맹국에 있는 것이 아니라는 입장을 취했습니다.

그러다가 국가연합, 소위 우리가 국가연합이라고 말하는 슈타텐분트Staatenbund에 해당하는 체제의 특질에 대해서 이야기한 사람이 르 퓌르Louis Le Fur라는 국제법 학자입니다. 르 퓌르는 1896년에 《연방국가와 국가연합》État Fédéral et Confédération d'États이라는 책을 냈습니다. 1896년이라면 아시다시피 독일이 황금시대를 누리던 시기인데, 그때 르 퓌르가 국가연합이냐 연방이냐에 대한 공허한 논쟁을 지양하고 페더레이션federation, 레타 페데랄l'état fédéral, 페더럴리즘federalism에서 '페더럴'federal이라는 것의 속성이 무엇인가에 대해 논의하자는

제5강 근대유럽 국가연합의 사상 2

입장을 취했던 것입니다. 그래서 연방적 요소 속에 국가연합의 본질이 있는 것으로 보고 그 특질에 대해 논하였던 것입니다. 이때까지의 논의와는 다른 각도에서 문제를 바라본 측면이 있습니다. 국가연합이라는 것은 주권국가들의 연합이다, 따라서 주권은 가맹 국가에 있는 것이지 유니언에 있는 것이 아니다라고 주장하면서 국제법 학자답게 국가연합에서 유니언이란 법인체, 즉 단순히 동맹에 의한 집결체가 아니라 법인체다라는 입장을 취했습니다. 그리고 그 특징으로서 한시적인 체제가 아니라 영구적으로 지속된다는 점, 중앙 조직과 지방 조직이 동시에 존재하고 중앙 조직의 권한이 상당히 다방면에 걸쳐 있다는 점 등을 거론하고 있습니다.

　이를 다시 요약해서 말하자면, 이때까지 국가연합 개념은 동맹체와 그렇게 멀리 떨어진 것이 아니었는데, 르 퓌르는 이를 서로 구별하고자 하였다는 것입니다. 기왕에도 국가연합 내에 집회나 의회가 있었지만 유명무실했고 실제 실행은 가맹국이 직접 했습니다. 가맹국이 직접 실행하지 않고 중앙에서 다룬 것은 전쟁, 외교에 관한 사안 정도였습니다. 그러나, 르 퓌르는 국가연합에서 중앙체가 하나의 법인체일 뿐만 아니라 상당히 넓은 범위에 걸쳐 실행하게 되었다고 수상하고 있습니다. 독일제국의 경우 국가연합이라고 볼 때, 황제가 있고 재상이 있고 국회가 있고, 정부가 있어 기왕의 국가연합과는 다른 특성을 취하였기 때문에 그것을 합리화하려고 이야기한 것 같습니다. 물론 그것을 국가연합이라고 해석하면 그만이기는 하지만, 국가연합이라고 하기에는 조직 편제상 상당히 다른 점이 있었습니다.

　그 비슷한 예가 옐리네크에서도 나타나는데, 연방국가와 국가연합 간의 차이는 사실 단일국가unitary state와 연방국가의 차이보다 더 심하게 나타난다고 주장했습니다. 다시 말하자면, 독일정부를 규정하기가 상당히 어려운 면이 있고 제정 하에 있는 연방국가는 단일국가와 거의 같다는 입장을 취했습니다. 기왕의 연방국가와 단일국가는 비슷한 성격을 가지고 있지만, 연방국가와 국가연합 사이에는 커다란 차이가 있다는 것입니다. 연방국가나 단일국가의 경우에는 주권이 모두 중앙에 소재하는 반면에, 국가연합은 주권의 소재가 가맹국에 있으므로 양자 사이에는 큰 차이가 있습니다.

그래서 르 퓌르는 분데스슈타트와 같은 '레타 페데랄'l'état fédéral의 경우에는 주권의 소재가 중앙에 있다고 보았습니다. 단일국가와 아주 가깝다고 하는 견해입니다. 그리고 국제법 학자답게 국가연합은 국제법상의 정치체라고 주장했습니다. 이는 독일의 유명한 라반트Laband라고 하는 사람이 국가연합은 국제법에 의해서 규정된 집체라고 한 주장과 같습니다. 그것에 대해서 연합국가라는 것은 국제법에 의해서 구성된 것이라기보다는 헌법적 요소에 의해서 구성되어 있는 정치체라고 하였습니다. 하나는 국제법에 의해서 규정되어 있는 것으로, 다른 하나는 입헌에 의해서 구성된 것으로 구분하였습니다. 이는 대단히 중요한 구분인데. 나중에 카를 슈미트Carl Schumitt와 같은 사람들의 견해에 나와 있는 국가연합이나 연방국가에서 '페더럴'federal한 요소가 입헌적인 것이라는 유명한 이론의 근거가 되기 때문에 중요합니다.

19세기 말에는 이 국가연합과 연방 개념에 대한 혼란이 생겼습니다. 주권이 어디에 소재하는가, 즉 주권이 중앙에 있는가 아니면 지방에 있는가, 혹은 주권이 연방에 있는가 아니면 국가연합에 있는가 등에 대해서 논쟁이 많았는데, 국제법학자나 국내 헌법학자들이 여러 가지 이론을 원용하여 설명하려고 하여 혼란이 계속되었습니다. 어떤 사람들은 국가연합이란 주권이 지방에 있다고 주장했고, 어떤 사람들은 주권이 중앙에 있기 때문에 연방국가와 단일국가는 비슷하다고 주장하였으나, 혹자는 주권이 둘로 나누어져 있다고 주장하는 등 주권 문제를 둘러싸고 여러 가지 이론들이 생겨났습니다. 이러한 논쟁의 와중에서 독일이 그만 전쟁에 져서 패망하는 사태가 발생하였습니다. 카이저가 퇴위하고 헌법이 폐기되어서 유명한 바이마르 헌법이 생겨납니다. 바이마르 헌법은 현 독일의 체제와 비슷한 민주주의적인 요소가 강한 헌법입니다만, 앞에서 이야기한 바와 같이 프랑크푸르트 헌법의 내용을 많이 따온 헌법입니다.

그런데 바이마르 헌법이 생긴 지 얼마 안 되어 국제연맹League of Nations이 생깁니다. 리그 오브 네이션즈에서 리그라는 말은 전 시간에 이야기한 바와 같이 국가연합을 표시하는 말 중의 하나입니다. 옛날 15~16세기부터 '리그 드 스위스'League de Suisse라는 말이 있었다시피 아주 오래전부터 있었던 말이었습니다. 국제연맹의 구성은 현존하는 국제연합United Nations과 달라서 국가연합의 요소가 아주 강합니다. 국제연합은 국제기구로서 만들어졌던 반면에 국제연맹은 나라들의 리그로서 국가연합의 개념입니다. 다시 말하자면, 조약에 의해서 가맹한 나라들의 리그이기 때문에 국가연합의 개념이 아주 강하게 반영되어 있다는 것입니다. 이를 보면, 유럽에서 국가연합의 개념이 매우 뿌리깊게 이어져 내려오고 있음을 알 수 있습니다.

그런데 또 혼란이 생기는 것이, 그때까지 국가연합은 정부가 없는 것이 그 특성이고 정부가 있다면 대개 연방국가라고 하는데, 이 국제연맹에서는 정부가 없는 대신 정부와 비슷한 요소를 가진 기구가 설치되어 있었기 때문입니다. 이른바 국제연맹 총회General Assembly라는 기구가 있어 의회와 같은 역할을 하고, 이사회Council가 있어 내각과 같은 일을 하고, 사무국secretariat이 있어서 집행을 담당하고, 국제 재판소가 있어 사법을 맡고 있어서 마치 무슨 정부가 있는 것 같은 이상스러운 구조를 가지고 있었습니다. 이것도 독일제국 이래 유럽에서 국가연합 개념에 대한 혼란을 야기시키는 원인으로 작용합니다. 유럽의 오랜 전통에서 형성된 구성 국가의 권리를 그대로 유지하는 동시에 세계기구가 작동하기 위해 필요한 중앙권력의 집중을 어느 정도 인정하지 않을 수 없다는 곤란한 문제가 발생하였던 것입니다. 사실 국제연맹이 국가연합의 요소를 많이 가지고 있었기 때문에 원만하게 운영될 수 없었던 측면이 강하게 있습니다. 일본의 국제연맹 탈퇴에서 알 수 있듯이, 구성 국가들이 탈퇴권cessation을 가지고 있었습니다. 그리고 제재에 대한 조문이 있어 중앙에서 제재를 가할 수 있었음에도 불구하고 이것이 제대로 실행되지 않은 것은, 주권이 구성 국가에게 있으므로 그 구성 국가들이 모두 찬성하지 않으면 제재를 가할 수 없었기 때문이었습니다. 이러한 이유들로 인해 국제연맹은 무력해지게 됩니다. 더군다나 제재력의 가장 커다란 몫을 담당해야 할 미국이 가입하지 않았기 때문에 국제연맹은 더욱 힘을 발휘할 수 없었습니다. 그래서 결국 일본의 탈퇴, 이탈리아의 이디오피아 침공과 같은 일을 예방하지 못하고 국제연맹은 유야무야되고 만 것입니다.

제5강 근대유럽 국가연합의 사상 2

이러한 국제연맹의 묘한 체제를 문제삼은 사람이 독일의 카를 슈미트입니다. 잘 아시다시피, 카를 슈미트는 근세 독일 정치사상, 법사상에서 가장 위대한 학자이면서 동시에 그의 이론 전체가 나치주의를 지지한 요소가 있다고 해서, 전후 그가 나치주의에 가담했다고 하는 많은 비판을 받은 사상가이기도 합니다. 그의 이론은 전체적으로 보면, 이론상으로는 재미있지만 현실적으로는 맞지 않는 면이 많습니다. 그는 1928년 바이마르 헌법 시대에 처음 출간된《헌법학》Verfassungslehre의 1954년판 책 4장에서 '연합의 기본법'Verfassungslehre des Bundes에 대해 다루고 있습니다. 카를 슈미트도 르 퓌르와 마찬가지로 국가연합이냐 연방이냐 하는 구별보다 '분트'Bund라는 성격이 과연 무엇이냐, 즉 '페더럴'federal이라는 것의 성격 혹은 '페데랄리스무스'Federalismus가 무엇인가를 중심으로 논하였습니다. 당시 국제연맹이 국가연합적 요소와 연방적 요소가 혼합되어 혼란을 일으키고 있었다는 사실을 염두에 두고 카를 슈미트의 논의를 보면, 왜 그가 분트라는 성격에 대해 집중적으로 논하였는지 이해할 수 있습니다. 이 사람의 논의는 이론상으로 재미있는 것이 상당히 많습니다. 그중에 몇 가지를 요약하자면 다음과 같습니다.

먼저 분트라는 것은 아시다시피 원래 협약이나 조약상의 영속성을 가지고 있습니다. 그 다음에 분트를 하는 이유는 가맹국의 국토 보존과 같은 목적을 수행하기 위해서이고 각기 자기보존을 유지한다는 목표를 가지고 분트에 가맹합니다. 그런데 분트에 가맹하기 위한 조약은 단순한 조약이나 동맹이 아니라 입헌적인 성격이 있는 조약, 협약이라고 주장한 것이 카를 슈미트 이론의 독특한 면입니다. 이것은 현재 정설로 인정되고 있습니다. 나중에 유럽공동체에 대해 이야기할 때도 나옵니다만, 구성 국가들이 상위의 연합체들을 만드는 것은 헌법적 성격을 가진 독특한 조약체들이라는 점을 강조하고 있는데, 따라서 국제법만으로도 규정할 수 없고 국내법만으로도 규정할 수 없는 독특한 형태라는 것입니다. 원래 19세기 말까지는 국가연합이 국제법에 의해서 구성된다는 것이 이론의 대체적인 추세였는데, 카를 슈미트는 국제법으로 규정하기 어려운 독특한 입헌적 조약이라는 식으로 설명하였습니다. 따라서 이것이 입헌적인 조약을 띠고 있기 때문에 나라와 나라 사이의 관계, 구성 국가와 구성 국가 사이의 관계, 구성 국가와 중앙정치체와의 관계 등을 규정하는 독특한 헌법체제이다, 입헌적인 것이다라는 식으로 주장하고 있습니다. 카를 슈미트도 헌법학자였지만, 주권을 보댕Jean Bodin 식의 고전적인 의미로 해석한 보통의 헌법학자가 아니라 주권 문제를 매우 정치적으로 해석한 헌법학자입니다. 그의 주권에 대한 정의에 따르면, 주권은 어떤 비상한 상태에서 결단을 내릴 수 있는 능력을 의미한다고 규정하였습니다. 주권을 정치적으로 해석하였기 때문에 주권이라는 말을 쓰지 않고 분트를 설명할 수 있었습니다. 카를 슈미트는 분트의 특색을 다음과 같이 열거하였습니다.

첫째, 집합체도 총체적인 것이고 동시에 각 가맹국도 총체적이라는 것입니다. 총체적인 성격을 가지고 있기 때문에 쪼갤 수 있는 성질의 것이 아니라고 설명합니다. 단순히 법체제에 불과하다면 서로 나눌 수 있는 여지가 있지만, 현실적으로 정치체제를 가진 여러 나라들이 뭉친 것이기 때문에 나눌 수 없다는 것입니다. 각 구성 국

제5강. 근대유럽 국가연합의 사상 2 | 177

가 자체들은 마음대로 깨뜨릴 수 없는, 분할할 수 없는 하나이고 동시에 그러한 나라들이 모인 집합체도 하나라는 논리입니다. 그런 의미에서 분트란 총체적인 집합체들의 연합이라고 규정합니다. 둘째, 분트는 각 가맹국이 자기보존을 그 목적으로 해서 설치한다는 것입니다. 셋째, 분트는 입헌적인 조약체Verfassungs-Vertrag라는 것입니다. 단순한 조약체가 아니기에 국제법상의 동맹과는 다르다고 설명합니다. 넷째, 외부의 공격에 대해서 공동으로 방어한다는 것입니다. 그것은 옛날 스위스나 네덜란드부터 공통적으로 해당되는 사항입니다. 수차 강조하였습니다만, 국가연합은 기왕에 전쟁이나 방위를 위해서 만들어졌기 때문에 이는 당연한 것입니다. 다섯째, 내부에서 국가 간의 평화, 다시 말하자면 나라 사이의 분규를 평화적으로 해결할 수 있도록 하는 방도를 보장한다는 것입니다. 이것도 기왕에 스위스, 네덜란드, 독일, 미국 등의 역사적 예를 이야기할 때 나왔던 사항입니다. 국내 문제에 대한 중재arbitration를 위한 조치라는 점은 다들 잘 알고 있는 이야깁니다. 따라서 내부 나라 사이의 평화를 기한다는 말은 사실상 각 구성 국가들이 자기방어를 목적으로 무력을 사용할 수 없다는 것을 의미합니다. 분트가 각 구성 국가들의 무력적 문제 해결을 억제시키기 위해 간섭할 수 있다는, 즉 중앙의 간섭권을 인정한다는 것으로 해석됩니다. 앞에서 말한 전쟁권에 연결되는 것입니다만, 연합은 전쟁권을 가지고 있다는 것입니다. 이러한 여러 가지 특성을 자세하게 거론하였습니다.

그런데 카를 슈미트는 이러한 분트의 여러 가지 특성이 이론상 자기모순에 빠져 있다는 점을 강조하였습니다. 우선 가맹국들이 입헌적인 조약을 맺어서 전쟁권을 포함한 기타 모든 권한을 분트에 양도한 것은 자기 스스로의 능력을 제한하는 행위라는 점을 상기시키고 있습니다. 가맹국들이 하나의 총체적인 집합체라고 하면서 중앙에 권한을 부여하였기 때문에 사실상 자기 권력을 제한하게 되는 자기모순에 빠지게 된다는 것입니다. 또 아까 말한 바와 같이, 자기 영토를 보존한다는 의미에서이지만 연합에게 간섭권을 부여한 것은, 즉 전쟁을 개별적으로 할 수 없고 분트를 통해서 전쟁을 수행하며 내부 나라 사이의 분규를 평화적으로 해결할 수 있는 권리를 중앙에 인정하였다는 의미에서 간섭권을 인정하는 조치 또한 자승자박 격의 자기모순이라고 지적하였습니다. 그리고 아슬아슬한 균형 위에 지탱되고 있는 분트와 가맹국 간의 관계가 그 균형이 깨어지게 되어 관계가 악화되고 알력이 생기는 경우, 바로 분리 문제가 제기된다는 점을 거론하고 있습니다. 미국 남북전쟁에 패한 칼룬John Calhoun의 논의에서 보았던 바와 같습니다. 영구한 조약 하에 모였다고 하면서 분트와 가맹국 사이에 유지되는 균형이 깨어지는 경우 분리하지 않으면 안 된다는 것은 자기모순이라는 것입니다.

원래 19세기까지는 이런 문제를 헌법적으로 법 문제로 해석하여 왔습니다. 말하자면, 연합이 법적인 의미에서 간섭권을 가지고 있는가, 또는 가맹국들이 끝까지 반대하는 경우 연합이 법적으로 처벌할 수 있는 능력이 있는 것인가라는 식으로 해석했는데, 카를 슈미트는 그런 식으로 해석하지 않았습니다. 이미 연합이 가맹국에 대해서 제재를 가할 필요가 생기는 경우, 이는 법 문제가 아니라 정치적인 문제라고 주장한 것입니다. 이는 정치적으로 결단할 문제인데, 만약 한 나라가 끝까지 국가연합 전체의 다수결에 반대하는 경우 반대하는 구성 국가가 분리하거나 혹은 복종해야 하는 양단간의 결정을 내려야 합니다. 반대하는 구성 국가를 제재할 수 있는 권한은 분트에 있고, 제재 결정에 대한 결단을 내리는 능력이 바로 주권이라는 것이고, 따라서 이것은 실존적인 의미의 정치적 능력이지 사법 능력이 아니라고 주장하여 헌법학자이면서 정치학자인 사람답게 매우 독특한 견해를 피력하였습니다.

그런데 카를 슈미트 이론의 가장 큰 특징은 이 부분에 있는 것이 아니라 다음에 나올 부분에 있습니다. 분트가 가지고 있는 몇 가지의 모순을 어떻게 해결해야 하는가라는 문제에 관해서 카를 슈미트의 유명한 '동질성'Homogenität 논의가 나옵니다. 여러분이 기억하시겠지만, 푸펜도르프나 토크빌에게서 국가연합이 되려면 동질성이 있어야 된다는 논의가 있었는데, 카를 슈미트가 다시 동질성 문제를 들고 나왔습니다. 분트가 가지고 있는 모순점을 해결할 수 있는 것은 동질성밖에 없는데, 동질성의 예로서 나라, 한 국민으로서의 동질성, 종교적인 동질성, 문화적인 동질성, 한 정치체제에 있다는 동질성 등 몇 가지를 거론하였습니다. 이 동질성 위에서만 비로소 분쟁이 없어지고 모순이 없어진다고 보았습니다.

이러한 카를 슈미트의 동질성에 대한 언급은 우리에게 매우 흥미로운 점이 있습니다. 다시 말하자면 정치체제, 종교, 문화, 국민의식이 다른 경우에는 연합이 될 수 없고, 동질성이 있어야만 연합이 가능하다는 것입니다. 이 이야기는 일종의 유럽주의를 말하는 것으로서 유럽적인 전통에서는 카를 슈미트 식으로 해석할 수 있습니다. 즉, 같은 유럽문화, 문명, 같은 기독교, 같은 민주주의에서는 그렇게 해석할 수 있는 여지가 큽니다. 슈미트가《헌법학》을 출간했던 1928년에 독일에서 민주주의적 분위기가 팽배했기 때문에 국가연합은 같은 민주주의 국가끼리 모이는 경우 가장 잘 된다고 쓰고 있지만, 나치 정권이 이러한 동질성을 가지고 있다고 보기 어려우므로 슈미트 또한 자기모순에 빠지고 있는 것이 아닌가 합니다. 그러나 카를 슈미트의 동질성 논의는 우리나라 문제에 시사하는 바가 많습니다.

동질성 문제는 장차 유럽공동체에서도 문제가 됩니다. 유럽공동체가 초국가적인 방향으로 나아가는 것에 대한 여러 이론화 중에서 프린스턴대학에 있었다가 하버드대학으로 옮긴 칼 도이치Karl Deutsch라는 학자가 상호교류 접근법Transaction Approach이라는 유명한 이론을 제시하였는데, 교류나 커뮤니케이션이나 기타 상호작용에 의해서 통합이 가능하다는 이론을 제기하였습니다. 편지, 내왕, 관광, 수출, 무역 등의 상호교류를 통해 점차 동질화가 이루어지고 동질화가 되면 국가를 넘는 새로운 초국가적인 감정, 즉 '우리'we-feeling라고 하는 감정이 생긴다는 주장을 제시했습니다. 이러한 우리라는 감정 위에 초국가적인 집단체가 챙긴다고 했는데, 슈미트 식으로 말하자면 바로 동질성입니다. 카를 슈미트와 같이 독일 계통이기는 하지만, 미국의 도이치의 이론이 카를 슈미트의 이론과 유사성을 가지고 있다는 것은 참으로 아이러니컬한 일입니다. 도이치의 이론이 보다 정교하게 커뮤니케이션 이론을 적용하였다 뿐이지 동질성을 통해 모순을 해결할 수 있다고 주장하는 면에서는 서로 비슷합니다.

지금까지 대체로 국가연합 이론의 사상적 배경을 살펴보았는데, 이상이 고전적인 국가연합 이론이라고 볼 수 있습니다. 여기 하나

제5강 근대유럽 국가연합의 사상 2 181

덧붙여서 이야기할 것이, 프로이센을 중심으로 모였던 19세기 관세동맹 문제입니다. 이것이 중요한 이유는 지금 유럽공동체가 정치적인, 방위적인 노력이 실패해서 점차 경제공동체를 먼저 이루어 역으로 정치 영역으로 들어가려고 하고 있기 때문입니다. 마찬가지로 관세동맹도 원래 경제체제를 중심으로 이루어진 것으로 이것이 나중에 독일제국 헌법의 분데스라트와 연관됩니다. 그런 의미에서 지금의 유럽 통합 문제에 시사하는 바가 매우 크다고 할 수 있습니다.

비엔나 조약에 의해서 분트가 생길 때, 조약 19조에 무역과 교역을 증진시킨다는 조항이 있었습니다. 그러나 사실상 이것이 제대로 실시되지 않았습니다. 도이체 분트의 양대 강국이었던 프로이센와 오스트리아가 중세적인 폐쇄 사회였기 때문에 교량세, 인구세 등 여러 세금이 국내에 매우 많았고, 따라서 이러한 장벽으로 인해 사람, 물자, 자본, 서비스 등의 역내 이동이 마음대로 되지 않았던 것입니다. 우리 조선 시대에도 교역을 저해하는 장애들이 사방에 많았으므로 다산 선생의 유서를 보면 국내의 그런 장벽을 고쳐야 한다는 이야기가 나옵니다. 독일이나 오스트리아도 마찬가지였습니다. 국내에 지역마다 관세가 있고 교량세가 있고 인구세가 있어서 사람, 물건, 서비스, 자본이 마음대로 이동할 수 없었습니다. 그리고 독일과 오스트리아는 기본적으로 농촌 중심 사회였습니다. 그 때 오스트리아와 프로이센을 보면, 비엔나 최종의정서가 체결되었던 1820년 당시 농촌 인구가 92%로 대부분이었고 산업 인구라고 볼 수 있는 공업 인구 겸 도시 인구가 3~4% 정도에 불과했습니다. 그런 독특한 사회였는데, 그 당시 프로이센에서는 유명한 슈타인 Heinrich F. K. Stein이나 하르덴베르크 Karl August Hardenberg를 중심으로 근대화와 국내 개혁을 추진하고 있었습니다. 개혁을 추진하다가 보니까 프러시아 근방에 사는 사람들과의 교역을 저해하는 장벽들이 많다는 사실을 알게 되었던 것입니다. 그래서 프리드리히 리스트Friedrich List가 그 당시 상인들을 대표해서 프러시아 왕에게 건의서를 제출합니다. 교역하는 데 장애가 되는 것들을 빨리 없애야 된다고 건의했는데, 그 유명한 프리드리히 리스트가 그때부터 활동하기 시작했다는 것을 알 수 있습니다.

그래서 프러시아를 중심으로 북방에 조약체가 생기고, 남방에 바바리아와 브란덴부르크 지방을 중심으로 또 하나의 조약체가 생겼으며, 삭소니처럼 중부 독일을 중심으로 해서 조약체가 또 생겼습니다. 여러 가지 조약체가 생겨서 결국 관세동맹이라는 독특한 조약체군이 생깁니다. 여기에서 오스트리아는 빠졌습니다. 오스트리아는 원래 보수주의를 고수했던 나라였고, 오스트리아-헝가리 제국에서 알 수 있듯이 독일 민족 이외에 타민족도 많이 거주하고 있었기 때문에 국내에 잔존하고 있는 여러 장애들을 일시에 제거하기가 사실상 불가능했습니다. 그래서 오스트리아는 빠지고 프러시아를 중심으로 상당한 수와 나라들이 모여서—처음에는 15개국이 나중에는 20개국으로 늘었는데—새로운 관세 체제를 만들었습니다.

이 관세동맹을 이론적으로 뒷받침했던 사람이 아까 말한 프리드리히 리스트입니다. 리스트는 매우 재미있는 사람으로, 후진국 경제를 공부하는 사람은 리스트 책을 반드시 보아야 합니다. 그는 아담 스미스에 대해 정면에서 반대했던 사람이었습니다. 대체로 아담 스미스와 같은 영국 사람의 이론은 세계주의적cosmopolitan인데, 코스

제5강 근대유럽 국가연합의 사상 2

모폴리탄이라는 말은 사실상 개인주의를 의미하며 산업이나 공업이 발달하고 수출을 많이 하고 상품을 많이 생산하니까 그런 소리를 하는 것이지, 산업이 발달하지 않고 농촌 사회인 후진국에서는 그 논리를 그대로 받아들였다가는 완전히 선진 사회의 상품에 눌려서 아무 것도 못하게 된다고 주장했습니다. 지금도 후진국에 있는 학자들은 1841년에 나왔던 리스트의 책《정치경제의 국민체계》 Das National System der Politischen-Ökonomie 나 그전에 나왔던 논문들을 일독할 필요가 있는데, 후진국 학자들에게는 일종의 경제학 바이블이라고 할 수 있습니다.

리스트는 주장하기를, 한 나라의 생산력이라는 것은 농업만 가지고 안 되고 농업과 공업과 비물질적인 요인들, 즉 교육, 문화, 훈련, 기술 등 세 가지를 합해서 한 나라의 생산력이 생기는데 이것들을 빨리 일으키려면 상품 시장이 넓어야 한다고 주장했습니다. 상품 시장이 넓어야 농산물도 서로 교역이 잘 되고, 공산품도 국내에서 처리가 되고 교육 기술 같은 것도 국내에서 처리가 되고, 그래서 시장이 넓어야 한다는 것입니다. 시장을 넓히려면 어떻게 하는가 하면, 그 당시에 시장을 넓힐 수 있는 방법으로 세 가지가 있었다고 합니다. 하나는 왕족 계승에 의해서 넓어지는 경우가 있는데 가령 영국에서 잉글랜드가 계승권을 통해 스코틀랜드를 합방한 것은 계승권에 의해서 나라가 합해지고 이로 인해 국내 시장이 확대된 경우입니다. 두 번째로 정복을 통해 시장을 넓히는 방법입니다. 셋째가 국가연합인데, 작은 나라끼리 조약을 맺어 시장을 넓힐 수 있다는 것입니다. 바로 이 방법이 관세동맹의 근거입니다. 아주 재미있는 생각이지만 우리나라 같은 경우에는 주변에 우리나라와 비슷한 크기의 나라가 별로 없고, 주변 국가들이 큰 나라이거나 원체 차이가 심한 나라들이어서 국가연합이 될 수 있을지 모르겠지만, 이론상으로는 매우 재미있는 논리입니다. 남을 정복할 힘도 없고 그렇다고 계승권에 의해서 나라가 확장할 수도 없는 나라들이 국가연합을 통해 시장을 넓힐 수 있다는 것입니다. 지금은 이러한 고전적인 방법 이외에도 여러 방법들이 많습니다만, 그 당시로 보자면 아주 재미있는 이론입니다.

리스트가 이러한 논리를 펴고 죽은 후, 19세기 후반기에는 전부 정복을 통해 확장하는 방법을 따랐습니다. 이른바 식민지 시대였습니다. 식민지 제국들, 즉 영국, 프랑스, 독일, 네덜란드 같은 나라들이 아시아로, 아프리카로 완전히 식민지 정책으로 나갔습니다. 그것은 다시 말하자면 리스트가 말하였던 두 번째 방법, 정복에 의해서 확장한다는 방법을 채택한 것입니다. 그렇기 때문에 관세동맹의 정신이었던 국가연합의 개념이 19세기 후반기에는 사라지게 되었습니다. 정복하기 바빠서 언제 복잡하게 국가연합을 하겠느냐는 것이죠. 그러다가 국가연합이 다시 문제가 된 시기는 1차 세계대전 후였습니다. 리스트가 말했듯이, 이제 정복할 땅도 없고 그나마 정복하기 위해서 치르는 전쟁 비용이 엄청났기 때문에 국가연합을 해야겠다는 생각이 나오게 된 것입니다. 유럽공동체와 기본 개념도 바로 이러한 생각에서 비롯된 것이라 할 수 있습니다. 유럽공동체가 처음 1948년 베네룩스 3국의 연합으로 출발했을 때, 바로 이러한 생각, 즉 조그만 나라들끼리 시장을 넓히기 위해서는 별도리 없이 뭉쳐야 한다는 생각에서 맺어진 연합이었습니다. 기본적으로 시장을 넓히지 않으면 기본 생산이 안 되고, 또 생산품에 따라서는 어

제5강 근대유럽 국가연합의 사상 2

느 정도 규모가 있는 시장이 필요한데 그 시장 규모에 맞춰 생산하게 되면 상품이 너무 많이 생산되기 때문에 국내 시장이 포화 상태가 되므로 어쩔 수 없이 대외 시장에 진출할 수밖에 없다. 그런데 대외 시장 진출은 위험 부담이 있으며 역시 가장 안전하고 쉬운 것은 국내 시장이다. 따라서 국내 시장을 보다 확장하기 위해서는 연합을 통해 역내 시장을 확대하는 수밖에 없다. 이러한 식의 문제의식을 기본적으로 가지고 있었던 것입니다. 이것은 나중에 유럽공동체 이야기할 적에 왜 관세동맹 이야기가 나오게 되는가에 대해서 강의하겠습니다만, 그런 식으로 관세동맹을 하다가 독일이 제국이 되었고 제국 전체가 단일한 국내 시장이 되면서 관세동맹은 자연스럽게 소멸되었습니다.

이와 같이 현실과 이론 사이에 아주 밀접한 관계를 맺으면서 고전적인 국가연합의 시대가 끝납니다. 그 잔재가 국제연맹에 있었다가 제2차 대전이 시작되면서 완전히 끝나고 유럽공동체가 1948년부터 현재까지 40여 년 동안 유럽공동체적인 운동, 즉 국가연합의 움직임으로 진행되어 왔는데, 40여 년 동안 많은 우여곡절이 있었지만 가는 방향은 초국가적인 방향으로 가고 있습니다. 단순히 단일국가가 아니라 초국가적인 방향으로 새로운 정치 형태를 향해 있는 것입니다. 그런 의미에서 초국가적인 움직임의 핵심은 국가연합 개념입니다. 국가연합 개념은 14세기 스위스부터 오늘날까지 현실에서도 그렇고 사상적으로도 면면히 흘러오고 있습니다. 이때까지 영국, 프랑스와 같은 근대적인 단일국가체제에 압도되어 왔던 어떤 근대사상이 20세기 말에 와서 근대적인 단일국가체제와는 다른 새로운 정치체로 나아가는데, 그 전통을 따져보니 수백 년 동안 유럽에서 이어져 내려온 흐름이라는 겁니다. 그러니까 유럽공동체적인 움직임은 철저하게 서구적인 현상입니다.

그런 의미에서 이 강의가 시작된 것입니다. 다음 시간부터는 고전적인 국가연합이 끝나고 새로운 국가연합 개념이 어떤 식으로 발달하고 현실이 어떤 식으로 엮어지면서 진행되고 있는가에 대해서 강의하려고 합니다. 과연 초국가적인 형태가 생길지 안생길지는 아무도 알 수 없고 지금 누구도 이에 대해서 장담할 수 없는 상태입니다. 지금으로서는 알 수 없습니다. 다만 40여 년 동안의 유럽공동체의 움직임을 보면 그런 방향으로 가는 것만은 거의 확실합니다. 아마 갑자기 이루어지기는 힘들 것 같고 많은 우여곡절을 겪을 것입니다. 가령, 1970년대 전후에 유럽에 불황이 왔을 때 유럽공동체 움직임이 별안간 좌절되었던 것처럼 말입니다. 요즈음에도 마스트리히트 조약이 생겨서 될 듯하더니, 1991년 후반부터 지금까지 불황이 계속되고 있어 바로 좌절되는 것 같은 분위기가 보이고 있습니다. 그러나 몇 년 후 다시 호황이 도래하면 어떻게 될지 아무도 장담할 수 없습니다. 여러 좌절에도 불구하고 유럽공동체의 방향은 초국가적인 방향으로 가는 것만은 확실한 것 같습니다.

그런 경우에, 요전에도 말했습니다만, 우리나라 같은 입장이 매우 재미있습니다. 우리나라는 민족국가로서 근대국가도 안 되어 있는 상태에 있고, 따라서 새로운 방향으로 나아가고 있는 유럽을 쫓아가려고 한다면 어떤 돌발적인 사건들이 생겨야 할 것 같은데 그렇게 될지는 아직 잘 모르겠습니다. 지금 동북아시아의 조그만 나라, 그것도 반쪽으로 갈라진 나라와 관악산 아래 한 강의실에서 세계의 최첨단을 가는 정치체제를 놓고 논한다는 것이 어떻게 보면 좀 아이러니컬하기도 하지만, 조그만 구석에 있어도 보기는 세계를 보고 나아가야 합니다. 그런데 흥미로운 것은 유럽공동체 같은 움직임을 이론화하는 작업이 미국에서 많이 행해지고 있다는 사실입니다. 유명한 에른스트 하스Ernst Hass나 미트라니David Mitrany의 기능주의functionalism 이론을 기반으로 한 칼 도이치의 상호교류 이론 같은 것들은 모두 미국에서 이루어진 작업들입니다. 이를 보면 마찬가지로 우리도 유럽공동체의 움직임과 같은 최첨단의 흐름을 이론화할 수 있다는 희망이 생깁니다.

우리같이 조그만 나라는 국가연합을 잘 활용하면 우리가 살아나갈 길이 더 넓어질 수도 있지 않은가 하는 생각이 듭니다. 만약 옛날처럼 정복주의 시대라고 한다면, 한반도를 통일하고 정복주의적으로 고구려 본토였던 만주 일대를 정복하고 국내에 넓은 시장체를 만들고 하면 좋겠지만, 현대에서는 정복을 통한 확장을 용납하지 않기 때문에 그렇게 할 수는 없습니다. 지금으로부터 20년 전쯤에 일본에 갔을 적에 일본 내각의 장래 계획에 대한 연구를 하는 와세다대학 교수를 만났는데, 그 사람이 내각에서 주문받아 연구한 내용에 대해 이야기하기를, 일본의 최종적인 안정권은 일본과 한반도, 그리고 만주와 연해주를 포함하는 지역이고, 이 안정권이 유지된다면 어떠한 경우가 닥치더라도 일본의 산업체제를 유지할 수 있으며, 그래서 이 안정권을 어떻게 일본의 영향권 안에 두는가 하는 것이 문제라는 이야기를 하더군요. 이를 보면, 일본 사람들도 장래를 멀리 내다보고 연구를 시키는 것 같습니다. 바로 우리도 우리의 안정권이 일본과 시베리아, 연해주와 만주 일대를 포함하는 지역이라고 할 수 있는데, 일본이 먼저 그 안정권에 들어갈지 혹은 우리가 먼저 들어갈지는 알 수 없지만, 그것도 일종의 국가연합이라고 볼 수 있습니다.

　이러한 식으로 멀리 몇십 년 후, 100년 후를 내다보면서 굉장히 들 연구하고 있습니다. 가령, 미국에서는 폴 케네디Paul Kennedy의 《강대국의 흥망》The Rise and Fall of Great Powers이 나왔을 적에 미국 의회의 위촉을 받아 윌슨 센터Wilson Center에서 학자들을 중심으로 과연 미국이 지금 쇠퇴하고 있느냐 아니면 다시 올라설 수 있는 길은 있는 것인가에 대해서 연구함으로써, 현재 쇠퇴하고 있는 미국이 장래 100년간 지속적으로 패권적 위치를 보장할 수 있는 길은 무엇인가에 대해 연구하고 있습니다. 이러한 작업을 하는 나라들이 많은데, 우리나라도 아마 어디에선가 하고 있을 것입니다. 이제 강의는 그만하고 질문을 받기로 하겠습니다.

　질문　선생님께서 카를 슈미트의 설명에 의하면 연맹체에 있는 가맹국의 가맹 목적은 자기 보존에 있다고 말씀하셨습니다. 이 말을 액면 그대로 받아들이면 중앙정부가 가맹국 내부의 정치적인 문제라든지 가맹국의 전쟁권 등과 같은 문제에 대해 제한을 할 수 있다는 것을 의미하는데, 실제로 중앙정부가 어느 정도까지 가맹국 내부의 정치적인 문제에 대해서 간여할 수 있을지 의문이 갑니다. 역사적인 실례를 들자면, 2차 대전 직후에 독일에서 좌익 공산주의자들이 봉기를 일으켜서 몇 개의 가맹국들이 소련의 소비에트 체제와 유사한 혁명 정권을 수립한 바 있었습니다. 그때 소련은 분명 연방체제였고 바로 그 연방

제5강 근대유럽 국가연합의 사상 2

정부에서 군대를 파견해서 완전히 진압하였는데, 그러한 경우 가맹국의 국내 문제에 대해 침범할 수 있는 권리가 중앙정부에 있는지가 첫 번째 질문입니다. 그리고 독일의 경우에는 우리가 소위 주권의 원천이라고 하는 각 가맹국 내 평범한 사람들이 합의하여 연합체를 구성한 것이 아니라 그 가맹국의 위정자와 같이 주권을 위임받은 사람들이 협약해서 만들어진 측면이 강합니다. 사실 독일이 강력한 국가로 도약할 수 있었던 것은 이러한 몇 가지 헌법적인 장치뿐만 아니라 카를 슈미트가 말한 동질성에 기반한 아주 낭만적인 민족주의 운동이라든가 내부에 살고 있었던 수많은 성원들이 어떤 통일되어 있는 실체를 강렬하게 희구하였기 때문이라는 생각이 듭니다. 그 점에서 유럽공동체의 통합을 바라보았을 때, 유럽공동체를 만들어가고 있는 주체들이 상당히 많지만 실질적으로는 유럽 각국들의 위정자들이 주권을 맡고 있는 사람들이라고 할 수 있는데, 과연 과거에 연방체를 형성해 낼 수 있었던 독일의 낭만적인 민족주의 운동이라든지, 통일된 실체를 희구하는 아래로부터의 움직임들이 지금 유럽 내에서도 존재하고 있는가를 생각해 봤을 때 상당히 의문이 가는 점들이 있습니다.

답변 두 번째 질문부터 답하면, 이는 다음 시간에 할 내용이기는 하지만, 유럽공동체에는 유럽의회European Parliament라는 것이 있고, 그 소속 의원은 나라마다 수가 다릅니다. 한 580여 명 정도 되는데, 각국 국민들이 직접 뽑습니다. 예를 들자면, 영국에서 81명을 선출한다고 하면, 영국에서 선거법을 제정해서 직접 뽑습니다. 유럽의회는 로마 조약 때부터 나온 기구로서 기본적으로 유럽시민들의 의견을 직접 반영한다는 의미에서 설치된 것입니다. 이것이 두 번째 질문에 대한 답이 될 것입니다.

첫 번째 문제에 대해서는, 1918년 초에 독일은 조건부 항복을 하면서 황제가 퇴위하고 사방에서 반란이 일어나자 헌법 정지를 단행했습니다. 그때 아시다시피 뮌헨에서 폭동이 일어나고 이 문제를 둘러싸고 우파와 좌파가 대립하였습니다. 좌파에는 유명한 로자 룩셈부르크Rosa Luxemburg가 있어서 무장봉기를 주장하였지만, 우파에 의해서 좌절되었습니다. 그래서 우파가 주도하는 헌법제정위원회를 열게 되는데, 이때 연방군이 개입합니다. 당시 독일에는 주군州軍이 있어, 우파에 의해서 이 주군이 개입하여 좌파가 무너지고 우파들이 만든 헌법제정위원회에 의해 바이마르 헌법이 생겼습니다. 그러니까 중앙에 의한 간섭은 크게 문제가 되지 않았습니다.

질문 바이마르 헌법이 완성된 체제 하에서는 가맹국들이 바이마르 체제를 지지하는 조건 하에 있는데, 그 가맹국 내에 정치적 변화가 일어나서 한 국가 내에서 좌파가 집권한다든가, 아니면 우파가 집권한다든가 해서 가맹국 내 정치체제가 변하는 경우 이러한 변화에 대해 바이마르 헌법체제 하에서 간여를 할 수 있었습니까? 바이마르 헌법체제 내에서 중앙정부가 연합에 반하는 가맹국 내부의 정치적 변화에 대해 간섭할 권리가 있었는가 하는 것입니다.

답변 바이마르 헌법은 완전히 연방국가 체계입니다. 따라서 주권은 구성 국가에 있지 않고 중앙에 있습니다. 그러니까 당연히 간섭할 수 있었습니다. 그리고 바이마르 헌법 자체는 연합국의 승인을 거친 것입니다. 전에도 잠깐 이야기했습니다만, 일본에서의 맥아더 헌법과 마찬가지입니다. 연합국의 승인을 받았기 때문에 프랑크푸르트 헌법과 유사하게 민주주의적 요소가 강하게 반영되었습니다. 서독의 헌법이나 일본의 헌법이 패전국의 헌법이라는 사실을 잊어버리면 안 됩니다. 패전국의 헌법은 언제든지 전승국의 간섭을 받게 됩니다. 그게 나중에 나치스 정권에서 바이마르 헌법은 연합국들의 사주에 의한 것이라고 주장하는 이유 중의 하나입니다. 바이마르 헌법이 문제가 많은 것이, 바이마르 헌법의 핵심은 대통령의 권한에 관한 규정인데, 비상사태에 비상조치를 강구할 수 있는 권한을 과거에는 보통 재상에게 부여했던 반면 바이마르 헌법에서는 대통령에게 부여했습니다. 그것이 나중에 나치스가 합법적으로 변경시켰던 이유 중의 하나가 되는데, 이는 연합국이 미처 생각하지 못한 것이었습니다. 국내 적색분자들의 준동만을 생각했지 그것이 극우파들에 의해서 그렇게 될 줄은 몰랐던 것입니다.

모든 역사에서는 생각하지 못했던 부분이 발생하기 마련입니다. 사나리오가 자세하면 자세할수록 대개 계산이 맞지 않습니다. 헌법 같은 것도 정치적으로 보는 경우 일종의 시나리오인데 헌법이 자세하면 자세할수록 잘 안 맞게 되고, 혁명 운동 같은 것도 혁명이 자세한 시나리오를 가질수록 잘 안 됩니다. 너무 변수가 많아서 계산이 잘 안 되기 때문입니다. 앞으로 컴퓨터가 발달해서 모든 변수를 계산할 수 있다면 달라질지 모르겠지만, 현재로서는 시나리오가 엉성한 것이 오히려 낫지, 너무 자세한 내용은 잘 안 맞습니다.

아까 말한 유럽의회는 현재로서는 자문 기관입니다. 유럽공동체집행위원회Council와 일부 예산에 대해서 다룰 수 있고 유럽공동체의 법체제에 대해서도 찬반을 논할 수 있습니다. 그러나 현재 조약에 의하면, 유럽의회가 입법권과 거부권을 가지고 있지 못하기 때문에 입법기관이라기보다는 자문 기관에 불과합니다. 그렇지만 일단은 유럽의회를 통해 유럽공동체는 유럽 각 국민들에 의해서 지지된 체제를 갖추었다고 볼 수 있습니다. 오늘 강의는 여기서 마치겠습니다.

제6강

현대 유럽연합의 역사 1

오늘은 두꺼운 책들을 가지고 왔습니다. 유럽공동체와 관계된 네 가지 기본 조약에 대한 책이 이렇게 방대합니다. 솔직히 유럽공동체를 연구하려면 기본적인 조약집 이외에도 매년 나오는 보고서, 백서 등과 같이 유럽공동체에서 발간되는 문건들을 보아야 하는데, 조약집만 봐도 그만 기가 질려서 다 못 보았습니다.

오늘부터 유럽공동체에 대해서 다룰 것입니다. 본래 유럽공동체가 이 강의의 주요 테마인데, 어떻게 접근해야 하고 취급해야 할지 난감했습니다. 지금까지 강의가 국가연합confederation 개념과 연방federation과의 관계, 또 민족적인 분규 관계에 치중하여 행해졌기 때문에 여기서도 초국가적인 국가연합을 강조한다는 의미에서 강의하고자 합니다. 우선 유럽공동체에서 만든 연표를 기초로 해서 이야기를 풀어 나가도록 하겠습니다. 이 연표는 주로 유럽공동체 관계만 다루고 있는데, 내가 지금 강의하고자 하는 취지에서 보면 빠진 것이 참 많습니다.

우선 유럽공동체는 서유럽에 있는 나라들을 전부 포함하여 경제, 정치적인 통합을 진행하고 있는 공동체를 말합니다. 이에 대한 기본 조약은, 첫째가 파리 조약이라고 하는 유럽석탄철강공동체European Coal and Steel Community, 로마 조약이라고 하는 유럽경제공동체European Economic Community, 유럽원자력공동체European Atomic Energy Community, 그리고 조약이라는 형식은 아닙니다만 의정서의 형식으로 되어 있는 단일유럽의정서Single European Act, 최종적으로 1991년에 나온 유럽연합조약Treaty of European Unions인 마스트리히트 조약 등입니다. 이러한 기본 조약들이 얼마나 방대한지는 요새 나온 조약집을 보면 단일유럽의정서까지만 포함되어 있는데도 그 분량이 1085페이지에 이른다는 사실만 봐도 알 수 있습니다.

이외에도 중요한 선언declaration, 결정decision 등이 수시로 나왔습니다. 1992년 12월에 결정된 에딘버러 결정Edinburgh Decision과 같은 형식으로 여러 선언이나 의결이 있었습니다. 그 다음에 연차적으로 집행위원회Commission에서―'Comission'(이하 집행위원회)을 무엇이라고 번역하기가 상당히 어려운데, 위원회라고 번역하자니 Committee(이하 위원회)가 따로 있고……. 이것은 일종의 위탁 기구로서 말하자면 유럽공동체의 행정부 같은 것입니다―매년 방대한 보고서가 나옵니다. 그리고 백서라는 것이 나옵니다. 게다가 그 산하에 있는 위원회, 가령 경제사회위원회Economic and Social Committee 같은 곳에서 보고서가 제출되고 순회 회담에서 요구한 것에 대한 보고서가 나옵니다. 어쨌든 방대한 양의 문건이 나옵니다. 수십 명이 팀을 짜서 유럽공동체를 연구하더라도 힘에 부칠 것입니다.

먼저 연표를 보고 간략하게 설명하면, 다음과 같습니다. 맨 처음에 1946년 윈스턴 처칠Winston Churchill이 취리히에서 한 연설에서 '유럽 합중국'United States of Europe을 내세워 프랑스와 독일 사이의 화해를 도모했다는 이야기가 나옵니다. 이것이 왜 그렇게 되었는가는 장차

제6강 현대 유럽연합의 역사 1   197

강의 도중에 이야기될 것입니다. 1947년 6월에는 마샬George Marshall 의 경제 부흥 계획이 발표되었다는 내용이 나오고, 그리고 동년 8월에는 베네룩스 3국, 즉 룩셈부르크, 네덜란드, 벨기에 등 3개국 간에 합동 협약이 있었다는 것이 나오고, 1948년 4월에는 유럽경제협력기구Organization for European Economic Co-operation가 결성되었다는 것이 나옵니다. 그 다음에 1949년 5월에는 유럽이사회Council of Europe가 생겼다는 것이 죽 나열되어 있습니다. 대체로 이러한 내용이 유럽공동체의 전사前史에 해당하는데, 이것이 유럽공동체와 직접 관계가 되지 않음에도 불구하고 상당히 중요한 의미를 가지고 있기 때문에 연표에 포함되어 있는 것입니다.

  1945년에는 전쟁이 끝났지만 전쟁의 공포는 여전히 남아 있었습니다. 당시 유럽에서 전쟁의 공포는 매우 깊었는데, 특히 전쟁 공포를 조장하는 핵심적인 요소가 바로 프랑스와 독일 간의 관계입니다. 제2차 대전도 그렇고, 보불 전쟁도 그렇고, 프랑스와 독일 사이의 알력이 유럽 전쟁의 핵심이었습니다. 따라서 전쟁이 일어나지 않고 평화로운 상태가 정착되려면 독일과 프랑스의 관계를 원만하게 만들어야 한다는 것이 핵심 과제였습니다. 유럽합중국이라는 구상을 처칠이 내놓은 것도 유럽합중국을 당장 세우자는 뜻이 아니라 결국 유럽합중국안을 통해 프랑스와 독일 관계를 그 속에 집어넣어 양국의 화해를 도모하자 것입니다. 프랑스와 독일이 떨어져 있으면 자꾸 문제가 생기니까 한 곳에 잡아 넣어 서로 꼼짝 못하게 하자는 것, 좀 더 구체적으로 말하면 독일을 꼼짝 못하게 만들자는 것이 기본 생각이었습니다.

  한편, 베네룩스 3국 같은 작은 세 나라는 어떠한 전쟁이 일어나더라도 전쟁이 발생하기만 하면 자국이 피해를 입게 되니까 세 나라가 행동을 통일하여 공동으로 대처하자는 취지에서 1947년 8월에 베네룩스 동맹을 결성하였습니다. 1949년에는 유럽이사회라는 기구를 만들었다는 말이 나오는데, 나중에 이것도 중요하게 됩니다. 그리고 1950년에 들어서면서 프랑스 외상인 로베르 슈망Robert Schuman이 프랑스와 독일의 석탄, 철강을 공동으로 관리하자는 안을 냈습니다. 이러한 슈망의 제안이 나온 배경을 이해하기 위해서는 장 모네Jean Monnet라는 프랑스인을 알아 둘 필요가 있습니다. 장 모네가 유럽 통합 운동에서 매우 중요한 역할을 했기 때문에 모네에 대한 개인적인 편력을 알아보는 작업이 필요합니다.

장 모네는 1888년에 태어나 1979년까지 90여 세를 살았고, 프랑스 코냑 지방 태생입니다. 그는 16세에 우리나라의 중고등학교에 해당하는 콜레주collège를 졸업하고 영어를 배우기 위해 영국으로 갔습니다. 런던에서 2년 동안 있은 후에 미국으로 가서 장사를 했는데, 집안의 상품을 팔았다는 것으로 보아 아마 코냑 장사를 한 것 같습니다. 미국에서 장사를 하다가 제1차 세계대전이 일어나니까 프랑스와 영국의 전시 물자를 미국에서 받아 수송하는 곳에 취직해서 그 일을 담당하였습니다. 아마 영어와 불어를 잘하니까 그러한 일을 맡은 것 같습니다. 거기에서 상당한 공을 세우고 나중에는 프랑스·영국 물자공급위원회의 책임자가 되었습니다. 전쟁이 끝난 후에는 국제연맹에서 사무 부총장을 맡았습니다. 그러다가 그것도 그만두고 집안 장사를 했다는 것을 보니 다시 코냑 장사를 한 것 같고 이후에 은행에 들어갔습니다. 이러한 이력을 보면, 모네는 정치가도 아니고 관료도 아닌 묘한 생활을 한 사람입니다.

2차 세계대전이 발발하자 다시 프랑스와 영국의 물건을 공급하는 병참 보급 책임자가 되어 활약하면서 프랑스와 영국을 하나로 묶자고 하는 안을 제출하였습니다. 아시다시피, 당시 전쟁 중이니까 프랑스가 몰락하다시피 했고 영국도 위태로운 상태여서 프랑스와 영국을 하나로 묶어서 두 나라가 한 나라가 되는 것이 어떻겠느냐는 안을 냈던 것입니다. 프랑스·영국 합동안을 당시부터 제시하였던 것을 보면, 모네가 이전부터 유럽 통합에 상당한 관심을 가지고 있었던 모양입니다. 1939년에는 알제리로 가서 드골을 만납니다. 그런데 드골이 본국의 지로Henri Giraud라는 장군하고 사이가 안 좋아서 협력이 잘 이루어지지 않았기 때문에 서로 화해시키려다 결국 실패하였는데, 이러한 과정을 통해 모네는 드골과 친해졌습니다.

전쟁이 끝난 후 그는 프랑스와 영국을 하나로 묶자고 하는 안을 제출했던 경험이 있어서 그런지 유럽합중국 구상을 시작했는데, 프랑스와 독일을 화합시키기 위해 생각해 낸 방법이 석탄과 철강을 공동 관리하자는 것입니다. 아시다시피, 루르와 알자스 로렌 지방이 독일의 석탄, 철강의 중심지이고 프랑스도 이 지방을 절대로 못 내놓겠다고 해서 이 영토 문제가 프랑스와 독일이 감정적으로 대립하게 되는 원인의 핵심이었습니다. 그 지역을 국제화하면서 동시에 독일의 군사업의 핵심인 철강 공업을 누르기 위해 석탄철강공동체를 만들자, 이를 만들기는 하되 기존처럼 양국이 협의해서 처리하는 것이 아니라 그 두 나라를 초월하는 초국가적인 기구를 만들어, 나중에 그것을 최고 기관High Authority이라고 하는데, 관리하게 함으로써 독일이나 프랑스가, 특히 독일이 독자적인 행동을 못하게 하자는 안입니다. 그런 안을 구상해서 모네는 그 당시 프랑스의 외상인 로베르 슈망Robert Schuman에게 건의를 했습니다. 그래서 모네 안을 슈망 플랜이라고 하기도 합니다.

모네는 이에 그치지 않고 석탄철강공동체를 만든다고 하더라도 독일이 따로 떨어질 위험이 아직도 있다고 생각하여 독일을 더 꼼짝 못하게 하는 구상안으로 유럽방위공동체European Defence Community를 제시하였습니다. 같은 시기에 프랑스 외상인 플레방René Pleven이란 사람이 있었는데, 이 사람에게 건의해서 플레방 플랜Pleven Plan이라고 하여 각국에 제출합니다. 연표에도 나오듯이, 1952년부터 발효가 되는 석탄철강공동체에 서명한 나라가 모두 6개국인데(베네룩스 3국, 프랑스, 독일, 이탈리아), 6개국이 모두 플레방 안, 즉 공동 방위안에도 서명하였습니다. 이렇게 독일을 묶어 놨음에도 불구하고 프랑스는 그래도 안심이 안 되어 독일을 더욱 확실하게 잡아두기 위한 안을 구상했습니다. 이 안은 모네가 구상한 것이 아니라 6개국의 여러 사람들이 공동으로 만들었는데, 특히 앞에서 말한 유럽이사회에서 수차례의 토의를 거쳐 유럽정치공동체European Political Community라고 하는 안을 구상했습니다.

이렇게 유럽석탄철강공동체, 유럽방위공동체, 유럽정치공동체 등 세 가지 공동체가 동시에 진행되었습니다. 당시 세 가지 유럽통합 움직임에 관한 협의가 1년에 20여 회나 되었습니다. 아주 열띤 분위기가 조성되었고 유럽이 곧 정치 통일을 할 것 같은 분위기였습니다. 한편, 유럽 전쟁의 공포가 채 가시기도 전에 한국전쟁이 발발하였기 때문에 미국을 중심으로 소련을 포함한 공산 세력의 도발을 막자는 의도의 방위 조약으로서 북대서양조약기구NATO가

1949년에 구상되고 1951년부터 그 활동을 시작합니다. 이러한 상황에서 유럽에서는 자기 나름대로 행동하자는 분위기가 조성되었고, 독일의 공포가 아직도 여전히 남아 있는 상태에서 전후 유럽이 상대적으로 약화되어 미국의 그늘 아래 있게 되는 상태를 탈피하여 유럽도 뭉쳐서 단일한 유럽 세력을 만들자는 유럽이상론이 제기되는 분위기에서 이 세 가지 안이 나오게 됩니다.

모네는 그런 구상안에 적극적으로 동조하는 입장에 있었던 대표적인 사람들 중의 하나입니다. 그는 전쟁 중에도 그랬지만 1955년에는 《유럽합중국은 시작되었다》Les Etats-Unis d'Europe Ont Commencé라는 책을 통해 유럽합중국이 막 시작하고 있다고 주장하기도 했습니다. 그런 면에서 볼 때, 모네는 열렬한 유럽주의자라고 볼 수 있습니다. 그는 맨 처음 생긴 석탄철강공동체의 초대 총재로 취임합니다. 그런데 이 유럽석탄철강공동체ECSC는 기왕의 조약체들과는 기본적으로 다른 면이 있었습니다. 앞에서 이야기했지만, 북대서양조약기구까지 포함해서 모든 협약들은 정부 사이의 협약이므로 정부 사이의 관계로서 취급되어야 한다는 입장에서 처리해 왔습니다. 유럽석탄철강공동체에서는 이와는 달리 최고 기관이라는 기구를 설정했습니다. 최고 기관은 나중에 유럽공동체의 집행위원회에 해당하는 기구입니다. 최고 기관High Authority이 무엇이냐 하면, 우리말로 하면 보통 당국이라고 번역되는데 당국이라고 하면 좀 우습고, 석탄, 철강에 대해서 가맹국인 6개국으로부터 각국의 주권과 자기결정권을 양도받아 담당하게 된 기구를 말합니다. 말하자면, 나라를 초월하는 집행 기관이 생긴 것입니다.

이렇게 초국가적 성격을 띤 집행 기관을 설치한 부분은 전 시간까지 강의하였던 고전적인 국가연합과는 좀 다른 것이었습니다. 고전적인 국가연합은 주권이 구성국에 있는 것이지 국제기구에는 있지 않은 것으로 되어 있었는데, 이는 가맹국에 주권이 있으면서도 동시에 어떤 특정한 사안에 대해서는 자기결정권을 양보했기 때문에 단순히 주권이 구성국에 있다고만 말할 수 없는 독특한 성격을 가지고 있었습니다.

아까도 말했지만, 유럽방위공동체나 유럽정치공동체는 우리가 연구해 볼 필요가 있는 것이, 아마 틀림없이 마스트리히트 조약 다음에 나올 문제가 방위 문제인데, 과거 유럽방위공동체의 규약같은 것이 살아날 가능성이 많기 때문입니다. 이러한 유럽방위공동체나 유럽정치공동체에 대해서는 주로 모네가 총재였던 유럽석탄철강공동체의 총회 때 논해졌고, 거기서 특별기초위원회를 위촉했습니다. 어떻게 보면 좀 이상스러운데, 유럽석탄철강공동체의 서문을 보면 이에 대한 의문을 풀이한 것이 나옵니다. 다른 것은 보통 알 수 있는 이야기지만, 여기서 묘한 구절이 하나있습니다. 서문의 다섯째 구절에 "Reserved to substitute for age-old rivalries emerging essential interest to create by establishing economic community and the basis for broader and deeper community among peoples long divided by bloody conflict"라는 언급이 나옵니다. 이는 장차 경제공동체를 수립할 뿐만 아니라 피나는 혈투를 벌여 오랫동안 분할되어 왔던 사람들 사이에 더 넓고 더 깊은 공동체를 만들기 위해서 한다고 명시하고 있습니다. 이는 바로 유럽정치공동체와 유럽방위공동체를 형성하기 위해서 유럽석탄철강공동체를 만든다는 이야기입니다. 석탄철강공동체라는 것이 단순한 석탄철강공동체가 아니라 그것을 만듦으로써 장차 경제공동체를 만들고 그뿐만 아니라 나중에 유럽방위공동체와 유럽정치공동체까지 만든다는 것을 목적으로 이 조약을 맺는다는 것입니다.

그래서 유럽정치공동체의 기초 초안까지 만들어서 그 초안에 대해서 토의하는 중이었습니다. 그 초안의 제1조에서 "우리들은 초국가적인 성격을 가진 공동체를 만드는 것을 목적으로 설립한다"고 규정하고 있습니다. 다시 말하자면, 유럽정치공동체는 그 초안에서 여러 가지 안을 내고 있는데, 거기에 의회parliament에 해당하는 것도 나오고, 집행위원회commission에 해당하는 것도 나오고, 재판소court of justice도 나오는 등 장차 우리가 토의할만한 것들이 대부분 그때 다 나옵니다. 그러나 결국 실패하였습니다. 왜 실패하였는가 하면, 석탄철강공동체는 정부의 비준이 되었기 때문에 설립이 가능했지만, 서로 밀접하게 연관되어 있는 유럽방위공동체와 유럽정치공동체의 경우에는 유럽방위공동체가 프랑스의 플레방 안을 통해 제시되었지만 프랑스 상원의 절차 토의에서 부결되어 플레방 안을 상정하지도 못하였기 때문에 유럽방위공동체가 부결되어 버렸고 따라서 유럽정치공동체도 자동적으로 부결되어 버렸습니다. 그 웅대하고 장대한 노력이 다 깨져버리고 석탄철강공동체만 남게 되었습니다. 이후 유럽공동체 발달사 40여 년을 보면, 지금까지 나온 기본조약들의 방향은 이전의 유럽방위공동체나 유럽정치공동체 때와 비슷합니다. 결국 그때 몇 년 동안 급히 하려고 하던 것이 실패하였는데, 40여 년 걸려 조금씩 조금씩 만회해 오는 것 같은 인상을 줍니다. 조문 자체도 비슷한 조문이 참 많습니다.

1954년에 유럽방위공동체 안이 부결되자 그해 모네는 사표를 내놓고 나옵니다. 나오고 나서 《유럽합중국은 시작되었다》라는 유명한 논저를 내고 일생 동안 유럽합중국을 성취하기 위한 운동을 하다가 죽었습니다. 뿐만 아니라 1955년에는 유럽합중국 같은 새로운 유럽정치체를 만들기 위해 국제회의를 만들 것을 주장했습니다. 그 주장이 받아들여져 이루어진 성과물이 1955년 메시나 회의Messina Conference입니다. 연표에 "When Foreign Ministers of the Community's members state propose further steps towards full integration in Europe"이라고 나와 있는 바와 같이, 메시나 회의는 유럽통합 심화를 꾀하기 위해서 열린 회의입니다. 이 메시나 회의는 나중에 유럽경제공동체의 결성을 결정하게 되는 회의라는 점에서 중요한 의미를 가지고 있습니다. 이로써 모네의 공적 활동은 일단 막을 내립니다.

지금까지 이야기한 것은 모네의 이면사인데, 이에 대해서 어느 정도 알아야 유럽공동체의 진행 과정이 파악될 수 있기 때문에 좀 자세하게 이야기했습니다. 물론 여기에는 모네뿐만 아니라 각국의 여러 사람들이 활동하였습니다. 벨기에의 스파크Paul-Henri Spaak나 이탈리아의 외상인 베라티 등 여러 사람들이 활동하였고, 그 당시 유럽은 꿈에 부풀어 있었습니다. 유럽이 재생하여 미국이나 소련과 겨룰 수 있는 하나의 유럽을 만든다는 꿈에 부풀어 있었는데, 그만 이러한 노력들이 깨져버리고 석탄철강공동체만 남게 되었고 겨우 건진 것이 유럽경제공동체입니다. 그런데 모네의 회고록을 보면, 재미있는 이야기가 있습니다. 모네가 처음에는 초국가 기구supranational organization에 대해 중점을 두어 각국의 이해를 초월하는 초국가적인 기구를 설치하여 각국의 이해를 조절하려고 구상하였고

제6강 현대 유럽연합의 역사 1

이를 실제로 성취하려 노력하였지만 잘 안 되었습니다. 더구나 유럽방위공동체나 유럽정치공동체의 경우에는 각국의 주권주의자들 때문에 달성되기가 힘들었습니다. 그래서 모네는 《비망록》Mémoires에서 이러한 부분에 대해 반성하면서 초국가적인 기구를 만드는 것만으로는 안 되고 역시 대화와 타협으로 통합을 이룩할 수밖에 없다고 기술하고 있습니다. 말하자면 초국가론자의 패배의 변과 같은 것입니다.

그래도 모네가 활동하여 중요한 일을 많이 했습니다. 그 당시 유럽합중국론은 많이 있었습니다. 이러한 논의는 나중에도 계속되어 유럽공동체의 활동이 시작되었던 1960년대에 당시 유럽공동체 집행위원회의 초대 위원장president이 《유럽합중국》United States of Europe이라는 책을 쓰기도 했습니다. 초기에 유럽공동체에 관계한 사람들은 대부분 유럽합중국이라는 것을 염두에 두고 활동하였다는 것을 알 수 있습니다. 그리고 유럽통합 과정에서도 이러한 경향을 잘 나타내는 예들이 많이 있습니다. 가령, 워싱턴에서 영국, 미국, 프랑스가 모여 워싱턴 선언Washington Declaration이라고 해서 유럽의 단결을 호소한 일도 있고, 1952년 9월에는 석탄철강공동체 총회에서 석탄철강공동체는 유럽의 정치적 공동체를 결성하는 것을 최종 목표로 한다는 룩셈부르크 선언Luxemburg Declaration을 표명하기도 했습니다.

이렇게 1952년부터 1960년까지를 유럽공동체 역사의 제1기라 할 수 있는데, 제1기는 유럽합중국의 이상이 한창 열이 올랐을 때입니다. 다시 말하자면, 유럽공동체의 기본 문제는 어떻게 하면 독일을 꼼짝 못하게 만드느냐 하는 것이 관건이었는데, 유럽인들의 점잖은 외교적 표현에 의하면, 프랑스와 독일의 화해라고 말합니다. 그 화해를 구상하다가 나중에는 유럽의 재생이라는 웅대한 구상으로 옮겨가는 동안 1950년대가 지나갔습니다. 연표를 보면, 1955년 메시나 회의가 있은 후에 1957년에 로마 조약Rome Treaty이 나오는데, 즉 유럽경제공동체와 유럽원자력공동체 조약에 서명한다는 이야기가 나옵니다. 이렇게 석탄철강공동체 조약과 유럽경제공동체와 유럽원자력공동체와 같은 큰 조약들이 몇 년 사이로 나온다는 것을 보면, 그 당시의 열기를 짐작할 수 있습니다.

그러다가 1950년 후반부터 정국들이 안정됩니다. 마샬 계획에 의해 경제가 좀 회복이 되고 냉전이 정착되면서 서방 세계에는 일종의 평화가 도래하였던 것입니다. 유럽공동체라는 것도 그렇고 옛날의 고전적인 국가연합도 그랬습니다만 위기가 있지 않으면 잘 이루어지지 않습니다. 한창 1950년대에 위기감이 고조되면서, 즉 한국전쟁이 발발하고 소련의 공세가 심해지고 미국의 대소 봉쇄가 심해지고 북대서양조약기구를 중심으로 하는 대소 방위가 이루어질 때에는 유럽통합 노력이 계속되더니, 좀 안정이 되고 평안해지니까 이러한 노력들이 수그러졌습니다. 여러분이 기억하시다시피, 고전적 국가연합에서는 방위 문제나 전쟁과 평화의 문제가 국가연합이 형성되는 동기였습니다. 나중에 자연적으로 가맹국 사이에 평화 관계를 유지하기 위해서 통상이나 통화 문제가 대두됩니다. 미국 경우에는 '미국연합 조문'Articles of American Confederation에서 방위 문제와 동시에 경제 문제도 논의하였습니다만, 이것은 예외적인 경우이고 대부분 거의 방위 문제만이 주로 논의되었습니다. 유럽공동체 문제도 겉으로 보기에는 석탄철강공동체와 같이 경제적인 것이 부각되는 것처럼 보이지만, 그 동기는 역시 방위 문제였습니다. 그런 의미에서 전쟁 분위기가 채 가시지 않았기 때문에 석탄철강공동체가 생길 수 있었던 것입니다. 그래서 석탄철강공동체가 생긴 지 불과 4~5년 후에 우리가 보통 공동 시장common market이라고 부르는 유럽경제공동체 안이 통과되었던 것도 전후 유럽의 분위기 탓도 있을 것이라는 생각도 듭니다.

그런데 유럽경제공동체에는 석탄철강공동체의 서론에 있는 "보다 넓고 깊은 공동체"를 위한다는 말이 완전히 빠져 있습니다. 아주 사무적이고 경제적인 이야기만 나옵니다. 아마 그러한 말을 넣어서는 안 되었을 분위기가 당시 조성된 것은, 유럽이 평온을 찾자마자 각국이 자국의 주권을 주장하기 시작하였기 때문입니다. 자국의 주권을 주장하기 시작하면 "보다 넓고 깊은 공동체"를 만든다는 것은 말이 되지 않습니다. 더군다나 유럽방위공동체나 유럽정치공동체가 실패한 마당에 그런 주장이 나올 수가 없었습니다. 그리고 유럽경제공동체 관련 조약에는 상품, 공동 관세 등 기타 여러 가지에 대해서 일일이 기술적으로 규정되어 있습니다. 그런데 한 가지 주목할 만한 것은 이미 석탄철강공동체 조약에 나오는 기구에 대한 규정이 나온다는 사실입니다. 어떤 제도를 갖느냐는 이야기가 제2부 첫 장에 나오는데, 기구에 대한 규정을 보면 다음과 같습니다. 우선 최고 기관, 이는 나중에 집행위원회라는 말로 바뀌고 그 다음에 총회Common Assembly, 이는 나중에 유럽의회European Parliament라는 말로 바뀝니다. 그 다음에 유럽이사회Council, 이는 나중에 각료이사회Council of Ministers로 바뀌고, 그리고 재판소Court of Justice 등 네 가지의 상설 기구가 나옵니다. 그리고 최고 기관에 대한 권한 이야기가 나오고, 유럽의회와 관련하여 직접, 보통 선거를 통해 선출하는 과정과 기타 문제들에 대한 이야기가 나오고, 유럽이사회와 재판소 이야기가 나옵니다. 이는 이후 4~5회에 걸쳐 개정이 됩니다.

이러한 규정에서 중요한 것은 최고 기관이 각국을 초월하는, 혹은 각국과는 별개의 집행 기관인 것에 비해서 각료이사회는 각국 간의 협조 기관입니다. 다시 말해서 최고 기관이 새로운 주권을 표현한다면, 각료이사회는 각국의 주권을 표현하고 있습니다. 의회 Parliament는 그 중간쯤 되는데, 의회는 각국에서 그 의원들이 선출되지만 각국의 의사와는 관계없는 독립적인 의사 표현을 하게 되어 있습니다. 이것이 장차 문제가 되는 대목입니다. 왜냐하면, 의회의 의원이 된 사람들은 유럽 전체에 대해 각기 한마디씩 하고 싶어하고 의회의 권한을 확대하여 국내정치에 준하는 입법권을 발휘하는 식의 권한을 누리려고 하는데, 이러한 경향은 각국 구성 국가의 입장에서 보면 매우 곤란하기 때문입니다. 따라서 아주 조약에 의회의 권한에 대한 규정을 만들었습니다. 의회는 자문과 예산에 대해서만 그 권한을 가질 수 있다는 것입니다. 의회가 예산에 대해 발언권을 가지고 있지만 예산에 대한 최종적인 결정권은 위원회에 있습니다. 그리고 위원회의 예산에 대한 최종적인 결정은 각료이사회에서 정하게 되어 있습니다.

이러한 구조는 유럽공동체에서도 마찬가지입니다. 유럽공동체의 원칙과 제도는 여러 번 개정됩니다만, 그 기본적인 정신은 동일하게 유지되어 왔습니다. 옛날의 고전적인 국가연합은 대개 총회만 있었는데, 거기서 의견을 내고 실제 행동은 공동으로 하는 전쟁과 평화의 문제 이외에는 대개 구성 공화국 혹은 가맹국이 각기 맡아서 집행하였습니다. 그것에 비해 유럽석탄철강공동체는 집행부

제6강 현대 유럽연합의 역사 1

를 따로 두었는데, 단 위원회의 월권을 막기 위해서 각료이사회에 대해 제안을 하는 절차를 취하게 하였습니다. 유럽공동체의 구조에 대해서 이야기할 때 자세하게 나오겠지만, 각료이사회는 각국의 입장을 대표하고 있습니다. 따라서, 가맹국의 주권주의적 요소와 국가연합의 초국가적 요소가 묘하게 가미되어 그 조직이 구성되었다고 볼 수 있습니다.

그러나 바로 이러한 이원적인 구조적 특성 때문에 분규가 많이 생깁니다. 1962년에 공동 농업 정책Common Agricultural Policy: CAP이라는 것이 나오는데, 공동 농업 정책이란 그 당시 프랑스가 농업적인 요소가 강하므로 프랑스의 요구를 받아들여서 유럽공동체 전체 나라에 공통적인 농업 정책을 수립한다는 것을 의미합니다. 이 공동 농업 정책에 어떠한 문제가 부수되어 있는가 하면, 농업이 발달한 나라와 낙후한 나라, 기후 조건이 좋아 농업이 번성하는 나라와 기후 조건이 열악하여 농업이 잘 안 되는 나라가 있기 때문에 농업이 낙후한 나라에 대해 보조금을 주기 위해서 나라별로 기금액을 배분하여 농업기금을 공동으로 마련하는 문제가 제기됩니다. 이를 집행위원회에서 다수결을 통해 배분하는데, 이것이 장차 중대한 문제로 부각됩니다.

당시 프랑스에서 드골이 대통령으로 들어서자마자 이를 당장 문제삼았기 때문입니다. 드골은 집행위원회가 무슨 권한이 있어 공동기금의 할당 금액을 정하는가라고 불만을 표시하면서 회의에 7개월간 나오지 않았고, 따라서 1950년대에 번성하던 유럽공동체 활동이 1960년대에 퇴조하게 되는 첫 번째 계기가 되었습니다. 프랑스가 반대하니까 아무 것도 안 되는 것이었습니다. 유럽공동체의 핵심국이 프랑스이고 프랑스 사람의 구상에 의해서 프랑스의 국익 때문에, 즉 프랑스와 독일 문제 때문에 유럽공동체 구상이 나온 것인데, 프랑스가 반대하니까 유럽공동체 활동이 제대로 되지 않았습니다. 또 당시는 프랑스의 드골이 섬나라인 영국이 대륙의 일에 관여할 필요가 없다고 해서 영국이 유럽공동체에 가입되어 있지 않은 상태였습니다. 그리고 드골은 주권 원칙을 주장하여 다수결 원칙에 반대하였으므로 당시 유럽공동체가 파산될 처지에 이르게 되었습니다.

결국 7개월간 마비 상태에 있다가, 각료이사회에는 원래 집행위원회의 위원장이 반드시 참석하게 되어 있는데, 위원장을 제외시키고 따로 회의를 열어 드골의 안을 받아들였습니다. 드골의 안이란 각국이 중요하다고 생각하는 사안에 대해서 각 구성국이 주권을 행사한다는 것으로, 따라서 중요 사안에 대해 각국의 전원 일치가 필요하다고 규정하여 사실상 각국의 비토권을 인정한 것입니다. 이를 유명한 룩셈부르크 타협안 Luxembourg Accord이라고 합니다. 그 이후 10여 년간 유럽공동체가 비관과 역경의 시대로 접어듭니다. 당시에는 이사 가맹국이 9개 나라였고 70년대에는 12개 나라로 확대되는데, 조금만 자국에 중요한 안건이다 싶으면 이의를 제기하고 나서서 아무 일도 성사되지 않게 되었습니다. 영국이 유럽공동체에 가입하게 되는 것도 1969년에 드골이 하야하고 나서의 일이었습니다. 1963년을 기점으로 해서 유럽공동체 운동의 제2기로 들어간다고 볼 수 있습니다. 제2기에서는 오스트리아, 스웨덴, 스위스 등 중립국들이 준회원으로 인정됩니다. 준회원의 지위를 인정하는 제휴association에 대한 규정은 이미 유럽공동체 기초안에 들어 있는 것

제6강 현대 유럽연합의 역사 1

이었습니다. 유럽공동체 가맹국 이외에 유럽공동체와 연계를 갖고자 하는 나라는 제휴 조약Associated Treaty을 체결해서 연합의 일원이 될 수 있다는 구절이 있는데, 이에 의해서 위 국가들이 준회원 자격을 얻게 되었습니다. 그후 노르웨이가 정식 회원으로 신청, 유럽공동체에 가입하였고, 1963년에는 드골이 영국은 아직 준비가 안 되어 있다고 해서 유럽공동체 가입에 반대하였으며, 영국이 이에 대해 가입하지 않겠다고 응수하였습니다. 그 다음에 야운데 협정Yaoundé Convention이라고 해서 아프리카 제국과 마다가스카르 나라들이 체결하였는데, 이것이 재미있는 것입니다. 아까 스웨덴이나 오스트리아가 준회원이 된 것은 같은 유럽 국가이므로 이해가 되지만, 야운데 협정은 비유럽지역 국가들이 준회원으로 가입할 수 있는 조약을 의미하므로 그 배경에 대한 간략한 설명이 필요할 것 같습니다.

야운데 협정은 프랑스가 주장하여 이루어진 것입니다. 과거 프랑스는 아프리카의 10여 개 나라를 그 식민지로 보유하고 있었고, 이 식민지들은 나중에 다 독립하였습니다. 독립을 했지만 사실상 수직분업 관계가 계속 유지되어 과거 식민지의 1차 생산물을 수입하여 프랑스에서 가공하여 상품을 수출하는 수직분업 관계가 계속 유지되어 왔습니다. 이러한 수직 관계를 계속 유지할 수 있는 법적 장치가 필요해서 야운데 협정을 체결하였는데, 독일이 처음에는 이를 반대했지만 결국 할 수 없이 그대로 수용하였습니다. 나중에 2차 야운데 협정을 통해 그 인원을 확대하였고 로마 조약을 체결할 때는 45개국이나 참여하게 됩니다. 카리브 연안, 아프리카에 있는 30여 개국과 그리고 아시아 국가를 포함해서 45개국이 된 것입니다. 이는 일부로부터 유럽공동체가 제국주의적이라는 혹평을 받게 되는 계기가 됩니다. 왜냐하면, 그 조약 내용 중에는 야운데 조약에 참여하여 준회원이 되면 본회원인 나라들에게 수출할 때 관세를 아주 싸게 해주는 것과 지원금 제도가 있어 보조금을 준다는 그럴 듯한 유인물이 있는 반면, 과거 식민지가 계속 식민지 본국에 매달리게 된다는 점과 한 가지 생산물만을 만들어서 구식민지 본국에 수출하고 그곳에서 비싼 공산품을 사 쓰게 된다는 점이 문제가 된 것입니다.

그래서 노르웨이의 갈퉁Johan Galtung 같은 학자는 이를 유럽공동체의 수직적인 제국주의, 구조적인 제국주의structural imperialism라고 비판하였습니다. 그런 말을 듣게 되는 것은 어떻게 보면 당연하기도 한데, 유럽에 있다가 아프리카에 가보면 그러한 비판이 실감이 납니다. 아프리카 식민지끼리 수평적으로는 연관이 잘 안 되고 구식민지 본국을 통해 수직적으로는 연관이 됩니다. 내가 중앙아프리카에서 비행기 회사에 연락해서 예약을 하려고 할 때, 시내에서 전화하니까 통화가 되지 않았고 파리를 통해서 연락을 하니까 통화가 되었습니다. 비행기도 마찬가지로 파리에서 가는 것은 많이 있는데 아프리카 나라끼리 가는 항로는 별로 없습니다. 갈퉁의 논의는 이러한 구식민지와 식민지 본국 관계를 학문적으로 비꼰 것으로 구조적으로 식민주의를 하는 식으로 만들었다는 것입니다.

야운데 협정, 2차 야운데 협정, 로마 협정 등은 이러한 사정에 의해서 만든 것입니다. 물론 유럽공동체에서 후진 지역에 대해서 보조금을 준다는 이야기가 나옵니다. 그 반대설도 있는데, 실제 아프리카 나라들의 생산 과정을 조사해 보니 보조금을 받아 기왕에 수입하는 공산품의 대체 산업을 한다, 그래서 1차 상품만 생산하던 경향을 배제해 나간다, 결과적으로 수직적인 분업 관계라고 하더라도 일방적으로 착취하는 관계가 아니라 종속적인 나라들이 점점 발전할 수 있는 여지가 있다는 그런 통계를 가지고 반박하는 주장도 있습니다. 우리가 듣기에는 갈퉁의 이야기가 쏙 들어오고, 유럽 사람 귀에는 후진국이 나아졌다는 설이 듣기 좋을 것입니다. 이러한 측면에서 야운데 협정은 중요합니다. 중세의 도시가 도시 근교에 농촌 지역을 주변에 가지고 있듯이 유럽공동체도 유럽이라는 중심 지역을 중심으로 구식민지를 주변에 가지고 있는 독특한 구조를 만들었습니다. 이것이 야운데 협정, 제2차 야운데 협정, 로마 협정 등을 통해 만들어 낸 유럽 중심의 구조입니다.

1965년 4월 8일에는 6개국이 공동체 집행부의 합병 조약을 체결합니다. 기왕에는 석탄철강공동체, 유럽경제공동체, 유럽원자력공동체 등 3개 공동체가 있었는데, 세 가지 공동체가 비슷한 구조를 가지고 있었습니다. 모두 사무국, 위원회가 있고 또 각료이사회, 의회가 있고 해서 비슷한 구조를 가지고 있었습니다. 합병 조약은 바로 이것들을 하나로 묶어 하나의 조약 체제로 만들자는 조약을 의미합니다. 합병 조약은 개개의 조항들에 대해 어떤 것은 통합하고, 어떤 것은 통합하지 않는다는 식으로 따져 만들었기 때문에 수십 개의 조약으로 이루어져 있습니다. 유럽공동체의 조약문은 실제로 어떤 것은 몇 년도에 어떤 구절을 뺐다 넣었다 하는 식으로 매우 복잡하게 나오는데, 합병 조약에 나오는 구절을 넣기도 하고 빼기도 하는 과정을 거쳤기 때문에 그렇습니다. 가령 1987년에 나온 유럽공동체의 조약집을 보면, 합병 조약에 의한 조약문을 싣고 언제 고쳐졌다는 것만 표시하고 있습니다. 아마 여러분이 유럽공동체의 조약문을 실제로 보면, 본 조약 내용이 나오는 것이 아니라 합병 조약 내용이 나올 겁니다.

그 다음에 연도를 보면, 1965년 7월 1일에 앞에서 말한 드골 이야기가 나옵니다. 프랑스의 반대 때문에 7개월간의 위기가 지속되었다는 이야기가 나옵니다. 그래서 7개월 후 1966년 2월 17일에 6개국의 외상들이 룩셈부르크에서 모여 유럽공동체 활동 정상화에 합의했습니다. 이 내용을 보면, 결국 집행위원회가 완전히 손을 들었다는 이야기죠. 고전적인 국가연합의 개념을 쓴다면, 국가연합의 요소가 연방의 요소를 제압했다는 의미입니다. 그 당시는 드골이 지배하던 때여서 1969년 드골이 국민 투표에서 져서 하야할 때까지 드골이 있는 동안은 유럽공동체가 맥을 못 추었습니다.

지금도 문제가 되는 것이, 프랑스의 미테랑François Mitterrand이 유럽공동체의 대표 주자 격인데, 현재 미테랑이 대통령으로 재임하는 것이 불투명할 뿐만 아니라 지금 현재 대통령이라고 하더라도 사회당이 드골파와 중도파 연합에 패배하여 내각의 책임자가 비사회당 출신이기 때문에 문제가 생긴 것입니다. 드골파는 역사적으로 유럽공동체에 대해서 반대하여 프랑스의 주권을 조금도 손상시킬 수 없다는 입장을 취하여 왔습니다. 영국도 마찬가지입니다. 영국의 현수상인 메이저John Major 총리는 유럽공동체에 대해 아주 협조적입니다. 그런데 보수당의 일부에서 유럽 통합에 회의적인 시각을 가진 사람들이 있는 것 같습니다. 오늘 《헤럴드 트리뷴》Herald Tribune 지를 보니 "메이저가 지금 큰 결정을 했다. 유럽공동체를 강력하게 지지한다는 결정을 했는데, 금년 여름 중에는 마스트리히트 조약에 대한 비준을 영국 국회에서 통과시키도록 노력한다. 그러나 한 가지 문제는 유럽공동체에 대해 반대하는 노동당은 물론이고 보수당 일부 국회의원까지 반대하고 있기 때문에 문제가 있다"고 보도되었습니다. 특히 대처Margaret Thatcher 전 수상과 가까운 보수당 국회의원들이 영국은 '영예로운 고립'glorious isolation 정책을 고수해야 한다고 주장하고 있는데, 영국은 명예로운 섬나라로서의 독립을 유지해야 하고 미국과 협조해야 하지 유럽 대륙과 협력하는 것은 좋지 않다는 반대 의견을 피력하고 있습니다. 그런 의미에서 덴마크의 부결로 인해 타격을 받은 마스트리히트 조약이 영국마저 부결하는 경우에는 치명적인 타격을 받을 것입니다. 그런데 그렇게 될 가능성도 무시할 수 없는 상황입니다. 프랑스도 영국도 마스트리히트 조약에 대한 비준이 만만치 않습니다. 독일의 경우에는 사회민주당이 비교적 유럽공동체에 대해 협조적이기 때문에 문제가 별로 없을 것 같습니다.

결국 드골의 시대에는 유럽공동체가 상당히 위축되었습니다. 드골은 유럽공동체에 준회원을 둔다든가, 조약문을 병합한다는 것과 같이 자국의 국익과 관계 없는 사안에 대해서는 별로 이의를 제기하지 않았지만, 자국의 이익에 반하는 그 어떤 사안에 대해서도 모두 반대하였기 때문입니다. 영국이 유럽공동체에 들어오는 것도 드골이 하야하면서 가능하였고 드골 이후에야 신입 회원국을 적극 받아들여 유럽공동체는 12개국이 될 수 있었습니다. 요컨대, 핵심은 다음과 같습니다. 제1기 1950년대는 유럽공동체의 팽창기로, 비록 초기에 유럽방위공동체와 유럽정치공동체가 실패하면서 초기의 대구상이 깨졌기는 했지만, 그러나 대체로 유럽경제공동체까지

오는 과정을 보면 유럽경제공동체 형성이나 공동 시장 형성이라는 점에서는 상당히 좋았다고 볼 수 있습니다. 그러나 제2기에 들어서면서부터 유럽공동체 활동이 위축되기 시작하였고 특히 드골 정권이 들어선 후부터는 유럽공동체와 프랑스 간에 사이가 아주 좋지 않았습니다. 더군다나 우리가 주목해야 할 것은 1960년대 후반부터 불경기에 들어서고 1970년대에는 두 번의 석유 파동이 있었다는 점입니다. 유럽공동체의 역사적 과정을 통해 유럽이 불경기에 들어서면 유럽공동체도 위축되고 유럽이 호황이면 유럽공동체도 활성화되었다는 점을 알 수 있습니다. 실제 통계상 유럽경제공동체가 공동 시장을 만든 이후 5~6년간의 무역고의 변화를 살펴보면, 유럽경제공동체의 역내 무역량은 6배로 증가하고 역외 제3자와의 무역은 3~4배 이상 증가하였습니다. 이는 당시가 호황기였기 때문에 나올 수 있는 결과였습니다. 그러나 불경기에 들어서면 유럽공동체 내에 불화가 발생하게 됩니다. 마스트리히트 조약 같은 경우 이는 원래 미테랑의 구상안인데, 위에서 말한 역사적 경향을 고려해 볼 때 지금의 유럽 경제는 불황 상태이므로 현재 유럽공동체의 전도는 상당히 어두운 편이라고 볼 수 있습니다. 게다가 덴마크와 영국에서 비준을 반대하는 경우 미테랑과 콜Helmut Kohl은 그 두 나라를 빼고 10개국만이 진행하겠다고 협박했습니다. 과거에도 영국의 대처 수상에 대해 비슷한 협박을 한 적이 있었습니다. 대처 수상이 하도 반대를 하니까 그러면 영국을 제외하고 유럽통합을 진행하겠다고 협박한 것입니다. 그런 식으로 유럽 경제가 불황인 경우에는 유럽통합이 진척되지 않는 경향이 있는데, 1960년대 후반부터 불황이 도래하여 1970년대부터 1980년대 초까지를 보통 유럽

제6강 현대 유럽연합의 역사 1　　　　　　　　　　　　　217

공동체의 암흑시대라고 합니다.

　다음 시간에는 마스트리히트 조약의 비준까지 이야기할 것입니다. 그 다음에 유럽공동체의 의사결정 구조와 유럽공동체의 현 문제점, 특히 유럽공동체의 초국가성 문제에 대해 강의하고자 합니다. 여기서 우리가 하나 기억해야 할 점은 개인의 힘이 매우 크게 작용하였다는 것입니다. 전체 유럽공동체 발전 과정에 걸쳐, 즉 석탄철강공동체, 방위공동체, 정치공동체, 유럽공동체 등에서 모두 엄청난 리더십들이 발휘되어 왔습니다. 그것의 대표적인 예가 장 모네입니다. 지금은 현 유럽공동체 집행위원회 위원장인 자크 들로르Jacques Delors가 맹활약하고 있습니다.

　그리고 유럽공동체 역사를 보면, 마치 파도와 같은 분위기를 타고 진행되어 왔다는 느낌을 줍니다. 한번 통합 분위기가 무르익으면 그 열기가 굉장해서 순식간에 통합이 이루어질 것 같이 진행되다가 그 열기가 식으면 10~15여 년간 그냥 암담한 시기가 계속되고 그러다가 또 새로운 통합 열기가 일어납니다. 지금 마스트리히트 조약과 단일유럽의정서와 같이 획기적인 조약들이 1987년부터 1991년까지 3~4년 사이에 순식간에 이루어졌는데, 이것이 바로 미테랑의 주도 하에 이루어졌습니다. 현재 유럽에서는 단일유럽의정서나 마스트리히트 조약이 돌이킬 수 없는 대세라는 분위기가 조성되어 있습니다. 그런 의미에서 개인의 힘이 크게 작용하고 그 과정에는 파도와 같은 부침浮沈의 흐름이 있다는 사실을 알 수 있습니다. 유럽공동체 역사가 40여 년 되었는데, 그 사이에 통합 운동의 중단이 있었고 우여곡절도 많았으며 각국이 자국에 대한 애착이 엄청나게 컸음에도 불구하고, 40년간의 유럽공동체의 역사에 걸쳐 꾸준하게 초국가주의적인 방향으로 나아가고 있습니다. 1950년대 초에 있었던 유럽정치공동체의 이념과 이상, 그리고 그때 기초안에 나와 있던 조항이 마스트리히트 조약해 그대로 나와 있는 것을 보면 상당히 놀라운 일입니다. 유럽공동체 운동이 새로운 시대의 움직임이라는 것을 느낄 수 있습니다. 질문이 있으면, 해주시기 바랍니다.

질문 과거의 유럽공동체의 역사를 보면, 방어적 목적에 우선을 두고 다른 부수적인 동기들이 작용을 해서 유럽공동체라는 움직임들이 나타났다고 말씀하셨습니다. 최근에 마스트리히트 조약이 나오게 된 것이 1991년인데, 그때는 방어적 동기보다 오히려 경제적 동기가 더 중요하게 작용한 것이라고 볼 수 있지 않을까요?

답변 그렇지 않습니다. 마스트리히트 조약이나 유럽단일의정서의 전문에 역내 경제 자율화, 통화 통합, 외교, 안전 보장에 대한 협조와 장차 공동의 방위를 목적으로 한다는 조문이 나옵니다. 방위 관계는 각국의 주권과 매우 밀접한 관계가 있고 북대서양조약기구나 서유럽동맹West European Union과의 관계 등이 복잡하게 얽혀 있어 현재 손을 대지 못하고 있지만, 장차 공통의 방위까지 하겠다는 것이 명문화되어 있습니다. 과거 유럽방위공동체가 실패한 후로 유럽공동체에서 방위 문제는 매우 복잡하고 어려운 문제가 되었습니다. 왜냐하면, 미국과의 관계가 관련되어 있기 때문입니다. 그러다가 단일유럽의정서에서 외교정책 영역에 대한 조문을 실었습니다. 마스트리히트 조약에서는

제6강 현대 유럽연합의 역사 1 | 219

외교정책 영역뿐만이 아니라 안전보장 영역에서도 공조하자는 조문을 실었고 그리고 최종적으로는 방어 정책까지 간다고 명문화하였습니다.

질문 그런데 방어라고 하면 그 가상 적이 설정되어야 하는데, 마스트리히트 조약에서 방어 대상이 되는 상대를 어떻게 설정하고 있습니까?

답변 그것은 나에게 물어볼 것이 아니라 유럽공동체 관계자에게 직접 물어봐야 할 것 같은데요. 지금 적 개념에서 유럽은 소련과 동구가 붕괴했기 때문에 사실 혼란한 상태입니다. 북대서양조약기구 자신이 어디에다가 가상 적국을 설정할지 모르고 있습니다. 현실의 변화에 의해서 가상 적국이라는 개념이 사라지게 된 것입니다. 프랑스는 프랑스대로 여전히 미국을 믿을 수 없고 유럽의 독자적인 군대를 가져야 한다고 주장하고 있습니다. 독일과 협조하여 독불 연합군을 만들려고 하는 노력이 이를 반증하고 있습니다. 물론 다른 나라들이 찬성하지 않기 때문에 독불 연합군이 단기간 내에 만들어질 수 없을 것 같기는 합니다. 특히 영국 같은 나라는 미국과의 관계 때문에 안전보장 문제에 깊이 관계할 수 없습니다. 이런 이야기를 종합해 보면, 유럽은 지금 가상 적국을 상실해 버린 상태입니다. 동양에서도 일본이 일시적으로 가상 적국을 상실해 버린 것과 마찬가지입니다. 물론 일본 내에서 중국이 가상 적국이라는 이야기도 나오지만, 얼마 전까지만 해도 소련이 가상 적국이었는데, 소련이 붕괴하고 나니 가상 적국이 사라지게 되어 버렸습니다. 지금 그런 묘한 시기입니다.

원래 유럽공동체의 발족 동기도 군사적인 요인이었지만, 장차 군사적인 문제에 모든 국가가 합의함으로써 유럽공동체를 완성하겠다는 그런 의지를 보이고 있습니다. 더구나 마스트리히트 조약의 제목이 재미있는 부분인데, 마스트리히트는 지명이고 원제목은 '유럽연합조약'Treaty of European Union입니다. 아시다시피 전에 유니언, 컨페더레이션은 모두 같은 의미로 쓰였습니다. 1990년 미테랑의 연두 교서를 보면, 이미 마스트리히트 조약에 대한 구상이 나오고 있는데, 당해년도에 유럽은 유럽연합Confédération de l'Europe을 위해 노력한다는 대목이 나옵니다. 유럽인들은, 컨페더레이션과 유니언을 같은 것으로 보고 있습니다.

결국 방위 문제가 궁극적인 해결 문제입니다. 그러나 어려운 점이 상당히 많습니다. 현재 미국과의 관계에 대한 규정을 명백히 하지 않으면 상당히 어려운 상태입니다. 단일유럽의정서에서부터 이미 유럽의 안전보장 문제에 대해서는 서유럽 동맹에 가입한 사람들의 독자적인 행위에 대해서 간섭하지 않는다고 되어 있습니다. 유럽공동체의 회원국들이 이중, 삼중으로 방위 조약에 가입해 있는 상태이므로 상당히 복잡합니다. 사견이지만, 이러한 복잡한 사정도 어떠한 한 계기를 통해 한꺼번에 풀릴 것입니다. 단일유럽의정서만 하더라도 1985년 전까지만 해도 이루어질 것 같지 않더니 1985년 한 해 동안 순식간에 만들어졌고 1987년부터 실시되었습니다. 그런 측면에서 보면, 국제정치라는 것이 평면적으로 혹은 점차적으로 발달하는 경우는 드문 것 같고, 갑자기 발전하다가 또 순식간에 정체하고, 정체하다가 갑자기 발전하는 식으로 단절적으로 전개되는 것 같습니다.

질문 앞에서 야운데 협정에 대해서 말씀하셨는데, 야운데 협정 같은 경우 지금까지도 계속해서 아프리카 국가들과 유럽공동체 국가들 사이에 그 관계가 계속되고 있습니까?

답변 지금은 로마 협정이라 하여 아프리카, 카리브 연안, 아시아 국

제6강 현대 유럽연합의 역사 1 221

가들 50여 개국이 제휴 조약에 가입하고 있습니다. 그 협정에 가입하는 조건은 비슷합니다. 수입특별관세, 수출특별관세, 보조금, 특별 입국비자 등이 들어가 있습니다.

질문 유럽공동체의 문호가 개방된다는 측면에서 과거에 식민지 관계를 맺지 않은 국가들과 이런 협정을 체결하는 경우는 없습니까?

답변 있습니다. 터키 같은 경우 식민지가 아니었지만 북대서양조약기구에 들어가 있습니다. 그러나 다만 알아두어야 할 것은 터키는 북대서양조약기구 국가이므로 유럽과 특수한 관계가 있다는 점입니다. 만약 우리나라가 들어가겠다고 하면, 어떻게 할지 잘 알 수 없지만 말입니다. 아무튼 유럽공동체 역사나 과정을 보면, 유럽 중심적인 경향이 아주 심합니다. 모네의 유명한 말이 하나 있습니다. 모네가 유럽방위공동체를 추진하면서 "유럽방위공동체가 성사되면 우리도 미국과 동등한 입장에서 이야기 할 수 있다"라고 말하였습니다. 유럽이 국가별로 서로 분리되어 있기 때문에 미국에게 꼼짝하지 못하고 있는데, 유럽이 다 뭉치면 미국과 동등한 입장에서 발언할 수 있다는 것입니다. 그만큼 유럽이 미국에 대해서 가지고 있는 열등감을 풀어나가려는 것입니다. 드골도 그랬고 지금 미테랑도 마찬가지입니다.

단, 영국은 제2차 세계대전 중에 영국과 미국을 합해서 하나의 나라로 통합하자는 안이 있었던 바와 같이 상대적으로 미국과 사이가 매우 밀접합니다. 그렇기 때문에 유럽 대륙 나라들의 입장에서 보면, 영국은 항상 훼방꾼이었으며 대처 수상도 오랫동안 말썽을 일으켜 왔습니다. 지금도 영국은 말썽을 일으키고 있는데, 그렇기 때문에 요전에 콜 수상과 미테랑 대통령이 한 협박이 실제로 이뤄질지도 모릅니다. 덴마크와 영국이 마스트리히트 조약에 대해 비준하지 않는다면, 양국을 빼고 추진한다는 협박입니다. 그 예로 에딘버러 결정을 보면, 덴마크에 2차 국민 투표를 권하면서 조건을 제시하기를, 1차 때와는 달리 2차 투표에서는 덴마크의 주권 문제에 대해서 예외로 한다고 하였습니다. 그런데 영국이 만약 부결한다면, 한참 동안 암흑기로 들어갈지도 모릅니다. 게다가 정변이 있어서 미테랑이 물러나고 드골파나 중도파가 집권하거나 영국에서 노동당이 집권한다면, 막대한 지장을 초래할 것입니다.

유럽공동체가 우리에게 중요하게 부각되는 것이 싫든지 좋든지 1992년 말에는 유럽의 역내 경제가 통합되었으므로 우리에게는 영향이 굉장히 큽니다. 물론 아직도 미진한 부분이 많습니다. 가령, 각국의 상품에 대해 세율을 어떻게 하고 규격을 어떻게 하는가 등 기술적이고 세부적인 문제에서는 아직도 복잡한 문제가 남아 있지만, 그러나 완전히 사람, 재화, 자본 등이 유럽 역내 경제 지역에서 마음대로 유통될 수 있게 되었습니다. 이는 기정사실이니까 부정할 수 없는 사실로 인식되고 있는 것입니다. 마스트리히트 조약까지만 하더라도 우리에게 영향이 엄청나게 크므로 세계정치 변화에 대해서 주목하지 않을 수 없습니다. 유럽공동체가 가까운 장래에 암흑기로 들어갈지도 모른다는 것은 유럽공동체의 정치적인 측면에서 볼 때 암흑 시기로 들어간다는 말이고 경제적인 측면은 어느 정도 안정되어 있는 상태입니다. 앞으로 중대한 문제가 될 것이 바로 통화 통합 문제입니다. 유럽공동체 각국들이 단일 통화로 통합할 수 있는가 하는 문제로서 1996년부터 1999년까지 3단계에 걸쳐 통화 통합을 이룩한다고 천명하였는데, 통화 통합은 각국의 저항이 상당히 심하므로 어떻게 될지는 미지수입니다. 통화 통합에 대해서는

제6강 현대 유럽연합의 역사 1

다음 시간에 강의하겠습니다.

　유럽공동체 과정에서 나라들이 통합해 가는 과정을 보면, 항상 우리나라를 생각하게 됩니다. 우리나라 주위의 국가들이 크다는 점에서는 유럽공동체에서 베네룩스 3국과 같은 경우도 있었으니까 그렇게 문제가 되지 않을 것 같고 일본과 한국 사이의 관계를 화해시킨다는 것이 참 어려운 문제입니다. 장차 이 지역에서 집단안전보장을 행하고자 할 때, 이 문제가 최대의 난점으로 작용할 것입니다. 그리고 또한 각국마다 이해가 너무 다르고 전부 문화가 다릅니다. 유교 문화를 생각하면, 중국, 싱가포르, 일본, 한국 등이 포함됩니다. 그러나, 러시아의 시베리아가 들어오면 어떻게 되느냐 하는 문제가 있고, 동남아 문화를 집어넣으면 또 다른 문제가 발생합니다. 결국은 아시아에서 통합 문제가 제기되더라도 동남아에 하나, 동북아에 하나 그렇게 될 것입니다. 중국은 지금 광저우나 상하이 같은 도시를 중심으로 아세안ASEAN과의 공동 시장을 도모하고 있고, 동북아는 북한과 한국과 중국 사이에 공동시장을 형성하려고 노력하고 있습니다. 일본을 완전히 배제하고 말입니다. 그러나 어느 단계에 가면 일본도 포함될 것입니다. 그래서 유럽공동체의 움직임이 먼 나라의 이야기만이 아닙니다. 선두 주자가 가는 방향을 우리가 보고 있는 것입니다.

제7강

현대
유럽연합의
역사
2

오늘은 연표를 중심으로 단일유럽의정서와 마스트리히트 조약, 에 딘버러 결정Edinburgh Decision까지 끝내고, 다음 시간에는 유럽공동체 의 구조 문제에 대해서 강의하겠습니다. 유럽공동체의 구조 문제 는 아주 중요합니다. 특히 지금 유럽공동체의 구조와 주권국가 간 의 관계가 중요합니다. 그 다음에는 이와 연관된 초국가 상태와 주 권국가 사이의 관계, 그리고 유럽적 현상으로서 유럽공동체의 성격 등과 같은 문제를 논하고 전체 강의를 마무리하겠습니다.

유럽공동체 역사에서 제3기는 대체로 1970년대부터 1980년 초 까지 기간이라고 할 수가 있는데, 제3기는 엄격하게 말하자면 제 2기의 마지막인 룩셈부르크 타협안과 연결되는 때로서 보통 유럽 공동체의 역사를 연구하는 사람들은 이 시대를 암흑시대라고 합니 다. 각국의 협조가 잘 안 됐으므로 암흑시대라고 부릅니다. 유럽에 불경기가 도래하였고 1970년대에 석유파동이 두 번 있었으므로 그 러한 불경기에 직면하여 각국이 모두 자국의 이익을 위해 행동하 려고 했지, 공동 조처를 취하려고 하지 않았습니다. 게다가 공동 조 처에 꼭 필요한 결정 과정에서 드골이 중요한 사안에 대해서는 만 장일치가 되어야 한다고 주장했는데, 현실적으로 1966년의 타협안

이후에는 문제가 크건 작건 간에 모두 만장일치제를 요구했습니다. 그렇기 때문에 사실상 아무 것도 하지 못했습니다.

여기에서 재미있는 것은 1972년 9월 26일 노르웨이가 유럽공동체, 그 당시의 공동 시장에 가입하기를 거절하였던 사건입니다. 노르웨이는 지금도 문제가 되는 나라입니다. 노르웨이는 지금도 끌어들이려고 노력해도 잘 끌어들여지지 않는 나라입니다. 그 다음에 주목할 것은 이 연표에는 나와 있지 않지만, 1975년 12월에 실시하였던 유럽의회European Parliament의 직접, 보통 선거입니다. 그래서 1975년에 유럽의회 의원을 직접 선거한다는 것을 결정해서 1979년에 처음으로 실시하였습니다. 이것이 중요한 이유는 나라에서 사람을 보낼 때와는 달라서 직접 유럽 차원에서 사람을 선출하였기 때문에 선거에 나온 사람들이 유럽을 대표한다는 자부심에 차 있었고, 그래서 유럽공동체를 강화해야 한다는 의식들이 1979년도부터 팽배해지기 시작했습니다. 이러한 분위기가 다음에 단일유럽의 정서와 연관됩니다.

연표에서 1978년 6, 7월 부분을 보면 "European Council, held in Bremen, decides to institute a European Monetary System (EMS)"라는 말이 나오는데, 여기서 유러피언 카운슬European Council (이하 유럽이사회)이라는 기구 명칭에 대해서는 해석이 좀 필요합니다. 이는 보통 유럽이사회라고 번역되는 것으로 일종의 순회 회담입니다. 즉, 각국의 대표들이나 수반들이 모여서 하는 순회 회담을 유럽이사회라 하며 1974년부터 시작되었습니다. 이것은 그 당시까지 있었던 파리 조약이나 또는 로마 조약에, 아시다시피 파리 조약은 석탄철강공동체에 관한 조약이고 로마 조약은 유럽경제공동체에 관한 조약인데, 전혀 규정이 없는 제도 외적인 모임입니다. 이것이 제도로서 확정되는 것은 1991년 11월에 있었던 마스트리히트 조약에 이르러서입니다. 이것도 사실 아직 비준이 되지 않았기 때문에 현재로서는 제도 외에 있는 기구입니다. 그런데 이것이 대단히 중요하게 됐습니다. 왜냐하면 보통 결의 기관으로서는 각료이사회Council of Cabinet Ministers라는 곳이 있었는데, 만약 거기서도 결정되지 않는 경우에는 개별 비공식적인 접촉을 통해 각국 수뇌에게 직접 보고를 해서 의견들을 모으는 경우가 있었습니다. 외교에서도 마찬가지로 외교 사절 차원에서 잘 안 되는 경우에는 국가수반이 직접 만나 정상 회담을 통해 현안 문제를 해결합니다. 그런 것을 몇 번 하여 효과를 보게 되자 이후에는 사실상 1년에 두 번씩 정기적으로 각국 수뇌들이 모이게 되었습니다. 그것도 그러한 모임에 대해 나중에 규정이 만들어졌지만 처음에는 그러한 규정도 없이 모였는데 1년에 두 번 모인다는 것은 상당히 거추장스러운 것이었습니다. 반드시 외상이나 외무부 장관을 대동하고 모이고 뿐만 아니라 거기에 또 사무 담당자들이 수행하기 때문에 사실상은 100명가량이 모이게 됩니다. 수뇌 12명, 외상 12명, 보조 인원 등을 모두 포함해서 100명 이상 모이는 것이니까 그렇게 간단한 수뇌 회담이라고 볼 수는 없습니다. 그래서 거기서 대체로 어떻게 한다고 하는 지침을 결정하면 집행위원회에서도 안을 제청하여 그것을 의회와 상의하고 유럽이사회에서 결정하는 방식으로 의사 결정을 해왔습니다. 사실상 유럽이사회는 유럽공동체 법에는 없지만 아주 중요한 기구로서 등장하였습니다.

여기에서 중요한 것 중의 하나가 유럽통화체제인데, 이것이 대단히 중요합니다. 말하자면 유럽의 시장 자율화와 연관된 화폐 경제를 어떻게 하느냐 하는 문제인데, 이를 결정하는 그 당시에는 그렇게 중요한 문제가 아니었습니다. 나중에 돌이켜보니 대단히 중요한 것이었습니다.

지금까지 아주 중요한 네 가지 조약이 있었는데, 하나가 아시다시피 석탄철강공동체에 관한 조약(파리 조약)이고, 두 번째가 유럽경제공동체에 관한 조약(로마 조약)이고, 세 번째가 단일유럽의정서이고, 네 번째가 1991년 12월 체결된 마스트리히트 조약(유럽연합조약)입니다.

처음에 석탄철강공동체에 관한 조약은 산업 부문별에 관계된 조약인 동시에 그 조약 내용 속에 유럽공동방위체제, 유럽공동정치체제에 대한 교섭들이 진행되었던 때의 조약입니다. 따라서 파리 조약을 보면 장기적이고 웅대한 이상을 내포하고 있었기에 기본 조약의 하나라고 볼 수 있습니다. 그러나 공동방위조약과 공동정치체제조약은 실패하였기 때문에 파리 조약은 경제 부문별 조약에 해당됩니다.

그것에 비해서 유럽경제공동체에 관한 조약은 사실은 공동 시장에 관한 조약으로 되어 있지만, 구체적으로 보면 관세동맹customs union 조약입니다. 그것도 10년 정도 걸려 일종의 관세동맹이 되었습니다.

그 다음에 단일유럽의정서는 유럽 역내 경제체제를 자유화하는 조약입니다. 소위 말하는 역내 시장internal market 통합 조약입니다. 그리고 동시에 또 하나 잊어버리지 말아야 할 것이 역내 경제통합 조약과 동시에 역내 경제통합과 연관된 법을 대부분 다수결에 의해

제7강 현대 유럽연합의 역사 2 | 231

결정한다는 중요한 결정이 내려졌다는 사실입니다. 이때부터 유럽 공동체가 활동을 시작하게 됩니다. 말하자면 만장일치라고 하는 제도가 붕괴되고 유럽 역내 경제체제에 대한 결정을 대부분 다수결을 통해 결정할 뿐만 아니라 기왕에 석탄철강조약, 유럽공동시장에 대한 조약 중에 고쳐져야 할 것도 다수결에 의해 결정되어야 한다는 것이 바로 이 단일유럽의정서에서 결정되었습니다. 이러한 것이 왜 중요하냐 하면, 유럽경제공동체 조약의 236조에 의하면 기왕에 맺은 조약을 바꿀 때에는 만장일치제를 채택한다고 규정되어 있어 기존의 조약을 고쳐서 역내 경제통합을 하려고 해도 만장일치가 되기 힘들기 때문에 잘 되지 않았는데 이제는 일거에 다수결이라는 원칙으로 결정하기 때문에 조약 개정이나 이를 통한 통합이 가속화될 수 있게 되었기 때문입니다. 단일유럽의정서의 경우에도 4분의 3가량은 기왕의 조약에 대한 개정 사항입니다. 그만큼 만장일치제에서 다수결제로의 전환이 결정적인 역할을 하게 되는데, 이것이 오늘 강의의 중요한 부분을 차지합니다. 구체적으로는, 단일유럽의정서의 구체적 성과는 1992년 12월 말까지 역내 시장을 통합한다, 소위 자유화한다는 결정을 함으로써 통합 완료 시한을 정합니다. 이것이 싫든지 좋든지 기정사실이 되어 사실상 1993년 1월부터 유럽 역내 시장이 통합되었습니다.

마지막으로 마스트리히트 조약이라는 유럽연합조약의 가장 중요하고 구체적인 성과는 1999년 1월까지 경제, 통화 통합을 실시한다는 것입니다. 만약 마스트리히트 조약이 다 완료된다고 한다면, 늦어도 1999년 1월까지는 3단계로 나눈 통합 과정 중에서 최종 단계로서 각 나라의 화폐는 다 없어지고 유럽 전체로 통일된 화폐가 제도화되고 그것과 연관한 경제 통합이 완성된다는 것입니다. 이 것은 매우 획기적인 일로서 아주 역사적 사건인데, 이것도 최종 날 짜를 정하였다는 것은 대단한 성과라고 할 수 있습니다. 그런데 마스트리히트 조약이 아직 비준이 안 되어 있어서 문제가 되고 있습니다.

그러면 아까 말한 결정 순서에 대한 혁명적인 결정을 했던 단일유럽의정서, 역내 시장 통합을 결정한 단일유럽의정서는 어떤 경로를 통해 이루어졌는가, 암흑시대 말에 마치 르네상스식으로 갑자기 제기되었는가 하는 것이 문제입니다. 이것에 대해서는 그 속사정은 잘 알 수 없었는데, 마침 모라빅Andrew Moravcsik이라는 학자의 〈단일유럽의정서에 관한 협정〉Negotiating the Single European Act이라고 하는 논문이 하버드 대학의 로버트 코헤인Robert O. Keohane과 스탠리 호프만Stanley Hoffman이 편집한 《신유럽공동체》New European Community라는 책 속에 나와 있습니다. 그 논문을 참고하고 기타 내가 알고 있는 것을 보충해서 이야기하면 다음과 같습니다. 모라빅은 유럽의회를 조금 평가 절하하고 있는데 사실은 내가 알고 있기로는 단일유럽의정서라고 하는 것은 유럽의회와 아주 밀접한 관계가 있습니다.

1979년 직접 선거에 의해서 유럽의회가 구성되었습니다. 유럽의회가 생기자마자 여러 그룹들이 생겼습니다. 지금도 그룹의 수가 50여 개가 된다고 하는데 그 정확한 숫자는 파악할 수가 없습니다. 왜 그런가 하면, 유럽의회에서 한 50개까지는 등록을 시켰고 등록을 하는 그룹에 대해서는 보조를 해주었습니다. 가령 예를 들자면 스태프들의 일 중에 어떤 것을 도와준다든가, 회합 장소를 알선해 준다든가, 의회 활동에 관계가 있는 경우 약간의 보조금을 준다든가 등등 여러 가지 혜택을 주었습니다. 그런데 이러한 등록 그룹이 너무 많이 생겨서 전부 보조를 할 수 없게 되어 50여 개 그룹만 등록시키고 그 다음에는 등록하지 못하도록 하였습니다. 그 후에 우후죽순처럼 많은 그룹들이 생겼는데, 그 수가 얼마나 되는지 잘 파악할 수가 없을 정도입니다. 그러한 그룹들에는 정치적인 성격을 가진 그룹도 있지만 정치적이지 않은 그룹도 있습니다. 예를 들자면, 애완동물 보호 그룹, 관광 그룹, 소수 민족 언어를 하는 그룹, 지역 회의 그룹, 항공업 촉진 그룹 등등 별별 그룹들이 다 있는데 그 구성을 보면 상당한 그룹들은 의회 의원들로 구성된 것도 있지만 그렇지 않은 그룹도 있습니다. 의원이 아닌 의회 이외의 사람, 가령 회사 중역들도 있고 그런가 하면 다른 가맹국의 국회 사람도 들어가 있고 심지어는 일본의회 의원도 있고 하니까 그 구성원이 아주 복잡합니다.

그중에 우리가 관심을 갖게 되는 그룹은 1979년에 처음 의회가 직접 선거를 해서 의원을 뽑았을 때부터 생긴 '크로커다일 그룹'Crocodile Group입니다. 우리나라 말로 하면, 악어 그룹인데 이 명칭은 식당 이름을 따서 만든 이름이랍니다. 이 크로커다일 그룹의 실질적인 실력자가 누군가 하면, 이러한 그룹들은 대부분 의장을 뽑고 부단장을 뽑고 비서도 두고 하는데, 알티에로 스피넬리Altiero Spinelli라고 하는 이탈리아 사람이었습니다. 그런데 스피넬리는 매우 유명한 사람입니다. 이전 시간에 유럽공동체 운동에 기여한 장 모네에 대해서 비교적 자세하게 살펴보았는데, 스피넬리에 대해서 그냥 넘어가면 마치 이탈리아를 과소평가하는 것 같아서 오늘 특별히 따로 살펴보고자 합니다.

알티에로 스피넬리는 1907년에 태어났고 최근 몇 년 전에 죽었습니다. 그런데 이 사람은 법대에 다닐 적에 공산당에 입당을 했습니다. 그래서 한참 공산당 활동을 하다가 1927~1928년 사이에 잡혀서 재판에서 10년형을 받아 나폴리 근처 감옥에서 복역했습니다. 이 사람이 복역하는 동안 유럽은 미국과 같이 유럽연방United States of Europe이 돼야 한다는 구상을 하였습니다. 그렇게 해야 유럽이 제대로 될 수 있다고 믿었습니다. 그때부터 그러한 생각을 발표했는데, 이러한 구상을 벤토테네 감옥에서 했다고 해서 '벤토테네 사상'이라고 합니다. 이 사람은 전쟁 중에 레지스탕스 활동을 하면서 이탈리아 레지스탕스의 거물로 자리잡습니다. 전쟁 중인 1941년에 유럽연방안을 선언합니다. 1941년에 본격적으로 시작했으니까 한 40~50년 동안 유럽연방안을 주장하던 사람입니다. 이 사람은 '유러피언 무브먼트'European Movement라고 해서 유럽 통일 운동을 하고 다녔습니다. 그런데 이 사람이 전쟁 이후에 스탈린주의에 환멸을 느껴서 마침 이탈리아의 유명한 공산주의자 그람시의 영향을 받은 것입니다. 그는 공산당을 탈퇴해서 사회당으로 옮겨버립니다. 사회당으로 옮겨서 유럽의 연방화 운동Federation Movement을 앞장서 주도하였습니다. 프랑스의 장 모네냐 이탈리아의 스피넬리냐 하는 식으로 아주 유명한 사람이 되었습니다.

그래서 그는 '유럽연방주의자회'Federalist Union of Europe라는 단체를 조직해서 그 수장이 되었습니다. 1952년부터는 처음 생긴 유럽공동체의 커미셔너commissioner도 되었습니다. 유럽공동체에 들어와서 실제 활동도 했고 이를 끝낸 후에는 이탈리아 국회에 당선되어 국회의원으로 있으면서 동시에 유럽의회 의원에 당선되었습니다. 소위 스피넬리의 구체적인 주요 활동이 시작되었습니다. 스피넬리가 유럽의회에 당선된 직후에 만든 것이 크로커다일 그룹입니다. 이 크로커다일 그룹은 그 회원이 200명가량 됐다고 하는데, 크로커다일이라고 하는 음식점에 모여서 매일 토의를 했습니다.

그런데 이 그룹이 유럽공동체의 암흑시대의 말기였던 1981년에 유럽공동체가 지금처럼 하면 유럽 통합은 사실상 어렵다고 판단하여 유럽 차원의 백성들의 의사를 반영하는 의회에서 유럽 통합 운동을 활성화시켜야 한다고 하면서 그 활동을 강화하였습니다. 그러한 문제의식에서 위원회도 만들고 의회 내에서도 활동을 하다가 나중에 1982년경부터 유럽공동체조약 이외에, 그 당시에는 의정서가 없었으니까, 유럽연방안을 활성화할 수 있는 조약을 만들자고 해서 기초안을 구상하기 시작했습니다. 그 가장 중요한 요점이 무엇인가 하면, 유럽공동체의 초국가적인 요인을 강화하는 겁니다. 다시 말하자면 유럽연방안을 구상하던 사람이기 때문에 우선 초국가적인 유럽공동체의 집행위원회를 강화해서 초국가적인 집단으로 만들려고 했고, 둘째는 만장일치 때문에 아무 것도 하지 못하므로 결정 순위를 만장일치가 아니라 다수결로 하자는 것이고, 셋째는 유럽공동체의 결정 기관이 법적으로 각료이사회로 규정되어 있는데 결정을 각료이사회에서만 하지 말고 각료이사회와 유럽의회가 공동으로 법을 결정하자는 것 등이 3대 요점입니다. 이러한 내용을 담을 초안을 1983년까지 작성했고 이것을 가지고 스피넬리가 활동을 했습니다. 우선 미테랑을 만나서, 오랜 친구이고 같은 사회당이니까, 설복을 해서 미테랑이 대찬성을 했습니다. 유럽인의 이상인 유럽 통합을 이룩하기 위해서는 지금과 같은 시각으로는 유럽 통합이 달성되기 힘들고 유럽공동체의 결정을 다수결로 하고 유럽공동체의 집행위원회를 강화하고 각료이사회와 유럽의회가 공동 결정하자는 안을 받아들여서 이제 미테랑이 전면에 나서게 되었습니다. 이러한 내막이 모라빅의 글에는 나오지 않는데, 아마 그 사람이 미국 사람이어서 영국 계통의 영향을 받아서인지 이탈리아 사람의 활동을 과소평가하고 있는데 사실은 단일유럽의정서라는 의정서가 결정되는 데서 유럽의회가 아주 중요한 역할을 합니다.

그래서 미테랑이 중심이 되어 각국의 수반들과 교섭을 하는데 그 수반들 중에 찬성을 하는 나라들은 대체로 작은 나라들, 즉 이탈리아를 위시해서 베네룩스 3국이었고, 반대하는 나라들은 지금도 문제가 되고 있는 덴마크와 영국이었습니다. 다시 말하자면, 드골 안이었던 각국의 거부권을 유지하자는 주장을 고수하였습니다. 퐁텐블뢰 수뇌 회담Fontainebleau Summit Meeting에서 미테랑이 대연설을 하여 다수결안을 추진하자고 주장하였고, 그리고 이에 대한 합의로서 모였던 것이 밀라노 수뇌 회담Milano Summit Meeting이었는데, 밀라노 수뇌 회담에서 이를 실행하되 실무진에게 검토시키자고 결정하여 집행위원회에 이양하였습니다. 그런데 다음 시간에 유럽공동체의 기구와 구조에 대해서 이야기하겠지만, 집행위원회의 실무진working group이 대부분 각국 사람들이어서 집행위원회 자체는 초국가적으로 되어 있지만 거기에 있는 사무관들은 모두 각국에서 차출하여 고용한 사람들이기 때문에 각기 각국 이해를 가지고 있습니다. 아주 그 구조가 복잡합니다. 그래서 거기서 소위 '물타기'를 시작합니다. 결국 크로커다일 안보다 캥거루 안Kangaroo Proposal에 가깝

제7강 현대 유럽연합의 역사 2 | 237

게 되었습니다. 캥거루 안이란 유럽의회 내 한 그룹이 제출한 안으로서, 유럽의 역내 시장을 통합하는 데 발생하는 장애물을 캥거루가 펄쩍 장애물을 넘듯이 뛰어넘어 유럽의 역내 시장을 통합하자는 안을 말합니다. 이러한 캥거루 그룹들의 의견들이 침투하기 시작하였습니다. 결론적으로 1985년에 결정해서 1986년 2월에 조인한 단일유럽의정서는 캥거루 안대로 만들어졌습니다. 앞에서 말했지만 거기에서는 집행위원회를 대대적으로 강화한다, 유럽의회와 각료이사회가 공동으로 결정한다, 다수결로 한다는 내용 중에서 다른 것은 다 빠지고 역대 시장과 관계된 사안과 법조문, 조약 개정만은 다수결로 결정한다는 것을 채택하고 의정서의 구체적인 목적을 1992년 말까지 역내 시장 통합을 완성하는 것으로 설정한다는 것만을 합의하였습니다. 완전히 크로커다일 안에서 캥거루 안으로 바뀐 것입니다.

이러한 것은 내 의견이고 앞에서 말한 모라빅의 의견은 좀 다릅니다. 1985년에 유럽공동체 집행위원회의 역내 시장 내 경제 담당 커미셔너인—커미셔너란 쉽게 이야기해서 각료에 해당하는 직책으로서 집행위원회를 하나의 내각으로 본다면 그 위원장이 수상에 해당하고 17명의 커미셔너는 각료에 해당합니다—칵필드Lord Cockfield라는 영국 사람이 백서를 제출했는데 이 백서 때문에 영국 안이나 실무진의 의견들이 들어왔습니다. 이 중에서 특히 영국 안이 많이 들어왔다고 합니다. 이 백서가 제출되고 통과하기까지는 상당히 복잡한 사정이 있었습니다. 유럽의 단일 시장을 만들자, 역내 시장을 통합하자는 것에 대해서는 찬성하는 사람들이 많았습니다. 역내 시장이 통합되어야 집행위원회의 영역이 확대되니까 우선 무엇보다도 집행위원회 자체가 이를 찬성하였고, 그리고 유럽의 국제적인 사업가들이 찬성하였습니다. 왜냐하면, 각국마다 제도가 다르기 때문에 역내에서 무역하는 데 불편한 점이 많았기 때문에 역내 시장 통합을 지지한 것인데 기왕에는 로비스트를 많이 고용해서 무역 장애를 뛰어넘으려고 했고 그중에 로비를 가장 활발하게 한 회사가 여러분이 잘 아시고 있는 필립스사였습니다. 그리고 이상주의적인 유럽주의자들이 통합에 대해 압력을 가하고 있었습니다.

그렇다면 어떻게 각국의 첨예한 이해를 조정하여 역내 시장 통합을 이룩할 것인가라는 문제에서 최대 장애로 떠오른 것이 수순 문제였습니다. 이 수순 문제를 다수결로 결정할 수는 없고 비토권을 주어야 한다는 주장을 어떻게 극복할 것인가라는 문제가 최대의 걸림돌이었던 것입니다. 그 다음에 개별 국가들이 각 사안에 대해 이러한 사안은 자국에게 유리하니까 받아들일 수 있지만 다른 것은 자국에게 불리하므로 받아들일 수 없다는 식의 천차만별인 각국 입장들을 어떻게 통일할 것인가라는 문제가 있었습니다. 그리고 기왕에 있었던 석탄철강조약이나 유럽공동체 조약들에 대한 변경 사항을 어떻게 일일이 다수결을 통해 고칠 것인가라는 문제가 현안 문제였습니다. 칵필드는 이 문제를 해결하기 위해 수백 페이지의 백서를 내면서 개별 상품, 기타 무역 장벽 문제, 좀 더 구체적으로 말하자면, 물질적인 무역 장벽 문제, 즉 통관할 때 생기는 여러 가지 문제, 국경 통과 문제 등과 기술적인 무역 장벽 문제, 즉 각국 간에 규격과 기준 통일이 되어 있지 않아서 무역에 지장을 주는 문제, 세제상의 문제, 가장 큰 문제가 부가세 value-added tax 를 어떻게

제7강 현대 유럽연합의 역사 2 | 239

할 것인가, 소비세를 얼마나 조절할 것인가 등의 문제 등의 세 가지 문제에 대해 삼백 몇십 가지의 중요한 안을 제시하여 이를 일괄타결package deal 안으로 제출하였습니다. 개별적으로 어떤 안은 좋고 싫다는 것이 아니라 삼백 몇십 가지를 다수결 원칙에 의해서 기왕의 조약의 조문을 고쳐 가결시킬 것인가 아니면 가결시키지 않을 것인가라는 식으로 제안한 것입니다. 그래서 어떤 결과가 나타났는가 하면, 각국에서 이해를 따져 개별적으로 좋은 것은 받아들이고 싫은 것은 거부하는 것이 아니라, 일괄타결 안으로 제시한 것이므로 자국에게 불리한 안을 거부하였다가는 자국에게 유리한 안마저 거부되니까 전체적으로 자국에게 이익이 되면 이 일괄타결 안에 응할 수밖에 없도록 만들었습니다. 아주 교묘한 외교 수단입니다. 그래서 결국 일괄타결 안으로 한다는 칵필드의 백서가 통과되었습니다.

이 백서를 바탕으로 해서 단일유럽의정서가 성립됩니다. 모라빅은 바로 이러한 측면을 중요시하고 있습니다. 이 책에서 보면 각국의 찬성, 반대에 대한 입장 표시를 도표로 정리하고 있는데, 여기서 단일유럽의정서에서 가장 중요하게 논의된 문제가 바로 '보완성 원칙'principle of subsidiarity이라는 것이었습니다. 이 원칙이 무엇인가 하면, 유럽공동체의 집행위원회의 모든 제청권이나 활동이라는 것은 개별 국가가 해결하기 대단히 어려운 공동대응 사안에 대해서만 해당되고 기타 사안들은 개별 국가에게 맡겨야 된다, 따라서 개별 국가 차원에서 할 수 없는 부분을 보완한다는 의미에서 공동으로 해결할 수 있는 사안만을 다룬다는 것을 의미합니다. 이 원칙에 대해 각국이 불만을 가질 수 있는 여지가 있는 것이, 다수결로 공동

사안을 결정하는 경우 어떤 개별 국가의 입장에서 보면 전체 차원에서 해결할 것이 아니라 개별 국가 차원에서 해결할 문제라고 주장하는 국가가 생기고 따라서 바로 이 보완성의 문제가 제기됩니다. 이런 식으로 개별 국가가 반대하는 경우 아무 일도 할 수가 없으니까 보완성을 넘어서서 일괄로 찬성, 반대 의사를 물은 것입니다. 결국 일괄 타결 전략이 적중되어 통과되면서 이를 기반으로 하여 단일유럽의정서가 성립되었습니다.

이러한 움직임을 주도하였던 사람이 바로 프랑스의 미테랑 대통령입니다. 원래 미테랑은 1981년에는 유럽공동체를 사회주의적인 입장에서 유럽 사회주의 공동체를 만들자는 태도를 보였는데, 유럽이사회에서 다른 국가의 수뇌들과 만나면서 이러한 생각이 이상적이고 허망한 것임을 알게 된 것 같습니다. 이 사람이 원래 유럽주의자이긴 했지만, 어떤 심리적인 계기로 인해 유럽 통합을 강력하게 추진하는 유럽주의자로 돌아섰는지, 그리고 미테랑이 이렇게 별안간 유럽 통합을 주도하는 인물로 등장하게 된 배경에 대해서는 잘 모르겠습니다. 모라비치의 설명에 의하면, 미테랑이 유럽이사회의 의장이 되고 나서, 각료이사회 의장이 곧 6개월 주기로 돌아가면서 임명되는 유럽이사회의 의장이 되는데, 여기저기 중요한 나라들에 대해 개별 교섭을 하는 등 활발한 활동을 전개합니다. 그래서 보통 단일유럽의정서나 마스트리히트 조약을 '미테랑 안'이라고들 합니다. 그리고 미테랑을 도와주었던 사람이 프랑스 출신의 자크 들로르Jacques Delors라는, 지금 현재 집행위원회의 위원장을 맡고 있는 사람입니다. 들로르는 사회당의 중도파 출신으로 재무부 장관을 역임하였는데, 이 사람이 우연하게 자기 차례가 아닌데도 마땅한 인물

제7강 현대 유럽연합의 역사 2

이 없어서 집행위원회의 위원장이 되었습니다. 이 들로르가 미테랑의 뜻을 도와 왕성한 활동을 하였기 때문에 단일유럽의정서를 '미테랑-들로르 안'이라고도 합니다. 그래서 단일유럽의정서가 1985년 12월에 성립되었고 이에 대한 조인은 1986년 2월에 되었습니다.

단일유럽의정서가 통과되고 나서 크로커다일 파였던 사람들이 주동이 되어서 유럽의회에서는 불만족스럽다는 성명을 냈습니다. 유럽의회, 유럽시민들의 입장에서 보면 단일유럽의정서라는 것은 불만족스럽다는 것입니다. 그럼에도 불구하고 유럽의회에서도 이를 그대로 통과시켰어요. 다시 말하자면, 집행위원회의 권한을 확대하여 유럽공동체를 초국가적 형태로 만들자는 의도는 좌절되고 다만 의사 결정 수단에서 다수결이 통과되었다는 것은 성공한 셈입니다. 캥거루 안에서 주장하였던 역내 시장은 통과되어 사실상 금년 1월 1일부터 실행되기 시작했습니다. 그렇다면, 현실은 어떠한가 하면, 그렇게 잘 되고 있는 것은 아니라고 생각합니다. 금년 1월 1일부터 여러 가지 자유화가 됐지만, 가령 프랑스 국경에 있는 사람이 독일 국경을 넘어가서 물건을 산다든지 마음대로 다닐 수 있고 또 가격 차이와 관계된 것도 마음대로 조절할 수 있습니다. 그러나 아직 결정되지 않은 것이 상당히 많이 있습니다. 아까도 말했지만, 물질적 무역 장벽 중에 가령 마약 단속은 어떻게 하는가, 범죄인 단속은 어떻게 하는가 등과 같은 문제들 때문에 예외 규정을 두어 그런 것은 경찰이 취급할 수 있다고 규정하였습니다. 그런데 경찰은 국제경찰이 아니기 때문에 각국의 법과 원칙에 의해 움직이고 따라서 이 문제가 아직도 처리 중에 있습니다. 장차 유럽 경찰을 만들 것인가가 문제가 될 것입니다.

또 프랑스 법에 의하면 북아프리카에 있는 알제리나 튀니지 사람들은 프랑스의 준시민으로 간주하고 있는데, 이를 어떻게 처리할 것인가도 골치 아픈 문제로서 아직 해결되지 않고 있습니다. 그리고 아까 말한 세제도 아직 조절이 안 되고 있습니다. 아마 각국 간의 세제 조절은 1994년까지 조절하기로 되어 있습니다. 세제 조절이 힘든 것이, 부가세 문제는 각국의 이해와 밀접하게 연관되어 있기 때문입니다. 가령 독일에서 어떤 물건에 대해서 30%의 부가세를 설정하는 반면, 만약 프랑스가 한 1년만 늦게 15%로 설정하면 단연 프랑스의 물건이 많이 팔리게 됩니다. 이렇게 각국의 이해가 걸려 있기 때문에 세제 조절이 잘 되지 않고 있습니다. 소비세도 마찬가지입니다. 소비세도 조정이 잘 되지 않고 있어 1994년 6월까지인가 최종 시한을 정해놓고 조정하도록 되어 있습니다. 그 다음에 수송에서도 문제가 많이 있습니다.

이와 같이 역내 시장 구성이 그렇게 쉽지는 않습니다. 그러나 사실상 역내 무역이 엄청나게 크게 증대되었습니다. 여러 가지 편한 부분들이 많아지고 시장이 자율화되니까, 즉 물건, 사람, 서비스 등이 마음대로 유통될 수 있는데 적어도 70% 정도는 왔다갔다하니까 역내 교역이 활성화될 수밖에 없습니다. 이렇게 역내 시장이 강화되고 활성화되니 문제가 발생하는 것이, 역외 제3국에 대한 통제가 강화되고 사실상 유럽이라는 무역 장벽을 위한 보호주의가 아닌가 하는 비난이 제기되고 있다는 점입니다. 우리나라도 유럽공동체 시장에서 불이익을 당하고 있습니다. 제3국의 개별 상품에 대해 유럽공동체의 국가들 간에 서로 입장 차이가 있어 문제가 생기는 경우

제7강 현대 유럽연합의 역사 2　　　　　　　　　　　　　　　 | 　243

가 많습니다. 개별 물건에 대한 제3국의 역외 시장에 대한 조절 문제를 고려해 보면, 유럽공동체의 역내 시장은 사실상 보호주의 색채를 강하게 띠고 있습니다.

그래서 단일유럽의정서라는 아주 혁명적인 조약이 통과됐고 1991년 12월 마스트리히트 조약, 유럽연합조약이 성립됩니다. 아시다시피 마스트리히트 조약이 생길 당시 전후의 국제정치를 보면, 걸프 전쟁이 진행되고 있었습니다. 솔직히 단일유럽의정서가 생긴 이유 중의 하나가 유럽 시장에 대한 일본, 미국 상품의 범람이었습니다. 도저히 유럽이 일본이나 미국과 경쟁하기 힘들다고 생각했기 때문에 단일유럽의정서라는 혁명적인 조약을 성립시켰는데, 걸프 전쟁에서 미국 세력이 주도적으로 움직였고 유럽 세력은 그것에 대한 보조 역할 정도밖에 하지 못했습니다. 따라서, 유럽의 자존심에서 볼 때에는 도저히 용납할 수 없는 현상이 계속되었던 것입니다. 유럽이 이래서는 안 되겠다 해서 유럽연합을 빨리 달성해야겠다는 자각이 생기게 되었고 미테랑을 중심으로 마스트리히트 조약이 성립된 것입니다.

다만 한 가지 재미있는 것은, 지금도 미래의 유럽공동체 형태를 놓고 혼선이 있다는 점입니다. 유럽연합 안이라는 말은 사실 유럽의회의 조약기초안 Draft Treaty에서 나온 말입니다. 이것에 대해 지금도 혼란이 있는 것이, 하나는 유럽연합을 스피넬리나 장 모네의 주장대로 미합중국과 같은 유럽합중국을 만들자고 하는 의미, 즉 다시 말하자면 단일국가적인 요소가 강한 합중국을 만들자는 안이 있고, 다른 하나는 영국 안으로 부캐넌 같은 사람의 유럽합중국이 아니라 유럽연합을 만들자는 의견, 즉 개별 국가들이 그대로 유지되는 국가연합을 만들자는 주장이 혼돈되어 있어 아주 복잡합니다. 제3자가 구별하기 매우 힘든 이유는 유니언이라는 말이나 연방이라는 말을 마구 혼용해서 쓰기 때문입니다. 그런데 미테랑과 같은 주동자는 이를 유니언이라는 의미에서 국가연합에 가까운 형태를 구상하고 있는 것 같습니다. 전에도 한 번 얘기한 바와 같이, 1990년 행한 국회에 대한 미테랑의 교서를 보면 장차 유럽은 유럽국가연합Confédération Européenne이 되어야 한다고 주장하고 있습니다. 이런 면에서 미테랑은 적어도, 드골의 전통을 따르고 있어서 그런지 몰라도, 국가연합을 지향하고 있는 것입니다.

그런데 마스트리히트 조약 중에 어떤 면을 보면, 국가연합이 아니라 연방적인 성격을 띠고 있습니다. 나도 이것이 어떻게 될지 잘 모르겠습니다만, 다만 제3자가 보기에 혼란을 겪고 있는 것은 틀림없는 것 같아요. 이 마스트리히트 조약은 구체적으로 1999년까지 경제, 화폐 통합을 실시한다는 것, 유럽통화단위ECU라고 하는 통일 화폐를 낸다는 것을 천명하고 있습니다. 그런데 이 조약에 대해 비준이 아직 안 되어 있습니다. 마스트리히트 조약은 여러 가지 측면에서 대단히 중요한데, 아직 비준이 안 되고 있는 데에는 여러 이유가 있습니다. 첫째로, 마스트리히트 조약이 성립되면서 12개국의 비준을 1992년 12월 말까지 완료한다는 것을 명시하였는데 이미 비준 시한을 넘겨 버렸습니다. 그리고 초점을 프랑스에 집중하고 있습니다. 마스트리히트 조약에 연관된 합의 사항을 보면, 프랑스의 국민 투표referendum에서 비준이 실패하는 경우에는 마스트리히트 조약은 무효로 한다고 되어 있습니다. 그래서 아시다시피 프랑스의 국민 투표 전후에 세계 신문이 모두 프랑스 투표 결과에 대해서 촉

제7강 현대 유럽연합의 역사 2 | 245

각을 세웠는데, 이는 바로 마스트리히트 조약이 실행되느냐 무효가 되느냐가 달려 있었기 때문입니다. 왜 그렇게 되느냐 하는 것은 장차 설명하겠습니다. 그런데 뜻하지 않게 덴마크에서 비준에 반대하는 사태가 생겼습니다. 덴마크가 여러 말썽을 일으켰는데, 의사 결정 과정에서 다수결 원칙을 반대한 것도 덴마크와 영국이었고 마스트리히트 조약 중에 방위 관계와 정치 관계에 대해 반대한 것도 덴마크였습니다. 결국 덴마크는 이러한 문제들을 빌미로 해서 국민 투표에서 비준을 반대했는데, 덴마크는 노르웨이와 더불어 비교적 작은 나라임에도 불구하고 문제를 일으키는 나라입니다.

마스트리히트 조약이 중요한 이유는 사실상 유럽경제공동체 조약에 대한 보완이면서 동시에 석탄철강조약에 있었던 정치 조항을 포함시키고 있기 때문이라고 할 수 있습니다. 우선, 아까도 말했지만, 1999년까지 유럽 공동 화폐를 결정한다는 것이 가장 중요한 부분이고 그 다음에는 공동 방위 정책과 공동 외교 정책을 수립한다는 것이 대단히 중요한 문제입니다. 전시간에 방위와 외교 문제에 대해 질문이 나왔었는데, 바로 이 마스트리히트 조약에 이러한 문제들이 언급되고 있습니다. 그리고 또 마스트리히트 조약에 의해서 유럽시민권이라는 것이 확립됩니다. 가맹국 내 모든 사람들은 결국 적籍을 두 가지 가지게 되는 것인데, 자기가 소속된 개별 국가의 국적과 유럽시민으로서의 적을 가지게 되는 것입니다. 그래서 가령 공동시민권인 유럽시민권은 유럽 어떤 지역에서나 마음대로 투표할 수 있고 피선될 수 있으며 유럽 이외 지역에서 어떤 사건이 발생했을 때는 유럽공동체 가맹국 어디든지 가서 원조를 구할 수 있습니다. 이러한 것이 실시된다면, 여러가지 좋은 점도 있지만 상당히 귀찮은 문제도 나옵니다. 우리나라 같은 경우에는, 대사관이 사방에 많이 있는 나라는 별로 상관이 없지만 대사관이 많지 않은 나라에서 사건이 생기는 경우 그 나라 국적 사람이 아니면 무시해 버리면 되는데, 유럽시민권에 근거하여 가맹국이 다른 나라를 통해 지원 요청하고 항의하면 골치 아픈 문제가 발생하게 됩니다.

그 다음에 공동 화폐를 발행하는 문제에 관해서는 아주 중요한 문제 하나가 결부되어 있습니다. 1999년 말까지 공동 화폐를 제정하기 전에 1994년에 구체적으로 유럽 중앙은행을 설치해야 하는 문제가 있습니다. 이 중앙은행의 모델이 무엇인가 하면, 독일의 연방은행Bundes Bank입니다. 독일의 연방은행은 독립권을 가지고 있어서 정부의 압력을 받지 않기로 유명합니다. 가령, 정부가 인플레이션 정책을 하는 경우에 정부가 아무리 압력을 넣어도 연방은행이 금리를 내리지 않습니다. 자기들 판단에서 필요한 경우에 한해서 조금씩 금리를 내리고 있습니다. 만약 유럽 중앙은행에서 그렇게 한다면 어떤 문제가 발생하는가 하면, 각국 내의 재정 정책과 정부가 어긋나게 되는 사태가 발생하여 이를 조절해야 한다는 복잡한 문제가 생깁니다. 그 나라의 독특한 사정에 의해 금리를 내리고 올려야 하는데 정부가 이를 조절해야 한다는 아주 어려운 문제가 발생하는 것입니다.

그 다음에는, 이것은 구체적인 시한을 정하지는 않았습니다만, 마스트리히트 조약이 성립하면 그때부터 외교 정책을 공동으로 실시하며 그리고 가능하다면 공동 방위 정책도 수립한다고 결정했습니다. 조약문을 읽어보면 알 수 있듯이, 이는 아주 복잡한 문제입니다. 왜냐하면, 유럽공동체의 마스트리히트 조약에 가입한 나라들

제7강 현대 유럽연합의 역사 2 | 247

은 대부분 북대서양조약기구에 가입해 있기도 하고 동시에 서유럽 동맹에 들어가 있기도 하며 또한 유럽안보협력회의Conference on Security and Cooperation in Europe에 가입해 있기도 하는 등 이러한 방위, 외교 정책 기구들과 복잡하게 연관되어 있습니다. 마스트리히트 조약을 보면, 공동 외교 정책 특히 방위 정책에 대해서는 서유럽동맹과 협력하여 조절을 거쳐서 실시하는 것으로 되어 있습니다. 서유럽동맹은 유럽공동체의 12개국 회원국 중에서 10개국이 회원으로 가입해 있는데, 원래 그 본부가 런던에 있었다가 마스트리히트 조약에 이러한 조항이 들어가자마자 브뤼셀로 본부를 옮겼습니다. 브뤼셀에 북대서양조약기구 본부가 있고 유럽공동체 본부가 있었는데, 서유럽동맹의 본부가 옮기게 되어 서로 입장을 조절하게끔 되었습니다. 그러나 공동 방위 문제를 둘러싼 입장 조절이 상당히 복잡하기 때문에, 마스트리히트 조약에서 공동 정책common policy을 하고 가능하면 공동 방위까지 한다고 했지만, 지금은 공동 정책 단계에 있습니다. 원래는 1952년에 유럽방위공동체가 성립되었다면 이러한 문제들은 생기지도 않을 문제들인데, 1952년부터 1992년까지 40여 년 걸려서 당시 유럽방위공동체에서 제기하였던 문제들을 해결하고사 하는 상황으로 들어오고 있는 형편입니다. 그런 면에서 보면, 역사라는 것은 쉽지 않다는 생각이 듭니다.

그런데 이런 것에 반대하는 나라들 중에 다른 나라들은 문제가 없지만, 아까 말한 바와 같이 프랑스에서 국민 투표가 실패하면 마스트리히트 조약 자체가 무효라고 규정하였기 때문에 프랑스의 투표 결과가 아주 중요했습니다. 이것을 무마하기 위해 유럽공동체 홍보 기관이 총동원되었는데, 프랑스에서 마스트리히트 조약 비준을 반대하였던 세력, 즉 구체적으로 당으로 거론하자면 드골파, 사회당의 극좌파, 르펜Jean-Marie Le Pen 중심의 극우파 등이 반대를 하였는데, 그 명분으로 내세웠던 것이 유럽공동체의 16,000명 정도 되는 관료 집단들에게 프랑스의 주권을 뺏기는 것이 아니냐, 주권을 양보하는 것이 아니냐 하는 논리였습니다. 이에 대해 유럽공동체 측에서는 16,000명이면 파리시 직원의 3분의 1밖에 안 되고 그중에는 프랑스 사람이 상당수 포함되어 있다고 반박하였습니다. 뿐만 아니라 유럽공동체에서의 정책 결정은 각국 가맹국 출신들의 사람들이 모여서 의논하고 토의하여 결정한 것이기 때문에 각국의 주권을 손상시킬 가능성은 거의 없다고 논박하였습니다. 왜냐하면, 유럽공동체 기구의 최종 결정권은 각료이사회에 있는데, 각국 대표들이 자국의 주권을 고려하면서 정책 결정을 하기 때문에 각국의 주권이 그렇게 마음대로 손상될 리가 없다는 것입니다.

또 프랑스에서 반대하는 측의 주장은 유럽공동체에 제공해야 하는 부담이 너무 크다는 것입니다. 유럽공동체의 1992년 현재 예산을 보면 175억 달러 정도 됩니다. 그런데, 유럽공동체 인원이 갑자기 16,000명으로 늘어나서 인건비가 많이 들고 게다가 유럽공동체에 있는 투자 은행에서 후진국에 대해 지원하는 재정을 통해 보조금을 지출하고 있는데, 따라서 프랑스 내 반대파들은 유럽공동체에 소요되는 부담금이 자꾸 증가하기 때문에 이를 도저히 감당할 수가 없다고 주장합니다. 이러한 비판에 대해 유럽공동체 측에서는 프랑스에서 내는 부담금 중에서 3분의 2 정도는 프랑스 농민에게 다시 돌아가지 않느냐, 따라서 실제로 프랑스에서 부담하는 금액은 아주 적은 것이다라고 반박합니다. 또 유럽공동체의 예산이 너무

제7강 현대 유럽연합의 역사 2 | 249

크기 때문에 이를 줄여야 하며, 더구나 그 혜택을 보는 것은 그리
스나 포르투갈 등과 같은 유럽 내 후진 지역이지 큰 나라들은 덕을
보지 못한다는 주장도 제기되었습니다. 이에 대해 유럽공동체 측에
서는 국내총생산GDP의 1.2%를 넘지 않게 할 작정이라는 식으로 답
변했습니다.

    그 다음에 프랑스의 국민성이나 문화가 손상된다는 주장도 제기
되었습니다. 그것의 좋은 예로서, 프랑스의 치즈가 대단히 유명한
데 역내 시장이 자유화되면 각국의 싼 치즈가 마구 수입되어 프랑
스의 치즈가 없어지게 되고 프랑스의 유명한 골루아즈Gauloise 담배
의 경우에도 다른 싼 담배가 들어오게 되면 이 담배도 없어지게 된
다는 것입니다. 이에 대해서 유럽공동체 측에서는 프랑스의 치즈
나 담배를 틀림없이 그대로 쓰게 될 것이라고 답변했습니다. 그런
데 이렇게 답변을 했어도 사실상 답변이 안 됩니다. 지금 유럽 통합
과 관련하여 제3자가 볼 때 최대 문제 중의 하나는 교육 문제입니
다. 교육 문제에 대해서는 아직 아무도 거론하고 있지 않습니다. 아
주 미묘하고 어려운 문제이기 때문에 아무도 이야기하지 않는 것
이죠. 지금 유럽공동체 조약 조항 중에 문화에 대한 얘기가 나오지
만, 문화에 대한 논의를 아주 최소화하고 있습니다. 사실 교육 문제
가 궁극적으로 문제가 되는 것이, 유럽 통합이 완전히 성취되어 단
일유럽이 이룩된다면 단일유럽을 지지할 수 있는 교육을 실시해야
하는데, 이러한 교육은 각국의 국민 교육, 소위 자국의 애국심을 고
취시키는 교육과는 상충되기 때문입니다. 이 문제에 대해서는 아직
답이 없습니다. 치즈나 골루아즈 표 담배 문제는 어딘지 저널리스
틱한 성격을 띠고 있지만, 정말 문제는 교육 문제입니다. 이 교육의

질적 변화에 따른 애국심의 저하, 국민성의 쇠퇴를 어떻게 보상하느냐 하는 문제에 대해서는 아직 답이 없습니다.

대부분 마스트리히트 조약에 대해 비준을 했고 아직 비준이 안 된 곳이 덴마크와 영국입니다. 덴마크는 5월 18일에 제2차 투표를 하고, 영국은 원래 6월 말까지 투표를 한다고 했지만 다시 연기했습니다. 노동당에서 반대하고 메이저 수상이 이끄는 보수당에서도 일부 반대하기 때문에 연기할 수밖에 없었습니다. 며칠 전 신문을 보니까 메이저 수상이 이끄는 보수당에서 20여 명이 탈퇴해서 반대한다고 하는데, 현 영국 국회 내에서 보수당과 노동당 간의 의석 차이가 바로 20석이기 때문에 보수당에서 20명이 반대하여 노동당 측에 가담한다면 비준이 통과가 되지 않는 사태가 발생합니다. 그래서 6월 말에서 가을로 투표를 연기한다고 합니다. 비준 문제가 이렇게 초미의 관심사가 되고 있는 것은 프랑스에서 아슬아슬한 표차로 비준이 통과되어 마스트리히트 조약 비준에 찬물을 끼얹었기 때문입니다. 비록 비준이 법적으로 통과는 되었지만, 마스트리히트 조약이 국민의 지지를 충분하게 받고 있지 못하다는 것이 드러났습니다. 따라서 마스트리히트 조약 비준 문제가 아주 심각합니다. 미테랑은 더군다나 매우 강경해서 영국과 덴마크가 반대한다면 두 나라를 배제하고 10개국만 하자고 주장했습니다만, 이번 선거에서 미테랑이 이끄는 사회당이 참패하여 비사회당이 집권하게 되어 문제가 더욱 복잡하게 되었고 마스트리히트 조약의 전망이 반드시 밝지가 않습니다.

그래서 이 문제를 처리하기 위해 1992년 말, 다시 말하자면 마스트리히트 조약의 비준을 끝낸다고 했던 1992년 말에 에딘버러 수

제7강 현대 유럽연합의 역사 2

뇌 회담Edinburgh Summit Meeting을 소집했습니다. 에딘버러 수뇌 회담에서 내려진 중요한 결정 중의 하나가 뭐냐 하면, 덴마크에 대해서는 화폐 통합과 방위 문제에 대해 구속하지 않는다는 조건을 붙이기로 결정했습니다. 그러한 문제들이 덴마크가 반대하는 원인이라면 이에 대해서는 그만두고 다른 조항들에 대해서는 찬성하라는 이야기입니다. 그래서 5월 18일 덴마크에서 2차 투표를 하는데, 이번에는 비준이 통과될 것이라고 전망되고 있습니다. 그 외에 새로운 회원국으로 스웨덴, 오스트리아, 핀란드 등을 받아들여 회원국을 확대시키고 노르웨이에 대해서는 1년 후에 다시 가입 문제를 논한다고 결정했습니다. 그 다음에 보완성의 원칙 문제가 제기되었습니다. 다시 말하자면, 보완성의 원칙에 의해서 집행위원회가 개별 국가가 단독으로 할 수 있는 사안을 침범하지 않도록 하되, 단 결정은 다수결로 하는 것을 원칙으로 정한다는 것을 확정하였습니다.

그리고 재미있는 것이, 유럽이사회나 각료이사회 등의 결정은 투명성transparency을 보장한다는 것인데, 즉 결정하는 과정을 TV나 신문에 공개하여 비밀 교섭을 배제하도록 한다는 것입니다. 그러나 사실상 비밀 교섭을 다들 하고 있기 때문에 이러한 결정이 어느 정도 효력을 발휘할지 의문스럽지만, 여론 효과 면에서는 좋겠지요. 그 다음에 유럽의회에 대해서는 기왕에는 프랑스와 독일과 영국 등 3대국은 81명씩 의원을 선출할 수 있었는데, 독일이 통일되어 지역이 확장되었기 때문에 추가로 18명을 더 선출할 수 있도록 정했습니다. 마지막으로 보스니아 문제에 대해서 조직적인 강탈, 인권 침해를 막기 위한 조치를 취한다고 의결했습니다. 그러나 아는 사실상 사문화되어 어떤 조치도 취하지 못하고 있습니다. 지금 며칠 전만 하더라도 곧 모종의 조치를 실행할 것 같더니 또 의견이 분열되어 아무 것도 결정 못하고 있습니다, 이상이 에딘버러 결정의 주요 내용입니다.

대체로 지금까지 이야기한 것이 연표에 있었던 주요 문제들입니다. 우선 마스트리히트 조약이 통과되어야 유럽 통합에 대해 논할 것이 많게 되는데, 아직 마스트리히트 조약 비준이 불투명하기 때문에 명확하게 이야기할 수 없습니다. 다만, 유럽공동체의 낙관적 요소로서 지적할 수 있는 것이, 마스트리히트 조약이 부결된다고 하더라도 단일유럽의정서가 유효하다는 사실입니다. 따라서 역내 시장 통합 문제와 이와 연관된 조약 개정을 위한 다수결 규칙은 그대로 실시됩니다. 이것이 기정사실로서 실시되기 때문에 마스트리히트 조약이 지금 당장 부결되는 사태가 발생하여 상당한 휴지 기간이 있다 하더라도 언젠가는 다시 제기될 것이라는 것이 전반적인 예측입니다. 반면에 마스트리히트 조약에 걸림돌로 작용하는 것이 다름 아닌 불경기입니다. 마스트리히트 조약이 성립되었던 1991년부터 불경기가 본격적으로 확대되어서 독일, 프랑스, 영국 등이 모두 불경기입니다. 과거 역사의 전례에서도 잘 나타난 바와 같이, 불경기일 때에는 통합 운동이 위축되고 공동안은 잘 안 됩니다. 개별 국가의 이해 때문에 유럽통합 움직임이 주춤하게 되는 것인데, 그 좋은 예가 불경기에 연관된 화폐 조절 문제입니다. 단일유럽의정서에서 확정되었던 유럽경제체제European Economic System에 의해서 환율조절 메커니즘Exchange Rate Mechanism이라는 것을 정했습니다. 여기에서 독일의 입김이 강하게 작용하여 이를 정했는데, 독일 화폐 중심으로 해서 다른 화폐들이 환율의 차이를 어느 일정 범위를 넘

제7강 현대 유럽연합의 역사 2 | 253

어서면 안 된다는 식으로 정했습니다. 그러나 그렇게 했다가는 수출이 안 되기 때문에 영국과 몇 나라가 먼저 이를 깨뜨렸고 프랑스도 지금 이를 깨뜨리려 하고 있습니다. 프랑스마저 동요하니까 독일에서 할 수 없이 환율을 낮추었습니다. 지금도 해결이 안 되고 있습니다.

따라서 과연 영국에서 비준이 통과될 것인가, 통과되지 않으면 어떠한 사태가 발생할 것인가, 만약 영국에서 비준이 통과되지 않으면 영국만 빼고 11개국이 모여서 통합을 할 것인지 이것이 두고 볼 일입니다. 프랑스가 반대하는 경우에는 마스트리히트 조약 자체가 부정될 수 있지만, 이미 프랑스에서는 근소한 표 차이로나마 법적으로 통과되었기 때문에, 영국이 반대하는 경우에는 영국을 배제하고 계속 유럽통합을 진행시킬 것인지 관심거리입니다. 그리고 또 한 가지 문제는, 프랑스의 요구에 의해서 독일과 프랑스 사이에 독불연합군을 만들기로 하고 실험적으로 일부 연합군대를 만들었는데, 그러자 유럽공동체의 다른 나라, 특히 영국 같은 나라는, 미국은 말할 것도 없고, 대단히 불쾌감을 느꼈었습니다. 독불연합군에 대해 영국과 미국이 불쾌하게 생각했지만, 냉전이 와해된 이후부터 된 북대서양조약기구가 가지고 있었던 적극적인 명분이 사라진 상황이었기 때문에 별다른 조치를 취할 수가 없었습니다. 할 수 없이 1년 후에 독불연합군을 북대서양조약기구의 통제 하에 둔다는 조건으로 미국도 이를 승인했습니다. 그러나 이것이 어떠한 방향으로 진전될지 미지수입니다. 독불연합군 구성은 마스트리히트 조약에 의한 공동 방위 정책의 성립, 공동 방위 체제로까지 가는 계획과 연관되어 있습니다. 이는 장기적으로 볼 때, 사실상 유럽 통합군을 형성하는 문제와 관계된 것입니다.

그런데 우리가 관심을 갖는 것은 이러한 현실 문제뿐만 아니라 프랑스를 위시한 활동들에 의해서, 특히 1952~1953년에 장 모네의 활동에 의해서 주도되었던 석탄철강조약, 공동방위체조약안, 정치공동체조약안이 제대로 되지 않고 주춤한 후 40년 후에 같은 문제들이 다시 제기되었다는 점을 감안한다면, 마스트리히트 조약이 당장 실패하더라도 몇 년 후에 혹은 몇십 년 후에 또다시 제기될 것이라는 점입니다. 그래서 개인적으로 관심을 갖고 있는 부분은 바로 유럽공동체의 구조입니다. 구체적으로는 마스트리히트 조약 규정에 의해서 유럽이사회라는 기구가 새로 생겼습니다. 유럽이사회라고 해서 각국 수뇌들이 외상을 대동하고 1년에 두 번 모인다는 것입니다. 아시다시피 집행위원회 이외에도 유럽공동체와 관련하여 각료이사회, 집행위원회, 유럽의회, 유럽재판소, 유럽감사원 등의 기구들이 있는데, 이러한 기구들이 서로 어떻게 얽혀서 구조화되어 있는가 하는 점이 아주 재미있는 부분입니다. 이 정도로 각국에 독립된 기구들을 통합체로 갖고 있었던 국가연합은 역사상 없었습니다. 물론 미국 정부와 같은 연방체제는 이러한 통합된 기구체들을 보유하고 있었습니다. 그렇다면, 어떠한 점이 기왕의 역사적 전례들과 다른가, 무엇이 다르기 때문에 지금 문제가 되고 있는가, 무엇이 다르기 때문에 초국가 형태라고 하는 것이 다른가 하는 것이 바로 유럽공동체의 구조 문제인데, 이는 다음 시간에 자세하게 다루기로 하겠습니다.

나 자신은 이러한 문제에 관심이 있어서 근대국가의 변화라는 각도에서 굉장한 파노라마를 보고 있는 것 같은 느낌을 가지고 있습니다. 지금 유럽에서 엄청난 역사적 사건이 진행되고 있는데, 이를 보고 있는 것 같은 인상을 받고 있는 것입니다. 근대국가가 17세기 이후부터 본격적으로 등장하였다고 치면 지금까지 한 400여 년간 유지되어 왔는데, 그러한 근대국가 체제가 마지막 단계에서 새로운 정치적 형태로 변환하는 거대한 역사적 파노라마를 보는 것 같아 상당히 흥미롭습니다. 우리나라와 직접 연관이 없다고들 생각하기 때문에 대부분의 사람들이 커다란 관심을 보이고 있지 않은 실정이지만, 정치학자로서 참 재미있는 현상을 보고 있다는 생각을 해봅니다. 질문이 있으시면, 질문해 주시기 바랍니다.

질문 유럽 국가들의 통합 과정을 국제정치적인 관점에서 해석하고 논쟁을 할 때, 이를 근대성modernity이 재생산되는 것으로 볼 것인가 아니면 탈근대적postmodern 상황이 전개되고 있는 것인가라는 두 입장이 있다고 생각되는데, 선생님은 어떤 관점에서 유럽 통합을 보고 계신지 궁금합니다.

답변 근대성에 대한 정의나 탈근대에 대한 정의에 대해서 잘 모르겠는데, 특히 탈근대에 대해서는 사회과학, 문학, 예술 등 분야에서 말하는 것이 조금씩 다르기 때문에 어떤 것이 탈근대성에 대한 이야기인지 잘 모르겠고, 그렇다면 근대성이라는 것은 어떤 것인가라는 문제가 다시 제기됩니다. 나는 솔직히 말해서 문학에서 말하는 모더니즘이나 포스트모더니즘에 대해서는 관심을 가지고 있고 좀 알고 있지만, 문학 이외의 다른 분야에서 말하는 포스트모더니티는 무슨 얘기인지 잘 모르겠습니다.

그러나 국제정치학에서 근대적 주권은 확실히 달라지고 있습니다. 유럽공동체의 구조에 대해서 설명할 때 나오겠지만, 주권 공유sharing of sovereignty라는 이야기가 나옵니다. 근대적 의미에서 보면, 주권이 공유될 수 없는 불가분, 불가양의 최고 권력이라고 규정되는데. 주권이 공유된다는 이야기는 확실히 근대적 주권 관념이 변화하고 있음을 반영하는 것입니다. 고전적인 주권 이론에 의하면, 다른 나라와 공동으로 소유하는 주권은 주권이라고 할 수 없는 것인데, 지금 유럽공동체를 논하는 경우 주권을 공유하고 있는 것이라고 이야기하고 있어 새로운 의미의 주권 개념을 사용하고 있습니다. 그런데 과연 그것이 무엇을 의미하는 것인지 잘 파악되지 않는 것이, 이 용어는 법적 용어가 아닙니다. 말하자면 그렇게 표현하는 것뿐이지 새로운 주권 형태라고 생각하는 것에 대해 정치학적으로 법학적으로 규정한 것이 없습니다. 아직도 짙은 안개 속에 가려진 것처럼 되어 있습니다.

아까도 말했지만, 지금 새로 생기고 있는 형태가 연방이냐 국가연합이냐조차도 분간이 안 되고 있는 실정입니다. 내가 이 강의를 시작할 때부터 연방과 국가연합 간을 아주 엄격하게 구분하려고 노력했습니다. 이러한 구분이 굉장히 중요한 문제이기 때문입니다. 연방으로 된 나라들은 단일국가로 가는 과정을 겪게 되므로 연방국가는 사실상 단일국가의 별종이라고 볼 수 있는 것이고 따라서 국가연합은 이와는 다르다고 구별했습니다. 현재 유럽공동체에 대해 논하는 사람들조차도 연방에 대해 이야기하면서 이것이 연방인지, 국가연합인지 구별을 잘 못하고 있어요. 지금 과연 유럽공동체가 연방이나 국가연합이라고 확정지어 이야기할 수 없는 것이, 유럽공동체 구조 자체가 연방의 요소도 가지고 있고 국가연합의 요소도 가지고 있기 때문입니다. 그래서 아마 주권의 공유라는 말도 나왔을 것입니다. 국가연합이라고 하기에는 구성국들의 주권이 너무 손상되어 있거나 주권이 상당히 이양된 상태입니다. 예를 들자면 조세결정권이나 예산권은 주권의 결정적인 요소 중의 하나인데 이것이 지금 유럽공동체로 넘어가 있는 상태인데, 그렇다면 주권의 주요 부분이 완전히 이양된 상태인가하면 또 그렇지 않은 것이, 다른 사람들이 아니라 자국 출신의 관료, 전문가, 장관들이 유럽공동체에 파견되어 유럽공동체가 의사 결정을 하고 있습니다. 따라서, 이것이 이양된 것인지 아닌지가 모호하기 때문에 그래서 주권을 공유하는 것이라는 말이 나오는 것입니다. 고전적인 주권 이론에 의하면, 주권의 공유라는 것은 용납될 수 없는 사항이죠. 사실 이것이 다음 시간 강의의 주된 테마입니다.

어쨌든 가맹국들이 각료나 장관을 보내서 하는 것도 안심이 안 돼서 각국의 수뇌들이 모이는 기구까지 만들었습니다. 또한 마스트리히트 조약을 보면, 각국을 대표하여 각국의 이해를 주장하는 수뇌들이 지침을 주라고 하고 있습니다. 이는 곧 자기의 주권, 이해를 희생해 가면서 지침을 주라는 말은 아닐 것입니다. 유럽공동체의 집행위원회는 유럽공동체 전체의 이해를 대표하는 반면에, 각료이사회 구성원은 각국의 장관들이기 때문에 각국의 이해를 대표하고 있습니다. 결국 유럽공동체는 구조상 각국의 주권과 이해를 완전히 희생하라고 강제하는 구조로 되어 있지 않습니다.

공동 조항 Common Provisions 중에 B조 1항을 보면, 다음과 같이 나와 있습니다. 수뇌 회담, 즉 유럽이사회는 유럽연합 발전에 자극을 줄 수 있는 것을 규명하고 동시에 이에 대해서 일반적인 정치적 지침을 규정한다고 되어 있습니다. 이렇게 지침을 규정하여 이를 넘어서서 마음대로 하지 못하도록 명시하고 있는 것입니다. 그리고 유럽이사회는 각국의 원수들과 집행위원회의 위원장을 참석시키며 또 그들은 가맹국의 외상과 집행위원회의 구성원들로 하여금 보조시키도록 한다. 유럽이사회는 적어도 1년에 두 번 개최하고 각료이사회에서 의장국의 수뇌가 유럽이사회의 의장이 된다. 그 다음에 유럽이사회는 유럽의회에 대해 회의 내용을 보고해야 한다고 되어 있습니다. 아주 묘하게 되어 있는 것이, 장관 회담조차도 믿을 수가 없으니까 정부 수뇌들 선에서 회담을 열어 문제를 책임지고 해결하라는 것이죠. 그리고 정치적 지침을 규정해서 구체적인 세세한 내용까지 결정하지는 않더라도 대체적인 윤곽을 짐작할 수 있는 지침을 제시하도록 되어 있습니다. 그러면서 동시에 유럽의회에 보고를 하라는 것은, 유럽의회는 적어도 각국의 이해를 대표하는 것이 아니라 유럽연합 전체의 이해를 대표하는 기구인데, 형식상이지만 초국가성이 국가에 우선하고 있음을 의미합니다.

그러나 마스트리히트 조약에서도 유럽의회는 아직 부수적인 위치에 머무르고 있습니다. 유럽의회에 거의 권한이 부여되어 있지 않은 것이 지금의 현실인데, 일부 예산권과 조약의 개정, 신규 가입 여부 등에 대해서만 공동결정권이 있고 기타에 대해서는 자문만을 할 수 있을 뿐입니다. 따라서 유럽의회에서는 강한 불만을 표시하고 있습니다. 유럽의회가 유럽 전체를 대표하고 있으므로 이에 합당한 권한을 가지고 있어야 하는데, 오히려 각국 대표들이 더 큰 권한을 가지고 있다는 것은 합당하지 않다는 것이죠. 이러한 측면을 보면, 유럽공동체가 국가연합의 성격을 가지고 있음을 알 수 있습니다. 만약 유럽의회가 개별 국가 내 국회나 의회가 가지고 있는 권한을 그대로 갖게 된다면, 유럽공동체는 연방국가라고 볼 수 있을 것입니다.

그리고 방위 관계가 매우 복잡한데, 5항에 있는 '공동 외교 및 안보 정책 조항'provision on the common foreign and security policy에 그 내용이 나와 있습니다. 이에 의하면, 공동 행위에 필요한 외교 정책은 물론 필요하면 방위 정책도 공동으로 하는데, 단, 이러한 공동 방위 정책은 서유럽동맹을 통해서 각국에 연락한다고 되어 있습니다. 또 북대서양조약기구 회원국들이 유럽공동체와 관계없이 2~3개국이 별도 행위를 할 수 있다고 규정되어 있습니다.

유럽공동체 인원들이 전부 1만 6,000명에 이른다고 하는데, 대부분은 각국 정부에서 뽑아준 사람들이고 나머지 임의로 고용된 사람도 유럽공동체 회원국 소속 사람들입니다. 이 사람들이 어떻게 자국의 이해를 반영하면서 유럽공동체의 이해를 대표하는가 하는 문제가 걸려 있습니다. 그래서 매번 나오는 것이 보완성 원칙입니다. 개별 국가가 해결할 수 없고 공동으로 처리할 수 있는 사안만을 유럽공동체가 다룬다는 원칙이죠. 그런데 지금 그 한계가 불분명합니다. 어떤 것이 공동으로 할 수 있는 것이고 어떤 것이 각국들이 처리해야 하는 것인지 그 경계선이 모호하다는 문제가 있으며, 더군다나 공동 처리 사안에 대한 제청권은 집행위원회에 있고 결정권은 각료이사회에 있습니다. 각료이사회는 또 유럽이사회의 일반 지침에 의거하여 결정하도록 되어 있습니다. 이러한 의사 결정 과정을 더욱 복잡하게 만드는 것이, 각료이사회 산하에는 코리퍼Committee of Permanent Representatives라는 각국의 상임 대표들이 유럽공동체에 파견되어 있고 이 코리퍼 휘하에는 각국들의 전문가들로 구성되어 있는 실무진이 있습니다. 이렇게 2중, 3중, 4중으로 각국의 이해가 조정되도록 구조화되어 있어요. 유럽공동체의 이러한 독특한 구조는 결국 과거의 유럽방위공동체나 유럽정치공동체가 실패한 후 40년 동안 지혜를 모아서 만든 것입니다. 유럽공동체의 복잡한 구조에 대해서는 다음 시간에 보다 상세하게 살펴보겠습니다만, 아주 복잡하고 매우 아슬아슬하게 운용되고 있습니다.

그런데 아직도 부족한 부분이 바로 각국의 국민들에게 선전이 잘 안 되고 있어 이들에 대한 동원이 잘 안 되고 있다는 것입니다. 이번 프랑스에서의 마스트리히트 조약 비준에 대한 국민 투표를 보면, 프랑스 국민 중 상당한 부분이 프랑스의 주권을 뺏기는 것이 아닌가―물론 앞에서 얘기했듯이 우리가 보기에 그렇게 주권을 이양하는 것처럼 보이지는 않지만―라고 생각해서 반 가까이 되는 국민들이 반대를 했습니다. 덴마크 같은 경우에는, 방위와 같은 중요한 문제를 유럽공동체에 맡길 수 없다고 강력하게 반발하고 있습니다. 그래서 유럽의회 의원들은 각국 의회나 국민들에 대한 선전이 미흡하다고 주장하면서 보다 많은 예산을 요구하고 있습니다.

또 문제가 되는 것이 유럽의회는 현재 프랑스의 스트라스부르에 소재하고 있고 유럽재판소는 룩셈부르크에 있으며 집행위원회는 브뤼셀에 있어서 일을 진행하기 위해서는 이 도시들을 왔다 갔다 해야 하는데, 이것이 비효율적이라고 해서 위치를 바꾸자는 얘기가 나왔지만 현재는 그대로 두자는 여론이 강합니다. 그러나 언제 바뀔지 모릅니다. 민주주의와 기본권 존중이라는 것이 마스트리히트 조약 가맹국의 기본 원칙인데, 민주주의라는 것이 재미있는 점이 각색의 발언을 모두 받아들이기 시작하면 끝이 없습니다. 단일유럽의정서에 의해서 역내 시장이 생긴 것도 만약 유럽경제가 미국과 일본에 밀리지 않았다면 생기지 않았을 것입니다. 아마 어려울 것이라고 예상되는데, 역내 시장

제7강 현대 유럽연합의 역사 2

이 생긴 것은 자체 내 합의를 통해 이루어졌다기보다 미국 및 일본과의 경쟁에서 수세에 몰리고 있다는 위기감 때문에 가능했던 것이라 생각됩니다. 마스트리히트 조약 같은 경우도 밖으로부터의 결정적인 위협이나 계기가 있었다면 순탄하게 풀렸을 텐데 아직 그러한 위협이나 계기가 없었기 때문에 아직 안 되고 있는 것입니다. 아마 마스트리히트 조약 다음 단계에서 논의될 것이 화폐 통합이고 그리고 그 후에 정치, 외교, 군사 문제가 다루어질 것인데, 이러한 문제들에 관한 공동 노력이 원만하게 이루어지기 위해서는 또 하나 사건이 생겨야 될 것입니다. 이러한 점은 과거의 국가연합이 방위 문제로 인해 결성되었다는 것과 기본적으로 같습니다. 다른 질문이 없으면, 오늘 강의는 이로써 마치겠습니다.

제8강

현대 유럽연합의 기구

구조와 기능

오늘은 유럽공동체에 있는 중요한 기구의 구조와 기능을 얘기할 차례인데, 오늘만큼은 내가 잘 모르는 부분이라는 것을 고백하지 않을 수가 없습니다. 유럽공동체 현지에 가서 살아보지 않아서 알 수 없을 뿐만 아니라 최신 문헌을 나름대로 구해서 보았지만, 서로 사뭇 얘기가 다릅니다. 그러니 어떤 것이 옳은지를 잘 모르겠습니다. 오늘 얘기하는 것 중에도 그런 문제가 나옵니다. 얘기가 서로 다른 것이 어째서 그런지 알 수가 없는 상태입니다.

 가령, 좋은 예가 유럽공동체 기구 중에서 가장 중요한 기구라고 할 수 있는 집행위원회 산하의 총국 Directorate Generals: DGs 이라는 기구가 있는데, 이 기구가 코헤인 Robert O. Keohane 과 호프만 Stanley Hoffmann 이 공동 편집한 《신유럽공동체》 New European Community 라는 책에서는 23개라고 나와 있고 금년 초에 나온 일본 책에는 20개로 되어 있습니다. 그리고, 집행위원회의 위원장은 원래 임기 2년에 4년 동안 위원장을 할 수 있도록 되어 있는데, 현 위원장인 자크 들로르 Jacques Delors 같은 사람은 1985년에 들어와서 금년까지 의장을 하고 있고 내년 말이나 돼야 임기가 끝난다고 하니 어떻게 돼서 그렇게 연임을 할 수 있는 것인지 잘 알 수가 없습니다. 솔직히 말해서 알 수 없는 것이 많이 있습니다. 옛날 젊었을 때 같으면, 어떻게든 구실을 만들어 브뤼셀에 직접 가서 물어보고 왔으면 좋겠는데, 그렇게는 못하고 그래서 좀 모호한 것이 꽤 있습니다. 그러나 내가 지금 얘기하는 중점은 그런 것에 있는 것이 아니고 유럽공동체가 가지고 있는 국가연합의 성격에 대해 주로 논하는 것이 기본 목적이기 때문에, 그런 자잘한 것에 대해서 내가 잘 모르는 것은 용서해 주기 바랍니다.

유럽공동체 전체를 보는 시각에 몇 가지 입장이 있습니다. 가장 널리 알려진 것은 유럽 통합의 관점에서 통합이 점점 심화된다는 측면에서 볼 것인가, 아니면 유럽공동체 회원국이 점점 확대된다는 각도에서 볼 것이냐, 즉 '심화 대 확대'의 각도에서 유럽공동체를 보는 두 입장입니다. 근래에 들어와서 단일유럽의정서로부터 마스트리히트 조약으로 전개되어 오는 것을 보면, 유럽 통합이 점점 심화되고 있는 양상이 부각되고 있습니다. 한편, 1970년대의 6개국에서 12개국으로 가입국이 늘어남에 따라 확대되는 면이 눈에 띄다가 요즈음에는 주춤하고 있습니다. 아마 마스트리히트 조약이 제대로 성공하려면, 내년부터는 확대되는 경향이 강화될 것입니다. 따라서, 유럽공동체의 방향이 유럽 통합을 심화시키는 면으로 나아가느냐, 아니면 확대시키는 면으로 나아가느냐 하는 두 가지 각도에서 보는 시각이 있습니다.

그 다음에는 우리가 많이 언급하는 것입니다만, 초국가주의 supranationalism의 측면에서 초국가적인 방향으로 나아갈 것인가, 그렇지 않으면 정부간주의 intergovernmentalism의 측면에서 정부 간 기구로서 그대로 강화되어 나아갈 것인가 하는 시각에서 보는 것이 있습니다. 우리가 지금 관심을 갖는 것은 '초국가주의 대 정부간주의'라는

제8강 현대 유럽연합의 기구

각도에서 유럽공동체를 어떻게 이해할 것인가 라는 문제입니다. 따라서 그 각도에서 여러분들이 관심을 기울여야 할 것이고, 다른 얘기는 그러한 문제에 첨부된 부차적인 것이라고 볼 수 있습니다.

그런데 여러분들이 아시다시피 누차 얘기했습니다만, 유럽공동체 구조의 기본적인 골격을 이루고 있는 기구는 네 가지 기구입니다. 우선 커미션Commission이 중요한데, 이 커미션을 위원회라고 번역하는 경우가 대부분이지만 커미티Committee라는 기구가 여러 개 있기 때문에 커미션(이하 집행위원회)과 커미티(이하 위원회)를 어떻게 구별하여 부르느냐 하는 것이 문제가 되므로 우선 집행위원회라고 부르기로 하죠. 집행위원회 이외에 중요한 기구가 각료이사회Council of Ministers, 유럽의회Assembly of European Parliament, 그리고 사법재판소Court of Justice, 이 네 기구가 유럽공동체의 기본 골격을 이루는 기구들입니다. 따라서 그 구조나 기능을 설명할 경우에는 이 네 기구를 설명하면서 연관 관계나 상호 관계를 설명하는 것이 순서일 것 같습니다.

이제 첫 번째로 집행위원회에 대해서 설명을 하겠습니다. 이 집행위원회는 솔직히 말해서 여러 나라로부터 불신을 받고 있습니다. 왜냐하면, 집행위원회에 있는 사람들이 모두 선거를 통해 선출된 사람들이 아니라 임명된 사람들이기 때문입니다. 유럽적인 민주주의 전통에서 볼 때 집행위원회의 관료들은 임명된 사람들이기 때문에 집행위원회의 관료들에 대해서 유럽인들은 자기들이 직접 뽑지 않은 사람들이 자기들을 지배하려고 한다는 일종의 묘한 선입견, 편견을 가지고 있는 것 같고 따라서 집행위원회가 유럽공동체 기구 중에서 가장 중요한 기구인데도 가장 비판을 많이 받고 있습니다.

　집행위원회의 구성은 17명으로 되어 있습니다. 17명 중에 10명은 큰 나라, 즉 영국, 프랑스, 독일, 이탈리아, 스페인이 각각 두 명씩을 임명하여 파견하고 그 다음에 나머지 일곱 나라가 각각 1명씩을 임명하여 파견합니다. 그런데 이게 묘한 것이 각 회원국에서 사람을 천거해서 내놓지만 각 회원국에 잡혀 있는 파견 대표delegate는 아니라는 것입니다. 집행위원회의 위원들은 유럽공동체의 전반적인 이익을 대표한다고 되어 있습니다. 바로 이러한 것이 모호한 점입니다. 이것이 미묘한 문제로 집행위원회 문제를 깊이 다루는 책에는 매번 나오는데, 집행위원회의 위원들은 유럽공동체의 전반적인 이익을 대표하는 사람들로서 나와 있으면서 동시에 개인적으로 대표하는 것이 아니라 전체적으로 대표합니다. 즉 17명의 집단 기구입니다. 그러나 결국 국적은 따로 있기 때문에 자기 나라를 위주로 하느냐, 아니면 유럽공동체의 전반적인 이익을 주로 하느냐에 대한 갈등이 생길 수밖에 없습니다. 가령 좋은 예 중의 하나로 드는 것이, 독일 대표 한 사람이 농업 관계를 맡게 되었는데, 독일의 농업 관계 이익에 반대되는 유럽공동체 전체의 이익을 주장했기 때문에 독일 사람들이 그 사람을 내쫓으라고 데모를 했었던 경우가 있었습니다. 그 사람은 매우 난처하게 된 것입니다. 자기 나라에서는 배척을 받고, 유럽공동체 전체 이익의 측면에서는 환영을 받고 하는 묘한 입장에 처하게 된 것이죠. 그런데 나라에서 천거는 했지만 나라에서 마음대로 해임을 할 수 없도록 되어 있습니다. 다시 말하자면 신분은 보장되어 있습니다. 그러니까 자기가 맡은 담당의 일이나 집행위원회의 집단적인 모임에서의 결과와 자기 출신 나라

제8강 현대 유럽연합의 기구   269

의 이익이 서로 갈등하게 되는 경우에는 자연히 고민하게 될 수밖에 없습니다. 자기 출신 나라의 이익을 고려하지 않을 수 없겠고, 그건 아주 미묘한 문제입니다. 다시 말하자면 이상과 현실의 차이 사이에서 고민하게 되는 것이죠.

  17명의 위원들은 유럽공동체에 충성을 하는 집단체로서 움직이는데, 개별적으로 활동하는 것이 아니라 집단 차원에서 움직입니다. 여기에는 위원장president이 한 사람이 있고, 여섯 명의 부위원장 vice president이 있습니다. 일반 위원을 커미셔너commissioner라고 합니다. 집행위원회는 국내체제로 말한다면 행정부 같은 것이기 때문에 일종의 각료 심의회에 해당하는 성격의 기구인데, 이 커미셔너들이 관할하고 있는 총국이라는 부서가 있습니다. 총국은 모두 23개로 구성되어 있는데, 보시다시피 커미셔너의 수와 총국의 수가 딱 떨어지지 않기 때문에 어떤 경우에는 한 커미셔너에 두 개의 총국으로부터 보고가 올라가기도 하고, 또 어떤 경우에는 총국 하나가 두 명의 커미셔너에게 보고하는 경우가 있습니다. 관할 체계가 엉망으로 되어 있고 이러한 문제들이 유럽공동체의 커미션을 다룬 책에 언급되고 있습니다. 그러나 이러한 것이 이미 전통으로 된 것이니까 뒤죽박죽이지만 그대로 한다고 되어 있습니다.

  이것이 왜 그렇게 되었는지 이해하려고 한다면, 우선 집행위원회의 부서 구조를 알아야만 합니다. 집행위원회 내에는 우선 사무국이 있는데 유엔 사무국과 마찬가지로 사무처에 해당하는 것으로 영어로는 'Secretariat General'이라고 하니까 비서국이라고 할 수 있을 것 같습니다. 사무국 이외에 법무부Legal Service, 대변인실 Spokesman's Service, 통역회의실Joint Interpretation and Conference Service, 번역부

Translation Service, 통계부Statistical Service, 유라톰EURATOM에 대한 본국 책임을 지고 있는 부서Euratom Supply Agency, 경비국Security Office, 소비자정책국Consumer Policy Service, 그리고 '인간자원·교육·훈련·청소년'문제 대책위원회Task Force Human Resources, Education, Training, and Youth 등이 있습니다. 집행위원회 산하에 있는 이러한 행정 부서 이외에 각종 사안을 담당하는 23개 총국Directorate General이 있는데, 총국에는 각각의 부部들이 부속되어 있습니다. 집행위원회의 행정 부서는 이렇게 아주 복잡하게 구성되어 있습니다.

그런데 23개 총국 중에는 비중이 높은 것이 있고 그렇지 않은 것이 있습니다. 어떤 총국이 중요한가 하는 것은 지난 몇 년 동안 회의가 몇 번 열렸는가를 알아보면 금방 알 수 있는데, 제일 인기가 있고 중요하며 유럽공동체 재정의 대부분을 차지하는 총국이 바로 농업담당 총국입니다. 농업총국은 공동 농업 정책Common Agricultural Policy을 담당하는 제6국(DG VI)으로 제일 인기가 있고 다들 이 제6국으로 가려고 합니다. 그 다음에 인기가 있는 총국이 외상들이 주로 모이는 대외관계 담당 총국(DG I)입니다. 대외관계 담당 총국에서는 전반적인 정치적인 정책을 논할 뿐만 아니라 각국에 나가 있는 유럽공동체의 대표부들을 관장하는 업무를 맡고 있습니다. 그 다음으로 중요한 총국이 경제사회 담당 총국(DG V)입니다. 그 다음에 인기가 있는 것이 예산 담당 총국(DG XIX)입니다. 이 예산 담당 총국은 사실 문제가 많은 총국인데, 유럽공동체 예산 문제가 복마전처럼 아주 복잡하기 때문입니다. 수입이 이제는 대략 가맹국의 부가가치세에서 일부 가져오고 소비세에서 일부 떼고 해서 자체 수입의 확보가 가능합니다. 그 돈을 어떻게 배정하는가 하는 문

제8강 현대 유럽연합의 기구

제가 첨예한 이해, 관심사가 되고 있기 때문에 예산 담당 총국이 인기가 있을 수밖에 없습니다.

각 회원국들은 커미셔너를 천거할 뿐만 아니라 천거하면서부터 욕심을 부리는 나라들이 많습니다. 특히 영향력 있는 회원국이 더욱 그러한데, 가령 농업 문제가 현안인 회원국은 꼭 농업 담당으로 임명해 달라고 주문하고 또 어떤 나라들은 예산에 넣어달라든지 혹은 대외관계에 넣어달라는 식으로 조건을 붙입니다. 그래서 서로 경합이 되는 경우가 많이 있는데, 그래서 처음에 천거할 때부터 문제가 많아서 어느 책을 보니까 현재는 너무 경쟁이 심하고 말이 많기 때문에 유럽이사회라는 수뇌 회담에서 위원장을 먼저 정하고 이 위원장과 의논해서 부서를 배정하여 각국에서 사람을 천거한다는 방식을 채택하고 있다고 합니다. 이런 측면을 유심히 보면, 유럽공동체를 대표하고 유럽공동체의 이익을 대변해야 하는 집행위원회에서까지 암암리에 각국 이해가 반영되고 있다는 사실을 알 수가 있습니다.

그래서 커미셔너 산하에 있는 23개 총국 중에서 인기 있는 총국들은 매우 바쁜데, 이 총국 아래에는 또 분과division가 있습니다. 여기에 인원이 굉장히 많습니다. 유럽공동체의 모든 활동 중에 인원이 가장 많은 것은 번역과 통역을 담당하는 부서입니다. 최근 신문에 의하면 총인원이 1만 6,000명이 있다고 하는데, 통역을 포함하여 1만 6,000명이라고 말하고 있습니다. 왜 그러냐 하면, 모든 회의가 9개국 언어로 진행되기 때문에 9개국 언어 통역이 필요하고 문서도 9개국 언어로 작성되어야 하기 때문입니다. 유럽공동체 회원국이 12개국이지만, 언어가 같은 나라들이 있기 때문에, 가령 아일랜드와 영국이 영어를 같이 사용하고 있고 프랑스와 벨기에 중에서 프랑스어를 쓰는 지역은 프랑스어를 같이 쓰고 벨기에 중에서 네덜란드어를 쓰는 지역은 네덜란드와 같이 네덜란드어를 쓰기 때문에 9개국 언어를 사용합니다. 그런데 9개국 언어를 통역하고 번역하는 인원이 각 부처에 모두 있어야 하기 때문에 번역하고 통역하는 인원이 굉장히 많습니다. 1986년 통계에는 총인원이 11,000여 명 정도였는데, 3분의 1이 번역하고 통역하는 인원이었습니다. 나머지가 실무진으로서 전문 인원인데, 분과에 있는 상급 관료만 하더라도 쿼터제로 각국에서 쿼터를 가지고 있어서 각국이 그 인원을 천거하고 그 임명권은 집행위원회의 위원장에게 있습니다. 그러나 하급 관리들은 주로 현지인, 즉 베네룩스 3국이나 프랑스에서 충원한다고 하는데, 이것에 대해서는 각 회원국에서 별로 관여를 하지 않는다고 합니다. 하지만 중급 이상의 관료에 대해 각국별로 쿼터를 가지고 있다고 하는 사실은 초국가적인 조직이라고 할 수 있는 집행위원회도 각국의 이해가 반영될 수 있는 여지가 많다는 것을 의미한다고 볼 수 있습니다.

그런데 흥미로운 사실은, 집행위원회에 소속된 사무국의 인원수가 작년말 현재로 보면 400여 명 된다고 하는데, 집행위원회의 일에 비해서 사무국의 인원이 적다는 것입니다. 사무국은 집행위원회 위원장의 일정부터 문제 처리까지 관여하는 등 아주 중요한 역할을 하고 있는 반면에 상대적으로 그 인원은 매우 적습니다. 현재까지 두 사람이 역대 사무국 책임자로 있었다는데, 30여 년 동안 프랑스의 노엘Emile Noël이라는 사람이 했고 요즈음에는 영국 계통인 윌리엄슨David Williamson이라는 사람이 하고 있다고 합니다. 그런데

제8강 현대 유럽연합의 기구 | 273

이상스럽게도 각료들에 해당하는 커미셔너들 휘하에 있는 부속실 Cabinets의 인원은 상대적으로 많습니다. 그 부속실 인원이 370여 명 정도 된다고 하니까 사무국 인원과 거의 비슷할 정도입니다. 이건 참 이상스러운 구조입니다. 그만큼 커미셔너들의 권한이 많다는 것을 알 수 있습니다. 그런데 이 부속실 실장chefs의 역할이 대단히 중요합니다. 왜냐하면 부속실장이 커미셔너들의 일정, 집행위원회의 전반적인 분위기, 각국들의 평판, 분과 내 연락 등 모든 것을 맡아서 처리하기 때문입니다. 뿐만 아니라 부속실장은 커미셔너가 사정이 있어서 출석하지 못하는 경우에는 커미셔너를 대신해서 출석할 수가 있습니다. 그러니까 부속실장의 권한이 굉장히 큽니다.

그리고 장차 나오겠지만, 모든 활동에서 실무진이 많이 있습니다. 이런 식으로 집행위원회의 구조가 짜여 있습니다. 그리고 행정부에 해당하는 집행위원회를 신임하지 못하는 경우에는 의회에서 불신임 안을 낼 수가 있습니다. 단, 의회에서 3분의 2 찬성으로 통과해야만 합니다. 물론 그러한 일은 이때까지 한 번도 없었습니다.

이렇게 구조가 복잡하게 되어 있는 집행위원회가 무엇을 하는가 하면, 집행위원회는 행정부와 마찬가지로 제안권을 가지고 있습니다. 유럽공동체의 모든 활동과 관련한 정책에 대해 제안할 수 있는 권리가 있는 것입니다. 또 입법화하기 위한 초안을 만들 수 있는 입안권도 있습니다. 그 다음에 집행권이 있어서 각료이사회에서 결정한 사안을 집행할 수 있는 권한이 있습니다. 구체적으로 집행을 어떻게 하는가 하면, 대개 네 가지 경로를 통해 집행하게 됩니다. 혹자는 다섯 가지라고 주장하지도 하는데, 맨 마지막에 있는 의견 표시opinion는 집행이라고 보기 힘드니까 이를 뺀다면 네 가지 방식이 있다고 볼 수 있습니다.

처음에는 규정regulation이라는 방식이 있습니다. 규정이라는 것은 가맹국 각국 정부에 대해서 강제성, 구속력을 가지고 있는 것입니다. 각국 정부의 국내법화를 필요로 하지 않고 각국 정부에 대해 그대로 구속할 수 있는 방식입니다. 그 다음에 지시directive라는 방식이 있습니다. 지시라는 것은 유럽공동체의 각료이사회에서 결정된 사항을 각국 정부가 국내법화하여 실시하는 방식을 말합니다. 구속력의 측면에서 보면, 이러한 지시는 규정보다는 좀 약한 방식입니다. 그 다음에 결정decision이라는 방식이 있습니다. 결정은 특정 대상국이나 대상 항목에 대해서 구속력을 가지고 있는 방식입니다. 특정 국가의 특정 시민에 대해서도 구속력을 가질 수 있습니다. 넷째가 권고recommendation인데, 어떤 나라에 대해서 권고안을 제시하되 그 국가의 해석에 따라 실행해도 되고 실행하지 않아도 되는 방식을 말합니다.

그런데 재미있는 것으로, 아직 결정적인 사건이 생기지 않았기 때문에 별문제가 없지만 결정적인 사건이 발생하면 집행 방식에서 큰 문제가 될 수 있는 소지가 있는 것이, 지금 집행위원회가 행정부의 형식을 취하고 있지만 경찰력도 없고 군대도 없기 때문에 강제적인 집행력이 없다는 사실입니다. 아직까지는 신사협정식으로 집행, 수행하고 있지 강제적으로 집행하고 있는 것은 아닙니다. 집행하지 못하는 경우에 기껏해야 재판소에 제소하는 방법밖에 없습니다. 물론 유럽공동체가 초기 단계이기 때문에 강제적인 물리력이 구비되어 있지 못하지만, 미국의 남북전쟁에서와 같이 중요한 문제에 대해서 반기를 들고 나오는 사건이 발생하면 전체 유럽공동

제8강 현대 유럽연합의 기구   275

체 구조가 상당히 흔들릴 것입니다. 그래서 재판 규정을 보면, 가맹국 A가 가맹국 B에 대해서 분쟁이 생기는 경우에는 무력으로 해결할 것이 아니라 집행위원회에 의뢰해서 정치적인 해결을 취하라는 규정이 있습니다. 이것도 일종의 신사협정이죠. 집행위원회 자체가 강제력이 없을 뿐 아니라 각국에서도 서로 강제력을 발동해서 싸우지 말고 정치적으로 해결해 달라는 야야기입니다. 현재로서는 문제 해결이 잘 되지 않는 경우에는 분쟁 당사국 사이에 수뇌 회담까지도 갈 것입니다. 아주 신사적으로 문제를 해결하도록 되어 있습니다. 강제력이 없기 때문에 집행위원회가 행정부에 해당한다고 하지만, 행정부로서는 결정적인 약점을 가지고 있는 것입니다.

그 다음에 집행위원회의 또 다른 기능이 헌법 해석권입니다. 여기서 헌법이란 유럽공동체 관계 조약들이 헌법과 같은 역할을 함을 의미하는데, 전 시간에 이야기했던 카를 슈미트Carl Schmitt의 헌법조약Verfassungsvertrag에 해당하는 입헌적인 조약을 말합니다. 따라서 유럽공동체 관계 조약에 대해서 그 의미를 해석할 수 있는 권리가 집행위원회에 있습니다. 물론 (유럽)재판소에서도 의견진술권이 있습니다만, 해석권은 집행위원회에 있습니다. 따라서 어떤 나라의 행동이 조약 몇 조에 위배된다고 이야기할 수 있는 것은 집행위원회뿐입니다. 그럴 때 해결되지 않는 경우 재판소에 제소하게 됩니다.

그 다음에 장차 나오겠습니다만, 각료이사회나 유럽이사회에 참석할 수 있는 권한이 있습니다. 그래서 어떤 사람들은 집행위원회의 장을 열두 나라로 되어 있는 각료이사회나 유럽이사회에 열세 번째의 참석자라고 말하기도 합니다. 그런 의미에서 과거 드골이 불만스럽게 생각한 바와 같이 위원장은 각료이사회나 유럽이사회에 각국 대통령과 어깨를 나란히 하고 참석할 수 있으므로 비판을 받기도 합니다. 물론 이러한 참석권은 집행위원회의 위상을 상당히 제고시키는 것입니다. 그리고 외교권이 있습니다. 유럽공동체가 다른 나라와 통상 조약을 맺는다든지, 혹은 전에 말한 준회원의 지위를 인정하는 제휴 협정을 교섭, 체결하는 것을 집행할 수 있는 권한이 집행위원회에 있습니다. 일종의 외교권이 보장되는 것인데, 일반적인 행정부와 비슷한 권한을 가지는 것입니다.

이상이 집행위원회의 기능, 권한이라고 할 수 있는데, 상당한 지위를 보장받고 있는 것입니다. 단지 강제력이 없는 것이 하나 흠이지만, 굉장한 기능, 권한을 부여받은 것이라고 볼 수 있습니다. 그러나 유럽공동체의 이익을 대표하는 집행위원회가 많은 기능을 수행하고 또 복잡한 구조가 구비되어 있습니다만, 구체적으로는 각 회원국들의 사람들로 충원되어야 한다는 현실 때문에 실제로 매우 미묘한 양상을 띠고 있습니다. 각료이사회 사람들이 자국 국적을 가끔 잊어버리는 일이 생긴다는 지적이 있는데, 이것과는 반대인 현상이 집행위원회에 있는 것입니다.

집행위원회과 마찬가지로 중요한 역할을 하는 것이 바로 각료이사회입니다. 각료이사회를 중심으로 해서 각료이사회의 기본 요체인 각국 대표들이 모이는 몇 가지 다른 기구들에 의해서 보강이 되고 있습니다. 각료이사회 위에는 각국의 수뇌들이 모이는 유럽이사회가 있고 그 아래에는 코리퍼COREPER라고 약어로 부르는 가맹국의 상임대표위원회Committee of Permanent Representatives라는 기구가 있어서 상임대표들이 있습니다. 그런데 전 시간에 이야기했었던 마스트

제8강 현대 유럽연합의 기구

리히트 조약 제3조 B항에 나와 있는 보완성 조항Subsidiarity Clause, 즉 유럽공동체는 각국이 개별적으로 하는 것이 적당하지 않고 효능이 적은 것만 해야 한다고 하는 보완 조항이 있었는데, 각국의 권리가 우선하고 유럽이사회, 각료이사회, 코리퍼 등에 보완성 조항에 묶여 있습니다. 이것은 대단히 중요한 것입니다. 이것이 현재 유럽공동체가 단일국가화할 수 있는 가능성이 희박하다는 것을 명시적으로 나타내고 있기 때문입니다. 그래서 이러한 현상의 중심이 되는 각료이사회에 대해서 이해하는 것이 중요합니다.

각료이사회는 각국의 각료급에서 12명이 나오고 열세 번째로 집행위원회의 위원장이 참석해서 결국 13명으로 구성되어 있습니다. 한 달에 2~3회씩 반드시 모이도록 되어 있으며, 회합 장소는 브뤼셀이 아니면 룩셈부르크로 합니다. 가보지 않아서 브뤼셀과 룩셈부르크 사이나 혹은 브뤼셀과 룩셈부르크와 유럽의회가 있는 스트라스부르 사이의 거리가 얼마나 떨어져 있는지 잘 모르겠습니다만, 유럽의회를 설명할 때 나오겠지만 장소가 서로 떨어져있기 때문에 발생하는 여러 가지 문제가 있는 것 같습니다. 이것이 매번 조약 갱신 때마다 제기되는 문제이면서도 그때마다 해결이 되지 않는 문제입니다. 해결되지 않는 이유 중에서는 여러 가지가 있지만, 첫째로는 재정상의 이유이고, 둘째는 수입과 관계된 이유 때문입니다. 어제 신문을 보니 룩셈부르크가 국민 소득이 2위라고 하는데, 그 작은 나라에서 회의가 많이 있으니까 '회의 수입'이나 '국제기관 수입'이 엄청나게 많은 모양입니다. 브뤼셀도 마찬가지입니다. 그래서 회의 개최지로서, 국제기관 소재지로서 부수되는 이익 때문에 이를 포기하지 않으려고 하니까 이전 문제가 해결되지 않는 것 같습니다.

　각료이사회의 의장은 8개월마다 알파벳순으로 돌아가면서 맡습니다. 각료이사회에서 가장 자주 만나는 것은 각국 외무 장관들이 만나는 외상이사회이고, 그 다음으로 자주 만나는 것은 농업이사회입니다. 각료이사회를 소집할 때마다 그 의제에 따라 각기 다른 각료가 나옵니다. 외무 장관 회의 때에는 물론 외상들이 모이고 농업 관계 회의일 때에는 농업 장관이 나오고 다른 통상 무역 관계일 때에는 무역 관계 장관이 나오는 식으로 각국 장관들이 그 의제에 따라 바뀌가면서 나옵니다. 그런데 아까 말한 바와 같이 각료이사회 산하에 코리퍼라는 상임대표위원회가 있는데, 이는 브뤼셀에 상주해 있으면서 매일 서로 접촉하게 되어 있습니다. 사실상 각료이사회는 이 코리퍼에서 준비합니다. 물론 비서실이 있습니다. 비서실에 사람들이 굉장히 많이 있는데, 1986년에 2,000명이었다고 하니까 지금은 몇천 명이 될지 모르겠습니다. 아마 여기에서 가장 많은 인원이 통역사와 번역사일 것입니다. 세계에서 가장 통역사와 번역사가 많은 곳이 브뤼셀이죠. 이 비서실에서도 각료이사회의 준비를 하지만 그것은 하급 수준의 준비이고 상급 수준의 준비는 코리퍼에서 합니다. 각국의 이해를 대표하는 대사들이 매일 모여서 의논합니다.

　그런데 여기서 이상한 일이 생깁니다. 아까 집행위원회 경우에는 각 회원국에서 추천되어 충원되었지만 가맹국의 이해가 아니라 유럽공동체의 전체 이해를 대표하고 충성을 바치는 사람들입니다. 그래서 기본적으로 유럽공동체 전체 이해를 위해 봉사하는 인원이지만 그 인원들의 출신이 각국에서 나온 것이기 때문에 가끔 이것이 장애 요인으로 작용할 때도 있습니다. 더구나 각료이사회, 특히 코리퍼는 각국에서 각국의 이해를 대표하여 파견된 사람들이기 때문에 이런 장애가 더욱 큽니다. 그런데 아이러니컬하게도 각국의 이해를 대표하여 나온 사람들이 매일 만나는 동안에 슬그머니 동료 의식과 적대 관계가 불분명하게 되는 경향이 나타나게 됩니다. 자기 나라 각료를 만나는 것보다 다른 나라 각료를 더 만나기도 하고 코리퍼에서 각국 대사들이 매일같이 만나니까 유대 의식이 발생하여 오히려 유럽공동체 전체의 이익을 대표하는 분위기가 생기게 된 것입니다. 소위 기능주의 이론functional theory을 주장하는 학자들이 말하는 파급 효과spill-over effect가 나타나게 된 것이죠.

여러분들이 잘 아시다시피, 국제정치 이론에 기능주의 이론이라는 것이 있어 예전에는 미트라니David Mitrany라는 학자가 처음 주장하였다가 요즈음에는 하스Ernst Haas라는 학자가 신기능주의neo-functionalism를 주장하고 있습니다. 예전에 미트라니가 내놓은 기능주의 이론은 정부의 큰 기관보다는 민간 단체들의 잦은 접촉이 차츰차츰 협력 관계를 형성하고 이것이 파급된다spill-over는 것을 논의하였습니다. 그 좋은 예가 노르딕 카운슬Nordic Council 혹은 스칸디나비아 리그Scandinavian League라고 하는 것인데, 스칸디나비아 일대에 있는 노르웨이, 스웨덴, 핀란드, 덴마크 등이 노르딕 카운슬 혹은 스칸디나비아 리그를 만들어서 우편 관계, 비자 관계, 운전면허 관계 등 그런 사소한 업무들을 공동으로 처리하였던 경우입니다. 여기서 알 수 있는 것이 이들 나라 사이에서 커다란 현안들은 공동으로 잘 처리되지 않았지만, 특히 핀란드가 이전에 소련의 영향권에 있었기 때문에 더욱 안 되었습니다만, 자잘한 행정적인 업무들은 서로 협력이 잘 되었습니다. 이것이 바로 파급 효과의 좋은 예였습니다. 서로 자주 만나다 보니까 작은 행정적 업무들은 협력이 잘 되고 이러한 협력 관계를 점점 확대해 간다는 것이죠. 따라서 미트라니는 처음에 정치적인 것보다는 행정적인 것이나 민간적인 부문에 대한 파급 효과가 주 이론 대상이었는데, 하스는 정부의 행동과 같은 정치적인 부문에서도 파급 현상을 일으킬 수가 있다고 주장하였습니다. 바로 이에 해당하는 것이 코리퍼나 각료이사회에서 나타나는 묘한 현상들입니다.

그래서 요전에도 이야기했습니다만, 도이치Karl Deutsch 같은 학자는 이와 유사한 상황을 '우리 의식'We-feeling이라고 설명했는데, 혹자는 각료이사회나 코리퍼 사이에 매일 만나고 의논하다 보니 일종의 동료애 같은 것이 생겨 유럽공동체의 이해를 대변하는 듯한 현상에 대해서 각료이사회나 코리퍼가 사실상 유럽공동체의 집행위원회와 같은 역할을 하기도 한다는 식으로 이야기하는 사람도 있습니다. 그러나 내 생각에는 이러한 현상을 과장해서는 안 될 것 같고, 이것은 그러한 경향도 있다는 것일 뿐이지, 기본적으로는 각료이사회나 코리퍼들은 각국 이해를 대표하기 위해서 나와 있는 것이라고 보아야 할 것입니다. 각료이사회라는 기구 자체에는 보완성 원칙이 기본적으로 깔려 있습니다. 앞에서도 말했듯이 보완성의 원칙이란 각국에서 독자적으로 할 수 있는 일을 유럽공동체에서 해서는 안 되고 각국에서 하면 효능이 적거나 잘 안 되는 일만 유럽공동체가 해야 한다는 원칙인데, 이러한 기본 원칙이 그 밑바탕에 깔려 있습니다. 이러한 원칙은 유럽의회에서 냈던 조약기초안 12조에 나와 있는 원칙입니다. 이 조항을 마스트리히트 조약을 하면

제8강 현대 유럽연합의 기구

서 그 조약에서 옮긴 것입니다. 이것이 걸림돌이 되고 있는데, 가령 덴마크에서 마스트리히트 조약에 대한 비준에 대해 투표를 통해서 통과시켰는데 거기에 몇 가지 유보 조항을 첨부하였습니다. 공동통화common currency에 참가하지 않는다, 유럽시민권common citizenship에 참가하지 않는다, 국방 관계에 참가하지 않는다 등과 같은 유보 조항을 조건으로 하여 마스트리히트 조약을 통과시켰던 것입니다. 영국이 앞으로 문제가 되는 것이 이미 하원에서 통과하였다고 하지만, 장차 가을에 있을 상원에서의 통과가 문제이고 거기서도 공동통화제에는 참가하지 않을 수도 있다는 조건을 내세우고 있습니다. 이들이 유보 조항을 내세우는 근거가 바로 보완성 원칙인데, 통화 같은 문제는 각 국가가 해결할 수 있는 문제이지 유럽공동체 전체 차원에서 하는 경우 별로 효율적이지 못하다는 주장을 근거로 유보 조항을 주장하고 있는 것입니다.

물론 각국의 이해를 각료이사회에서 대표하고 있습니다만, 여기서도 해결이 잘 안 되면 유럽이사회로 넘어갑니다. 아마 이는 국내 정치와 미묘한 관계에 있는 것 같습니다. 각료 회의에서 잘못해서 자기 나라의 이해를 침해하는 경우에는 국내에서 반발이 대단히 거세게 일어납니다. 장관 차원에서 국내의 반말을 무마할 수 없는 경우에는 문제를 유럽이사회로 넘겨서 대통령이나 수상이 결정하도록 합니다. 1년에 2~3회 회담을 개최하여 장관급에서 해결되지 않은 문제들을 수뇌들의 선에서 결정합니다. 그러나 수뇌들의 선에서도 해결되지 않는 경우가 종종 있습니다. 유럽이사회에서도 해결되지 않는 경우에는 문제 해결을 위해 완전히 비공식적으로 정부 간 회의intergovernmental conference라는 것을 합니다. 단일유럽의정서를 만들었을 때 최종 회의가 밀라노 회의였는데, 밀라노 회의에서 합의가 되지 않아서 정부 간 회의를 소집하여 거기서 결정했습니다. 그런 경우에는 어떻게 되었는가 하면, 유럽이사회에서 해결되지 않아서 각국의 여야 대표들을 뽑아 국내정치를 고려하여 정부간 회의를 개최한 것이죠. 정부간 회의도 각국의 이해를 대표한다는 의미에서는 고려해야 되지만 유럽공동체의 정식 기구로 정해져 있는 것은 아닙니다.

이렇게 독특한 형식을 가지고 있기 때문에 여기에서 결정 방식이 문제가 되었습니다. 전에도 이야기했습니다만, 드골이 농업 정책에 관계된 기금 문제를 거론하면서 중요 문제를 다수결로 결정해서는 안 된다고 반대했기 때문에 1966년에 룩셈부르크 타협안이 생겨서 사실상 만장일치제가 채택되었고 이러한 의사결정 방식 때문에 유럽공동체가 아무 일도 하지 못하게 되었다는 이야기를 했었습니다. 그래서 단일유럽의정서에서 역내 시장에 관계된 법안에서는 특정 다수결weighted majority vote로 결정한다는 합의를 보았고 덕분에 상당히 수월하게 일을 진행할 수가 있었습니다.

그런데 유럽공동체의 의사결정 방식에는 크게 세 가지가 있습니다. 우선 다수결 규칙majority rule이 있고 그리고 앞에서 말한 특정 다수결 규칙이 있으며 마지막으로 만장일치제입니다. 예를 들자면 의회에서나 각료이사회에서도 간단한 문제는 다수결 규칙으로 결정합니다. 그러나 각국의 이해가 상충되어 복잡하게 얽힌 문제에 대해서는 특정 다수결 규칙을 적용합니다. 특정 다수결 결정 방식이란 것은 무엇인가 하면, 첫째, 특정 다수결 결정은 전체 76표 중에서 54표 이상으로 결정합니다. 54표 이상이 되어야 할 뿐만 아니라

제8강 현대 유럽연합의 기구

54표 중에는 열두 나라 중에 8개국 이상이 포함되어야만 합니다. 그런데 이 표수는 어떻게 나누었는가 하면, 영국, 프랑스, 이탈리아, 독일은 각각 열 표이고 스페인은 여덟 표, 그 다음에 벨기에, 그리스, 네덜란드, 포르투갈은 각각 다섯 표, 덴마크, 아일랜드는 각각 세 표, 룩셈부르크는 두 표 등으로 나누어져서 총투표수가 76표가 됩니다. 여기서 8개국 이상이 찬성을 하되 54표 이상이 되어야 가결이 됩니다. 아주 묘하고 어렵게 만들어놨습니다.

사실, 이렇게 하기 위해서는 상당한 정치적 흥정이 있습니다. 열두 나라 중에 북방 블록Northern bloc, 즉 영국, 독일, 프랑스, 덴마크 등과 같이 북방에 위치한 나라들과 남방 블록Southern bloc, 즉 그리스, 스페인, 포르투갈, 이탈리아 등과 같이 지중해에 인접한 나라들로 나누어져 있는데, 이 남방 블록 중에서 이탈리아와 스페인이 협력하고 조그만 나라들 중에 한두 나라가 협조하면 가결 투표수에서 미달되어 안건이 통과가 안 됩니다. 마찬가지로 역으로 북방 블록 중에서 두 나라가 서로 담합하고 조그만 나라 한 국가가 협조하면 역시 통과가 되지 않습니다. 따라서 조그만 나라들이 표수는 적지만 묘하게도 균형자balancer의 역할을 하고 있습니다. 이는 유럽공동체 정치 활동politicking의 중요한 문제 중의 하나입니다. 가령 포르투갈 같은 나라는 표수도 얼마 되지 않고 문제가 별로 되지 않는 국가이지만 상당히 중요한 역할을 하고 있습니다. 북방의 큰 나라들의 정책에 반대하기 위해서는 남방 블록에서는 작은 나라들을 동원해서 반대를 합니다. 북방측은 북방측대로 남방측과 의견이 맞지 않는 경우에는 작은 나라들을 동원해서 반대를 합니다. 베네룩스가 3개국이니까 한 나라만 더 동원하면 8개국이 되니까 이중에서 한 나라만 끌어들이면 8개국이 되지 않으므로 가결되지 않습니다. 그런데 이러한 정치 활동이 상당히 복잡한 모양입니다. 이러한 문제를 놓고 부지런히 교섭을 하는 것이 코리퍼들의 역할입니다. 코리퍼들에 의해서 담판이 성립되면 각료이사회에 의견을 올려서 결정하게 됩니다.

앞서 이야기한 《신유럽공동체》*New European Community*에 있는 루들로 Peter Ludlow의 〈유럽공동체 집행위원회〉The European Commission라는 논문에 나와 있는 도표를 보면, 집행위원회에서 제안proposal을 해서 그대로 각료이사회에서 내는 것이 아니라는 것을 알 수 있습니다. 여러 자문 회의에 먼저 검토를 시킵니다. 그 의견을 수용하여 수정하고 이 수정안을 다시 각료이사회에 직접 내는 것이 아니라 그 하부 기관인 코리퍼에 제출합니다. 코리퍼에서 각국 이해를 중심으로 서로 교섭을 합니다. 코리퍼들의 교섭을 거치고 난 후에야 비로소 각료이사회에 제출합니다. 각료이사회에 제출되면, 실무진이 이에 대해서 먼저 검토합니다. 실무진이 검토한 것을 다서 코리퍼에게 돌려줍니다. 그러면 코리퍼에서 각국의 이해를 중심으로 다시 한 번 검토를 합니다. 검토를 마치고 각료이사회에 최종적으로 안을 제출합니다. 그 동안에 집행위원회에서는 의회에 보고할 의무가 있기 때문에 의회에 보고를 합니다. 의회에서는 여러 위원회가 있어서 집행위원회에서 보고된 안에 대해서 위원회들이 검토를 해서 다시 보냅니다. 이를 집행위원회에서 개정안amendment을 작성해서 제출할 수도 있는데, 이 개정안을 제출하면 앞에서 말한 과정을 반복해서 거치게 됩니다.

뿐만 아니라 중요한 것이 집행위원회에는 경제사회위원회라는 것이 있는데, 경제사회위원회에 반드시 제출해야만 합니다. 이 경제사회위원회에 대해서는 장차 설명하겠지만, 이익집단들interest groups입니다. 거기서 또 검토를 해서 다시 돌려보냅니다. 그러니 유럽공동체의 의사결정 과정이 굉장히 복잡합니다. 동시에 이렇게 의사결정 과정이 복잡하기 때문에 유럽공동체가 원만하게 진행될 수 있다고 이야기하기도 합니다. 유럽공동체 자체 이해와 각 회원국의 이해들을 수없이 절충하고 걸러서 거의 문제가 없다고 생각될 때까지 타협하기 때문에 유럽공동체가 원만하게 운영될 수 있다는 것이죠. 그래서 집행위원회에서 제출된 제안이 각료이사회에서 입법화되기까지 보통 3년이 걸립니다. 빨라야 2년 정도가 걸립니다. 이 도표에는 간단하게 나와 있지만, 코리퍼뿐만 아니라 실무진이 같이 붙어 있어 서로 난상토론하고 수정하고 검토하는 과정을 수없이 거치고 난 이후에야 각료이사회에 제출하도록 되어 있습니다.

이러한 이야기를 왜 이렇게 길게 하는가 하면, 장차 생겨나는 초국가라는 것이 국가를 배경으로 하되 국가와 초국가 사이에 일종의 긴장 관계를 완화할 수 있는 방법이 바로 이렇게 복잡한 의사결정 과정을 통해 갈등이나 긴장 관계를 해소하는 방법이라는 점을 주목할 필요가 있기 때문입니다. 이것이 아마 앞으로 몇십 년 후에 나올 새로운 나라 형태에서 연합체와 가맹국 사이의 각종 긴장 관계를 해소할 수 있는 한 사무 체계로서 하나의 표본이 될 수 있습니다. 현 유럽공동체가 채택하고 있는 사무 체계라는 것이 그런 의미에서 미래에 있을 국가연합과 국가 사이의 관계를 조절하는 기제의 좋은 예가 되는 것입니다. 이 도표에서는 간단히 처리하고 있는데, 실제로는 이것보다 몇 배 더 복잡합니다. 실무진이 이곳저곳에 많이 있고 또 여기에는 개정안에 대해서는 나와 있지 않은데 개정안이 나올 때마다 같은 과정을 반복하기 때문에 상당히 복잡합니다. 게다가 앞에서도 말했지만, 제안할 때부터 보완성 원칙에 의해서 걸러지게 되고 코리퍼에서 한 번 거르고 이해 집단인 자문 위원회에서 걸러지면 거기에서 안 되면 유럽이사회에서 걸러지고 최종적으로는 정부간 회의에서 걸러지게 됩니다. 수십 차례 걸려져서 결국 거의 문제의 소지가 없어지게 되었을 때 각료이사회에 상정됩니다. 아마 내 생각에는 장래의 국가 의사결정의 좋은 예로 생각해야 할 것 같습니다.

이런 과정을 거쳐 결정이 되면, 이 결정안을 다시 집행위원회에 돌려줍니다. 이 결정에 따라서 규칙이나 지시, 혹은 결정, 권고를 통해 각국에 통고하여 명령을 내립니다. 이러한 과정에서 유럽이사회가 매우 중요한 역할을 합니다. 1년에 2회 이상 개최하도록 마스트리히트 조약에 규정되어 있습니다. 이 유럽이사회에서는 대개의 경우에는 다수결 원칙으로 결정하고 끝난다고 하는데, 조약의 개정안이나 신규 회원국의 가입 등과 같이 중요한 문제에 대해서는 만장일치제를 채택하고 있습니다.

한편, 국회에 해당하는 유럽의회는 국회에 상응하는 역할을 하지 못하고, 솔직히 말해서 요즈음에는 천대받고 있는 형편입니다. 그래서 많이들 분개하고 있습니다. 우선 장소 면에서 전체 회의는 스트라스부르에서 열리는데, 사무국(비서국)은 룩셈부르크에 있고 그 아래 있는 위원회들은 브뤼셀에서 모입니다. 아까 말한 바와 같이, 서로 왔다갔다해야 하는데 이것이 유럽의회에서 토의가 늦어지는 이유 중의 하나일 겁니다. 그리고 재미있는 것은, 전체 회의가 주로 스트라스부르에서 열리는 반면에 의원들의 개별 의원실은 브뤼셀에 있다는 사실입니다. 스트라스부르에서 회의를 하고 난 후에 거리가 머니까 그곳에서 숙박할 것이고 결국 이전하려고 하더라도 스트라스부르에서 수입이 괜찮으니까 내놓으려고 하지 않습니다.

사실 유럽의회 측에서는 수차례에 걸쳐 이전 예산을 내서 단일 건물을 만들자고 했지만 되지 않았습니다. 왜냐하면, 유럽공동체 예산이라는 것이 상당히 박하기 때문입니다. 총인원 1만 6,000명에 총예산이 600억 달러 정도 된다고 하지만 유럽공동체의 활동에 비하면 아주 부족합니다. 그 좋은 예가 미국 같은 나라의 경우 국민 총생산GNP의 6%를 예산으로 쓰고 있는데, 유럽공동체의 경우 1.2% 이내로 묶여 있습니다. 자기가 직접 예산을 확보할 수 있는 것이 아니라, 물론 관세나 부가세에서 징수하기도 하지만, 유럽공동체의 예산은 각 회원국별로 책정된 부담액으로 충당하고 있습니다. 그 부담액이 1.2% 이내로 한정되어 있기 때문에 유럽공동체의 예산이 부족할 수밖에 없습니다. 예산은 집행위원회에서 관장하는데, 집행위원회는 각료이사회에서 통과될 수 있도록 책정해야만 하고 각 회원국들이 많이 내지 않으려고 하니까 유럽공동체 예산이 부족하게 되는 것이죠. 물론 의회에서는 회원국들에게 어떻게 해서든지 많이 내라고 하지만 각료이사회에서는 내지 않으려고 하니까 예산이 부족하고 따라서 인원도 태부족이라고 합니다. 전에도 잠깐 이야기했지만, 파리 시청의 인원이 5만 명 정도가 된다고 하는데 유럽공동체의 총인원은 1만 6,000명에 불과하니까 인원이 상당히 적다는 것을 잘 알 수 있습니다. 유럽공동체의 인원이 많고 관료주의라고 비판하는 것에 대해서 유럽공동체 측에서 파리 시청 인원의 3분의 1도 안 된다고 반박한 것을 보면 알 수가 있습니다. 따라서 유럽공동체 대표부의 직원들은 다른 나라 대표부에 비해서 몇 분의 1도 되지 않는다고 불평합니다. 영국 사람들이 쓴 것을 보니까 영국 대사관에 비해서 유럽공동체 대표부 직원은 4분의 1 내지 5분의 1밖에 안 된다고 합니다. 한국의 경우에도 내가 전화를 해보니까 현직 여직원 한두 명과 대사 정도밖에 없는 것 같습니다. 그 정도로 유럽공동체의 인원이 많지 않습니다.

이렇게 유럽의회에서 불평하는 것 중 첫째가 장소입니다. 서로 떨어져 있는 기구들을 한 군데로 모이게 해달라는 주문이죠. 사무국은 룩셈부르크에 있고 집행위원회와 위원회는 브뤼셀에 있고 스트라스부르에서 전체 회의를 하니까 신속하게 협의를 할 수 없다는 것인데, 이것이 아직도 해결되지 않고 있습니다.

현재 의회의 의원 수는 518명으로 임기는 5년입니다. 그 의원수가 영국, 프랑스, 독일, 이탈리아는 각각 81명, 스페인은 60명, 네덜란드는 25명, 벨기에, 그리스, 포르투갈은 각각 24명, 덴마크는 16명, 아일랜드는 15명, 룩셈부르크는 6명 등으로 할당되었습니다. 총 518명인데, 이들은 나라별로 직접 보통 선거를 거쳐 선출되었지만 전체적으로 같은 선거를 통해서 선출되는 것이 아니라 각국마다 자기 나름대로 유럽의회 의원선거법을 따로 가지고 있어 선거법이 다들 조금씩 다릅니다. 이것도 유럽의회에서 불평하는 사항입니다만, 이렇게 각국 나름대로의 선거법을 통해 선출된 의원들은 소속 국가에 충성하는 것이 아니라 유럽공동체의 시민들 common citizens에게 충성한다고 되어 있습니다. 그런 의미에서 유럽의회는 집행위원회의 이상에 가장 가깝습니다. 그래서 요 몇 년 동안의 일을 보면, 집

제8강 현대 유럽연합의 기구

행위원회와 유럽의회는 한짝이 되어 활동한 예가 많아요. 유럽이사회와 코리퍼들 등은 각국이해를 대표하기 때문에 약간 떨어져 있습니다.

현재 유럽의회의 의원은 원내에서 정당별로 나누어져 있는 것이 아니라 각종 정치 그룹으로 나누어져 있습니다. 왜 정치 그룹으로 나누어져 있는가 하면, 각국의 정당에 소속되어 있는 사람들이 유럽의회에 들어와서 다른 나라들의 비슷한 정당의 사람들과 만나서 정치 그룹을 이루기 때문입니다. 아직 정당을 이루기에는 체제가 그렇게 구비되어 있지 않기에 정치 그룹으로 모이는 것이죠. 요전 시간에 얘기한 크로커다일 그룹이나 캥거루 그룹과 같은 그룹들은 원래 인터그룹이라고 하는데, 이러한 정치 집단 사이에서 모인 사람들이라는 의미에서 인터그룹이라는 명칭을 씁니다. 원래 그룹이라는 말은 유럽의회에서는 정치 그룹을 말합니다. 1989년에 마지막으로 선거를 하였고 내년에 의회 선거가 있는데, 흥미로운 것은 이러한 정치 그룹들 중에는 사회당 계통이 30%가 넘고, 그 다음에 기독민주당Christian Democratic Party 계통인 유럽인민그룹European People's Group이 20% 정도이고, 보수 계열인 유럽 민주주의European Democracy가 9.5%, 공산당 계열이 8.1%, 중도파인 자유민주주의Liberal Democracy가 8.3%, 녹색당 계열인 무지개파Rainbow Group가 7.1%, 드골주의를 추종하는 드골주의자들de Gaullists도 3.8%, 기타 1~2% 정도 되는 그룹들이 있고 무소속도 있습니다.

이렇게 정치 그룹으로 나누어져 있지만, 같은 그룹이라고 하더라도 똑같은 성향을 가지는 것은 아닙니다. 가령 프랑스의 사회당 소속 의원과 영국의 노동당 의원은 비슷한 것 같지만 서로 다르기 때문에 불협화음을 내는 경우가 많습니다. 같은 보수 계열이라고 하더라도 영국의 보수주의자와 이탈리아의 보수주의자는 서로 다른 점이 많습니다. 이러한 경우가 많기 때문에 당이라고 할 수 없고 정치 그룹으로 모일 수밖에 없는 이유가 바로 여기에 있습니다.

유럽의회에는 18개의 위원회가 있습니다. 이 위원회는 각 그룹들의 인원수에 비례해서 채워집니다. 많은 인원을 가진 정치 그룹에서는 많은 위원회에 많은 인원수가 들어갈 수가 있습니다. 특히 위원회 중에서도 정치위원회Political Committee가 가장 인기가 있습니다. 왜냐하면, 정치위원회에 들어온 사람들이 다른 위원회의 위원장을 겸하는 수가 많기 때문입니다. 집행위원회에서와 마찬가지로 농업 위원회가 단연 인기가 있고 경제사회, 재정, 예산 위원회 등이 인기가 많습니다.

그러나 솔직한 이야기가 유럽의회라고 하지만 그렇게 의회의 기능과 역할을 하고 있다고 보기 힘듭니다. 우선 유럽의회에는 입법권도 없고 예산권도 없습니다. 겨우 유럽의회가 가지고 있는 권한이라는 것이 신규 가입하는 회원국에 대한 승인권, 예산에 대한 부분적인 동의권—필수적인 예산이 아닌 일반 예산에 대한 동의권—등 제한적입니다. 그 다음에 자문권은 있어서 반드시 자문을 하게 되어 있습니다. 강제 규정이기 때문에 집행위원회에서 어떤 제안을 각료이사회에 제출하든지 간에 유럽의회에 대해서 자문을 의뢰해야만 합니다. 유럽의회의 자문을 받아들여서 집행위원회의 제안을 고친 예가 많습니다. 그리고 일종의 감독권이 있습니다. 회계 감독은 회계 감사원Court of Auditors에서 하고 일반 업무에 대해서는 의회에서 감사하게 되어 있습니다.

그러나 솔직히 말해서 예산권과 입법권이 없는 의회는 의회라고 할 수 없습니다. 이러한 점에 불만을 느끼고 있는 유럽의회 측은 매번 '강력한 의회'를 주장하고 있습니다. '유럽공동체의 여러 기구 중에서 유럽시민으로부터 직접 선출된 사람들은 유럽의회밖에 없다. 따라서 유럽공동체를 대표하는 것은 바로 유럽의회다. 그러므로 입법권과 예산권이 없다는 것은 어불성설이다'라는 불만을 표시하고 있습니다. 이러한 불만을 해소하기 위해서 새로운 조약문, 즉 새로운 헌법적인 조약을 만들자는 것이 전 시간에 이야기했던 크로커다일 그룹이 제시한 조약기초안이었습니다. 그러나 이러한 주장은 받아들여지지 않았고 마스트리히트 조약과 같이 기존의 조약문에서 나타난 입장을 바꾸지 않았습니다. 지금도 유럽의회는 힘이 모자랍니다.

그럼 장래에는 유럽의회가 국내 의회와 마찬가지로 실권을 가진 명실상부한 '유럽의 의회'가 될 것인가? 이 문제에 대해서는 아직은 회의적입니다. 왜냐하면 각국의 이해를 대표하는 유럽이사회, 각료이사회, 코리퍼 등과 기구들에 의해서 보완성 원칙이 적용되고 있기 때문에 여간해서는 유럽의회의 권한이 강화될 조짐을 보이지 않습니다. 뿐만 아니라 현재도 유럽의회와 사실상 입법권을 가지고 있는 각료이사회는 사이가 별로 좋지 않습니다. 그러나 장기적인 안목에서 유럽공동체의 역사를 보면, 유럽의회가 점차 그 권한을 확대해 가는 경향이 있는 것이 사실입니다. 그전에는 자문권밖에 없었는데, 요즈음에는 자문권 이외에도 예산에 대해서 일부 결정권이 있고 승인권이 있는 것을 보면 조금씩 그 권한이 강화되는 것을 느낄 수 있습니다. 특히 단일유럽의정서 이후에는 과거보다 좀더 빠른 속도로 유럽의회의 힘이 강화되는 추세입니다. 그러나 전반적인 권력 분포 면에서 보면, 아직도 유럽의회는 자문 기관 이상의 지능과 역할을 하지 못하고 있는 것이 현실이라고 할 수 있습니다.

이와 연관하여 경제사회위원회라는 것에 대해서 설명하고자 합니다. 경제사회위원회는 그 인원이 189명이고 임기 4년인데, 주로 자문 역할을 하며 각료이사회에서 임명한다고 규정되어 있으니까 결국 각국에서 임명하는 것입니다. 경제사회위원회에는 크게 세 가지 그룹이 있는데, 하나는 기업주를 중심으로 하는 첫번째 그룹이 있고, 다음으로는 노동자 측을 대표하는 두 번째 그룹이 있고, 셋째로는 부녀 동맹이나 학생 동맹과 같은 이해 집단들을 대표하는 그룹이 있습니다. 다시 말하자면, 유럽의 일반 시민들의 뜻을 대표하는 의회에 대해서 경제사회위원회는 각국이 가지고 있는 사업가, 노동자, 이익 집단들의 의견을 대변하는 기구입니다. 그런 의미에서 유럽공동체라는 조직은 흥미로운 조직체입니다. 여러 단체들의 이해들을 최대한 반영하기 위해서 자문을 구하고 이들의 의견을 수용하도록 노력하고 있기 때문입니다. 따라서 아까 유럽공동체의 의사 결정 과정에서 잠시 언급하였듯이, 집행위원회에서 제안을 할 때 경제사회위원회에 자문을 구하도록 하고 있습니다. 일부 예외가 있기는 합니다만, 대부분의 경우에는 경제사회위원회에 반드시 필수적으로 자문을 하도록 되어 있습니다. 결국 경제사회위원회라는 기구는 각국의 이익 집단들의 의견을 청취하여 이들의 요구들을 반영하는 기구라고 할 수 있습니다.

실제로 경제사회위원회가 어떻게 운용되고 있는가 하면 다음과 같습니다. 우선 아홉 개 분야로 세분되어 있습니다. 가령 노동 문제, 자동차 기업, 화학 공업 등으로 아홉 개 분야로 나누어 놓고 있는데, 집행위원회에서 자문을 구하는 경우 아홉 개 분야에서 해당 분야에 자문을 구하게 됩니다. 그런데 말은 자문이지만, 집행위원회에서 내리는 네 가지 집행 방식(규칙, 지시, 결정, 권고)은 각 이익집단이나 기업체들과 관계된 사항들이 상당히 많기 때문에 각 이익 집단이 자신의 이해를 반영시키기 위해 무척 노력하고 있습니다. 예를 들자면, 마스트리히트 조약이나 단일유럽의정서 등을 보면 각 업체들과 관계된 규정이 상당히 많아서 이들 업체들이 로비활동을 치열하게 합니다. 이러한 로비 활동이 굉장히 복잡한데, 첫째로는 집행위원회가 어떠한 제안을 처음 입안할 때부터 로비 활동이 시작되고 그 다음에 이 제안이 각료이사회에 상정되기 이전에 유럽의회에서 자문을 구할 때 로비 활동을 하고 그리고 코리퍼들에게 로비 활동을 하고 유럽이사회나 실무진에게도 로비 활동을 벌이는 식으로 각계 각층이 로비 활동을 치열하게 하고 있습니다. 이렇게 치열하게 로비 활동을 벌이는 것은, 하나의 제안을 결정하는 데 이것이 각 가맹국 사회에 어떠한 형식으로든지 다 연관되도록 되어 있기 때문이죠. 결국 경제사회위원회를 비롯하여 유럽공동체의 의사 결정 과정을 보면, 로비를 통해서 기업가들, 노동 단체, 심지어는 학생 그룹까지 자신들의 이해를 반영시키고자 노력하고 국회라고 해서 일반 시민 대표가 자문을 통해 자기의 입장을 주장하며 이 밖에도 각국 정부의 이해가 있고 해서 각계 각층의 이해를 모두 수렴하도록 되어 있습니다. 장래에 있을 수 있는 초국가적인 연합체에서 구성 국가 사이의 이해를 어떻게 조화시킬 것인가를 예측할 수 있게 하는 좋은 예라고 할 수 있습니다.

그 다음에 유럽재판소가 있습니다. 유럽재판소도, 앞에서 이야기했지만, 아직은 의미가 별로 없습니다. 의미가 없는 것이 강제 집행을 할 수 있는 권한이 없기 때문입니다. 그렇지만 지금 현재 점점 중요한 역할을 담당해 나가고 있습니다. 유럽재판소는 13명으로 구성되어 있고 각국에서 적절하게 조정해서 내놓은 6명의 사무국 법무관Advocates General들이 있습니다. 그리고 유럽재판소의 장은 호선하도록 되어 있습니다. 물론 유럽재판소의 판사들은 자기를 추천한 나라들의 이해와는 상관없이 유럽공동체의 전반적인 이해를 대표합니다. 이런 점에서는 집행위원회와 마찬가지입니다. 뿐만 아니라 유럽재판소의 판결은 주권국가의 판결과 마찬가지로 구속적입니다. 판결을 강제 집행할 능력은 없지만 구속적인 성격을 가지고 있습니다. 그런 의미에서 주권적이라고 볼 수 있습니다.

유럽재판소가 구체적으로 무엇을 하는가 하면, 가맹국 사이에 소송이 발생하는 경우에 국제 재판을 합니다. 가맹국 사이에 불화가 발생하면 운영에 차질을 주기 때문에 이를 회피하기 위해 국제 재판을 제소하기 이전에 제소 안건을 집행위원회에 일단 제출하도록 되어 있습니다. 제소 안건을 먼저 집행위원회에 제출하면 집행위원회에서 우선 정치적 타협을 모색합니다. 집행위원회의 정치적 타협 노력이 실패하는 경우에 유럽재판소에 제소하게 됩니다. 이것도 용의주도하게 되도록이면 가맹국 사이에 나타나는 불화를 줄이도록 노력하는 유럽공동체의 모습을 잘 나타내주고 있습니다. 국제 재판에 대한 판결 이외에 헌법 해석에 대한 일부 권한이 있습니다. 앞에서도 이야기했듯이, 헌법 해석권은 기본적으로 집행위원회

제8강 현대 유럽연합의 기구

에 있지만 집행위원회가 헌법 해석을 하는 경우 반드시 유럽재판소 재판부의 의견을 물어보도록 되어 있습니다. 그런 의미에서 헌법 해석에 대한 의견 진술권이 있는 것입니다.

그 다음에 행정 재판을 할 수 있는 권한이 있습니다. 가령 각국의 기업이나 단체들이 유럽공동체를 상대로 소송하는 경우에, 즉 유럽공동체가 내놓은 국제 규약이 자신에게 큰 피해를 주었다면 행정 제소를 할 수 있는데 이 행정 제소를 처리할 수 있는 권한이 유럽재판소에게 있습니다. 제일 많은 행정 제소가 1만 6,000명에 이르는 유럽공동체의 고용 인원들이 유럽공동체를 상대로 제소하는 경우이고, 그리고 유럽공동체 관계 업무를 하면서 채권, 채무 관계가 생겼는데 이를 이행하지 않는 경우에 발생하는 자잘한 민사 소송 같은 제소가 많습니다. 근래에 이르러 이러한 민사 소송이 폭주하여 도저히 13명으로 감당할 수 없어서 제1심판부Court of First Instance라는 것을 만들어 여기에서 예심을 거쳐 해결할 것은 해결하고 그렇지 않은 소송은 상고하도록 조치하고 하고 있습니다. 그리고 유럽공동체 조약 규정에 의거하여 규정상 재판부에서 처리해야만 하는 특수 재판 같은 것이 있습니다.

유럽재판소가 지금 현재 룩셈부르크에 있는데, 아직 제 기능을 발휘하지 못하고 있다고 보입니다. 우선 유럽 통합이 완전히 이루어져 있는 상태가 아니고 유럽공동체의 의사결정 과정에서 이미 수십 차례 거르고 타협하기 때문에 국내 재판부처럼 재판 요건이 많지 않으며, 다만 민사 소송이 많이 있을 뿐이고, 그리고 가장 중요한 것이 판결에 대한 강제 집행이 불가능하기 때문에 아직도 유럽재판소가 제 기능을 발휘하지 못하고 있습니다. 그러나 기본적으로 유럽재판소는 집행위원회나 유럽의회과 마찬가지로 유럽공동체 전체의 이익을 대변한다는 점에서 유럽이사회와 대비된다고 볼 수 있습니다.

이 밖에도 여러 기관이 많이 있습니다. 아까 말한 감사원이 있고, 운영 위원회Management Committee라는 것이 있는데 이중에서 가장 바쁜 것이 농업 운영 위원회입니다. 지금 현재 유럽공동체 예산 중의 3분의 2가 공동 농업 정책에 투자되고 있을 뿐만 아니라 농업 문제에 각국 이해가 첨예하게 걸려 있고 복잡하기 때문에 농업 관계 회의가 매주 1~2회씩 열리고 있습니다. 따라서 운영 위원회는 농업 운영 위원회를 중심으로 보통 농업 관계를 주로 다루고 있습니다. 남방 블록의 나라들, 즉 이탈리아나 스페인과 북방 블록의 프랑스 등은 농업 국가이기 때문에 농업 문제에 민감한 반면에 북방 블록의 나라들은 농업 국가들이라고 볼 수 없기 때문에 농업 문제를 둘러싼 유럽공동체 회원국의 이해가 서로 상충되고 있습니다. 그래서 농업 문제로 인해 갈등이 일어나는데, 이러한 문제들을 운영 위원회에서 처리합니다.

그 다음에 통화 문제를 다루는 통화 위원회Monetary Committee가 중요하고 기타 여러 기금을 담당하고 있는 기구들이 있습니다. 우선 경제사회기금Economic Social Fund이라는 기구가 있는데, 이는 각국의 노동 관계나 노동자의 보호를 목적으로 합니다. 그리고 지역 개발 기금Regional Development Fund은 후진 지역에 대한 개발을 보조하는 기금입니다. 그 다음에 문제가 많이 발생하는 부문이 유럽농업지도보장기금European Agricultural Guidance and Guarantee Fund입니다. 유럽공동체 역내 전반에 걸쳐 농업 분야의 가격 격차를 해소하기 위해 가격을 정해서 나누어줍니다. 이때 원가보다 유럽공동체가 사들이는 가격이 높은 경우에 이 기금을 통해 보조금을 주어 가격 평형화를 꾀하는데 그 돈싸움이 굉장합니다. 특히 포도주 생산, 낙농업, 소맥 분야 등에서 첨예한 이해가 걸려 있는데, 이 기금에서 나가는 보조금이 제일 많이 지출되기 때문에 이 기금을 놓고 만장일치제로 결정해야 하는가 아닌가를 놓고 갈등이 있었습니다. 지금도 제일 관심의 초점이 되는 기금입니다. 그 다음에 유럽개발기금European Development Fund, 이 기금은 개발도상국에 있는 나라들에 대한 원조를 담당하는 기금입니다. 그리고 유럽 투자 은행European Investment Bank이라고, 유럽공동체 역내 후진국, 즉 포르투갈이나 아일랜드와 같은 나라들에 대해서 돈을 빌려주는 기구가 있습니다. 이 밖에도 많은 기관들이 있습니다만, 이들 기구들은 이 강의에서는 관심 밖의 사항입니다.

여기서 하나 꼭 지적하고 싶은 것이, 유럽공동체의 기구는 아니면서 사실상 유럽공동체의 외곽 기구 역할을 하는 기관들이 있습니다. 전에 이야기한 서유럽동맹West European Union입니다. 이는 1948년에 생겼는데, 주로 국방 장관들이 모여서 방위 문제를 조정하는 기구입니다. 그 이듬해 북대서양조약기구가 생겼기 때문에 이 기구는 유명무실하게 되었고 런던에 주재하고 있었지만 단순히 연락 장소 정도의 역할을 하여 왔습니다. 그러다가 근래에 와서 브뤼셀로 본부를 옮기면서 활발한 활동을 벌이고 있습니다. 근래에 들어 서유럽동맹이 이렇게 활성화되는 것은 유럽공동체 회원국 중에 아일랜드, 덴마크, 그리스 3국을 제외한 9개국이 서유럽 동맹의 가맹국으로 되어 있기 때문입니다. 요전에 걸프 전쟁이 발발했을 때 유럽의 9개국이 소규모의 군대를 파견하였는데, 이 군대 파견을 유럽공동체 명의로 파견한 것이 아니라 바로 서유럽동맹의 명의로 파견한 것이었습니다. 왜냐하면, 유럽공동체 명의로 군대를 파견하는 것에 반대하고 중립을 주장하거나 방위 문제에 관여하지 않겠다는 덴마크 같은 유럽공동체 회원국들이 있기 때문입니다. 프랑스가 탈퇴하고 있는 나토의 경우에는 더더욱 군사 문제에 개입하기 어렵습니다. 반면에 서유럽동맹에는 프랑스가 참가하고 있고 따라서 프랑스를 포함시키는 유럽의 군사 활동은 서유럽동맹을 중심으로 이루어지고 있습니다. 그래서 마스트리히트 조약에는 서유럽동맹에 대한 선언까지 들어가 있습니다. 이러한 배경 하에서 서유럽동맹이 갑자기 부상한 것입니다.

보스니아-헤르체고비나 분규에 간섭하겠다는 것을 에딘버러 결정부터 표명하였는데, 그때 간섭하는 명의도 바로 서유럽동맹으로 되어 있습니다. 서유럽동맹의 자격으로 간섭하는 것이지 북대서양조약기구나 유럽공동체의 명의로 간섭하는 것이 아닙니다. 이렇게 서유럽동맹은 묘한 역할을 하고 있습니다. 아마 당분간 유럽공동체에 중립국들이 들어오기 때문에, 즉 내년에 스웨덴, 핀란드, 오스트리아 등이 유럽공동체에 새로운 회원국으로 들어오는데 이중에서 스웨덴과 오스트리아는 강하게 중립을 표명하는 국가들로서 방위, 군사 문제에 직접 간여하는 것을 반대하기 때문에, 유럽공동체는 더더욱 군사적인 개입을 할 수가 없게 될 것입니다. 북대서양조약기구는 더더욱 개입하기 힘들고 따라서 결국 서유럽동맹만이 개입할 수밖에 없는 형편입니다. 그래서 지금 서유럽동맹이 큰 역할을 하고 있습니다. 여러분이 아시다시피, 서유럽동맹과 연관하여 유럽의 안보 질서를 담당하는 유럽공동체 관계의 조직으로 유럽안보협

제8강 현대 유럽연합의 기구

력회의가 있는데, 이에는 유럽 35개국과 북대서양조약기구 16개국이 참여하여 유럽공동체의 외곽 조직으로 기능하고 있습니다. 장차 유럽공동체의 방위 문제와 외교 문제가 큰 폭으로 진전되기 위해서는 서유럽동맹이 청산되고 유럽공동체가 방위 문제와 외교 문제를 정면으로 취급할 수 있어야 합니다.

지금까지 유럽공동체의 기구와 조직에 대해서 강의했습니다. 그러나 관섬의 초점은 유럽공통체 국가들 중에 정부간주의는 얼마만큼이고 초국가주의는 얼마만큼인가 하는 점과 초국가주의에 입각한 결정을 내리는 과정 속에서 얼마나 복잡하게 각국의 입장과 여론이 작용하는가 하는 점에 있었고 이러한 점들이 바로 오늘 강의의 핵심이었습니다.

다음 번에 강의를 마칠 예정인데, 지금까지 강의한 내용을 간략하게 살펴보면 다음과 같습니다. 첫 강의에서는 현재 에스닉 내셔널리즘 ethnic nationalism, 말하자면 두레 사회 같은 공동체적 사회로 분화하려는 경향이 있다는 얘기를 했고 그럼으로써 정치 사회가 기왕에 근대국가에 있었던 여러 요소에서 벗어나서 점차 공동체적 요소를 지향하는 경향이 커지고 있다고 했습니다. 그것이 에스닉 내셔널리즘의 주된 측면인데, 이 에스닉 내셔널리즘은 큰 사회에 있는 에스닉 그룹에까지 반영이 됩니다. 그 다음 현재 생각할 수 있는 정치 구조에는 단일국가가 있고 연방이 있고 역사적으로는 국가연합이 있었는데, 혹자는 국가연합에서 연방으로 나가고 궁극적으로 단일국가로 나간다는 과정 이론을 주장한 사람도 있었습니다. 그러나 연방과 국가연합의 문제는 단순히 이렇게만 생각할 수 있는 것이 아니기에, 이를 보다 적확하게 이해하기 위해서 연방도 아니고 단일국가는 더더욱 아닌 국가연합의 역사를 살펴보았습니다. 이 국가연합의 고전적 예들을 유럽공동체 전까지 개관하고, 이의 연장선상에 있는 유럽공동체를 본격적으로 다루었습니다. 유럽공동체는 국가연합에 가까우면서도 초국가적이고 초국가적이면서도 연방의 요소가 있는 독특한 성격을 가지고 있는데, 이에 대해서 지금까지 좀 상세하게 설명하고자 하였습니다. 다음 시간에는 이런 문제들은 구체적으로 무엇이며 앞으로 어떻게 전개될 것인가에 대해 논함으로써 마지막 강의를 마치고자 합니다. 질문이 없으면 오늘 강의를 마치겠습니다.

제9강

현대 유럽연합의 문제와 미래

오늘은 마지막 강의로서 유럽공동체 문제를 포함해서 지금까지 강의한 것에 대한 총체적인 결론을 내리고자 합니다. 금년[1993년] 초에 유럽공동체에 관해 아주 재미있는 책이 나왔습니다. 무엇언가 하면, 유럽공동체의 집행위원회 자체 내에 위원장인 자크 들로르 휘하에 조그만 연구반이 있는데, 그 소속 연구반과 집행위원회 내에 있는 기획 총국의 모렐 국장이 합작해서 유럽공동체의 중장기 장래, 구체적으로는 2010년 정도까지를 목표로 하는 중장기 전망을 제시한 《유럽인은 1992년 이후에 도전한다》 The European Challenges Post-1992 라는 책이 나왔습니다. 그런데 그 사람들의 평가를 보면 그 사람들이 객관적이라는 것을 알 수 있습니다. 여러 그룹에 부탁해서 7 그룹들이 나름대로 보는 유럽공동체의 장래에 대해서 전망하도록 하였던 것인데, 가령 비즈니스 그룹에 부탁해서 비즈니스 그룹에서 보는 중장기 전망에 대한 보고서를 내게 하고 그 다음에 12가맹국 각국에 부탁을 해서 각국의 연구 기관들이 대표가 돼서 12개국 입장에서 본 중장기 전망에 대한 보고서를 제출하도록 했습니다. 이러한 보고서를 첨부하고 이를 종합한 책을 내놨어요. 그래서 우리같이 유럽공동체에 관심을 가지고 있는 사람들에게 구체적으로 그 사람들이 유럽공동체를 어떻게 보고 있느냐를 알 수 있는 좋은 자료를 제시하고 있는데, 마침 그것이 금년에 나오자마자 입수가 되어 이 책을 가지고 유럽공동체 장래를 어느 정도 가늠할 수가 있게 되었습니다.

구체적으로는 셸뤼르 프로스펙티브Cellule Prospective라고 해서 자크 들로르 휘하에 있는 연구소에서 담당하였고 경제 재정 담당 제2총국, 유럽 역내 시장 담당 제3국, 정보 담당 13국, 그 다음에 23국이 합해서 정리를 하고, 그 다음에 12개국과 비즈니스 그룹 해서 13개 조가 보고서를 내도록 했어요. 이를 보면 흥미로운 점이 많습니다. 물론 말할 것도 없이 경제 방면이 압도적으로 많습니다. 더군다나 비즈니스 그룹은 유럽에서 기업하는 입장에서 어떻게 하면 중장기적으로 자기들 입장에 유리한가 하는 각도에서 봤기 때문에, 또 현 단계에서는 유럽공동체라는 것이 역내 시장 완성을 목표로 하고 있기 때문에 역내 시장을 중심으로 한 경제 관계가 당연히 많습니다. 그렇지만 나는 지금 경제적인 부분에 주목적을 두고 있는 것이 아니라 정치적인 부분에 주관심을 가지고 있기 때문에 정치적인 각도에서 다시 재분석을 해보았습니다. 그랬더니 재미있는 점이 많이 나타났습니다. 나대로 정리한 것을 강의하면서 내 의견을 첨부한 것을 말씀드리도록 하죠.

원래 이 책은 '유럽공동체의 중장기 전망에 있어서 형성 요인shaping factor과 형성 주역들shaping actors'이라는 테마로 각 보고서를 모았습니다. 그래서 나온 책 이름이 《유럽인은 1992년 이후에 도전한다》입니다. 그중에는 우리가 다 아는 얘기들이 먼저 나옵니다. 다시 말하자면, 먼저 소련이나 동구의 변혁이라고 하는 공산주의의 붕괴가 엄청난 영향을 주었다는 얘기가 나옵니다. 그건 우리가 다 아는 얘기죠. 그런데 여기에서 흥미로운 사실은, 공산주의권이 붕괴되었기 때문에 유럽공동체에서 그 이면에 있었던 정치적 압력이라는 것이 소멸되었고 따라서 각국의 입장들이 분열되어 압력이 있을 때와는 다른 양상이 전개되고 있다는 얘기를 쓰고 있다는 것입니다. 이것이 바로 오늘날까지 마스트리히트 조약이 비준이 잘 안 되는 이유 가운데 하나입니다. 그 배후에 국방 관계나 방위 관계의 위험이 있어야 유럽 통합이 빨리 이루어지는데, 특히 위협이 있어야 정치 통합이 빨리 성취되는데 이러한 외부로부터의 위협이 사라졌기 때문에 유럽 통합이 잘 안 되는 경향이 있습니다.

그리고 또 하나 중요한 사건이 무엇인가 하면, 유럽 자체 내의 원인과 동구의 붕괴 때문에 유럽으로 유입되는 이민들이 많다는 사실입니다. 유럽 내 이민 문제가 중요한 이유는 유럽 역내 사회의 특성을 보면 잘 알게 됩니다. 유럽은 인구 구조의 면에서 기본적으로 노령 사회입니다. 지금 유럽에서 노령 사회가 아닌 나라가 스페인과 포르투갈 정도입니다. 이 국가들에서는 그런 대로 젊은 층이 많기 때문에 인구 피라미드가 상대적으로 정상적이라고 할 수 있습니다. 그런데 다른 나라들은, 특히 북구에 있는 나라들은 제2차 대전 때문에 인구가 많이 줄었다가 제2차 대전 후에 조성된 베이비붐으로 인해 대폭 늘어난 인구가 지금은 장·노년층이 되었고 그 다음에는 인구가 늘지 않았습니다. 유럽 12개국 전체 평균으로 해서 1년에 늘어나는 인구가 50만 명 내외인데, 놀랄 정도로 낮은 인구 증가율입니다. 그것에 비해서 유럽 이외 지역에서 유입되는 이민 인구는 매년 180만 명 정도 되니까 엄청나게 많은 사람들이 유입되고 있는 실정입니다. 독일만 하더라도 현재 터키 사람을 위주로 해서 170만 명 정도가 외국인들입니다.

이렇게 이민이 대폭 증대된 데에는 몇 가지 원인이 있습니다. 첫 번째로 유럽 내에 팽배해 있는 개인주의를 그 근본적인 원인으로 지적할 수 있습니다. 각종 보고서에 의하면, 유럽 지역에서는 특히 서유럽이나 북유럽의 선진 지역에서 유럽 사람들의 이기주의 때문에 동거가 많아졌다고 합니다. 다시 말하자면, 정식 결혼 생활을 잘 하지 않고 동거 생활들만 한다는 것이죠. 어떤 경우에는 동거도 하지 않고 따로 떨어져 있으면서 필요할 때만 만나고 헤어지는 철저히 개인주의적인 생활을 하고 있습니다. 이러한 경향에 대해서 보고서에 쓰고 있는데, 보고서를 보고 나도 놀랐습니다. 그 정도로 심각한 상태인가 하는 생각이 들 정도로 철저하게 개인주의적인 생활을 하고 있습니다. 따라서 아이를 낳지 않고 아기를 입양하여 양육만 하려고 합니다. 양육하려고 하는데 유럽에는 아이가 별로 없으니까 외국에서 아기들을 데리고 옵니다.

또 하나는 유럽 사회가 전반적으로 고령화되고 경제적으로 여유가 있으니까 자연히 사람들이 힘들고 구차스러운 일은 하지 않으려고 해서 궂은 일을 하기 위해서는 유럽 이외의 지역으로부터 사람을 데리고 오기 때문입니다. 프랑스 같은 경우에는 북아프리카의 마그레브Maghreb 지역에 있는 구식민지 사람들이 들어오고, 독일에서는 동구 지역과 이탈리아로부터 사람들이 유입되고 있습니다. 이러한 내부적 원인 때문에 유입 이민들이 점차 증가하고 있는데, 게다가 동구에서 공산주의 붕괴 때문에 엄청난 수의 난민들이 서유럽 지역으로 유입되고 있습니다. 보고서에 따르면, 동유럽 사람들은 막연하게나마 유럽공동체 지역을 일종의 낙원으로 보고 있으며, 특히 공산주의 하에서 압정을 겪던 사람들은 서유럽 지역에서는 민주주의와 자유가 보장되고 잘살 수 있다고 생각하기 때문에 서유럽 지역으로 몰려들고 있다고 합니다. 이러한 유입 이민 때문에 독일에서는 극우파들이 외국인들에 대해 테러를 가하고 폭탄을 던지고 난리법석이란 말입니다. 프랑스에서는 이민법을 만들어서 이민을 제한하려고 하지만, 제한할 수 있는 사람들은 급격히 들어온 사람들이고 사회 자체의 요구가 있기 때문에 자꾸만 들어옵니다. 이것이 최대 문제 중의 하나라고 지적하고 있는데 매우 심각한 모양입니다. 우리나라 같은 경우에는 10만, 아니 만 명 정도 들어와도 난리가 날 텐데, 독일의 경우에는 170만 명이나 되고 거기다가 유입 이민들은 생식력이 매우 강하단 말이에요. 현재 유럽 전체에서 외국인의 비율이 1.5% 정도라고 합니다. 1.5%면 적지 않은 수치이지요. 이민 문제가 유럽 내에서 큰 사회 문제로 부각되고 있습니다.

그 다음에 또 하나 문제가 되고 있는 것은, 유럽공동체 내 사람들이 유럽공동체의 발전과 그 결과에 대해 가지고 있는 기대가 커서 역내 시장이 개방되면 곧 잘살 수 있을 거라고 기대를 했는데, 기대와는 달리 경제가 활성화되지도 않았고 오히려 불경기가 도래하여 각국마다 실업자가 늘어나고 있다는 사실입니다. 그래서 이러한 경기 침체가 유럽공동체의 정치적 통합을 하는 데 장애가 되고 있고, 유럽 통합에 대한 열의가 낮아졌다, 그런 얘기를 하고 있습니다. 이것도 재미있는 보고 중에 하나입니다. 그러나 역내 시장화만은 그대로 달성해야 한다는 점에 대해서는 일치하고 있습니다. 특히 비즈니스 그룹의 보고를 보면, 역내 시장 통합을 강렬하게 열망하고 있습니다. 빨리 시장 통합이 이루어져야 역내에서의 비즈니스끼리의 경쟁도 경쟁이지만 세계적인 경쟁에 뒤처지지 않고 살아남을 수 있다고 열렬히 지지하고 있는 것입니다. 각 회원국의 입장에서도 역내 시장화 그 자체에 대해서는 이견이 없습니다. 바꾸어 말하자면, 단일유럽의정서에 의해서 1993년 1월 1일부터 시작된 역내 시장화만은 현실로 발전할 것으로 전망됩니다.

다만 마스트리히트 조약에서 규정하고 있는 경제 통화의 통합 문제는 불투명합니다. 현재 제일 어려운 문제가 환율 조절 메커니즘이라고 볼 수 있는데, 현재 영국과 이탈리아가 떨어져 나가고 최근에는 스페인과 포르투갈이 떨어져 나갔기 때문에 상당히 문제가 되고 있습니다. 그런데 각국 보고서에서 단일 경제 시장이 안정되려면 통화 통합까지 가지 않으면 안 된다는 것에 대해서는 이론상 의견을 같이하고 있습니다. 단지 현실 문제로 현 단계에서는 각국의 이해가 서로 어긋나기 때문에 좀 어려울 것 같다는 보고를 하고 있습니다.

그 다음에 재미있는 것이 무엇인가 하면, 마스트리히트 조약의 중요한 것 중에 하나가 '유럽시민권'European Citizenship이라는 것인데, 이에 대해서는 비교적 문제삼지 않고 있다는 것입니다. 더군다나 유럽의 정체성identity, 즉 각 개별 국가가 아니라 유럽이 자기의 충성의 대상이라는 것에 대해서는 대단히 소극적입니다. 대부분 민족적 정체성이 강합니다. 그래서 보고서 내용 중에서 비교적 제일 열의가 적고 언급을 별로 하지 않는 부분이 바로 유럽의 새로운 정체성 문제입니다. 그걸 보면, 마스트리히트 조약의 '유럽시민권'이라고 하는 것은 엘리트들이 가지고 있는 생각일 따름이고, 일반 가맹국들은 아직 호응이 적다는 것을 알 수가 있습니다.

그 다음에 또 하나 문제가 되고 있는 것이, 유럽 정치통합의 정당성 문제입니다. 12개국의 보고서를 보면, 유럽이 정치적으로 통합해야 하는 정당한 명분에 대해서 모호한 입장을 표명하고 있습니다. 물론 통합의 정당성을 부인하는 것은 아니지만 확실하게 왜, 어떤 이유에서 통합해야만 하는가에 대해서 애매한 입장을 취하고 있다는 것입니다. 특히, 그런 경우에 공공 이익이 무엇인가라는 문제에 대해서 이론상으로는 유럽의 평화, 자유, 안전보장, 민주주의 등을 거론하고 있습니다만, 이러한 입장은 애초에 석탄철강조약 전문에 나오고 이후에 단일유럽의정서나 마스트리히트 조약에도 같은 이야기가 나옵니다. 하지만, 그것에 대해서 공감들은 하면서도 현실적으로 어떻게 가능한가에 대해서는 구체적인 입장이 없는 것 같습니다. 다시 말하자면, 장래에 그렇게 되어야 한다는 것에 대해서는 공감을 하되 통합의 정당성에 대한 현실감은 결여되어 있다는 지적이 있는 것이죠.

더구나 스페인 보고서를 보면 아주 재미있는 대목이 있습니다. 현재 유럽의 통합 과정에서 '경제유럽'이 '사회유럽'보다 너무 앞서나가고 있다는 말을 하고 있습니다. 여기서 '사회유럽'이란 말은 1989년에 유럽의회에서 고용 문제, 교육 문제, 사회 복지 문제, 훈련 문제, 계층차에 대한 문제 등을 다룬 '사회헌장'Social Charter을 통과시켰는데, 이렇게 유럽통합 과정에서 제기되는 유럽의 제반 사회 문제적 측면을 의미합니다. 이 사회헌장을 마스트리히트 조약에서 채택을 해서 나중에 그것에 대한 선언문까지 나왔는데, 스페인의 산체스란 사람이 제출한 보고서의 얘기는 경제 방면에만 신경을 쓰고 있고 경제 통합이 보다 신속하게 이루어지고 있는 것이 사실이지만 이러한 경제 통합에 부응해야 되는 사회 문제 같은 것에 대해서는 등한시하고 있다는 것입니다. 이런 문제는 여러 군데에서 나옵니다. 가령, 교육 문제에서부터 고용 문제(실업자 문제), 복지 문제, 사회 구조 문제 등에 대해서는 등한시한다는 것입니다. 이러한 사회 문제와 더불어 가맹국들이 세계적인 주요 문제로서 대책이 필요하다고 지적하는 문제들이 많이 이야기되고 있는데, 그중에서 중장기적인 관점에서 볼 때 앞으로 물 부족, 사막화, 식량 부족 등의 세 가지가 중요한 문제로 대두될 것이라고 이야기하고 있습니다. 이러한 문제들과 연관하여 앞으로 아마 아프리카 대륙이 보다 중요해지지 않을까 하는 생각을 하고 있는 것 같습니다. 그만큼 유럽공동체 사람들이 아프리카 대륙에 대해 큰 관심을 가지고 있다는 얘기겠지요.

그럼에도 불구하고 베네룩스 3국을 중심으로 하는 조그만 나라들은 대체적으로 현재 유럽공동체의 정치통합은 대세가 되고 있어서 돌이킬 수는 없을 것이라는 공통된 의견을 가지고 있습니다. 이건 막을 수 없는 조류가 아니겠느냐 하는 식의 일종의 체념 같은 것이 있습니다. 뿐만 아니라 조그만 나라들 같은 경우, 즉 베네룩스 3국, 스페인, 포르투갈, 그리스 등은 유럽공동체를 환영하고 있습니다. 반면에 유럽통합에 대해서 냉담한 것은 아니지만 상대적으로 회의적인 시각으로 보는 국가들은 이른바 대국들입니다. 아직도 민족주의 의식이 강한 독일, 영국, 프랑스 등이 이에 해당하고 비교적 작은 나라라고 할 수 있는 덴마크가 포함됩니다. 그런데 이 덴마크

제9강 현대 유럽연합의 문제와 미래

가 문제입니다. 이것은 덴마크의 역사와 관련된 것인데, 덴마크는 그런 정치적인 대세에 대해서 오히려 부정적인 입장을 취하고 있습니다. 유럽 통합에 대해서 별로 달갑지 않게 생각하고 있는 것이죠. 잘 아시다시피, 덴마크는 마스트리히트 조약에 대한 비준을 할 때에도 부대조건을 내걸었습니다. 유럽시민권European Citizenship을 인정하지 않겠다, 화폐 통합에 끼지 않겠다, 공동 방위에도 참가하지 않겠다는 입장을 표명했었는데, 이러한 것이 모두 덴마크가 가지고 있는 부정적인 입장과 연관된 것이라 볼 수 있습니다.

그런데 유럽공동체 12개국의 보고서를 보고 종합해서 정리하다 보면 현재 민족주의가 무엇을 의미하는가에 대해 의문이 생기게 됩니다. 뭔가 혼돈이 있는 것 같다는 느낌을 지울 수가 없습니다. 왜냐하면, 우리들이 여태까지 상식적으로 알고 있는 민족주의는 국민국가nation-state의 내셔널리즘입니다. 우리는 보통 국민국가에서 국민nation과 민족주의nationalism가 같은 것 내지 비슷한 것으로 생각을 해왔습니다. 그런데, 유럽공동체의 각 회원국의 보고서들을 보면, 네이션 스테이트의 네이션nation과 내셔널리즘nationalism하고는 같지가 않습니다. 내 생각에는 그 보고서에서 나오는 두 용어 사이에는 어딘가 좀 어감의 차이가 있는 것 같습니다. 맨 처음 시간에 내가 네이션에는 두 가지 의미가 있다. 하나는 국민이라는 의미가 있고 다른 하나는 민족이라는 의미가 있는데 민족이라는 용어는 문화공동체적인 성격을 가지고 있고, 국민이라는 용어에는 정치적, 법적 색채가 있다고 이야기했습니다. 그런데 보고서에서 쓰는 그 용어들은 자꾸 혼동이 되어 들어옵니다. 왜 그런가 하면, 여기에는 에스닉 내셔널리즘에 대한 문제도 나오고 그것에 대해서 나라의 국민이라는 의미에서의 네이션이라는 개념도 같이 나오기 때문에 의미의 혼동이 생깁니다. 가령, 지금 에스닉 내셔널리즘으로 인해서 벨기에가 둘(플라망과 왈룬)로 나누어져 있는데, 그래서 비록 둘로 나누어진 국가로 유지되고 있지만 벨기에 국민으로서는 같은 국민입니다. 스위스도 마찬가지입니다. 여러 칸통Canton으로 나누어져 있지만 네이션으로서는 한 네이션이에요. 그런데, 거기에는 이탈리아, 독일, 프랑스 민족 등이 같이 있습니다. 이게 참 혼란을 일으키게 합니다. 아직도 유럽의 12개국을 보면, 내셔널리즘과 네이션 스테이트의 네이션과의 관계가 명쾌하게 규정되어 있지 않다는 사실을 알 수가 있습니다. 자연히 우리도 혼란을 겪게 되죠. 내셔널리즘이란 무엇인가, 네이션 스테이트의 네이션과는 어떠한 관련을 갖고 있느냐 하는 문제가 아마 장차 우리나라 학계에서도 다루어볼 만한 문제인 것 같습니다.

그 다음에 프랑스 사람의 보고서 중에 아주 재미있는 말이 하나 나옵니다. 유럽공동체를 보통 초국가주의supranationalism라고 하는데, 프랑스의 보고서에 의하면 초국가supra-nation라는 말은 적당하지 않고 '메타 네이션 스테이트'meta-nation-state라는 말이 보다 적합하다고 주장하고 있습니다. 왜 메타 네이션 스테이트라는 용어를 쓰는가 하면, 그 개념이 다원적인 정체성pluralistic identity을 가지고 있기 때문에 그렇다는 겁니다. 이건 참 재미있는 암시를 가지고 있는 말입니다. 이 용어가 앞으로 적합한 용어가 될 수 있는 것이, 주권 개념을 가지고 국가에만 정체성을 가지는 것이 아니라 장차 유럽에도 정체성이 생기고 또 자기 나라에 대한 정체성이 생기고, 자기가 소속해 있는 지역에 대한 정체성이 생기는 식으로 다원적인 정체성이 형성될 수도 있음을 시사하기 때문입니다. 그래서 그런 다원적인 정체성에 보다 적절한 것은 초국가주의가 아니라 메타 네이션 스테이트라는 것이죠.

그 다음에 프랑스 측에서 표명되는 견해이기도 하고 다른 나라에서도 나타나는 견해이기도 한데, 독일이 통일된 이후 통일 독일이 유럽의 패권을 장악하지는 않을까 하는 막연한 두려움을 가지고 있다는 것입니다. 그런가 하면, 영국 같은 경우에는 '내 갈 길을 간다'going my way는 독자 노선을 가지고 그대로 가겠다는 입장을 취하고 있습니다. 드골이 말한 바와 같이, 유럽공동체 회원국 중에서 영국은 이단자라고도 볼 수 있습니다. 내 식으로 가겠다는 그런 의식이 팽배해 있다는 보고가 나와 있습니다. 이에 비해 유럽공동체에 대해 가장 호의적이고 동감하는 것은 조그만 나라들입니다. 조그만 나라들은 유럽공동체가 강력해질수록 자기들도 그 강력한 힘의 혜택을 보게 된다는 입장을 취하고 있습니다.

그 다음에 매우 중요한 문제라고 할 수 있는 것이, 중앙집권적인 정부에 대한 지역주의regionalism라는 테마로 나오고 있습니다. 이 문제가 아마 내가 첫 강의에서 말을 했던 에스닉 내셔널리즘에 따른 소국지향성小國指向性과 연관되는 문제인 것 같습니다. 이 문제와 관련하여 먼저 여러 나라들이 '민주주의의 병폐'maladies of democracy에 대해서 얘기를 하고 있습니다. 여기서 민주주의의 병폐라고 할 수 있는 것은, 즉 학자들이 생각해 낸 것이 아니라, 국민들이 생각하고 있는 민주주의의 병폐는 작금에 정치 엘리트들이 서민들의 감정과 떨어져 나왔기 때문에 서민들의 의사를 전혀 반영하지도 않고 또한 정치 제도도 그런 식으로 서민들의 의사와는 상관없이 되어 있다는 것입니다. 가령 선거 제도나 선거법 같은 경우에 일반 서민들의 생각과 정치가들의 생각이 서로 떨어져 있어서 효과적으로 운영되지 못하고 있고 결국 민주주의에 병이 생겼다는 겁니다. 아주 재미있는 입장입니다. 그래서 뭐라고 하는가 하면, 이러한 문제에는 대도시화 문제도 끼어 있는데, 일반 서민들의 입장에서 보면 사실 자기가 사는 고장의 주변에 산재한 사소한 문제들이 더 중요한 반면에 민주주의를 한다고 하는 나라들은 서민들의 생활에서 나타나는 사소한 문제들보다는 오히려 그 사람들의 생활 감정과는 관계가 없는 문제들에 대해서 자꾸만 얘기한다는 겁니다. 다시 말하자면, 공동 사회적Gemeinshaftlich이거나 공동체적communal인 감정과 이익 사회적Gesellshaftlich이거나 집합 사회적인associational 감성 간에 괴리가 생기게 되었다는 것입니다. 나라가 점점 이익사회적인 요소를 띠고 있기 때문에 공동체적인 요소를 띠고 있는 일반 사람들의 기호와 어긋나게 되었다는 겁니다. 우리나라 같은 동북아시아의 조그만 나라에서 생각하는 것과 엄청나게 다르구나 하는 생각이 들 정도로 이러한 문제가 심각하게 다루어지고 있습니다.

그 다음에 국민국가에 대한 의심이 표명되고 있습니다. 아시다시피 국민국가에 포함되는 민족주의라는 개념은, 우리나라 같은 경우에는 특히 그렇지만, 대체로 독일의 19세기 낭만주의 시대의 개념입니다. 민족주의란 과거의 역사, 언어, 관습 등이 합해져서 이루어지는 어떤 정신적인 '얼', 독일말의 민족정신Volksgeisten을 의미합니다. 다시 말하자면, 민족주의는 과거지향적이어서 과거의 전통을 받아 이어오는 것이다라는 식으로 생각해 왔습니다. 그런데 이번 보고서에 보면, 과거 지향적인 민족주의는 모두 자기 고향으로

제9강 현대 유럽연합의 문제와 미래

흩어지려는 경향을 보이기에 유럽 통합을 저해하는 요인으로 작용하기 때문에 향후의 국민국가에서의 민족주의는 그렇게 해석할 것이 아니라 미래에 공동 운명을 공유하려는 것으로 적극적으로 생각해야 한다고 이야기하고 있습니다. 다시 말하자면, 공동의 관념, 공동의 이해, 공동의 애정, 공동의 희망 등으로 뭉쳐진, 장래에 대한 공동 운명 같은 민족주의가 되어야 한다는 것입니다. 우리나라 같은 입장에서 보면, 민족주의에 대한 해석은 참으로 놀라운 면이 있습니다. 아시다시피 한국 민족주의는 기본적으로 저항 민족주의로서 과거의 일제에 대해서 저항하는 것이었기 때문에 과거 지향적인 것이었습니다. 그러나, 유럽공동체의 경우에는 민족주의가 과거 지향적이어서는 유럽 통합의 저해 요소로 작용하게 되니까 정치적 통합을 위해서는 보다 미래 지향적으로 바라보아야겠다는 것이죠. 공동의 관념, 공동의 이해, 공동의 애정 등을 통해 만들어지는 장래에 관한 운명 공동체가 곧 새로운 민족주의라는 얘기를 하고 있습니다. 그렇게 이야기하면서도 동시에 전지구적인 단일 문화monoculture로서 각국의 다원성national diversity을 저해하는 것에 대해서는 반대한다는 입장을 취하고 있습니다. 서로 뭉치기는 하되 각기 고유의 속성이나 가치는 가지고 있어야 한다는 얘기입니다.

코헤인과 호프만이 공동 편집한 《신유럽공동체》 New European Community에서 유럽공동체의 현재 기구에 대해 '주권의 공유' sharing of sovereignty라는 주장을 했는데, 이 보고서에는 이와 비슷한 얘기들이 많이 나옵니다. 그러면서 동시에 회원국들의 보고서를 보면, 사람이라고 하는 것은 아무리 그래도 과거와 떨어질 수 없다는 것을 알 수 있습니다. 회원국들의 과거에 있었던 유대 관계에 대한 얘기들이 여러 번 나오고 있고 그것 때문에 유럽공동체의 통합이 퍽 어렵다는 얘기가 나오고 있습니다. 아까도 말했습니다만, 프랑스 같은 경우에는 아프리카 구식민지, 특히 마그레브 지방(지금 알제리나 튀니지 같은 지방) 사람들과의 유대 관계를 끊을 수 없다는 입장을 취하고 있습니다. 준회원 지위를 인정하는 제휴 협정을 맺었던 나라들이 대부분 구식민지였던 나라라는 점에서도 알 수 있듯이, 과거의 유대 관계를 끊을 수 없다는 것을 강조하고 있는 것입니다.

또 독일의 경우에는 역사적인 유대가 있는 동유럽과의 관계를 끊을 수 없다는 문제가 제기되고 있습니다. 독일은 유럽과 동유럽은 서로 끊을 수 없는 관계라고 이야기하면서 동유럽을 빨리 유럽공동체에 넣자는 것을 가장 강력하게 주장하고 있습니다. 더군다나, 영국 같은 나라는 구식민지도 그렇지만 미국과 캐나다, 그리고 오스트레일리아나 뉴질랜드와의 관계를 끊을 수가 없다고 주장합니다. 오늘 아침(1993. 6. 9) 《헤럴드 트리뷴》지를 보니까 영국의 상원에서 마스트리히트 조약 비준에 대한 토의가 이번 월요일부터 상정되어 시작된다고 하는데, 비준을 반대하는 측에서 캐시라고 하는 사람이 《헤럴드 트리뷴》지 기자와 인터뷰하기를 이번 마스트리히트 조약이 영국으로서는 백해무익하고 기존에 유지해 온 미국과 떨어질 수 없다고 노골적으로 이야기하고 있습니다. 이러한 입장은 영국의 보고서에서도 잘 나타나 있습니다. 말하자면 영국과 미국, 캐나다, 오스트레일리아, 뉴질랜드 등과의 관계는 다른 영연방 국가와는 달리 서로 떨어질 수 없는 것이기 때문에 영국은 영국 나름대로의 길을 가겠다는 것입니다. 그리고 스페인이나 포르투갈의 경우에도 남미와 떨어질 수 없다는 입장을 표명하고 있습니다. 포르투갈은 브라질, 스페인은 아르헨티나 등과 떨어질 수 없다는 것이죠. 그래서 이러한 나라들과 과거 관계를 계속 유지할 수 있는 어떤 유대를 가져야 한다는 것을 주장하고 있습니다.

이와는 반대의 경우가 그리스입니다. 그리스는 적국에 의해 둘러싸여 있다는 문제를 제기하면서 특히 터키와의 관계를 고려해야 한다고 주장합니다. 그런 의미에서 안보의 문제가 가장 중요하다고 말하고 있습니다. 그런가 하면, 덴마크는 노르웨이나 스웨덴과 떨어질 수 없다고 이야기합니다. 스칸디나비아 반도 국가들이 모두 유럽공동체에 들어오면, 자기들은 유럽공동체 내에서 5개 나라로 뭉쳐 활동할 수가 있다는 얘기를 하고 있습니다. 이러한 현상을 보면, 우리나라에서 가끔 집단 이기주의에 대해 얘기하듯이 이기주의들이 대단하다는 것을 알 수 있습니다. 스칸디나비아 국가들이 전부 유럽공동체 회원국이 된다면, 자연 덴마크에게 아주 유리한 상황이 되는 것이죠. 이에 비해서 조그만 나라들, 즉 베네룩스 3국들과 같은 나라들은 유럽중심주의Eurocentrism를 주장하고 있는데, 다른 나라들을 자꾸 집어넣으려고 하지 말고, 더군다나 터키도 들어오겠다고 하는데, 이런 것은 다 쓸데 없는 것이고 유럽 중심으로 하자는 입장을 강력하게 나타내고 있습니다. 말하자면, 알짜 유럽주의자들인 셈입니다.

그런데 최대의 문제는 요전 시간에 얘기했던 '보완성의 원리'principle of subsidiarity입니다. 마스트리히트 조약에서 채택된 이 보완성의 원리라는 것은 원래 유럽의회에서 했었던 조약 12조에 나오는 것을 마스트리히트 조약 3조 B항으로 집어넣은 것입니다. 구체적으로 이 보완성의 원리가 어떠한 내용을 포함하고 있는가는 매우 모호한데, 보고서에 나와 있는 해석들을 참조하면 대체로 서너 가지로 해석될 수 있습니다. 그 하나가, 초국가적인 문제와 국민국가 차원의 문제 사이에 경계를 설정하는 원칙으로 해석하는 것입니다. 또는 보완성의 원리를 유럽공동체 공공 시장력에서의 분담을 중재하는 수단으로 간주하기도 합니다. 또 어떤 사람들은 국가주의자들nationalists이 자국의 이익을 보호하기 위한 방위 정책을 쓴 것이라고 해석하고 있습니다. 또는 어떤 나라나 혹은 지방local, 지역의 독립성을 유지하기 위한 원칙이다라는 해석을 하고 있습니다. 솔직한 얘기가 이 원칙은 아주 광범위한 해석을 가능하게 하는 원칙입니다.

그래서 유럽공동체의 보고서를 보면, 유럽공동체가 정치 통합이 되는 경우 그 정치 형태가 국민국가 형태를 취할 것이라고 생각하는 사람들도 있습니다. 즉, 지금의 근대국가와 같은 형태로 될 것이라고 생각하는 사람들도 있는데, 미국이 국가연합에서 연방으로 가는 과정을 거쳤듯이 연방국가 형태로 될 것이라고 생각하는 사람들도 있습니다. 그러나, 다수의 의견은 국민국가가 아닌 새로운 형태라고 하는 사람들의 견해입니다. 이 다수 의견을 정당화하는 가장 기본적인 원리가 바로 이 보완성의 원리입니다. 다시 말하자면, 보완성의 원리는 유럽공동체가 한 나라 체제로 나아갈 것이라는 견해에 제동을 거는 원칙인 것입니다.

한 보고서에 의하면, 지금 이 유럽공동체 통합에서 나오는 국가연합의 형태라고 하는 것은 유럽의 기존 정치 형태를 개혁하자는 것이 아니라 새로운 어떤 정치 형태를 실험하는 것이라고 합니다. 이런 주장을 하는 사람들이 몇몇 있는데, 우리에게 흥미를 불러일

제9강 현대 유럽연합의 문제와 미래 | 319

으키는 것은 바로 이러한 견해를 주장하는 사람들입니다. 다시 말하자면, 지금 유럽의 통합이라고 하는 것은 단순히 옛날의 국가 제도를 고치려고 하는 것이 아니고 역사상 새로운 형태를 실험하고 있다는 것입니다. 새로운 실험의 내용은 주권을 공유하거나 공동이해를 유지하면서 동시에 각국의 정체성을 그대로 지속시키고 그러면서도 연대성을 강화하여 유지한다는 것인데, 자국의 정체성을 가지고 있으면서 동시에 이와 정반대되는 연대력을 강화시키는 그런 독특한 형태의 실험을 하는 것이라는 얘기를 하고 있습니다.

그런가 하면, 국제정치학자로서 흥미로운 부분이, 유럽공동체 회원국 사이의 '형평성'equilibrium입니다. 이것이 왜 중요한가하면, 회원국 간에 형평성을 유지하지 못한다면 대국들이 소국들을 마음대로 하게 되는 일종의 패권주의가 생성되기 때문에 그렇습니다. 따라서, 세력균형balance of power이 아주 중요한 문제로 부각됩니다. 여러 나라 사이에 세력균형이 있지 않으면 종국에는 패권주의가 발생하게 되는데, 이러한 상황이 초래되지 않도록 아주 조심해야 된다는 것입니다. 이것은 아주 중요한 국제정치적인 의미가 있습니다.

지금 유럽공동체의 회원국은 12개국입니다. 그런데, 기존의 유럽공동체 회원국들은 유럽공동체에 새로운 회원국이 가입하여 유럽공동체가 '확대'widening, enlargement되는 경향에 대해서 우려를 표시하고 있습니다. 가령 유럽공동체에 유럽자유무역연합European Free Trade Association 6개국이 들어오면 18개국이 되는데, 그렇게 되는 경우에 아시다시피 각료이사회가 집행위원회 각 회원국 외상 18명을 포함해서 총 19명이 되고 마찬가지로 유럽이사회European Council에서도 19명이 되는데, 이렇게 사람 수가 많아지게 되면 어떻게 관리를 잘 할 수 있겠는가 또는 어떻게 조절을 할 수 있겠는가 하는 우려 섞인 얘기를 하고 있습니다. 나아가 지금처럼 새로운 회원국을 계속 받아들이고 독일이 주장하는 바와 같이 동유럽 국가들을 포함한다면, 유럽공동체 회원국이 수십 개의 나라가 되는데, 수십 국이나 되는 회원국을 어떻게 관리할 것인가라는 문제에 대해 걱정과 우려를 표시하고 있습니다. 다시 말하자면, 장차 유럽공동체 회원국이 18개 나라가 될 가능성이 많은데, 유럽공동체의 확대가 이대로 계속 된다면 앞으로 이를 어떻게 관리할 수 있겠는가 하는 문제입니다. 사실 유럽공동체의 확대 문제는 중차대한 문제입니다. 현재 역내 안전 시장을 넓히자는 욕망과 그에 따른 경영, 관리상의 문제를 유럽공동체의 여러 나라가 제기하고 있습니다. 큰 나라는 큰 나라의 이익 때문에 자꾸만 집어넣으려고 하는 반면에 조그만 나라들은 이러한 추세가 아주 불안한 모양입니다.

또 하나 중대 문제로 내놓고 있는 것이 남북 문제입니다. 그런데, 남북 문제에는 두 가지가 있습니다. 보고서에는 그 두 가지에 대해서 모두 논하고 있는데, 하나는 세계적인 남북 문제에 관한 것이고 또 하나는 유럽공동체 내의 남북 문제에 대한 것입니다. 첫 번째 남북 문제는 이 시간의 중요한 사항이라고 할 수 없기 때문에 논하지 않기로 하고, 두 번째 남북 문제라는 것은 북쪽에 있는 부유한 베네룩스 3국, 프랑스, 독일 같은 나라에 대해서 남쪽 지방에 있는 이탈리아, 스페인, 포르투갈과 같이 경제적인 소득이 조금 처지는 나라들 사이에 발생하는 갈등 문제를 말합니다. 이것이 장차 큰 문제가 될 것이라 생각됩니다. 현재 남쪽의 못사는 나라들은 유럽공동체의 재정을 크게 해서 자기들에 대한 보조금을 크게 할 것을 요구하고 있는 반면에 북쪽의 부유한 나라들은 도저히 지금 상태로서는 예산을 늘릴 수 없다는 입장을 취하고 있습니다. 독일과 같은 경우 기왕에는 돈을 많이 낼 수 있는 나라로 여겨졌는데, 통일 독일이 된 이후에 소위 '통일 비용'으로 돈이 많이 들어가기 때문에 유럽공동체에 내놓을 돈이 없다고 주장하고 있습니다. 또한 영국과 프랑스도 실업자 문제 때문에 그런 돈을 낼 수가 없다고 합니다. 북유럽의 부강한 나라들 경우에도 저축률이 낮기 때문에 도저히 돈을 내기가 어렵다고 그럽니다. 뿐만 아니라 지금 유럽의 통화 통합을 위해서 몇 가지 기준에 맞추어 각국들이 재정을 줄이도록 되어 있습니다. 그렇게 재정을 줄이면서 어떻게 돈을 내놓을 수가 있느냐의 문제가 제기되고 있습니다. 이렇게 부유한 나라들이 돈을 낼 수 없다고 하는 상황은 남방에 있는 조그만 나라들이나 좀 어려운 나라들의 입장에서 보면 상당히 곤란한 문제입니다. 경제 통합을 하고자 한다면 유럽 내 규격을 같이 하고 그렇게 하기 위해서 기술 원조도 해주어야 하는데, 부유한 나라들이 그렇게 해주지 못하게 되니까 갈등이 생깁니다. 이것이 알력이 돼서 예산의 문제로 나오고 있습니다.

 그 다음에 방위 문제가 또 나오고 있습니다. 방위 문제는 모호하기 짝이 없는 문제입니다. 요전에도 말씀드렸습니다만, 마스트리히트 조약 제5장에서도 공동 외교 정책, 공동 안보, 그리고 장차 공동 방위로 가는 것이라고 되어 있는데, 이게 참 막연하기 짝이 없습니다. 요전에 잠깐 서유럽동맹 문제나 나토 문제에 대해서 얘기한 부분에서도 나온 바와 같이, 지금 현재 유럽의 방위 문제는 매우 막연한 감이 있고 나라들마다 그 입장에 편차가 있습니다. 그리스 같은 나라는 방위 문제가 아주 절실한 국가 중의 하나입니다. 그리스 북부에 위치한 마케도니아라고 하는―옛날에 알렉산더가 나온 마케도니아가 아니라―나라 이름을 가진 나라가 지금 공식 나라 이름으로 인정하라고 요구하고 있는데, 그리스는 자기의 역사상 감정 때문에 인정할 수 없다고 주장하고 있습니다. 그런데 이러한 문제뿐만 아니라 그리스 문제는 유고 민족 문제와 얽혀서 매우 복잡한 양상을 띠고 있습니다. 마케도니아 바로 위에는 코소보라는 지방이 있는데, 이 지방은 알바니아 사람이 90%로 압도적인 다수이고 이들이 대부분 이슬람교도입니다. 지금 보스니아의 세르비아 계통이 이 코소보 지방에 대해서 자기들의 성지라고 해서 점령하려고 하는데, 그러면 알바니아 사람들이 많이 살고 있는 마케도니아를 자극할 수밖에 없고 따라서 마케도니아가 개입되면 곧 그리스가 가만히 있을 수 없게 되기 때문에 그리스가 방위 문제로 골치가 아픈 상황인 것입니다. 뿐만 아니라 겉으로는 전혀 내색을 하지 않으면서 은근히 문제가 되는 것이 바로 프랑스와 독일 간의 문제입니다. 이것은 말하자면, 프랑스의 입장에서 보면 통일된 독일을 견제하기 위해서는 이에 대한 어떤 방위 조치가 필요하다는 것이죠. 이 문제도 슬그머니 대두하고 있지만 아직은 가시화될 가능성은 보이지 않고 있습니다.

그 다음에 현재의 유럽공동체 조직 전반에 대해서 불만을 가지고 이런 식의 '주권 공유'sharing of sovereignty의 조직체가 아니라 과거의 국가연합식으로 정부간주의로 가는 것이 더 효과적이지 않겠는가라고 주장을 하는 사람들도 비록 소수이지만 있습니다. 그들은 그냥 정부간주의라고 하지 않고 준정부간주의quasi-intergovernmentalism, 즉 국가연합으로 가면 어떻겠느냐 하는 의견을 제시하고 있습니다. 사실 프랑스의 미테랑 대통령도 이와 비슷한 생각을 가지고 있는 것 같습니다. 그가 행한 연설 중에 여러 번 '유럽국가연합'une Confédération Européenne이라는 말이 나오는 것을 알 수 있습니다. 국가연합이라는 것은 기본적으로 주권이 그 구성국에 있고 중앙체라고 하는 것은 정부간주의입니다. 미테랑의 경우에도 이러한 것을 생각하고 있는 것인지도 모르겠습니다. 미테랑이 자세하게 이에 대해 부연 설명을 하지 않아서 자세히는 모르겠지만 어감이 그런 것을 풍기고 있습니다. 이러한 국가연합과 같은 정부간주의을 주장하는 나라들도 있습니다.

지금까지 유럽공동체의 12개 회원국과 기업가 단체들의 보고서에서 정치 방면에 관한 내용 중에 우리가 관심을 가질 만한 문제들에 대해 정리해서 이야기했습니다. 그렇다면 이러한 문제들을 경제 부문과 관련하여 본다면, 우선 역내 경제 문제, 특히 역내 시장의 문제에 대해서는 이미 기정사실로서 인정하고 있습니다. 현재 유럽 공동체의 장기적인 미래는 정확하게 점칠 수는 없지만 현재와 가까운 미래에 역내 시장의 완성이라는 것은 돌이킬 수 없는 사실인 것 같습니다. 그것에 대해서 의문을 품고 있지는 않습니다. 다만, 구체적으로 어떻게 역내 시장을 이룩할 것인가라는 기술적인 문제에 대해서 논하고 있습니다. 먼저 규격을 어떻게 하느냐의 문제가 있는데, 이 문제가 아주 복잡합니다. 가령, 영국에서는 플라스틱 사용을 허용하고 있지만 독일에서는 플라스틱 사용을 금지하고 있습니다. 이런 경우 어떻게 단일화할 것인가라는 규격 문제가 매우 복잡합니다. 그러나 이러한 문제들은 기술적인 문제이고, 보다 넓은 안목에서 역내 시장 완성에 대해서는 의심을 하지 않고 있습니다. 뿐만 아니라 역내 시장과 연관된 시장, 즉 준회원국과의 제휴 협정 associated treaty에 의해서 확보된 시장에 대해서도 의문을 표시하지 않고 있습니다. 물론 갈퉁Johan Galtung의 비판과 같이 이러한 제휴 협정이 구조적인 예속 관계인지도 모르겠지만, 아무튼 제휴 협정에 의한 시장 문제는 지금 현재 기정사실로 보고 있습니다.

따라서, 현재 유럽공동체는 마스트리히트 조약이 완전히 달성되어 화폐 통합이 이루어질 때까지는 역내 시장을 유럽의 안정된 시장으로 보고 있는 것이 확실합니다. 그런 의미에서 나는 유럽의 경우를 예로 해서 현재 '국제안정시장'이라는 새로운 개념이 나왔다고 생각합니다. 아마 지금 동북아 지역, 동남아 지역, 미주 지역에서 유럽의 국제안정 지역을 모델로 하여 국제안정 시장지역을 만들려고 노력할 것입니다. 사실, 지금 그렇게 되고 있습니다. 신문에서 현재 세계 시장이 미국과 일본과 유럽으로 분할되어 있다고 보도하는 것은 잠재적으로 이러한 추세에 대해서 얘기하고 있는 것입니다. 다만, 유럽의 경우에는 모델로서 안정시장이 생겼지만, 미국이나 일본은 아직 안정시장이 생기지 않았고 그 경제력을 바탕으로 그런 시장화를 꾀하고 있는 중입니다. 유럽적인 모델이 생긴 이상 자연히 이를 따라가려고 하는 노력이 있을 것인데, 현재로서는 북미자유무역지대NAFTA가 제일 열심히 유럽 모델을 따라가려고 하는 것 같습니다. 그런 의미에서 말하자면, 유럽의 경우가 국제 모델로서 새롭게 생긴 것으로 생각됩니다.

다만, 현재에는 화폐통합 단계에는 아직 이르지 못하였습니다. 그것은 2000년대에 가서야 비로소 알 수 있을 것 같습니다. 원래

제9강 현대 유럽연합의 문제와 미래

계획으로는 1996년까지 화폐통합이 이루어져야 한다고 예정되어 있는데, 지금 벌써 1년이 연기가 됐습니다. 화폐통합은 각국마다 여러 가지 복잡한 사정이 있어서 계획대로 성취하기가 상당히 힘들 것으로 예상됩니다. 좀더 솔직하게 이야기한다면, 시작부터 마스트리히트 조약이 아직 비준이 안 돼서 화폐통합이 원만하게 될지 의문입니다. 규정에 의하면, 1996년에 마스트리히트 조약의 내용을 재검토한다고 되어 있습니다. 따라서, 1996년이 되어 봐야 성패의 전망이 서게 된다는 말이 됩니다. 지금 사정을 보아서는 결코 낙관적이라고 할 수 없는 측면이 많습니다. 그러므로 화폐 통합 단계까지 가는 것이 다른 지역에 대해서 모델로 작동할지는 아직 미지수입니다. 그러나, 아주 장기적으로 보는 경우에는, 2010년 이후까지 보는 경우에는 그 가능성이 있습니다. 현재는 1970년대의 유럽과 같이 아주 나쁜 분위기에 있는데, 따라서 지금 유럽공동체 발전에 있어서 정치 통합은 물론 경제, 화폐 통합도 진척이 잘 안 되고 있는 상태이지만, 이것이 어느 단계에 가서 또 충격을 받거나 혹은 어떤 자극을 받거나 또는 자체 경제가 나아지면, 유럽 통합이 다시 한 번 비약할 것으로 보입니다.

방금 말했습니다만, 유럽공동체 통합의 오랜 역사에서 이제 겨우 역내 시장 완성의 단계에 왔는데, 통화 통합의 단계에 이를지 이르지 못할지는 현재로서는 전망할 수 없고 2000년대에나 가봐야 알 수가 있을 것 같습니다. 그렇다면 정치 통합은 어떻게 되겠는가? 앞에서도 말했지만, 민족주의적 반발들이 심해서 쉽게 될 것 같지가 않습니다. 다만, 보고서에서 하나 공통된 것은 아주 장기적으로 볼 때 정치 통합이 대세를 이루고 있다는 사실입니다. 결국 정치 통합이 이루어질 것이라는 분위기 자체를 막을 수가 없다는 것에 대해서는 일치하고 있습니다. 아주 장기적인 관점에서 유럽 통합에 대하여 낙관론을 가지고 있습니다. 그런데, 우리가 정치라고 하는 각도에서 볼 때, 근대국가가 17세기 이후로, 물론 근대국가의 시발을 16세기 이전이나 16세기로 잡는 학자들도 있지만 구체적으로 근대국가의 형태를 띠고 나온 것은 17세기라고 볼 경우, 지금까지 300년 동안을 지속해 왔는데, 근대국가의 등장이 한꺼번에 유사한 형태로 이루어진 것이 아니라 프랑스와 같은 곳에서 먼저 시작되어 그 다음에 동시에 여러 군데에서 나타났고 이것이 전세계로 전파되어 지금처럼 보편화되었지만, 지금도 근대국가의 형태를 완전히 취하지 못한 나라가 얼마든지 있고, 우리나라와 같은 경우에도 민족주의의 각도에서 보면 엄격한 의미의 국민국가라고 할 수 없을 것 같습니다. 그런 각도에서 지금 유럽공동체에서 보이는 여러 정황들이 장기적으로 대세로 나간다면, 이것이 과거 서구에서 발생한 근대국가체제와 같이 새로운 모델이 될 가능성이 있습니다. 이 문제를 가지고 지금부터 마지막 결론을 내리도록 하겠습니다.

역사는 참 재미있는 것이라는 생각이 듭니다. 역사상 300년 동안 국민국가 중에 가장 완전한 것이 단일국가라고 생각해 왔고 그것보다 조금 떨어지는 것이 연방이고 제일 떨어지는 것이 국가연합이라고 생각해 왔습니다. 따라서 유럽의 300년 역사를 회고해 보면 국가연합이었던 나라도 연방을 거쳐 단일국가로 전환하였거나 혹은 단일국가에 가까운 연방으로 전환되어 왔습니다. 그렇기 때문에 전에도 말했지만, 혹자는 연방이라는 것은 단일국가로 가는 과정이라고 간주하기도 하였습니다. 그런데, 재미있는 것은 지금 유

제9강 현대 유럽연합의 문제와 미래

럽공동체에서 나오는 과정을 보면, 역사가 거꾸로 역전되는 것 같은 인상을 줍니다. 아마 향후 100년 단위를 생각하면, 단일국가에서 연방을 거쳐 국가연합으로 전환될 것 같은 느낌이 듭니다. 그 과정이 유럽공동체에서 나오는 여러 가지 문제에서 암시되고 있는 것 같은 생각이 드는 것이죠.

보통 우리가 근대국가라고 하는 것은 국민국가를 지칭하는 겁니다. 첫 시간에서도 이야기했지만, 국민국가라고 할 때의 국민은 민족이라는 말과 좀 다르다고 설명했는데, 그런 의미에서 국내적으로는 국민국가라고 할 수 있고 대외적으로는 민족국가로, 시대적으로는 근대국가라고 할 수 있습니다. 근대국가에는 두 가지 면이 있는데, 하나는 민족주의에 의한 내셔널 스테이트의 요소가 있고, 다른 하나는 이익 사회적인associational 요소가 있습니다. 원래 민족주의라고 하는 것은, 독일적인 과거 지향적 민족주의 개념에서도 나옵니다만, 두레사회적인 성격을 가진 것이었습니다. 두레 사회와 같이 혈연까지 가지는 않는다고 하더라도 오손도손 기분이 통하고, 말이 통하고, 습관이 통하고, 그래서 살기에 어딘지 심정적으로 편한, 그런 두레사회적 요소가 민족주의에는 있습니다. 단순히 국민국가가 아니라 '민족주의적' 국가라고 하는 경우에는 두레 사회와 같이 모여 있는 경우를 말하는 것이고 그런 예가 지금 많이 있습니다. 우리나라도 아직 근대국가가 안 되었다고 생각하는 경우에, 이는 남북이 같은 민족이니까 피가 통하고, 감정도 통하고, 마음이 서로 편하고, 언어도 같은, 그런 사회가 되어야 하는 것이라고 상상을 하고서는 이에 비해서 지금 아직 근대국가도 안 되지 않았나 하는 얘기를 했던 것입니다. 왜 그러냐 하면, 국민국가라고 하는 경우에는 공동체적communal이고 공동사회적Gemeinshaftlich인 그런 면이 있기에 그렇습니다.

그런데 이제는 유럽같이 그러한 근대국가적인 요소가 먼저 나타났고 가장 발달한 지역에서 여러 나라들이 지역주의regionalism를 요구하고 있습니다. 다시 말하자면, 기왕의 이익 사회적인 사회, 즉 옆에 살아도 누군지도 모르고 사는 그런 대도시적인 사회에서부터 지방주의localism 또는 지역주의같이 서로들 알고 지내고, 문제도 다 비슷하고, 피가 통하는, 서로 체감할 수 있는, 그런 어떤 사회로 가고 싶다는 것을 요구하고 있는 것입니다. 반면에, 이 국민국가 중에는 현대 경제의 기술사회적인 요소가 있어 경제 단위나 시장 단위 문제로 인해 이러한 기술사회적인 요소를 극대화하려는 경향이 있습니다. 다시 말하자면, 이러한 기술사회적인 요소는 이익사회적인 요소라고 할 수 있습니다. 최근에 제기된 '기술적인 이익사회'라는 것도 기술이 현재 시장 확대, 생산 확대의 한 요소가 되고 있는 현실을 반영하고 있는 것입니다. 그런 기술사회, 시장사회, 자본주의사회라고 하는 것은 근대국가의 이해에 중심한 이익사회적인 associational 측면, 독일말로 하면 게젤샤프틀리히Gesellshaftlich한 면을 대표하고 있는데, 그런 측면이 지금 점차 분열되어 가고 있는 것 같습니다.

가령, 국민국가의 한쪽에서는 울트라내셔널려즘ultranationalism이라고 부를 정도로 초국가적인, 메타 네이션 스테이트적인 요소로 가려고 하는 면이 나오는데, 이것이 현재 유럽공동체의 한 면인 것 같습니다. 말하자면, 초국가적이거나 혹은 가능하다면 전지구적인 규모의 경쟁력, 전지구적인 규모의 시장을 나누어 가지려고 하는 경향, 즉 전지구적인 규모의 시장을 그대로 유지했으면 좋겠지만 나라 사이의 이익과 사회의 이익 때문에 그 시장을 서로 쪼개 가지려고 하면서도 서로 뭉치려고 하는, 즉 이해 중심의 큰 광역 체제로 만들려고 하는 요소가 있는 것 같습니다. 그런가 하면, 사람들이 이해 중심의 이익사회 체제에 견디지를 못해서 고독을 느끼고 오손도손한 다정함을 서로 느끼지 못하게 되는 발전된 이익사회로부터 탈피하여 좀 편하고 다정하며 자기 일상생활적인 그런 느낌을 회복하려는 경향이 지역주의로 나타나고 있는 것 같습니다.

지금 내가 보건대, 유럽공동체의 아주 재미있는 면이 이런 분열의 양상과 연관되어 있는 것으로 보입니다. 지금 현대 사회는 우선 이해 중심의 광역사회로 나아가려는 경향이 있어 이것이 전지구적으로 사회화되고 있고, 반면에 지역주의는 그것에 대해서 협소한 지역사회로 가려고 하는 요소로서 인간이 가지고 있는 육체의 한도, 감각의 한도 내에서의 조그만 어떤 일상생활적인 사회로 가려고 하는 경향을 나타내고 있습니다. 이러한 분열 양상은 바로 장차 미래의 국가 형태, 정치 형태를 암시해 주는 것이 아닌가 하는 생각이 듭니다. 다시 말하자면, 현대는 아직 근대국가의 시대로서 앞으로 근대국가 시대의 장래를 볼 때, 과거에 국가연합에서 연방, 단일국가체제로 나아간 것과는 거꾸로 단일국가체체에서 연방, 국가연합으로 나아갈 것 같은데, 그 진전되는 과정에서 지금의 유럽공동체에서 나오는 주권의 공유 sharing of sovereignty 같은 현상이 나타난 것이죠. 그래서 근대국가를 중심으로 보는 경우, 이익사회적인 광역국가, 광역정치 집단으로 가려고 하는 요소가 강하게 작용하는 것이 바로 유럽공동체의 초국가적 경향이고, 한편 12개 나라의 보고서에 나와 있는 지방주의localism로 가려고 하는 요소가 있어서 이러한 양 경향이 공생하는 식으로, 100년을 기준으로 보는 경우에는, 가지 않나 하는 생각이 듭니다.

원래 민족주의라고 하는 것은 정치적으로 말할 때에는 근대국가, 혹은 국민국가의 이데올로기였습니다. 그 이데올로기로서의 민족주의가 지금 근대국가의 어떤 생을 마치는 과정에서 서서히 끝나가는 것 같습니다. 근대국가의 시대에서 민족주의는 적극적인 역할을 했습니다. 민족주의가 개입됨으로 말미암아 근대국가체제가 온전한 형태를 갖게 되고 명분(정당성)을 부여받을 수가 있었던 것입니다. 네이션이라고 하는 것 자체가 정당성이었습니다. 요전에도 얘기했지만, 우리가 미국의 헌법을 얘기했을 때 "We, the people of the United States"라고 되어 있는데, 여기에서 피플이라고 하는 것은 국민이라는 의미이고 미국 헌법 토론 과정에서 메디슨 같은 사람은 네이션이라는 말을 그대로 쓰고 있는데, 그때 바로 이 네이션이라는 관념 자체가 근대국가에 명분을 주었다고 볼 수 있습니다. 그런 의미에서 민족주의는 네이션이라는 명분을 부여하여 근대국가체제를 정당화한 근거라고 할 수 있습니다.

그런데 민족주의를 놓고 100년 단위로 미래를 내다보고 유럽공동체의 과정을 거울삼아 볼 것 같으면, 민족주의는 지금 현재진행되고 있는 분열의 양 경향에서 모두 부정적인 요소로 작용하고 있는 것 같습니다. 유럽 통합과 같이 초국가supranational state로 가는 과정에서 민족주의는 긍정적인 역할을 하는 것이 아니라 부정적인 요소, 즉 명분을 주는 근거가 아니라 명분을 깨뜨리는 근거가 되고 있습니다. 지역주의로 가려고 하는 사회에 대해서도 민족주의는 역작용, 부정적인 역할을 한다고 볼 수 있습니다. 다시 말하자면, 과거 300년 동안 역사상 국민국가의 명분으로서 중요한 역할을 했던 민족주의가 이제는 명분을 다해서 장차 새로 나오는 초국가적인 형태의 집단에 대해서도 부정적인 역할을 하고, 또 지역주의라는 조그만 집단으로 가려고 하는 그런 어떤 독특한 움직임에 대해서도 부정적인 요소로 작용하고 있는 것입니다. 그것을 우리가 느낄 수가 있습니다.

가령, 우리가 지금 있는 동북아 지역은 세계에서 단일 민족주의적인 관념, 단일 민족으로서 겪어온 역사적인 사실이 아니라 단일 민족주의적인 국민의식을 가진 가장 큰 나라들이 있는 지역입니다. 다른 지역에서는 이렇게 골치 아픈 나라들이 없습니다. 옛날에는 인도네시아나 인도와 같은 나라들을 보고 민족이 하도 많으니까 골치 아플 거라고 했는데, 그러나 나는 오히려 그렇기 때문에 강력한 힘이 필요할 것이라고 생각합니다. 민족이 많은 후진국은 강력한 힘이 필요합니다. 그런 나라들은 국민국가의 네이션에 대한 명분이 없기 때문에 힘으로 누르는 수밖에 없었습니다. 영국 같은 나라도 그렇습니다. 영국의 웨일즈, 스코틀랜드, 북아일랜드가 지금 분열하려고 하는데, 이를 억제하고 서로 붙어 있게 만드는 것은 사실 강제력밖에 없습니다. 만일 강력한 강제력이 없어진다면, 언제 독립국으로 나갈지 모르는 일입니다. 지금 북아일랜드의 독립 문제가 골치 아픈 것이 바로 이러한 이유에서입니다. 마찬가지로 벨기에에 왈룬하고 플라망이 서로 연방체제로 묶여 있음에도 불구하고 언제 서로 분리해서 독립할지 모르는 상태에 있는데, 지금까지 서로 분리하지 못하였던 것은 힘으로 눌러왔기 때문입니다. 지금 체코슬로바키아도 그렇습니다. 독립하려는 것을 힘으로 누르지 않으니까 서로 분리되어 제각기 나름대로의 국가를 세우게 된 것입니다. 그런 의미에서 국민국가에게 다민족이라고 하는 것은 골치가 아픈 문제였습니다. 그래서 인위적으로 다민족을 단일 민족주의화하려고 다민족주의를 내세울 수도 있습니다. 중국 같은 경우에도 5대 다민족사회라고 하는데, 사실 소수 민족이 한 수십 개 됩니다. 그러나 중국같은 경우는 특수한 경우입니다. 단일 민족을 가지고 있는 인구수가 압도적으로 크기 때문에 이것은 문제가 되지 않습니다. 전체 11억 인구에 대해서 소수 민족이 몇 천만 정도밖에 안 되기 때문에 별로 문제가 되지 않았던 것입니다.

그런데 우리로서는 골치가 아픈 문제가 있습니다. 지금 100년을 내다보는 장기적인 관점에서 볼 때, 동북아 지역은 유럽 지역과 같이 초국가주의로 가기에는 너무 민족국가적인 요소가 강하기 때문에 이러한 단일 민족주의적인 요소가 저해 요인으로 작용할 수 있다는 문제입니다. 한국을 비롯해서, 우리나라에서는 민족주의가 나쁘다고 얘기했다가는 큰 변을 당할 겁니다. 중국과 일본 모두 단일 민족주의적인 요소가 강해서 초국가주의로 나갈 수 있는 여지가 거의 없습니다. 그러면 스위스같이 지역주의로 나갈 수 있는가 하면, 그것도 안 됩니다. 지금 남과 북이 이렇게 체제가 다름에도 불구하고 서로 하나가 되자고, 통일되어야 한다고 하는 분위기에서 지역주의를 받아들여 경상도끼리 떨어지자, 전라도끼리 떨어져야 되겠다는 말을 하면, 아마 제 명에 못 죽을 겁니다. 이렇듯 100년 후를 내다보는 경우에, 동북아 지역에서는 지역주의로 가는 것에 대해서도 초국가주의로 가는 것에 대해서도 부정적입니다. 새로운 움직임에 저항적인 단일 민족주의가 가장 센 국가들이 동북아에 집결되어 있는 겁니다. 세계에서 동북아처럼 단일 민족주의를 신봉하는 세 나라가 한 곳에 집결되어 있는 곳이 없습니다.

이것이 참 역사의 아이러니입니다. 단일 민족주의로 되지 않은 비극을 느껴서 국민국가로서 뒤떨어졌다고 느꼈는데, 유럽공동체의 나가는 방향을 보고 100년 후를 내다보는 경우에 우리는 또 뒷바퀴로 갈 수밖에 없을 것 같은 느낌이 듭니다. 단일 민족주의로 가겠다는 경향에 의해 생기는 지역주의에 대한 거부, 초국가주의에 대한 거부 때문에 이것도 아니고 저것도 아닌, 구식의 체제에서 살 수밖에 없을 것 같은 생각이 듭니다. 내 생각에는 몇십 년도 못 돼서, 아마 2000년대에 들어서면서부터 유럽공동체를 기본축으로 해서 새로운 모델 문제가 각국에 퍼지게 될 겁니다. 300년 동안 근대국가가 퍼지는 데에도 직접 근대국가의 모델이 들어온 나라는 불과 10여 개 나라입니다. 나머지는 모두 모델이 직접 들어간 것이 아니었습니다. 그러면서도 헌법상 근대국가 모델을 따르는 척했지요. 아프리카 나라들은 아직까지도 기본적으로 부족 사회이고 다부족으로 구성되어 있지만, 그런 면에서 초국가주의는 어렵더라도 지역주의로 가기에는 아주 쉬운 지역인지도 모르겠습니다만, 그러면서도 지금 모든 아프리카 나라들은 헌법을 모두 근대국가의 모델을 따라서 만들고 있습니다.

과거에도 실제상 세계를 지배한 국가는 10여 나라에 불과했고, 그 나라들이 바로 다른 나라들의 모델이 되어 그 모델이 세계적으로 전파되었습니다. 아마 향후에도 그렇게 될 가능성이 농후합니다. 초국가주의에 기반한 새로운 정치체제는 과거와 같이 단순하게 구성되는 것이 아니라 복합적이고 다원적으로 구성되는 모델, 즉 내부에 지역적 다양성 혹은 민족적 다양성national diversity을 가지면서도 초국가적인 체제를 가지고 그 위에 또 유엔과 같은 국제기구를 정부간주의에 의해서 유지하는 그런 체제로 나아가는 모델을 만들어낼 경우에, 아마 내 생각에는 이러한 모델을 선도하는 몇 나라가 결국 장차의 세계를 지배하는 나라가 될 것입니다. 그러한 전망에 비추어 볼 때, 현재 동북아시아에 깊게 뿌리박혀 있는 단일 민족주의적인 분위기는 역기능으로 작용할 공산이 큽니다.

이상으로 지금까지 내가 강의한 것이, 실제 유럽 통합이 되어가는 과정을 보면서, 그것의 연원이 되는 국가연합이나 연방에 대해 연구하고, 또 민족주의의 분열주의와 초국가주의의 통합integration에 대한 문제를 생각하면서, 유럽공동체 문제를 자세하게 정치적으로 따져 얻은 결론입니다. 우리의 입장에서 보면, 비관적인 전망으로 비춰질 부분이 많이 있습니다. 물론 내가 학자이기 때문에 모든 문제를 약간 비관적으로 보는지도 모르겠습니다. 대부분 정치가는 낙관적인 얘기를 하는 반면에, 학자들은 비관적인 얘기를 많이 합니다. 처칠이 독일의 공격을 받아서 다 망해갈 때도 '최상의 시절'finest hour이라고 그랬듯이, 정치가들은 어떠한 비관적인 상황에서도 살 수 있다고 이야기하는 것이 정치가의 속성입니다. 한편, 학자는 가장 좋은 분위기에서도 '이게 조금 이상스러운 데가 있는 것 아닌가?'라고 불안을 이야기합니다. 그러한 면에서 보면, 나는 기본적으로 학자이기 때문에 앞으로의 전망에 대해서 약간 비관적으로 보고 있는지도 모르겠습니다. 내 강의는 이것으로 마치겠습니다. 질문이 있으면 해주십시오.

제9강 현대 유럽연합의 문제와 미래 | 335

질문 유럽공동체가 정치통합으로 다소라도 간다면, 현재 정치 구조로서 의회와 유럽이사회로 되어 있는데 그 모습은 현재로서는 민족국가의 정치 구조나 기구와는 상당히 다른 모습이 될 것으로 보이는데…….

답변 그것이 한 번의 고비가 될 것입니다. 기왕의 국민국가의 모델에서 볼 때 유럽의회는 이례적인 것입니다. 당연히 유럽의회가 입법권과 예산권을 가져야 하는데, 현재는 그런 권한이 없습니다. 이는 아직까지도 민족주의나 국민국가의 발언권이 강해서 그렇다고 볼 수 있습니다. 그런데 유럽의회 자체가 기존의 국민국가의 의회와는 다른 체제로 갈 것인가에 대해서는 마스트리히트 조약 이후에 전개되는 과정을 봐야 알 수 있을 것 같습니다. 내 생각에는 반드시 그렇게 될 것 같지는 않습니다. 지금 유럽의회에서는 초국가가 결국은 광역의 국민국가로 갈 것이라고 생각하고 있고 또 그렇게 이야기하고 있습니다. 그러나 아까 보고서에서도 나왔습니다만, 일국의 정체성이나 또 그 아래 하부 구성 부분subdivision으로서의 지역주의가 강하기 때문에 과연 아직까지도 자기의 정체성이나 충성loyalty 대상이 구체화되어 있지 않은 유럽이라는 커다란 공동체의 시민권을 대표하는 것으로서 유럽의회를 존중할 것인가라는 문제에 대해서 생각해 보면, 아직은 회의적이고 그렇게 되지 않을 것 같습니다. 현재 유럽의회에 있는 의원들은 마치 그렇게 될 것이라고 착각을 하고 있습니다. 마치 국민국가의 의회와 같이, 자기들이 유럽의 시민권을 대표한다고 생각하고 있는 것이죠. 이번에 나도 놀란 것이 유럽적 시민권이 상당히 강하게 제기될 것이라고 생각했는데, 거의 묵살됐다는 점입니다. 따라서 현재로서는 유럽의 시민권이란 비자를 발급하는 데 필요한 행정적인 조치 정도 이상의 의미를 가지고 있다고 보기 힘들 것 같습니다.

질문 그렇다면, 지금 유럽이사회 같은 기구의 관료주의에 대한 비판은 어떻게 생각해야겠습니까?

답변 유럽이사회나 의회적 관료주의에 대한 비판은 보고서에도 나와 있습니다. 그런데 이러한 비판에 대한 반대 의견도 있습니다. 유럽이사회 특히 집행위원회의 관료주의를 누가 만들었느냐 하는 문제가 제기되고 있습니다. 왜 이런 문제가 제기되는가 하면, 집행위원회의 관료들은 애당초 각국에서 쿼터제로 인원을 충당한 것인데, 이를 관료주의라고 비판한다면 결국 무엇을 하자는 이야기냐라는 반론이 제기되기 때문입니다. 지금 준정부간주의quasi-intergovernmentalism를 하고 있는데, 이것이 관료주의라고 할 수는 없다는 것입니다.

그런데 관료주의에 대한 반대는 주로 영국과 프랑스에서 나옵니다. 보고서에는 이를 신고립주의적 민족주의neo-isolationistic nationalism의 결과라고 주장하고 있습니다. 이 신고립주의적 민족주의라는 것은 기본적으로 초국가주의를 인정하지 못하겠다는 것입니다. 앞에서 얘기했지만, 12개국 중에 조그만 나라들은 모두 정치적인 초국가주의에 찬성하고 있습니다. 프랑스도 찬성하고 있기는 하지만, 이는 통일된 독일의 위협을 막기 위한 것이라는 점에서 찬성이라는 것이지, 프랑스의 정체성을 포기한다는 의미에서 초국가주의를 찬성한다는 것은 아닙니다. 프랑스의 경우에는 노골적으로 자기들이 유럽의 최고supreme이고 또한 유럽의 두뇌라는 식으로 말하고 있습니다. 그 말은 곧 유럽공동체의 패권을 프랑스가 장악해야 한다는 것입니다. 독일은 명시적으로 그런

제9강 현대 유럽연합의 문제와 미래

얘기를 하고 있지 않지만, 독일이 사실상 유럽공동체의 패권국임을 은근히 시사하고 있습니다. 그런 의미에서 아직도 프랑스, 독일의 싸움이라고 볼 수 있습니다. 따라서 보고서에서 과거를 생각하지 말고 미래를 보고 함께 나가자고 말하는 것은 일견 근사한 얘기이고 일리가 있는 말입니다.

질문 제가 질문하고 싶은 주요 이슈는 일종의 정책적인 함의라고 할까, 한국 사회에서 지향해야 할 정책적인 함의에 대해서입니다. 예를 들어, 경제 정책이나 대외 정책, 아니면 여러 구체적인 이슈들에 대한 함의에 대해서 좀 더 상세하게 말씀해 주셨으면 합니다. 선생님께서 지금까지 강의하신 내용은 객관적인 분석으로서 전반적인 추세에 대해 말씀해 주신 것이라 생각되는데, 그것이 이론적인 차원이 아니라 정책적인 차원에서 향후 변화하는 동북아 질서에서 어떤 방향으로 한국의 대외 정책이나, 아니면 기술 정책이나, 군사 정책 등과 같은 구체적인 정책들을 설정하는 데 어떠한 함의를 시사하고 있는가에 대해 질문드리고 싶습니다.

제가 풀지 못하고 있는 딜레마 중의 하나가 무엇인가 하면, 예를 들어서 과거에는 중세 사회에서 근대국가체제로 넘어오는 과정에서, 현재에는 근대국가체제에서 일종의 탈근대적인 유럽공동체적인 새로운 단위 체제로 이행할 즈음에 새로운 정체성 형성identification에 있어서 인식론적인 단절이 나타나는 현상을 보게 되는데, 즉 한국이라는 근대적 단위체에서 생각하는 주체와 새로운 정치체에 들어가게 되는 경우 새롭게 형성되는 정체성 간의 단절을 어떻게 해결해야 되느냐의 문제가 있는 것 같습니다. 앞으로 향후 50년을 내다보는 경우, 다가올 새로운 정치체를 염두에 두고 지금 입장에서 이 방향에 맞추어 정책 방향을 설정하고 나간다는 것이 과연 인식론적으로 가능할 수 있는가라는 생각이 듭니다.

답변 아까도 얘기했지만 나는 정치가가 아니라 학자의 입장에서 객관적으로 분석하고 전망하고자 했을 뿐입니다. 보고서에 보면 '단절'이라는 의미에 대해서 논의하고 있습니다. 현재 유럽공동체의 정치통합이라고 하는 것은 과거와의 단절을 의미한다고 얘기하고 있습니다. 그런 새로운 어떤 움직임, 방향으로 나아가는 것에 대해서 한국은 정책적인 차원에서 어떤 정책을 수립하여 이에 대처하여야 하는가라는 문제는 정치가가 고민할 문제이지 학자가 논의할 얘기는 아닌 것 같습니다.

지금 현재로서는 몇 가지 문제가 있는 것 같습니다. 우선 현단계에서, 유럽공동체가 어느 정도 성공적으로 진행시키고 있는 바와 같이, 역내 경제시장이라는 안정시장의 확장을 어떻게 구축해서 국제적인 경쟁력을 유지하거나 역내 경쟁력을 조절할 수 있느냐 하는 문제가 가장 논란이 되고 있는 문제입니다. 그것은 신문에서도 많이 보도되고 있는 문제입니다. 아태경제협력체APEC 같은 것이 관심을 끌고 있는 것도 이러한 문제의 차원에서입니다. 그런데 다만 유럽공동체의 경우와는 여러 가지로 조건이 다릅니다. 유럽공동체는 몇백 년 동안 문화공동체로서의 유대 의식을 가지고 있었고, 또 지역적으로도 한 지역으로 묶을 수 있는 유리한 조건으로 작용하는 것이, 유럽이라는 넓지 않은 대륙 내에 일찍 교통과 수송이 발달하여 커뮤니케이션이 원활하게 되었기 때문에 통합이 상대적으로 쉬웠던 반면에, 우리의 경우에는 이런 조건들이 제대로 되어 있지 않았습니다.

다만 내가 생각하건대, 일본이나 우리나라의 경우에 지정학적인 측

제9강 현대 유럽연합의 문제와 미래

면만 얘기한다면, 일본과 한국에서부터 중국 화북과 만주와 극동 시베리아를 포함하는 지역에 걸쳐 통합할 수 있는 지역적 조건이 가장 유리하다고 볼 수도 있습니다. 문제는 이 지역에는 유효 수요가 없다는 것입니다. 상당한 시일에 걸쳐 개발을 하지 않으면 시장 가치가 그렇게 높지 않다는 것이 걸림돌로 작용하고 있습니다. 유엔개발계획UNDP의 두만강 연안 개발 계획이라고 하는 것도 그런 노력 중의 하나라고 볼 수 있습니다. 또 중국이라는 나라가 가지고 있는 민족주의적인 정책 때문에 화북, 만주 지역을 공동 시장으로 할지 의문입니다. 그렇지만 지역적인 측면에서만 보자면, 그 지역이 지리적으로 제일 가까운 지역입니다. 일본도 그렇게 생각할 겁니다. 그러나 공동안정시장이라는 것도 아직 미지수로 남아있는데, 이를 넘어서서 경제, 통화통합, 정치통합으로 간다는 것은 그렇게 쉽게 되지는 않을 것이라 생각됩니다. 상당한 충격이 있어야 할 것으로 보이는데, 그것이 어떤 충격일지는 아직 잘 모르겠습니다.

내 생각에는 이 지역에서는 유럽 같은 그런 협조 체제보다 패권hegemony이 형성될 가능성이 높을 것으로 보입니다. 유럽공동체의 보고서에 보면 대국들의 패권을 감소시킬 수 있다고 하는데, 반면에 동북아 지역은 오히려 패권이 구축될 가능성이 참 높은 지역입니다. 따라서 어떤 충격과 그 충격에 따른 패권이라고 하는 것이 작동할 가능성이 높다고 생각됩니다. 그것이 차라리 통합을 이룰 수 있는 지름길일지도 모르죠. 그러한 가능성이 가져오는 이해 관계에 대해서는 별로 관심이 없는 부분입니다. 그것은 정치가가 답변할 성질의 것이지 학자가 왈가왈부할 성질의 것은 아닌 것 같습니다.

질문 프랑스의 국민국가에 관련시켜서 선생님께서는 상당히 중요한 의미를 포착하고 계신 것 같은 느낌이 듭니다. 근대국가가 등장한 지 지금 한 200년 지나고 나서 보면, 독일의 지역주의에 가까운 국가 개념이나 영국의 비중앙화된decentralized 국가 개념이 보다 미래 지향적인 느낌을 주고, 반면에 프랑스의 국민국가 개념은 상당히 중앙화된 centralized, 그러한 의미에서 동양의 관념과 유사한 느낌을 주는데, 선생님께서 프랑스의 국민국가 개념에 관하여 어떤 정치적, 학술적인 의미를 부여하고 계시는지에 대해서 좀더 상세하게 설명해 주셨으면 합니다.

답변 프랑스의 보고서를 보면, 바로 프랑스의 세 가지 지역주의에 대해서 나옵니다. 그리고 프랑스의 고등학교 교과서에는 프랑스가 17세기부터 국민국가의 모델이 되어왔다고 자부하고 있습니다. 내가 얘기한 것은 현재 중부 유럽에 존재하고 있는 프랑스라는 특정 국가에 대해서 말하고 있는 것이 아니라, 프랑스라는 모델에 대해서 얘기하고 있는 겁니다. 하나는 단일국가의 모델로서 얘기하는 것이고, 다른 하나는 현재 프랑스에서 비중앙화의 요구나 지역주의의 요구가 많다는 것은 아까도 이야기했지만 보고서에도 나오고 있으므로 의심할 여지가 없는 것입니다. 단지 프랑스 사람들이 고등학교 교과서에 자신을 국민국가의 모델로서 규정하고 있는 것을 보고 나도 놀랐습니다. 그렇게 자부심이 강할 수 있는가 해서 말입니다.

질문 한 가지 질문드리고 싶은 것이, 선생님께서 《일반국제정치학(상)》에서 '권역'에 대해서 말씀하셨는데, 그러한 권역이 근대국가체제가 완성되면서 해체되어 가고 있는 것이라 볼 수 있지 않겠습니까? 기존의 권역 체계를 붕괴시키면서 새로운 근대국가체제라는 전세계적 체제가 나타났다고 생각되는데, 그러면 역으로 지금 근대국민국가체

제9강 현대 유럽연합의 문제와 미래 | 341

제가 붕괴되어 가면서 그런 권역들이 다시 부활하려는 움직임들은 없다고 보십니까?

답변 그때 권역이라고 한 것은 주로 19세기까지 있었던 것을 말합니다. 그래서 문화권과 연관이 있다고 그랬고, 문화권이라는 의미에서는 지금도 잠재적으로 살아있다고 보아야 합니다. 유럽권, 중동권, 아프리카권, 동북아권이라고 하는 것이 그러한 권역 개념이 아직도 유효하다는 것을 반증하고 있습니다. 권역 이론을 확대해서 보면, 지금의 유럽공동체 지역은 한 권역입니다. 지금은 12개 나라지만 조금 있으면 18개 나라가 되고 장차 27~28개 나라를 포함하는 한 거대한 권역이 형성될지도 모르는 상황입니다. 그 권역의 성격이 다른 권역과 다를 수가 있다는 것은, 지금 말했다시피, 동북아와는 전혀 사정이 다르기 때문에 그렇습니다.

문제는 권역의 성격이 다르다는 것과 다른 것에 대해서 모델이 된다는 것과는 차원이 다르다는 점입니다. 요전에 어떤 일본 사람이 방송에 출연하여 흉내내는 연기를 하는데, 로댕의 '생각하는 사람'을 본떠서 자기도 발가벗고 나와서 그 자세를 취하더군요. 이는 모델을 흉내내는 것이지만, 그러나 그것이 곧 모델 자체는 아니죠. 그렇듯이, 우리가 지금 유럽공동체의 경우를 모델로 삼는 경우에 그것은 흉내내는 것일 뿐이지 모델과 똑같이 되는 것은 아닙니다. 권역이 다르니까 달라질 수밖에 없는 것입니다. 모델은 어디까지나 모델이고, 다른 것들이 모델과 똑같이 될 수는 없습니다. 이는 어떤 일에서나 마찬가지입니다. 문학에서도 그렇고, 예술에서도 그렇고, 그림도 그렇고, 어떤 것도 똑같이 만들어지지 않습니다. 모델이라는 것은 하나의 '어떤 체하는 것'입니다. 가령, 어떤 여자의 장발이 모델이 되는 경우에 모두들 장발

머리를 모방하고 다니는데, 그것도 '어떤 체'하고 다니는 것일 따름입니다. 어떤 모델이 좋다고 하면, 그것이 삽시간에 유행이 되는 것이죠.

마찬가지로 현재 세계의 모든 지역에서 근대국가체제가 수용된 것도 근대국가 모델이 생겨서 그것이 전 세계적으로 유행했기 때문이지만, 그 내용은 사뭇 다릅니다. 중앙아프리카가 근대국가의 모델이었던 프랑스와 같을 수 없고 같이 유행을 따른 우리나라와도 서로 다릅니다. 그러나 헌법이나 정치체제로 보면, 그 모델과 비슷하게 만들었습니다. 모델과 비슷하게 제도를 만들어 놨음에도 불구하고 그 실제 내용이 모델과 사뭇 다르니까 아프리카나 아시아 지역에서 분쟁이 끊이지 않고 일어나는 것입니다. 우리나라도 마찬가지로 원래의 모델과 같을 수가 없습니다.

그런 의미에서 내가 '장소의 이론'이라고 한 것이 문제가 됩니다. 장소의 이론이라고 하는 것은, 여러 가지로 얘기할 수가 있습니다만, 기본적으로는 다음과 같이 얘기할 수 있습니다. 사람은 이미지라는 것을 가지고 있습니다. 사람이 태어났을 때에는 그 태어난 상태대로 이미지를 가지고 있고 인간은 본연적으로 고향 이미지를 가지고 있기도 합니다. 이렇게 개별적으로 가지고 있는 이미지들을 다른 이미지로 바꾸기가 상당히 어렵습니다. 그런데 개념 구성은 그 이미지에 의해서 형성됩니다. 가령, 우리가 나무라고 할 때 멕시코에 있는 사막의 나무를 생각하거나 또는 아프리카에 있는 삼림을 생각하지는 않습니다. 나무라는 말이 세계적으로 공통된 말이라고 하지만, 우리가 나무라는 말을 쓸 때 머리 속에 떠오르는 이미지는 남산에 있는 소나무나 자기집 뒷동산에 흔히 있는 나무를 생각하게 됩니다. 또 언덕이라고 해도 동네의 언덕을 떠올리게 되거든요. 그런 식으로 이미지라고 하는 것은 특정 장소와 연결되어 있습니다. 그런데 그런 의미에서 인간의 모든 행위는 이미지와 불가분의 관계에 있고 가장 추상적이라는 개념도 이미지를 가지고 있습니다. 보통 사람들에게 추상 개념이 어려운 이유는 추상 개념은 이미지를 만들기가 어렵기 때문이죠. 동유럽 사람에게 자유라고 하면 유럽공동체나 미국을 떠올리지만, 이에 대해 생각한다고 했을 때 일반 사람들은 이것에 대한 이미지가 없으니까 생각하기가 상당히 어렵습니다. 철학 책이 어려운 이유가, 철학 책은 추상 개념이 많고 이 추상 개념을 통해 이미지를 만들 수가 없으니까 어려운 것입니다. 간혹 어떤 사람에게는 개념의 추상성 자체가 이미지일 수는 있습니다. 그렇지만 그것은 어느 정도 교육을 받은 사람들의 경우이고 일반 사람에게는 힘든 일입니다.

그런 의미에서 정치는 몇 명의 엘리트를 중심으로 이루어진 것이 아닙니다. 정치라고 하는 것은 어느 사회에서 가지고 있는 통제, 통솔의 한 제도인데, 통솔 제도에서는 그 통솔하는 사람이나 통솔을 받는 사람이나 그 장소의 구체적인 이미지를 떠날 수가 없습니다. 따라서, 특정한 장소의 특정 이미지들 위에 구성된 모델은 다른 장소에서 그대로 복사되는 것이 불가능합니다. 그래서 모든 정치는 제아무리 국제화를 논한다고 하더라도 기본 원리는 자기 장소에 잡혀 있다는 것이 특색입니다. 자신이 잡혀 있는 장소를 떠나서 논하려고 하면 허황할 뿐만 아니라 맞지가 않습니다. 가령, 민주주의만 하더라도 미국에서 말하는 민주주의와 프랑스의 민주주의 그리고 우리의 민주주의라는 것이 말이 민주주의라고 해서 서로 공통점을 찾을 수도 있지만 여러 가지 면에서 판이하게 다릅니다. 정치도 마찬가지입니다. 아시다시피 미국과 영국의 정치 사전을 보면, 정치politics를 타락하고derogatory 추잡하며 시원치 않다는 그런 의미로 정치 활동politicking이라는 말을 쓴다고 합니다. 그러나 우리는 정치란 말을 그렇게까지 좋지 않게 쓰고 있지는 않습니다. 같은 말이라고 해도 서로 이미지가 달라서 그렇습니다. 그렇기 때문에 미국 사람에게 '너 정치 활동politicking하는 사람이냐'고 하면, 곧 욕을 하는 것과 비슷하게 되는 반면에, 우리는 '정객'이나 '나는 정치하는 사람'이라는 말에 대해서 크게 거부감이 없듯이 정치에 대해서 아주 나쁜 의미를 부여하고 있지는 않습니다.

결국 그러한 장소적인 요소를 비장소적인 요소와 연관을 시켜서 그것을 확대시키고 조절하고 세계화하느냐가 정치의 핵심이고 국제정치의 핵심입니다. 곰곰이 가서 생각해 보세요. 아주 쉬운 얘기입니다. 일반 사람에게 물어보면, 일반 사람이 가지고 있는 개념, 관념, 일반 언어 등은 바로 이러한 이미지를 떠나서 존립할 수 없다는 것을 쉽게 알 수 있습니다. 우리 한국 사람들은 어머니라고 하면 벌써 눈시울이 붉어집니다. 텔레비전을 보니 대중가요를 하는데, 죽은 어머니에 대해서 노래를 부르니까 다들 웁니다. 어머니란 말만 들어도 울어요. 그러나 내 생각에 아마 미국 사람들은 어머니란 말을 듣고도 울지는 않을 겁니다. 제가 아는 우리나라의 한 학자가 몇 년 전에 미국에 갔었는데, 하루는 평소에 친한 미국 사람이 방학이고 하니 놀러가자고 그러더랍니다. 그래서 차를 타고 놀러갔는데, 가는 날이 바로 그 미국 사람의 어머니가 재혼하던 날인 줄을 자식이 모르고 있었다가 어머니가 오늘 결혼한다고 말을 하니까 자식이 축하한다고 그러더랍니다. 그래서 이 친구가 놀라서 이게 어떻게 된 것인가 하고 충격을 받았다고 하더군요. 그때의 미국 어머니와 우리가 생각하는 어머니와는 아주 이미지가 다르게 느껴질 수밖에 없습니다. 내가 아까 개인주의에 대해서 말한 것

제9강 현대 유럽연합의 문제와 미래 | 345

도 마찬가지입니다. 우리가 결혼해서 내외라고 하는 부부의 이미지와 지금 프랑스에서 결혼한 부부의 이미지는 아주 다릅니다. 프랑스에서는 결혼하는 것이 세금에 유리하면 같이 살고, 세금에 불리하면 떨어져 산다고 합니다. 이러한 내용이 보고서에 나옵니다. 그러한 가정과 우리가 말하는 가정과는 다를 수밖에 없습니다. 그런 의미에서는 우리나라는 아직도 전통 사회라고 볼 수 있죠. 지금도 가정 파괴범은 가중 처벌된다고 하는데, 아마 프랑스에서 이 소리를 들으면 이해를 못할 것입니다.

권역의 개념 경우에도 권역대로 장소성topos의 성격을 가지고 있습니다. 가령 싱가포르의 리콴유 수상이 하는 얘기를 들어보면, 우리 귀에 솔깃한 소리가 많이 있습니다. 그쪽이나 이곳이나 유교 사회적인 요소가 강하게 남아 있어서, 유교 사회적인 권역에 맞는 이미지의 공통성이 있기 때문입니다. 그래서 아직도 일본 사람이나 중국 사람의 얘기를 들으면, 우리가 상당 부분 알아들을 수 있습니다. 반면에 최신의 프랑스 소설을 읽거나 미국 소설을 읽으면, 도저히 알 수 없는 이야기들이 있습니다. 사전적인 단어의 뜻은 알겠는데, 그 정황이 도저히 상상히 안 되는 경우가 많은 것이죠. 이러한 것을 보면, 아직도 권역성이 잔존해 있다는 사실을 느낄 수 있습니다. 그런데 유럽공동체라는 것은 새로운 권역성, 특히 광역의 경제 권역을 만들고자 하는 노력으로 파악될 수 있습니다. 게다가 그것이 다가올 세기에 하나의 모델이 될 가능성이 있습니다.

질문 선생님, 그럼 권역의 차이에 따른 이미지의 차이가 있다면, 유럽공동체라는 모델이 다른 지역으로 파급될 수 있는 가능성이 훨씬 줄어드는 것 아닙니까?

답변   아, 그렇기 때문에 전파이론이 있는 것입니다. 어떤 것이 모델로서 모든 지역 사람들에게 느껴지게 되면, 이 모델은 매우 심한 전파력을 가지고 다른 지역 사람들에게 전해지게 됩니다. 그런데 전파에 의해서 원모델이 그대로 복사되는 경우는 거의 드뭅니다. 모델이 모델이라고 불리고 그렇게 생각되는 이유가 무엇인가 하면, 전파력이 있어서 모델이라고 하는 것이죠. 유행도 마찬가지입니다. 모델이 모델로서 느껴지게 되면, 전파력을 발휘합니다. 그것이 정치에서는 내가 이미 얘기한 바 있습니다만, 어떤 강제력이 있어야 하고 우수성이 있어야 하는 등 몇 가지 부대조건이 있어야 하지만, 아무튼 모델이라고 느껴지면 곧 전파력이 생깁니다. 그렇게 전파력에 의해 전파가 되면서 수용 지역에서는 원래의 모델이 변형을 거치게 됩니다. 어떤 때는 새 모델이 생기게 되는 경우도 있습니다.

유럽공동체의 경우에도 벌써 하나의 모델로서 느껴지고 있는 추세에 있습니다. 유럽공동체에 대한 책들이 많이 나오고 있는 것이 그 반증이라고 할 수 있는데, 유럽공동체의 모델에 대한 이론을 냈던 사람들은 대부분 유럽 사람들이 아니라 미국 사람들이었습니다. 하스나 미트라니, 도이치 같은 미국 사람들이 모두 이에 해당됩니다. 다시 말하자면, 유럽공동체의 지금 형성 과정이 아주 재미가 있어서 다른 나라 사람들이 관심을 가지는 것이죠. 여러 나라가 광역 시장을 만드는 과정에서 예전과 같이 식민지화하는 것도 아니고, 현재 각국의 고유성을 그대로 유지하면서 묘하게 광역 시장을 만들어 나가고 있습니다. 그리고 광역 시장을 만들고 이 시장이 잘 돌아가려면, 통화의 통합 문제와 같은 것들이 선결되어야 하기 때문에 경제, 통화 통합이 추진되고, 바로 이러한 통화의 통합과 같은 중요한 문제를 결정하기 위해서는 주권의 문제를 중심으로 한 정치 문제까지 고려하지 않을 수가 없습니다. 경제 문제 관심이 정치 문제로까지 확장되니까 자연 바깥에 대한 방위 문제가 나오고, 외교 문제가 거론될 수밖에 없게 된 상황에 이르고 있습니다. 그래서 결국 유럽공동체의 실현이 기존의 근대국제정치를 넘어서는 세계 정치의 새로운 모델이 아닌가 하는 문제 의식이 제기되고 따라서 지금 유럽공동체에 대한 책들이 쏟아져 나오고 있는 것입니다.

 이러한 의미에서 유럽공동체는 기왕에 역사적으로 없었던 완전히 새로운 형태의 실험이라고 볼 수 있습니다. 이것이 성공할지 실패할지는 현재로서는 아무도 장담할 수 없습니다. 그러나 보고서에서도 이러한 과정이 장기적으로 볼 때는 움직일 수 없고 거역할 수 없는 경향이라고 보고 있습니다. 왜냐하면, 역내 경제 시장의 경제적인 필연성에 의해서 통화통합으로 갈 수밖에 없고, 일단 통화통합으로 가면 경제, 사회적인 필연성 때문에 할 수 없이 정치 문제가 제기되고, 정치 문제로 넘어가면 불가피하게 안전보장의 문제가 궁극적으로 해결이 되어야 하므로, 그런 의미에서 유럽공동체에서 나타나는 새로운 역사적 경향은 불가역적인 추세라고 보고 있는 것입니다. 그러나 그것은 장기적인 전망일 따름입니다. 나도 당장 단기간 내에 이것이 실현될 가능성은 희박하다고 생각하고 있고, 지그재그식으로 우여곡절을 겪으리라고 생각합니다. 유럽에서 유럽 시장 얘기가 나와서 역내 시장을 단일화하는 데 40여 년이 걸렸습니다. 따라서 최근 몇 년 동안에 통합이 잘 진전되지 않는다고 해서 간단하게 유럽공동체가 실패할 것이라고 말하기는 어렵다고 봅니다. 그렇게 얘기하는 사람이 보고서에는 하나도 없습니다. 그러니까 12개 나라와 기업가들은 종국에 유럽통합이 완결될 것이라고 믿고 있는 것이죠.

질문 선생님이 이미지라는 것은 장소에 의해 구속될 수밖에 없다고 말씀하셨는데 이를 좀더 확장해서 이미지가 어떤 시대에 매여 있다고 생각한다면, 300여 년 동안 지속되어 왔던 근대국가체제가 기존의 경향과는 달리 지역주의와 초국가주의의 형태로 나아간다고 할 때, 지금 현재 다른 장소, 다른 시대에서 이미 구모델이 보편화되어 있던 사회에서 교육을 받았던 사람들이 앞으로 장래가 어떻게 될 것인가에 대해 전망을 하고 대비책을 세운다는 것이 가능할까요?

답변 그것은 내가 정확하게 답변해 줄 수 없는 부분인 것 같습니다. 아까도 내가 말하였고 내 책에도 나옵니다만, 내가 말하는 장소, 토포스라는 희랍 말의 개념은 시간적 장소를 의미합니다. 어떤 시대의 장소는 역사적 장소 개념이지 시간을 빼버린, 역사를 빼버린 장소의 의미가 아닙니다. 그리고 지역주의와 초국가주의는 반대되는 것이 아니에요. 새로운 정치 형태라고 하는 것은 지역주의와 초국가주의라는 정반대되는 요소를 동시에 품고 있는 독특한 형태를 말합니다. 그렇기 때문에 초국가주의는 일종의 각국의 다양성national diversity이나, 지역적 다양성regional diversity입니다. 이것이 아주 새롭다고 생각되는 것이 하나는 초국가주의로 가고, 다른 하나는 지역주의로 가면서 서로 떨어져나가는 그런 것을 의미하는 것이 아니라 민족주의가 두 형태로 구별할 수 있는 한 덩어리로 간다는 의미입니다. 이번 보고서를 보면 이와 비슷한 얘기를 하는 사람이 많습니다. 지금의 유럽공동체의 형태로 나아가는 것도 좋지만, 동시에 반드시 각국의 다양성을 포함해야 된다는 주장을 하고 있는 것입니다.

내가 국가연합부터 얘기를 시작한 이유도 유럽공동체의 전개 과정에 국가연합의 요소가 상당 부분 들어가 있기 때문이었습니다. 국가연

제9강 현대 유럽연합의 문제와 미래 | 349

합의 요소는 지역주의의 요소를 많이 가지고 있고, 연방과 단일국가 형태가 나중에 초국가주의로 전개될 수 있는 요소를 많이 가지고 있습니다. 새로운 정치 형태는 이렇게 서로 자기 분열되는 것 같은 이중적 요소를 동시에 포함하고 있는 독특한 형태라는 것입니다. 그런 의미에서 우리가 유럽공동체의 형태에 흥미를 가질 수밖에 없는 것입니다. 그리고 그러한 문제에 대해 그 사람들도 느끼고 있습니다. 이번 보고서들을 보면, 우리가 관찰해서 그런 것이 아니라 그들이 보기에도 이것은 뭔가 좀 다르다는 데에는 인식을 같이하고 있습니다. 다만, 그 사람들 중에 어느 누구도 명백하게 어떤 형태라고 말하는 사람은 없습니다. 아까도 말했지만 메타 네이션 스테이트라는 말을 하는 사람이 있는데, 그것은 초국가주의와는 다른 새로운 정치 형태라는 것을 강조하기 위해서, 지역주의와 초국가주의를 동시에 품는 새로운 형태를 나타내기 위해서 그 용어를 쓴 것입니다. 확실히 그런 경향이 존재하고 있다는 것은 다들 인정하고 있습니다. 그러니까 새로운 정치 형태가 완성되어 그 모습을 명확하게 드러내기까지는 몇십 년이 걸릴지 100년이 걸릴지 아무도 장담할 수 없습니다. 말하자면, 아직도 태어나지도 않았고 이름도 정하지 않은 아기와 같은 모양인 것 같습니다.

질문 선생님의 책에서 말씀하셨듯이, 과거 근대국가체제가 하나의 모델로서 전 세계적으로 전파되는 과정은 물리력 내지는 강제력에 기반한 팽창의 과정이었다고 하셨는데, 만약에 향후 유럽공동체에서 나타난 새로운 모델이 전세계적으로 전파된다고 할 경우, 그것 또한 군사력에 기반한 폭력적인 전파 과정의 성격을 띠지는 않을까요?

답변 그건 좀 다를 것 같습니다. 《일반국제정치학(상)》에도 있지만, 근대국가의 국제정치적 기반으로서 군사국가, 경제국가, 식민지국가에 대해서 논하였습니다. 그것은 근대국가가 정치적으로 팽창하는 과정에서 나온 정책의 기본이 군사국가, 경제국가, 식민지국가의 형태였다는 것이죠. 그렇기 때문에 근대국가를 중심으로 한 국제정치가 그런 양상으로 전개되어 왔습니다. 그런데, 지금의 유럽공동체 모델을 보면, 군사국가적인 성격이 아닙니다. 그 책에서 다룬 전파이론은 근대국가적인 국제정치에서의 전파 과정을 다룬 것이기 때문에 군사국가적인 요소가 강하게 반영되어 있습니다.

그렇지만 지금까지의 과정을 보면, 유럽공동체에서 보이는 새로운 정치 형태의 모델은 과거 근대국가 형태와 상당히 다른 모습을 띨 것으로 생각됩니다. 내부에 패권 체제가 형성될 것입니다만, 과거와 같이 군사력에 기반한 폭력적인 전파 과정을 거치는 것이 아니라 오히려 전파력에는 시장 확장적인, 경제적인 요소가 강하리라고 생각합니다. 애초에 동양에 서양 문명이 들어올 때, 서양 문명에는 반대하고 그 기술적인 면, 경제적인 면을 수용한다(양무론, 동도서기론)고 했습니다. 그것과 마찬가지로, 아마 유럽공동체의 모델이 수용되는 과정에도 다른 지역에서는 그 경제 시장의 형성만을 받아들이고 나머지는 받아들이지 않겠다고 할지도 모릅니다.

그러나 시장 경제가 어느 정도 활성화되기 위해서는 통화의 문제가 제기되지 않을 수 없고, 통화 문제를 해결하려면 주권의 공유를 하지 않을 수 없고, 주권을 공유한다고 한다면 공동의 외교 정책을 안 할 수가 없고, 그러면 안보의 문제가 해결되지 않고는 안 된다는 연쇄적인 반응에 대해서 생각하지 않을 수 없습니다. 마치 예전에 중국 같은 나라에서 우리는 다른 것은 필요없고 너희들의 물질적인 요소만 필요하다, 즉 양무만 필요하다고 했는데, 그렇게 하다 보니까 나중에는 칸

제9강 현대 유럽연합의 문제와 미래 | 351

트의 철학까지도 배우게 되었던 것과 같습니다. 그런 식으로 전파라는 것은 밀려드는 것이고, 아예 수용자 측에서 저항을 안하는 것이 아니라 저항을 할 수 있는 데까지 합니다. 만약에 유럽공동체 형태의 시장이 단연 시장 경쟁력이 강해진다면, 이것도 전파력을 가지고 타지역에 수용될 가능성이 있습니다. 지금 아태경제협력체APEC가 유럽 역내 시장과 같이 공동 시장, 공동 경제 지역을 만들려고 노력하는 것도 바로 그러한 과정을 나타내주는 것입니다. 아태경제협력체 내에서 경제적인 관세 조절을 하자는 것도 그런 노력의 일환이라고 볼 수 있습니다. 잘 아시다시피, 유럽공동체의 최초 형태는 베네룩스 3국들의 관세동맹customs union이었습니다. 마찬가지로 아태경제협력체도 처음에는 관세 조절에서 시작하여 그 다음에는 규격 조절로, 결국 시장 조절하자는 식으로 진전되어 나아갈 겁니다. 그러다가 어떤 나라는 특정 부분에 대해서 우리나라에는 해당하지 않는다고 하면서 아세안ASEAN끼리 협력하자고 주장하기도 합니다. 지금 말레이시아 수상이 아세안끼리 지역 경제 코커스를 하자고 주장하는 것이 바로 그런 한 예가 될 수 있습니다. 미국은 자신을 배제하고 아시아 국가끼리 경제 통합을 주장하는 것에 당연히 반대하는 입장을 보이고 있습니다. 경제 통합이 서서히 진전되다 보면, 시장에서 통화 문제로, 통화에서 외교 정책으로, 외교 정책에서 안전 보장으로 진전되어 갈 것입니다. 그리고 틀림없이 이에 대한 저항이 있을 겁니다. 다른 지역은 어느 모델에 대해서 이를 순순히 받아들인 경우는 아주 드뭅니다. 대개 특정 모델 전파에 대해 저항을 합니다. 그런데, 저항을 하다가도 그 모델을 받아들이는 것 자체의 필연성 때문에 결국 저항을 넘어서서 전파되고 맙니다.

타 모델의 전파에 의해서 동화되지 않고 남는 것이 있는데, 문화적인 요인은 끝까지 동화되지 않고 남게 되는 경우가 많습니다. 가령, 서구 문화에 대한 유교적인 저항을 보면, 서양화가 다 된 것 같아도 아직도 가족 제도 같은 것은 뭔가 모르는 유교적인 저항이 잔존합니다. 아직도 손자가 할아버지나 아버지한테 공손하게 절을 하지 '헤이'$_{hey}$라고 하지는 않습니다. 예전에 보스턴에 있는 하버드대학에서 개최된 국제 세미나에 간 적이 있었는데, 미국 교수의 제자가 자기 선생의 이름을 부르더군요. 말하자면, 나를 보고 여러분들이 '야, 용희야!'라고 하는 식으로 부르는 것과 마찬가지로 말입니다. 그걸 보고 좋다, 나쁘다 라는 생각이 들기 전에 본능적으로 저항감이 느껴졌습니다.

우리가 만약 유럽공동체 모델을 동북아 지역에서 수용한다고 하더라도 사실상 모방을 하게 될 텐데, 모방은 모방일 뿐 원모델 그대로 수용할 수는 없는 것이고 결국 수용 지역에 맞게 변형된 형태가 나오게 될 것입니다. 특히 동북아 지역에서 강하게 뿌리박혀 있는 단일 민족주의가 그 변형 형태로 나아가는 데 가장 큰 장애가 될 겁니다. 동북아의 단일 민족주의를 넘어서서 패권이 성립된다면 초국가주의는 의외로 잘 될 수도 있는 여지가 있지만, 지역주의가 이런 단일 민족주의적인 사회에서 형성되기는 참 어려운 일입니다. 아마 제주도를 독립해서 따로 분리하자고 한다면, 난리가 날 겁니다.

질문 유럽공동체 모델이 가질 수 있는 장점과 단점에 대해서 생각을 해보면, 시장이 통합되면서 경제적 풍요가 유럽공동체의 각 국가들에게 주어질 수 있다는 점이 일단 하나의 장점이 될 수 있을 것 같고, 또 하나는 안보 면에서 국가간의 분쟁을 줄일 수 있다는 장점이 있을 것 같은데, 아직까지 예측하기는 힘들겠지만 나름대로의 우려의 측면도 있지 않을까 하는 생각이 듭니다. 첫 번째 우려로서 제기될 수 있는

제9강 현대 유럽연합의 문제와 미래 | 353

것이, 아까도 지적이 나왔습니다만, 소위 지역주의와 민족주의가 얼마만큼 적절하게 조화될 수 있겠는가 하는 문제입니다. 유럽공동체와 같은 광역의 거대 기구가 등장했을 때, 과연 각 국가나 각 국민들의 민족적 다양성이라고 하는 것들이 얼마나 적절하게 조화될 수 있을 것인가의 문제가 남아 있을 것 같습니다. 그리고 기존의 국가와 다른 새로운 정치적 권위체가 등장했을 경우에 그 권위체가 상당히 강력한 권력을 가질 가능성이 있지 않겠는가 하는 문제가 있으리라고 생각합니다. 즉, 정치권력의 성격이 어떤 방식으로 나아가게 될 것인가라는 문제가 유럽공동체가 직면할 단점으로 지적될 수 있지 않을까 생각합니다.

답변 먼저, 내가 사과를 해야 될 것 같습니다. 내가 편리해서 모델이라는 말을 자주 썼더니 약간 착각이 생긴 것 같은데 아까 내가 인용한 12개국의 보고서는 모델에 대해서 얘기한 것이 아닙니다. 자신의 모델에 대해서 이야기한 것이 아니라 현재 그 사람들이 과거, 현재, 미래에 대해 생각해 볼 때 나타나는 문제들에 대해 얘기한 것입니다. 모델이라고 한 것은 그러한 이야기들 중에서 유럽공동체가 경제 시장을 통합하고 화폐 통합을 하고, 그 다음에 정치 통합으로 나아가면서 방위 통합까지 이룩하려고 하는 그런 경로를 밟고 있는 것으로 여겨지는데, 그러한 경로가 모델적인 것으로 보인다는 것입니다. 그렇게 장기적으로 볼 때, 내 강의에서 말한 것처럼 유럽공동체의 경우 과거에 국가연합에서 연방으로 그리고 단일국가로 진전되어 왔던 과정이 거꾸로 진행되지 않나 하는 생각이 든다는 겁니다. 그런 경우에, 현재 유럽공동체에서 지역주의를 주장하고 동시에 초국가주의도 주장하는 것은 마치 국민국가가 두 갈래로 찢어져 나가면서도 하나의 정치체를 만드는 새로운 모델을 형성해 나가는 것이 아니겠느냐 하는 전망이 생긴다는 것입니다.

 그러한 관점에서 보면, 지역주의의 조화 문제는 당연히 제기될 수밖에 없는 문제입니다. 다만, 지역주의를 한다고 해서 국민국가를 그만두자고 주장하는 사람은 아무도 없습니다. 현재 근대국가체제는 너무 중앙집중화되어 모든 행정이나 기타 분야를 모두 집중해서 가지고 있는데, 지역주의라고 하는 것은 중앙집중화된 많은 부분을 분권화하고 외교권이나 군사방위권만을 중앙정부가 보유하면서 공동으로 대처할 문제들, 예를 들어 후진 지역을 개발한다든지 하는 문제는 공동의 힘을 모아 중앙정부를 통해서 한다든지 하고 나머지는 모두 지방에 맡기는 그런 의미입니다. 이러한 체제에서는 당연히 중앙정부와 지방 간에 조화가 있어야겠죠.

 그 다음에 권위 문제를 보면, 권위체가 될 수가 없습니다. 아까도 말했지만, 보완성의 원리principle of subsidiarity에 의해서 따로 할 수 있는 것은 따로 맡기고, 혼자 하는 것보다는 여럿이 초국가적인 기구를 만들어서 그걸 통해서 해결하는 것이 효과적이고 유익할 경우에 그렇게 하겠다는 것입니다. 그래서 보완성의 원리라고 하는 것은 아주 중요한 원리입니다. 더 이상 질문이 없다면, 이만 마치겠습니다. 지금까지 강의를 열심히 들어주셔서 고맙습니다.

부록

유럽공동체 약사

1946. 9. 19.	처칠 영국 수상, 취리히 연설에서 유럽합중국(United States of Europe) 구상을 발표하면서 프랑스와 독일의 화해를 촉구.
1947. 6. 5.	조지 마샬 미 국무장관, 유럽의 전후 부흥을 촉진시키기 위한 미국의 원조를 발표.
1947. 10. 29.	벨기에, 룩셈부르크, 네덜란드 간에 경제연합인 베네룩스 결성.
1948. 4. 16.	유럽경제협력협약(Convention for European Economic Co-operation) 체결, 유럽경제협력기구(Organization for European Economic Co-operation: OEEC) 창설.
1949. 5. 5.	유럽이사회 규약(Statue of the Council of Europe) 서명.
1950. 5. 9.	로베르 슈망 프랑스 외상, 프랑스와 독일의 석탄·강철을 단일기구에서 공동관리할 것을 제안.
1950. 5. 27.	유럽방위공동체(European Defence Community: EDC) 조약 주인.
1951. 4. 18.	유럽석탄철강공동체(European Coal and Steel Community: ECSC)를 결성하기 위한 조약에 파리에서 서명.
1953. 2. 10.	유럽석탄철강공동체의 석탄, 철광, 폐철 공동시장 가동.
1953. 5. 1.	유럽석탄철강공동체의 철강 공동시장 가동.
1955. 6. 1~3.	유럽석탄철강공동체 회원국의 외상회의(메시나 회의)에서 유럽의 완전한 통합을 위한 조치 제안.

1957. 3. 25.	유럽경제공동체(European Economic Community: EEC), 즉 공동시장과 유럽원자력공동체(European Atomic Energy Community: EURATOM)를 결성하기 위한 로마 조약 서명.
1958. 1. 1.	로마 조약 발효; 유럽경제공동체와 유럽원자력공동체 발족.
1958. 3. 19~21.	유럽 의회의 첫 번째 회기; 로베르 슈망이 의장으로 선출됨.
1959. 1. 1.	공동시장 내에서 첫 번째로 관세 인하와 쿼터 확대 이루어짐. 원자력 물질에 대한 공동시장 발족.
1959. 11. 20.	오스트리아, 덴마크, 노르웨이, 포르투갈, 스웨덴, 스위스, 영국 등이 유럽자유무역연합(European Free Trade Association: EFTA) 협약 서명.
1961. 7. 9.	그리스, 유럽경제공동체와 제휴협정 체결(이는 1962년 11월 1일 발효).
1961. 8. 1.	아일랜드, 유럽경제공동체 가입 신청.
1961. 8. 10.	영국과 덴마크, 공동시장 가입을 목표로 한 협상 요청.
1961. 11. 8.	영국과의 협상이 브뤼셀에서 개시.
1961. 12. 15.	중립국인 오스트리아, 스위스, 스웨덴이 공동시장에의 제휴를 신청.
1962. 4. 30.	노르웨이, 공동시장 가입을 위한 협상을 요청.
1963. 1. 13.	드골 프랑스 대통령, 영국이 유럽경제공동체 가입에 아직 준비가 되어 있지 않다고 선언.
1963. 1. 29.	영국과의 협상이 중단.
1963. 7. 1.	야운데 협약 체결, 1964년 6월 1일부터 5년간 아프리카와 마다가스카르 지역의 18개국과 제휴.
1963. 9. 12.	터키, 유럽경제공동체와 제휴협정 체결(1964년 12월 1일 발효).
1964. 12. 9.	유럽의회 의원들과 야운데 협약을 통해 제휴한 국가들에서 선출된 의원들이 함께 출석한 유럽의회 회의가 처음 시작.
1964. 12. 15.	각료이사회, 곡물의 공동가격을 위한 맨스홀트 안(Mansholt Plan) 채택.
1965. 3. 31.	유럽경제공동체의 집행위원회(EEC Commission), 1967년 7월 1일부로 모든 회원국들의 수입 관세와 징세를 공동체 예산에 납부할 것과 유럽의회의 권한 증대를 제안.
1965. 4. 8.	정회원 6개국, 공동체 집행부들을 통합하는 조약에 서명.

1965. 5. 31.	유럽경제공동체의 집행위원회, 지역 발전을 위한 공동체 정책 노선을 제안하는 첫 번째 문건 발행.
1965. 7. 1.	각료이사회, 공동농업정책에 대한 재정 확보 시한을 넘김으로써 합의에 도달하는 데 실패; 프랑스의 반대로 인해 7개월 간의 위기가 시작.
1965. 7. 26.	각료이사회는 회동하여 프랑스 대표가 참석하지 않은 상태에서 사업을 추진.
1966. 1. 17.	정회원 6개국의 외무장관들이 집행위원회가 참석하지 않은 상태에서 룩셈부르크에서 회동하여 유럽공동체 활동 정상화에 합의.
1966. 11. 10.	해롤드 윌슨 영국 수상, 유럽경제공동체 가입을 목적으로 정회원 6개국과 '고위급 협상 접촉'을 하겠다는 계획을 발표.
1967. 5. 11.	영국은 정식으로 유럽경제공동체 가입 신청서를 제출.
1968.	영국의 유럽경제공동체 가입 신청이 계속 검토, 보류됨.
1969. 4. 25.	드골 프랑스 대통령직에서 하야.
1969. 6. 16.	퐁피두, 프랑스 대통령으로 피선.
1969. 12. 2.	헤이그 정상회담에서 유럽경제공동체는 영국, 노르웨이, 덴마크, 아일랜드의 회원 가입 문제를 놓고 이들 국가들과 협상할 것을 공식 합의.
1970. 6. 29.	정회원 6개국과 영국, 노르웨이, 덴마크, 아일랜드 간의 협상이 룩셈부르크에서 개시.
1971. 6. 23.	유럽경제공동체의 각료이사회, 영국의 가입을 놓고 영국과의 합의가 이루어졌음을 발표.
1971. 7. 11~13.	각료급 협상에서 다음과 같은 주요 문제에 대한 합의가 이루어짐; 영국의 가입 이전의 과도기 설정, 영연방 설탕 문제, 자본이동 문제, 공동상업정책 문제.
1971. 10. 28.	"사전에 합의된 바에 따라 유럽공동체에 가입한다는 국왕의 결정을 의회는 승인한다"는 동의안을 놓고 하원에서 투표 실시. 투표의 결과는 하원에서는 찬성 356, 반대 244여서 112표차로 찬성. 상원에서는 찬성 451, 반대 59여서 392표차로 찬성.
1972. 1. 22.	유럽공동체 회원국(프랑스, 벨기에, 서독, 이탈리아, 룩셈부르크, 네덜란드)과 영국, 덴마크, 노르웨이, 아일랜드 간의 유럽공동체 가입 조약 조인.

1972. 7. 22.	유럽경제공동체와 오스트리아, 아일랜드, 포르투갈, 스웨덴, 스위스 간의 자유무역협정 조인.
1972. 9. 26.	노르웨이, 유럽경제공동체 정회원 가입 여부를 묻는 국민투표에서 가입 거부 결정.
1972. 12. 31.	영국과 덴마크, 유럽자유무역연합(EFTA)에서 탈퇴.
1973. 1. 1.	영국, 아일랜드, 덴마크, 유럽공동체에 가입.
1973. 4. 1.	원회원 6개국과 새로 가입한 국가들 간의 산업 조세 20% 삭감 시행.
1974. 1. 1.	원회원 6개국과 새로 가입한 영국, 덴마크, 아일랜드 간의 수입 관세 20% 삭감 시행. 영국, 공동관세일람표(Common Customs Nomenclature) 채택.
1975. 2. 28.	유럽경제공동체와 46개국의 아프리카, 카리브해 연안, 태평양 연안 국가들 간의 전반적인 무역·경제 협력 관계를 설립하는 로메 협약이 토고에서 조인.
1975. 6. 5.	영국, 첫 번째 국민투표와 유권자 투표를 시행하여 2대 1로 유럽경제공동체에 잔류하기로 결정.
1975. 6. 12.	그리스, 유럽공동체에 가입 신청.
1976. 4.	유럽경제공동체, 마그레브 국가들(튀니지, 알제리, 모로코)과 유럽경제공동체 내 국가에서 일하고 있는 80만의 마그레브 국가 시민들에게 유럽시민들과 동등한 근무조건과 사회보장권을 보장하는 협정에 서명.
1977. 1.	유럽경제공동체, 마스레크 국가들(이집트, 시리아, 요르단, 레바논)과 협정 체결. 이 협정에는 무역, 경제, 기술, 재정적 협력 조항이 포함됨.
1977. 3. 28.	포르투갈, 유럽공동체에 가입 신청.
1977. 7. 28.	스페인, 유럽공동체에 가입 신청.
1978. 7. 7~8.	브레멘에서 개최된 유럽이사회, 유럽통화제도(European Monetary System: EMS) 창설 결정.
1979. 3. 9~10.	파리에서 개최된 유럽이사회, 유럽통화제도 실시. 이는 원래 1979년 1월 1일 부로 실시 예정이었으나 농업 부문 통화 문제에 대한 합의가 이루어지는 동안 보류되었던 것임.
1979. 3. 28.	그리스의 유럽공동체 가입 조약 조인. 그리스는 1981년 1월 1일 부로 유럽공동체의 열 번째 회원국이 됨.

부록: 유럽공동체 약사

19769. 6. 7~10.	제1회 유럽의회 직접·보통 선거 실시(의원수 410명)
1979. 10. 31.	제2차 로메 협정 조인(아프리카, 카리브해 연안, 태평양 연안 158개국).
1979. 11. 20.	유럽공동체 집행위, 무역·관세 일반협정(GATT)의 도쿄 라운드 협상 결과 승인.
1979. 12. 29~30.	더블린 수뇌회담에서 영국의 유럽공동체 예산 할당분 삭감 요구에 합의 실패.
1979. 12. 13.	유럽의회, 1980년도 예산 거부.
1980. 3. 30.	영국의 유럽공동체 예산 할당 문제가 각료이사회에서 합의됨. 상대적으로 부유하지 못한 국가에 과도한 재정적 부담을 주는 것은 공평하지 못하나 각 국가들의 할당분의 최고 한도가 있을 수는 없다는 점에 합의.
1981. 1. 1.	그리스, 유럽공동체의 열 번째 회원국이 됨.
1982. 8. 12.	유럽공동체, 소련-서유럽 간의 천연가스관 설치에 미국의 기술을 이용하는 것에 대한 미국의 금수조치를 거부.
1984. 3. 13.	유럽공동체 각료이사회, 1일 생산 할당량을 낮추는 것과 과다생산에 대한 제재 벌금을 포함하는 공동농업정책 개선안 승인.
1984. 6. 14~17.	제2회 유럽의회 직접·보통선거 실시(의원수 434명).
1984. 7. 27.	유럽의회, 영국의 유럽공동체 예산 부담금이 과다하다는 이유로 유럽공동체가 상환할 것을 승인한 6억 달러의 상환금을 영국에게 돌려주는 것을 반대.
1985. 9. 10.	유럽공동체의 회원국들의 외무장관들, 남아프리카공화국의 인종분리정책을 종식시키기 위한 제재 조치 승인.
1985. 12. 2~4.	1992년 12월 31일까지 회원국 간의 무역과 상업거래상의 남은 장벽들을 제거할 것을 골자로 한 단일유럽의정서(Single European Act)에서 로마 조약에 대한 첫번째 수정이 합의됨.
1986. 1. 1.	스페인과 포르투갈이 유럽공동체의 11번째, 12번째 회원국이 됨.
1986. 9. 16.	유럽공동체, 남아프리카공화국에 대한 새로운 투자 금지와 남아프리카공화국의 대유럽 철·철강·금 수출 금지 합의.
1989. 6. 15.	제3회 유럽의회 직접·보통 선거
1990. 7. 16.	말타, 유럽공동체 가입 신청.

1990. 10. 3.	서독, 동독과 통일.
1991. 12. 10.	유럽이사회, 마스트리히트에서 유럽연합조약 체결 합의. 존 메이저 영국 수상은 단일통화에 대한 예외조항과 사회부문 제외를 보장받음.
1991. 12. 16.	유럽공동체, 동구 3국(폴란드, 헝가리, 체코)과의 제휴 협정 조인.
1992. 2. 17.	마스트리히트에서 유럽연합조약(Treaty on European Union) 조인. 단일통화 발행의 경제·통화 동맹(Economic and Monetary Union: EMU), 공동외교·공동안전보장정책을 확립하는 정치 동맹(Political Union: PU) 및 유럽공동체 시민권의 도입 등이 주요 내용.
1992. 3. 20.	폴란드, 유럽공동체 가입 신청.
1992. 5. 2.	유럽공동체와 유럽자유무역연합 간에 유럽경제지대(European Economic Area: EEA) 창설 협정 정식 조인.
1992. 5. 26.	스위스, 유럽공동체 가입 신청.
1992. 6. 2.	덴마크, 유럽공동체 가입 신청.
1992. 6. 18.	아일랜드, 국민투표에서 유럽연합조약 비준을 승인.
1992. 7. 2.	룩셈부르크 의회, 유럽연합조약 비준을 승인.
1992. 7. 31.	그리스 의회, 유럽연합조약 비준을 승인.
1992. 9. 17.	이탈리아 상원의회, 유럽연합조약 비준을 가결.
1992. 9. 20.	프랑스, 국민투표를 통해 유럽연합조약 비준을 승인.
1992. 10. 16.	영국 버밍엄에서 유럽공동체 임시 수뇌회의에서 유럽연합조약의 조기 비준을 확인했고, 유럽공동체에서 권한 집중 배제를 주장한 버밍엄 선언을 채택.

편집후기
[1994년판]

 이 책은 한국국제정치학의 뿌리내림을 오랫동안 주도하셨던 동주 이용희 선생님이 1993년 1학기에 서울대학교 대학원 외교학과에서 미래의 세계정치에 관해 한 학기에 걸쳐 특강하신 것을 글로 옮긴 것이다.

 동주 선생님의 특강이 이루어지게 된 계기는 편집자가 1992년 7월에 조그마한 학술모임에서 탈냉전 이후 새로운 세계질서의 변화를 전통적 국제정치이론을 넘어선 새로운 시각에서 보아야 한다는 내용을 '탈근대 국제정치이론'이라는 제목으로 발표하는 것을 동주 선생님이 들으시고 21세기의 세계질서를 내다보기 위해서는 기존의 근대국가의 새로운 변모를 유럽연합과 같은 초국가적 통합뿐만 아니라 종족분규와 같은 국가 내부적 분열의 복합적 시각에서 읽을 줄 알아야 하며 동시에 이러한 변화를 보다 본격적으로 역사적, 사상사적 틀 속에서 바라다볼 수 있어야 한다는 지적을 해주신 것에서 비롯하였다.

 21세기를 앞두고 현대 세계질서의 혁명적 변화에 대해 국내외적으로 시사해설 수준을 넘어서지 못하는 초보적인 차원의 전망이 난무하는 속에서 동주 선생님의 탁월한 안목으로 내다보시는 미래의 세계정치는 많은 후학들에게 보다 자세하게 전해져야 할 필요가 있었기 때문에 편집자는 연세 때문에 강의가 어려우신 선생님께 한 학기 강의라는 무리한 부탁을 드려 최종적으로 1993년도 봄학기의 대학원 특강이 이루어지게 되었다.

동주 선생님은 한 학기 동안 아홉 번의 강의를 통해서 21세기를 맞이하면서 그 동안 근대 국제정치의 기본 행위주체가 되어왔던 근대국가가 한편으로는 유럽연합에서 보는 바와 같은 초국가단위의 통합적 추세가 다른 한편으로는 종족분규에서 보는 바와 같은 국가 내부의 분열적 추세 속에서 새로운 변모의 가능성을 맞이하고 있다는 점을 강조하셨다. 특히 새롭게 형성되고 있는 국가연합의 전개가능성을 보다 체계적으로 전망하기 위해 역사와 사상사의 맥락에서 이를 철저하게 검토한 위에 미래 국가연합의 선행지표라고 할 수 있는 유럽연합의 구조와 기능을 분석하고, 최종적으로는 미래의 세계정치를 전망해주셨다.

선생님의 이번 강의는 기왕의 《국제정치원론》(1955), 《일반국제정치학(상)》(1962), 《한국민족주의》(1977)에서 첨예하게 전개되었던 문제의식의 연장선상에 놓여 있다. 선생님의 그동안의 국제정치관계 저서는 유럽을 중심으로 형성된 독특한 근대국가의 성격 위에 이루어진 근대국제질서 속에서 우리 민족의 삶의 모습을 어떻게 꾸려나가야 할 것인가라는 고도의 실천적 질문에 대한 해답의 모색이었다. 이 책은 비록 《일반국제정치학(하)》에 해당하는 동주사상의 전모를 담고 있지는 않지만 21세기를 맞이하면서 새로운 변화를 겪고 있는 근대국가의 성격 위에 형성되고 있는 새로운 세계질서 속에서 우리의 삶은 어떻게 새로워져야 할 것인가라는 핵심적인 질문에 심층적으로 접근함으로써 문제의 설정방식과 논의의 깊이를 새로운 차원으로 끌어올리고 있다.

동주 선생님은 한 학기 동안 강의가 진행되는 동안 노령이라는 육체적 한계를 지적 열정으로 극복하시고 열강을 해주셨다. 강의에 참석하였던 외교학과 윤영관, 최정운 교수, 세종연구소의 김덕중 박사, 외교학과 출신의 해외에서 박사학위를 마치고 돌아온 황태연, 김용직, 김세연, 신욱희 박사, 그리고 외교학과의 박사 및 석사 과정의 대학원생들은 세대의 장벽을 넘어서 뜨거운 지적 만남의 행복을 누릴 수 있었고 강의마다 참가자들의 진지한 질문과 선생님의 세심한 답변으로 끝내기를 아쉬워하는 강의가 연속되었다.

선생님의 강의 내용은 외교학과 박사과정의 장형원 석사가 중심이 되어 대학원의 강명구, 조동준 군과 이원양 양의 도움을 얻어 말에서 글로 옮겨졌으며 최종적으로 책의 모습을 갖추게 되었다. 라틴어를 비롯하여 영어, 독어, 불어, 이탈리아어 등을 다양하게 구사하고 계신 선생님의 강의 내용을 평이한 우리말로 푼다는 것은 예상 밖의 힘든 작업이었으나, 장형원 석사를 비롯한 후학들의 헌신적인 노력으로 현실적으로 가능하게 되었다. 동주 선생님을 대신하여 후학들에게 특별한 고마움을 전하고 싶다.

끝으로 80을 바라다보시는 노 정치학자의 미래의 세계정치에 대한 강의를 한 권의 책으로 묶는다는 생각이 국내의 학계와 출판업계에 익숙하지 않은 최초의 시도임에도 불구하고 이러한 계획을 적극적으로 후원해 주셨던 민음사의 박맹호 사장님과 까다로운 편집과 교정과정을 짧은 시간 내에 능숙하게 처리해 주셨던 민음사 직원 여러분들에게도 편집자로서 감사할 뿐이다.

1994년 4월

편집자 하영선

찾아보기

ㄱ

가상 적국　219
각국의 다양성(national diversity)　348
각국의 다원성(national diversity)　315
각료이사회(Council of Ministers)　207, 208, 235, 254, 257, 258, 267, 276~279, 281, 284
갈퉁(Johan Galtung)　212
감사원　296
강력한 강제력　331
강력한 의회　291
강제력　275, 346
강제력의 중앙집권　25
개인주의　306
게너랄리테트(Generaliteit) 총회　101
게마인샤프트(Gemeinschaft)　22
겐츠(Friedrich Gentz)　106
견제와 균형　86
결단을 내리는 능력　179
경제사회 담당 총국(DG V)　270

경제사회위원회　292
경제 영역과 문화 영역　71
경제유럽　309
경제체제　42
계약　120, 149, 152
고전적인 주권　79
공동 농업 정책(Common Agricultural Policy: CAP)　209
공동 방위 정책　245, 246
공동 시장(common market)　207
공동 외교 정책　245, 247, 350
공동의 방위　218
공동의지(volonté commune)　154
공동체　314
공동 화폐　246
공화국들의 연합　152
공화국들이 모인 국가연합　151
공화국연합(république fédérative)　131
공화주의자　151, 154
과거와의 단절　338
과거 지향적　315
과거 지향적 민족주의　314, 327

과정이론(process theory)   63
관료주의   336
관세동맹   89, 112, 181, 182, 230
광역의 유니언   70
구소련 헌법   65
구조적인 제국주의(structural imperialism)   212
국가 간의 유니언   70
국가들의 체계(De Systematibus Civitatum)   129
《국가론》(Les Six Livres de la République)   13
국가연립   169
국가연합(confederation)   41, 46, 61, 63, 66~69, 75, 76, 78, 89, 96, 115, 116, 128, 135, 143, 152, 155, 171, 173, 183~185, 187, 258, 318
국가연합과 연방   79, 144, 157, 172
국가연합의 요소   349
국가연합의 조건   134
국가연합 체제   121
국가연합회의   102
국가와 초국가 사이   285
국가이사회(Council of State)   103
국가집합   129, 130
국가회의(States-General)   102
국내적 식민주의(internal colonialism)   37
국민(nation)과 민족주의(nationalism)   311
국민경제   71, 72

국민 교육   249
국민국가(nation state)   11, 12, 23, 327
국민국가에 대한 의심   314
국민들의 연합(Völkerbund)   137
국민성   249, 250
국민연합   139
국민 정치공동체로서의 나시옹   14
국제법적 주체성   77
국제연맹(League of Nations)   173~175
국제연맹 총회(General Assembly)   174
국제 재판소   174
국제평화사회   139
군사국가   25
권고(recommendation)   274
권력의 중앙집권   25
권역   340, 345
균형자(balancer)의 역할   283
그로티우스   131
그리스 문제   322
근대국가   11, 19, 21, 48, 81, 327
근대국가 모델   342
근대국가체제   342
기능주의 이론   187, 279
기본권 존중   260
기술사회   328
기술사회적인 요소   328
기술적인 이익사회   328
김상기   60

ㄴ

나라는 작을수록 아름답다 122
나시옹 13, 35, 39
나치스 191
나치아(natsiia) 39
나치온(Nation) 39
나치주의 175
나폴레옹 94, 95
나폴레옹 전쟁 104
난민 22, 306
남방 블록(Southern bloc) 283
남북 문제 146, 320
내셔널리즘 312
내셔널 스테이트(national state) 11
네덜란드 국가연합 98, 99, 101, 104
네덜란드적인 관료 요소 105
네이션 14, 17~19, 21, 23, 36, 39, 44, 54, 71, 312, 330
네이션과 내셔널리즘 311
네이션과 에스닉 그룹 34
노령 사회 305
노르딕 카운슬 혹은 스칸디나비아 리그 279
노르웨이 228
노예 문제 146
농업담당 총국 270
농업이사회 278
느슨한 콘페데라티오 145

ㄷ

다민족 문화 26
다민족주의 332
다수결 146, 230, 231, 235, 238, 251, 282, 286
다양한 속의 하나(unité de la diversité) 76
다원적인 정체성(pluralistic identity) 312
다원주의(pluralism) 26
다이어트(diet) 134
단일국가(unitary state) 15, 18~20, 22, 27, 41, 47
단일국가체제 41, 121
단일 민족국가 25
단일 민족주의 331~333
단일유럽의정서(Single European Act) 196, 230~232, 239~241, 243, 252
대륙의회 114
대외관계 담당 총국(DG I) 270
대처(Margaret Thatcher) 215, 216
덴마크 245, 250, 251, 281, 311, 317
도이체 분트(eutsche Bund) 90
도이치(Karl Deutsch) 180, 187, 280
독일 157, 316, 336
독일연방 65
독일연합 105, 108~111, 157
독일연합에 대한 의정서 108
독일의 연방은행(Bundes Bank) 246
동맹 67, 76

동맹체(alliance)　66
동양적인 예(禮)　61
동질성(Homogenität)　145, 179, 180
동질화　180
동화　18, 352
두 개의 주권　62
두레　42
두레사회　327
두레 집단　22, 43
드골　79, 209, 214, 215
들로르(Jacques Delors)　217, 240, 265

ㄹ

라반트(Paul Laband)　62, 170, 172
라스키(Harold Laski)　144
라이커(William Riker)　64
라인 분트(Rhein Bund)　109
레타 나시오날(l'état national)　45
레타 페데랄(l'état fédéral)　172
로마 협정　220
로비 활동　293
루들로(Peter Ludlow)　284
루소　44, 132, 135, 151~156
루소의 국가연합 논의　133
룩셈부르크 선언(Luxemburg Declaration)　205
룩셈부르크(Rosa Luxemburg)　190
룩셈부르크 타협안(Luxembourg Accord)　210

르 퓌르(Louis Le Fur)　128, 170~172
리그(league)　55, 56, 173
리스트(Friedrich List)　182, 183

ㅁ

마르크스　48
마스트리히트 조약　83, 84, 196, 215, 218, 230, 231, 243~245, 250, 252, 253, 308, 325
마키아벨리　12
만민법(ius gentium, Völkerrecht)　138
만장일치제　282, 286
매디슨(James Madison)　140, 141
메나주(ménage)　13
메시나 회의(Messina Conference)　204
메이저(John Major)　214
메타 네이션 스테이트　312, 313, 349
메테르니히　106, 107, 110
메테르니히의 회고록　107
모네(Jean Monnet)　198, 199, 204, 205, 217
모델　341
모델과 모방　352
모라빅(Andrew Moravcsik)　232, 237, 239
모렐　303
모르가르텐 조약(Morgartenbrief)

90, 91
몽테스키외   131
무니에(Roland Mousnier)   13
문화   249
문화공동체   14~17, 21, 23, 28, 30, 32, 43, 44
문화공동체로서의 나시옹   14
문화권   341
문화적인 개념으로서 네이션   16
문화통합모델   37
미국 및 일본과의 경쟁   261
미국연합(Confederation of United States of America)   68, 140
미국연합조문   115, 116, 206
미국의 국가연합   140
미국의 동질성   146
미국의 양원제   144
미국 헌법   120, 149
미테랑(François Mitterrand)   214, 216, 235, 240
미테랑-들로르 안   241
미테랑 안   240
미테랑의 교서   244
미트라니(David Mitrany)   187, 279, 280
민족국가   327
민족적 다양성(national diversity)   334, 353
민족주의   54, 311, 314, 327, 330, 348
민족주의의 부정적 요소   330, 331

민족주의의 분열주의   334
민족주의적 국가   327
민주주의   260, 314
민주주의의 병폐(maladies of democracy)   313
밀도가 있는(close) 콘페데라티오   130
밀라노 수뇌 회담   236, 282

ㅂ

바이마르 헌법   173, 190, 191
바이츠(Georg Waitz)   166, 167
바쿠닌(Mikhail Bakunin)   55
반주변 지대   28
방위 문제   206, 220, 321
법인체   171
베네룩스 동맹   198
베라티   204
벤토테네 사상   234
벨기에   312
보다 넓고 깊은 공동체   207
보댕(Jean Bodin)   128, 150
보스니아 문제   251
보옌느(Bernard Voyenne)   127
보완성 원칙(principle of subsidiarity)   239, 251, 259, 280, 281, 291, 317, 318, 354
보완성 조항(Subsidiarity Clause)   277
복고주의(restoration)   109
본(Charles Edwyn Vaughan)   136

부담금 248
북독일연합 113
북방 블록(Northern bloc) 283
분데스라트(Bundesrat) 168, 169, 181
분데스슈타트(Bundesstaat) 167, 172
분리와 집합의 타협점 122
분리주의(secessionist) 운동 32
분리 현상 73, 121
분업설 73
분트(Bund) 46, 57, 175~177
분트 논쟁 170
불균등 27
불균형 27
불완전한 정부 145
브뤼셀 247
비스마르크 168, 169
비스마르크 헌법 168
비엔나 최종 의정서 108
비엔나 회의 108
비장소적인 요소 344
비토권 238

ㅅ
사대주의 59, 61
사무국(secretariat) 174, 269
사법재판소(Court of Justice) 267
사회 문제 310
사회성(sociabilité) 156
사회유럽 309

산만한(loose) 콘페데라티오 130
상임대표위원회 276
상품 시장 183
상호교류 이론 187
상호교류 접근법(Transaction Approach) 180
상호적이고 일반적인 복지 116
새로운 나라 개념 44
새로운 실험 319, 347
생 피에르(L'Abbé de Saint Pierre) 132
생 피에르와 루소의 차이 135
생 피에르의 영구평화론 134
서울 이야기와 시골 이야기 82
서유럽동맹(West European Union) 247, 297, 298
석탄철강공동체 200, 203, 204, 207, 213
석탄철강공동체에 관한 조약(파리 조약) 230
세계법(ius cosmopoliticum) 139
세계시민 160
세계시민권 158
세계시민법(Weltbürgerrecht) 139
세력균형 319
셀뤼르 프로스펙티브(Cellule Prospective) 304
소국주의 122, 152
소국지향성 313
소련과 연방체제 65
소수 민족 18

소수 민족 문제　23
소어(Geoffrey Sawer)　64, 65
수용과 변형　352
슈망(Robert Schuman)　198, 200
슈망 플랜　200
슈미트(Carl Schmitt)　66, 172, 275~180, 189
슈타인(Heinrich F. K. Stein)　181
슈타텐분트(Staatenbund)　55, 170
슈타트(Staat)　12
스미스(Adam Smith)　182
스바비안 동맹(Swabian League)　89
스위스 연합　89, 90~94
스타토(stato)　12
스타투스(status)　12
스파크(Paul-Henri Spaak)　204
스피넬리(Altiero Spinelli)　233, 235
시간적 장소　348
시골과 서울　82
시민법(ius civitatis, Staatbürgerrecht)　138
시민사회　139
시스테마 키비타툼 페데라툼　131
시스테마티쿰(Systematicum)　131
시스템 오브 스테이츠(system of states)　55, 131
시장　184, 185
시장사회　328
식민주의　40
신고립주의적 민족주의　336

신기능주의　279
신성로마제국　91, 130
신스위스 연합　95
신헌법　147
심화 대 확대　266

ㅇ

아카이안 리그(Archaean League)　89
아태경제협력체(APEC)　351
아프리카 문제　21
아프리카의 부족국가　28
안보와 경제　69
안전보장 문제　220, 347, 350
안정시장의 확장　338
알투시우스(Johannes Althusius)　128
암흑시대　227
애국심의 저하　250
야운데 협정(Yaoundé Convention)　211, 213, 220
양분된 주권 개념　167
에딘버러 결정(Edinburgh Decision)　196, 222, 252, 298
에딘버러 수뇌 회담(Edinburgh Summit Meeting)　250
에스니시티(ethnicity)　14, 20, 33, 38, 44
에스닉 그룹　14, 16~18, 20~25, 27, 30, 32, 33, 38, 39, 42, 44
에스닉 내셔널리즘　53, 54, 311

에타(état)   12
엘베시아 리퍼블릭(Helvetic Republic)
   94
역내 시장   242, 323
역내 시장화   308
역사적인 국가   43
역사적 장소   348
연대성   319
연맹체   142
연방(federation)   46, 61~64, 244
연방과 국가연합   256
연방국가(federal state)   41, 46, 116, 143, 172
연방국가체제   97
연방법원(Federal Court)   117
연방정부와 국가연합   149
연방주의   55
연방주의자   140
연방총회(Bundestag)   111
연합군   112
연합체와 가맹국 사이의 긴장 관계   285
연합행정처   104
영구동맹   134
영구 합의   67
영국   245, 250, 253, 281, 316
영연방   58, 59, 61
영주들의 주권(Landeshoheit)   105
영주령   91
영토적 민족주의(territorial nationalism)   54

예산권   290
예산 담당 총국(DG XIX)   270
예산 문제   321
옐리네크(Walter Jellinek)   62, 170, 171
오렌지공(William of Orange)   99, 104
오스트리아 연방   65
오스트리아-프러시아 전쟁   113
올드 보이즈 클럽   77
외교권   276
외부로부터의 위협   136
외상이사회   278
우니오(unio)   129, 131
우리 의식(We-feeling)   180, 280
우수성   346
운영 위원회   296
울트라내셔널려즘   328
워싱턴 선언   205
원초설   73
웨스트팔리아 조약   105
웹스터(Daniel Webster)   143, 147
웹스터와 칼룬의 논전   146, 147
위어(Kenneth Wheare)   56, 64, 65
유니언(union)   46, 55, 57, 244
유러피언 무브먼트(European Movement)   234
유럽감사원   254
유럽경제공동체(European Economic Community)   69, 196, 204, 207, 213

유럽경제공동체에 관한 조약(로마 조
　　약)　230
유럽경제체제(European Economic
　　System)　252
유럽공동체(European Community)
　　28, 54, 69, 75, 184, 189, 195, 197,
　　208, 248, 266, 347
유럽공동체 내의 남북 문제　320
유럽공동체 예산　287
유럽공동체의 구조　254
유럽공동체의 모델　346
유럽공동체의 시민들(common
　　citizens)　160, 288
유럽공동체의 암흑시대　216
유럽공동체의 의사결정 방식　282
유럽공동체의 인원　288
유럽공동체의 집행위원회　235
유럽공동체 정치 활동(politicking)
　　283
유럽공동체 확대　319, 320
유럽 공동 화폐　245
유럽국가연합　244
유럽단일의정서　218
유럽방위공동체　200, 202
유럽석탄철강공동체(ECSC)　69,
　　195, 200~202
유럽시민권　245, 308
유럽안보협력회의　298
유럽연방주의자회(Federalist Union of
　　Europe)　234
유럽연합　220, 243

유럽연합조약　196, 220, 231
유럽원자력공동체　69, 196, 213
유럽의 시민권　336
유럽의 연방화 운동　234
유럽의 정체성　308
유럽의회　189, 207, 232, 251, 254,
　　258, 267, 286, 288
유럽의회 의원선거법　288
유럽의회의 위원회　290
유럽의회의 의원　289
유럽의회의 조약기초안　243
유럽이사회　198, 207, 228, 229,
　　254, 257, 258, 281
유럽이 하나라는 개념　76
유럽재판소　254, 294
유럽정치공동체　200, 202, 203
유럽 정치통합의 정당성　309
유럽주의　179
유럽 중심의 구조　213
유럽중심주의(Eurocentrism)　317
유럽 중앙은행　246
유럽 통합　266
유럽 통합군　253
유럽통화체제　229
유럽합중국　196, 199, 204, 243
유럽합중국론　205
유입 이민　306, 307
유트레히트 조약(Utrecht Pact)　99,
　　100
의원 수　288
의회(Parliament)　208

이기주의　317
이민 문제　22, 307
이사회(Council)　174
이익사회　314, 329
이익사회적인 요소　328
이해 중심의 광역사회　329
인민과 (헌)법과 정부　148
인민 사상　153
인종 집단　43
일괄타결 안　239
《일반국제정치학(상)》　11, 19, 25, 27, 340, 349
일반 복지　116
일반의지(volonté générale)　154
일상생활적인 사회　329
입법권　290
입안권　273
입헌적 조약　175, 176, 275

ㅈ

자문권　290
자본주의　48
자본주의사회　328
장소와 이미지　343, 344
장소의 이론　342
장소, 토포스　345, 348
재판소(Court of Justice)　207
저항 민족주의　315
전체주의　154
전파　82, 351
전파력　346, 350

전파와 저항　351
전파이론　81, 346
정부간주의(intergovernmentalism)　266, 323, 334
정부 간 회의　281, 282
정체성(identity)　73, 319
정치가와 학자　334, 339
정치공동체　15, 18, 21, 28
정치공동체로서의 네이션　16, 35
정치 그룹　289, 290
정치적 권위체　353
정치적 압력　305
정치 조항　245
정치통합　310
제너럴리티(generality)　101
제너럴 웰페어(general welfare)　69
제안권　273
제퍼슨(Thomas Jefferson)　142
제휴 조약(Associated Treaty)　211
젬파허 조약(Sempacherbrief)　90
조른(Philipp Zorn)　170
존더분트(Sonderbund)　96
주권　176, 179
주권 분할론(division of sovereignty)　150
주권의 공유(sharing of sovereignty)　256, 257, 315, 329, 350
주권의 분할된 상태　143
주권의 양분　141, 142, 143
주권의 이양　69
주변과 중심 지대　28

주변 지대 28
주정부위원회(Committee of States) 117
준정부간주의(quasi-intergovernmentalism) 322, 336
중심과 주변 213
중심 지대 28
중심 지대와 변두리 지대 27
중앙정부와 지방 간에 조화 354
중재헌법 95
지방정부와 중앙정부 144, 147
지방주의(localism) 328, 330
지역 경제 코커스 351
지역적 다양성 334, 348
지역주의 313, 328, 333
지역주의와 민족주의 353
지역주의와 초국가주의 348, 349
지역주의의 요소 349
지역주의의 조화 문제 354
집단안전보장 223
집단적인 전체(collective whole) 147
집합 현상 121
집행권 273
집행위원회 207, 209, 236, 254, 257, 267~269, 275, 284, 287

ㅊ

처칠(Winston Churchill) 196
천자 60

천자와 군왕 61
초국가주의 266, 312, 333
초국가주의 대 정부간주의 266
초국가주의의 통합 334
총국(Directorate Generals: DGs) 265, 269
총회 101, 102, 207
최고 기관 201, 207
최고재판소 145

ㅋ

칵필드(Lord Cockfield) 237
칵필드의 백서 239
칸통(Canton) 41, 92, 94, 96, 97
칸트 137~139, 158~160
칼룬(John Calhoun) 143, 148, 150
캥거루 그룹 289
캥거루 안(Kangaroo Proposal) 236, 237
커먼웰스 55, 58, 59
커뮤니티 55, 57
컨스티튜션(constitution) 120
컨페더레이션(confederation, 국가연합) 55, 56, 127
컨페더레이션 컨벤션(Confederation Convention) 115
케네디(Paul Kennedy) 188
켈젠(Hans Kelsen) 62, 76
코리퍼(COREPER) 259, 276, 278, 279, 284, 285
코스모폴리탄 158

코스모폴리탄한 법
 (ius cosmopoliticum,
 Weltbürgerrecht) 138
코헤인(Robert O. Keohane) 232
코헤인(Robert O. Keohane)과 호프만
 (Stanley Hoffmann) 265, 315
콘페데라티오(confoederatio) 127,
 129~131
콜(Helmut Kohl) 216
콩그레스(congress) 134
콩페데라시옹(confédération) 132
크로커다일 그룹(Crocodile Group)
 233, 235, 289
크로커다일 안 236, 237
크로포트킨(Peter Kropotkin) 55
키신저(Henry Kissinger) 106
킹(Preston King) 62

ㅌ

타그자충(Tagsatzung) 93
탈레이랑의 회고록 107
탈퇴권(cessation) 174
토론과 타협 118
토크빌(Alexis de Tocqueville) 57,
 128, 143~147, 154
통화 문제 350
통화 위원회 296
통화 통합 222, 308, 347
투명성(transparency) 251
특정 다수결(weighted majority vote)
 282

ㅍ

파급 효과(spill-over effect) 279,
 280
패권(hegemony) 339
패권주의 319
퍼페츄얼 리그(perpetual league) 55
페데라시옹(fédération) 56
페더럴 거번먼트(federal government)
 55
페더럴 거번먼트(연방정부) 56
페더럴리즘(연방주의) 55
페더럴 스테이트 131
페더럴 유니언 55
페더레이션(연방) 55, 56
페데랄리스무스(Federalismus) 175
평화세계사회 140
포사이스(Murray Forsyth) 89, 127
퐁텐블뢰 수뇌 회담(Fontainebleau
 Summit Meeting) 236
푸펜도르프 129, 130, 152
프랑스 253, 336
프랑스라는 모델 340
프랑스·영국 합동안 199
프랑스와 독일의 화해 205
프랑크푸르트 헌법 166
프루동(Pierre Joseph Proudhon) 55
플레방 플랜(Pleven Plan) 200
피플(people) 35, 119

ㅎ

하르덴베르크(Karl August

찾아보기

Hardenberg) 181
하스(Ernst Hass) 187, 279, 280
한국 민족주의 15, 32
한자 동맹(Hanseatic League) 89
합스부르크가 91
합중국의 인민(The People of the United States) 148
해밀턴(Alexander Hamilton) 140, 141
해석권 275
행정 제소 295
헌법 개정 149
헌법논쟁 140, 157
헌법조약(Verfassungs Vertrag) 275
헌법 해석권 275
헤치터(Michael Hechter) 37
혁명 136, 154, 155, 156
혁명과 국가연합 136, 137
혁명과 전쟁 151
혈연관계 17
혈연의식(kin consciousness) 14
협소한 지역사회 329
형식적인 연방과 실질적인 연방 63
형평성(equilibrium) 319
호프만(Stanley Hoffman) 232
혼합헌법(mixed constitution) 141, 143
화폐통합 325
환율조절 메커니즘 252

동주 이용희 전집 5
미래의 세계정치

2017년 12월 15일 인쇄
2017년 12월 20일 발행

지은이 | 이용희
펴낸이 | 권오상
펴낸곳 | 연암서가

등록 | 2007년 10월 8일(제396-2007-00107호)
주소 | 경기도 고양시 일산서구 호수로 896, 402-1101
전화 | 031-907-3010
팩스 | 031-912-3012
이메일 | yeonamseoga@naver.com

만든곳 | 서울대학교출판문화원
전화 | 02-880-5220
팩스 | 02-888-4424

ISBN 979-11-6087-025-1 94340
ISBN 979-11-6087-020-6 (세트)
값 25,000원

ⓒ 이용희 2017